Neuro-Linguistisches Programmieren für Dummies

Schummelseite

AF234602

Neuro-Linguistisches Programmieren für Dummies

Schummelseite

BEWUSSTES UND UNBEWUSSTES IM VERGLEICH

Das Bewusste zeichnet sich aus durch ...

... lineares Denken,

sequenzielle Verarbeitung,

Logik,

verbale Sprache,

Mathematik,

Analyse.

Das Unbewusste ist besser in ...

... ganzheitlichem Denken,

Intuition,

Kreativität,

Steuerung der Körperfunktionen,

Steuerung der Emotionen,

Speicherung von Erinnerungen.

DIE PHOBIE-SCHNELLTHERAPIE

1. Finden Sie heraus, wann Sie eine phobische Reaktion auf einen Stimulus oder eine traumatische oder unangenehme Erinnerung haben, die Sie gern überwinden möchten.

2. Rufen Sie sich in Erinnerung, dass Sie sich sowohl vor als auch nach der unangenehmen Erfahrung in Sicherheit befunden haben beziehungsweise befinden.

3. Stellen Sie sich vor, Sie sitzen im Kino und beobachten sich auf einer kleinen Schwarz-Weiß-Leinwand.

4. Stellen Sie sich nun vor, Sie schweben aus dem Ich, das im Kinostuhl sitzt, heraus in den Vorführraum.

5. Jetzt können Sie sich im Vorführraum sehen, wie Sie sich im Kinosessel dabei beobachten, wie Sie den Film über sich auf der Leinwand anschauen.

6. Lassen Sie den Film in Schwarz-Weiß auf einer kleinen Leinwand ablaufen. Beginnen Sie zu einer Zeit vor der Erfahrung der Erinnerung, die Sie verarbeiten wollen, und lassen Sie den Film ganz durchlaufen, bis die Erfahrung vorbei und Sie in Sicherheit waren.

7. Halten Sie den Film an oder blenden Sie eine weiße Leinwand ein.

8. Schweben Sie aus dem Vorführraum, aus dem Kinosessel in das Ende des Films.

9. Lassen Sie den Film jetzt ganz schnell in Farbe rückwärtslaufen, sodass er nur ein oder zwei Sekunden lang dauert, als würden Sie den Film ganz bis zum Anfang erleben, als Sie in Sicherheit waren.

10. Sie können die Schritte 8 und 9 so oft wiederholen, bis das Erlebnis angenehm ist.

11. Gehen Sie nun in die Zukunft und stellen Sie sich ein Ereignis vor, bei dem Sie normalerweise die phobische Reaktion erleben würden.

Neuro-Linguistisches Programmieren für Dummies

Schummelseite

Um auf dem Laufenden zu bleiben, wohin Sie wollen – kurzfristig oder auf lange Sicht –, kann es hilfreich sein, sich selbst zu befragen. Hier eine Liste mit Fragen, die Sie sich jeden Tag stellen sollten:

✔ Was will ich?

✔ Was habe ich davon?

✔ Was hindert mich?

✔ Was ist mir hier wichtig?

✔ Was funktioniert gut?

✔ Was könnte besser sein?

✔ Welche Ressourcen werden mich unterstützen?

1. **Seien Sie sich Ihrer Zielvorgabe bewusst.**

   Es ist besonders wichtig, präzise festzulegen, was man will. Durch den Ziel-Rahmen können Sie die Zielvorgabe noch anpassen, damit sie den Bedingungen für Wohlgeformtheit entspricht.

2. **Treten Sie in Aktion.**

   Solange Sie diesen ersten Schritt und die folgenden nicht unternehmen, wird auch nichts passieren, was Sie näher an Ihr Ziel bringt, und wenn es noch so klar definiert ist.

3. **Benutzen Sie Ihre Sinne.**

   Wenn Sie sehen, hören und fühlen, was nicht funktioniert, können Sie Ihr Verhalten ändern, um zum gewünschten Ziel zu kommen.

4. **Verhalten Sie sich flexibel.**

   Dies schließt an die NLP-Grundannahme an: »In der Interaktion zwischen Menschen kann die Person mit der größten Verhaltensflexibilität die Interaktion kontrollieren.« Oder Sie können auch sagen: »Wenn es nicht funktioniert, versuche ich etwas anderes.«

Neuro-Linguistisches Programmieren für Dummies

Schummelseite

DAS INNERE BEFINDEN MIT MUSIK VERÄNDERN

✔ Erweitern Sie die Bandbreite der Musik, die Sie hören. Von Barock und Klassik, Jazz und Blues, Reggae, Pop und Rock bis Oper.

✔ Verändern Sie den Rhythmus. Vergleichen Sie klare Rhythmen mit variationsreichen und ungewöhnlichen Rhythmen, um Ihre Kreativität zu beflügeln. Worldmusic ist sehr gut dazu geeignet.

✔ Instrumental oder mit Gesang? Wörter können ablenken – Soloinstrumente führen eher zu Entspannung.

✔ Intuition. Vertrauen Sie auf Ihren Geschmack. Falls Sie ein Musikstück nicht mögen, schalten Sie es aus. Es ist unwahrscheinlich, dass es Ihnen ein gutes Gefühl gibt.

✔ Starten Sie anders in den Tag. Wenn Sie sich morgens gut fühlen, sind Sie ganz beflügelt. Wechseln Sie den ernsten Nachrichtenkanal in Ihrem Radio gegen einen Sender mit anregender und schwungvoller Musik aus.

DAS INNERE BEFINDEN ÜBER IHREN KÖRPER VERÄNDERN

✔ Richten Sie in einem ressourcenarmen Zustand Ihre Aufmerksamkeit bewusst in Ihren Körper. In welcher Körperhaltung befinden Sie sich gerade? Sind Sie aufgerichtet oder eher zusammengesunken? Wie kann dadurch Ihr Atem fließen? Welche Mimik können Sie bei sich wahrnehmen?

✔ Erinnern Sie sich an einen Moment, in dem Sie Zugang zu all Ihren Ressourcen hatten, und beobachten Sie sich von außen. Welche Körperhaltung nehmen Sie wahr? Wie kann dadurch Ihr Atem fließen? Welche Mimik können Sie bei sich wahrnehmen?

✔ Nehmen Sie bewusst die in Schritt 2 herausgearbeitete Physiologie ein. Sie dürfen dabei auch etwas überzeichnen.

✔ Spüren Sie die Veränderungen, die in Ihrem Zustand eintreten. Was fühlen Sie jetzt? Gibt es Veränderungen in Ihren Gedanken?

Neuro-Linguistisches Programmieren
für Dummies

Romilla Ready und Kate Burton

Neuro-Linguistisches Programmieren für dummies®

4. Auflage

Übersetzung aus dem Amerikanischen von
Claudia und Oliver Leu und Britta Kremke

Fachkorrektur von Heike Marquardt

WILEY

WILEY-VCH GmbH

Neuro-Linguistisches Programmieren für Dummies

Bibliografische Information der Deutschen Nationalbibliothek

Die Deutsche Nationalbibliothek verzeichnet diese Publikation in der Deutschen Nationalbibliografie; detaillierte bibliografische Daten sind im Internet über http://dnb.d-nb.de abrufbar.

4. Auflage 2025

©2025 Wiley-VCH GmbH, Boschstraße 12, 69469 Weinheim, Germany

Print ISBN: 978-3-527-72304-1
ePub ISBN: 978-3-527-85168-3

Coverfoto: © Africa Studio – stock.adobe.com
Korrektur: Petra-Kristin Bonitz, Hemmingen
Satz: Straive, Chennai, India
Druck und Bindung: CPI Group (UK) Ltd, Croydon, CR0 4YY
C9783527723041_02015

The manufacturer's authorized representative according to the EU General Product Safety Regulation is Wiley-VCH GmbH, Boschstr. 12, 69469 Weinheim, Germany, e-mail: Product_Safety@wiley.com.

Über die Autoren

Romilla Ready ist Master Practitioner für neurolinguistisches Programmieren und Direktorin des Unternehmens Ready Solutions, das 1996 gegründet wurde. Sie leitet Workshops zu zahlreichen Themen und führt Trainings durch. Aufgrund ihrer interkulturellen Fähigkeiten kann sie zwischen den unterschiedlichen Nationalitäten Rapport aufbauen. Romilla Ready wurde in Radiosendern interviewt und hat Artikel über Stressmanagement und Anwendungsmöglichkeiten von NLP veröffentlicht.

Kate Burton ist NLP-Coach und -Trainerin. Sie hilft Einzelnen und Unternehmen, ihre Energie effektiver zu bündeln. Ihre Karriere begann mit Werbung und Marketing bei Hewlett-Packard. Seitdem hat sie mit Unternehmen aus unterschiedlichen Industrie- und Kulturzweigen daran gearbeitet, wie man ein guter Kommunikator wird. Ihr besonderes Augenmerk liegt auf maßgeschneiderten Trainings- und Coachingprogrammen. Ihr Ziel ist es, Menschen durch Förderung von Motivation, Selbstbewusstsein und Selbstvertrauen zu stützen. Sie ist der Ansicht, dass alle Menschen über besondere Talente, Fähigkeiten und Kernwerte verfügen. Die Kunst besteht darin, diese auch entsprechend zu würdigen.

Danksagung der Autoren

Von Romilla Ready: Es ist schon seltsam sich vorzustellen, *NLP für Dummies* in den Buchläden zu finden. Die Erfüllung dieses Traums wäre nicht ohne die Hilfe und Unterstützung einer ganzen Schar wundervoller Menschen möglich gewesen, denen ich allen meinen herzlichen Dank aussprechen möchte. Meiner Co-Autorin Kate Burton: Ich bin so glücklich, dass du auf meine eher laxe Frage hin, ob du mit mir ein Buch über NLP schreiben möchtest, einverstanden warst, an diesem Projekt mitzuarbeiten. Danke Mama für all die Liebe, Unterstützung und die Ideen; meine Schwester Angela war immer für mich da, wenn es Probleme oder etwas zu feiern gab, und hat einen großartigen Job als erster Test-Dummy für unser Buch erledigt und nebenbei meine Grammatik aufpoliert. Oswyn danke ich dafür, dass er den perfekten Großvater für »Brattus« abgab und -gibt, und Derek dafür, dass er mich in Form hielt, als ich schwer mit dem Schreiben beschäftigt war. Danke an meinen Sohn Derwent, der mich jedes Mal rettet, wenn mein Laptop abstürzt, und an seine Freunde Ben, Ezra und Matt, um nur ein paar zu nennen, die mir so viel über Toleranz und Lachen beigebracht haben. Dank gilt auch Carol, die uns auf dem richtigen Weg gehalten hat, meinen NLP-»Gespielen« David Staker, Anne-Marie und Rintu, die mir beim Lernen und Weiterkommen helfen, den Vierbeinern in meinem Leben – sowohl Katzen als auch Hunde –, die mir einiges über bedingungslose Liebe beigebracht haben, meiner Yoga-Lehrerin Swami Ambikananda Saraswati für ihre Geduld in Anbetracht all meiner Fragen, David, meinem NLP-Trainer, der mir eine weitere Sprosse auf der Leiter der persönlichen Veränderung ermöglichte. Doch nicht zuletzt möchte ich Jason für sein Vertrauen danken und dafür, dass er uns die Möglichkeit eröffnet hat, überhaupt an diesem Buch zu arbeiten.

Von Kate Burton: Als Romilla und ich uns an die Arbeit für dieses Buch machten, wollten wir etwas zu lernen und Spaß haben. Daher geht mein Dank an Romilla – wir haben sowohl etwas gelernt als auch Spaß gehabt, haben uns sehr gut verstanden und sind enge Freundinnen geworden. Meiner Familie, vor allem Bob, Rosy und Jessica, gilt mein Dank für ihre bedingungslose Liebe und Unterstützung, insbesondere für eure unschlagbare Fähigkeit, mich zu versorgen, während ich mich weiter ums Schreiben kümmern konnte. An meine besonderen Freunde: Danke, dass ihr drangeblieben seid, als ich zu beschäftigt war, um nach draußen spielen zu kommen. Ich danke Ian, der mich mit NLP bekannt gemacht hat und dessen Fähigkeiten ich unheimlich bewundere, und Jan dafür, mir die reinen Freuden des NLP-Coachings gezeigt zu haben. Meinen Kunden und Kollegen, insbesondere Lynda und Helen, danke für die Gelegenheiten, mit euch NLP zu lernen und zu praktizieren. Dank an Jason, Sam, Dan, Julia, Shaun und die Profis bei Wiley dafür, diese Idee Wirklichkeit werden zu lassen. Und vor allem an Sie, den Leser und die Leserin, der beziehungsweise die dieses Buch erst zum Leben erweckt. Mögen Sie fasziniert und inspiriert sein zu lernen.

Auf einen Blick

Inhaltsverzeichnis

Kapitel 18
Die richtigen Fragen stellen. **285**

TEIL V
IHRE NLP-KENNTNISSE UMSETZEN 299

Kapitel 19
Schnupperkurs Modeling. **301**

Kapitel 20

TEIL VI

Kapitel 21

Kapitel 22

Einführung

Willkommen zur vierten Auflage von *Neuro-Linguistisches Programmieren für Dummies,* die voller Ideen und Tipps ist, wie Sie Ihr Wohlbefinden stärken und Ihren Erfolg vergrößern können. Das Thema *Neurolinguistisches Programmieren* (NLP) wird Ihnen in Ihrem Alltag immer häufiger begegnen – in Unternehmen, unter Kollegen auf Workshops und in Cafés. Wir haben dieses Buch geschrieben, weil unsere Erfahrung mit NLP unser Leben verändert hat. Wir wollten Ihre Neugier entfachen, was im und mit NLP alles möglich ist. Außerdem waren wir der Meinung, dass es Zeit ist, NLP aus der rein akademischen und unternehmerischen Ecke herauszuholen und für all unsere Freunde dort draußen in eine verständliche Sprache zu bringen. Mit Freunden meinen wir alle und jeden, vor allem Sie, den Leser, die Leserin.

NLP ist seit Jahrzehnten populär, weil es Aha-Erlebnisse liefert. Doch ist allein der Name (»Neuro« bezieht sich darauf, was sich in unserem Verstand abspielt, »linguistisch« auf die Sprache und wie wir sie verwenden, während »Programmieren« die langlebigen Verhaltensmuster anpackt, die wir lernen und dann wiederholen) und der dazugehörige Fachjargon für Durchschnittsmenschen ein Hindernis. Manche beschreiben NLP als »die Erforschung der Struktur subjektiver Erfahrung«, andere nennen sie »die Kunst und Wissenschaft der Kommunikation«. Wir ziehen die Formulierung vor, dass NLP es Ihnen ermöglicht, herauszufinden, was in Ihnen vorgeht – wie Sie denken, wie Sie fühlen, wie Sie Sinn in den Alltag in der Welt, in der Sie leben, bringen. Mit diesem Wissen ausgerüstet, kann Ihr Leben – sowohl beruflich als auch privat – schön werden.

In dieser vierten Auflage berücksichtigen wir die Weiterentwicklungen des NLP der letzten Jahre und zeigen Ihnen, wie Sie neben Ihrem kognitiven Geist auch den somatischen Geist, das heißt das Gewahrsein für Ihren Körper, in Ihre Veränderungsarbeit integrieren können und diese damit noch wirksamer und ganzheitlicher machen.

Über dieses Buch

Dieses Buch richtet sich an jeden, der von Menschen fasziniert ist. Durch die empirische Herangehensweise ermutigt NLP dazu, in Aktion zu treten und das eigene Leben zu formen. Es soll all diejenigen ansprechen, die auf einen Startschuss warten und ihr Denken für neue Möglichkeiten öffnen möchten.

Wir haben versucht, NLP für Sie sympathisch, anwendungsbezogen, erreichbar und nützlich zu machen. Wir gehen davon aus, dass Sie dieses Buch an einer beliebigen Stelle aufschlagen können und schnell zu praktischen Ideen finden, wie man mit NLP Probleme lösen oder Änderungen an sich selbst vornehmen kann.

Die Inhalte in unserem Buch sind gezielt ausgesucht. Wir wollten Neulingen ein verlockendes Menü bieten. Und für diejenigen, die schon Erfahrung haben, hoffen wir, dass dieses Buch Ihnen helfen wird, bereits Erlerntes zu vertiefen und darüber hinaus neue Ideen und

Anwendungen zu finden. Was das betrifft, haben wir versucht, es Ihnen möglichst einfach zu machen, an Informationen wie die Folgenden zu gelangen:

✔ Wie Sie herausfinden, was wichtig für Sie ist, um Ziele mit Energie und Überzeugung zu erreichen.

✔ Was die grundlegenden Annahmen des NLP sind und warum sie für Sie wichtig sind.

✔ Methoden, mit denen Sie andere Menschen verstehen, um sich Gehör für Ihre Botschaft zu verschaffen.

✔ Wann man Rapport aufbaut und wann man ihn löst.

✔ Wie Sie das Unbewusste dazu bringen, mit dem Bewussten als starkes Team zusammenzuarbeiten.

Außerdem sollten Sie alle Gelegenheiten nutzen, die Übungen, die wir Ihnen anbieten, durchzuspielen, da eigene Erfahrungen die beste Möglichkeit sind, NLP zu lernen. Manche der Ideen und Übungen in diesem Buch weichen möglicherweise stark von Ihrer normalen Verhaltensweise ab. Die Methodik des NLP besteht jedoch darin, erst einmal loszulegen, Zweifel beiseitezuschieben und dann den Lernfortschritt zu erkennen.

Konventionen in diesem Buch

Damit Sie sich in diesem Buch einfacher zurechtfinden, haben wir einige wenige Konventionen aufgestellt:

✔ *Kursiv* werden die Definitionen neuer Wörter und Begriffe hervorgehoben.

✔ **Fett geschriebener** Text kennzeichnet den von Ihnen durchzuführenden Teil in Schrittanleitungen.

✔ `Schreibmaschinenschrift` wird für die Angabe von Webadressen eingesetzt.

Was Sie nicht lesen müssen

Wir haben das Buch so geschrieben, dass Sie alles, was Sie hier über NLP herausfinden, auch leicht verstehen können. Zwar würden wir es nach all der Schreiberei natürlich gern sehen, dass Sie jedes einzelne Wort zwischen der ersten und der letzten Seite des Buches lesen, doch haben wir es Ihnen auch einfach gemacht, Material zu erkennen, das Sie getrost überspringen können. Dabei handelt es sich um Passagen, die zwar interessant sind und zum Thema gehören, jedoch keine »lebenswichtigen« Informationen für Sie sind:

✔ **Text in Kästen:** Die grau unterlegten Texte, die hier und da im Buch auftauchen, enthalten persönliche Geschichten und Beobachtungen, die Sie jedoch nicht unbedingt lesen müssen.

✔ **Das Zeug auf der Copyright-Seite:** Kein Witz. Dort finden Sie absolut nichts Wissenswertes, solange Sie nicht von Rechtsfachbegriffen fasziniert und auf Nachdruckgenehmigungen versessen sind.

Törichte Annahmen über den Leser

Beim Schreiben dieses Buches haben wir einige Annahmen über Sie angestellt. Wir sind davon ausgegangen, dass Sie ein normales menschliches Wesen sind, das einfach nur glücklich sein möchte. Sie interessieren sich vermutlich fürs Lernen und für neue Ideen. Sie haben unter Umständen schon mal die Bezeichnung NLP gehört oder Sie befassen sich bereits mit den Gedanken oder das Thema ist einfach neu und faszinierend für Sie. Sie benötigen kein Vorwissen über NLP, aber NLP ist genau das Richtige für Sie, wenn bei Ihnen bei einem der folgenden Punkte ein Glöckchen läutet:

✔ Sie sind es leid oder müde, wie manche Dinge zurzeit bei Ihnen laufen.

✔ Sie interessieren sich dafür, wie Sie Ihre Lebenserfahrungen auf eine neue Leistungs-, Zufriedenheits-, Abenteuer- oder Erfolgsstufe bringen können.

✔ Sie sind neugierig, wie man andere moralisch korrekt und einfach beeinflussen kann.

✔ Sie sind jemand, der das Lernen und Sich-Entwickeln liebt.

✔ Sie sind bereit, Ihre Träume Wirklichkeit werden zu lassen.

Wie dieses Buch aufgebaut ist

Wir haben dieses Buch in sechs Teile unterteilt, die jeweils wieder in Kapitel gegliedert sind. Das Inhaltsverzeichnis versorgt Sie mit den nötigen Informationen zu den einzelnen Kapiteln und wir haben die Einleitungsseiten der einzelnen Teile jeweils mit einem Comic ausgestattet, um Sie bei Laune zu halten.

Teil I: Willkommen in einer schönen neuen Welt

Irgendjemand hat einmal gesagt: »Wenn du immer tust, was du schon immer getan hast, wirst du auch immer bekommen, was du schon immer bekommen hast.« Das sind weise Worte, an die Sie denken sollten, wenn Sie Ihre ersten Schritte auf dem Gebiet des NLP unternehmen. In diesem Teil werden Sie eine erste Vorstellung davon erhalten, was NLP für Sie tun kann. Am Anfang sollten Sie eine Sache im Hinterkopf behalten: Lösen Sie sich von Zweifeln oder Annahmen, die Ihnen beim Lernen im Weg stehen könnten. In diesem Teil laden wir Sie dazu ein, über die beste NLP-Frage aller Zeiten nachzudenken, die da lautet: »Was will ich?«, und dann in das einzutauchen, was hinter den Kulissen in Ihrem Gehirn und Ihrem Unbewussten passiert. Interessante Themen, wie Sie hoffentlich auch finden werden.

Teil II: Freunde gewinnen und Menschen beeinflussen

Haben Sie sich schon einmal vorgestellt, wie einfach das Leben wäre, wenn andere immer machen würden, was Sie von ihnen verlangen? Das ist eine ziemlich harte Nuss. Wir wollen keine Magier sein, die Ihre schlimmsten Feinde handzahm machen können, doch ist

Rapport (= eine Verbindung herstellen) eines der Kernthemen des NLP, weshalb sich der Kern dieses Buches mit diesem Thema beschäftigt. In diesem Teil stellen wir die Instrumente vor, die Sie benötigen, um die Ansichten anderer Personen verstehen zu können. Wir zeigen Ihnen, wie Sie Verantwortung für die Veränderung der Beziehung zu wichtigen Personen in Ihrem Leben übernehmen, und Sie lernen, wie Sie Ihr eigenes Verhalten flexibler gestalten.

Teil III: Die Werkzeugkiste öffnen

Ein Hauch Magie steigt vor Ihrem geistigen Auge auf, wenn Sie im Herzen des NLP angelangt sind. Endlich – werden Sie sagen – können Sie sich mit den wichtigen Instrumenten des NLP befassen. Hier finden Sie viele praktische Dinge, auf die man sich immer wieder berufen kann. Sie erfahren, wie Sie Ihr Denken anpassen und lenken können, damit Sie Situationen in den Griff bekommen, die Sie für schwierig halten, und wie Sie Quellen anzapfen können, um Gewohnheiten zu ändern, die nicht mehr hilfreich für Sie sind. Dann können Sie in die Zukunft flitzen und mit Zeitkonzepten arbeiten, um alte Probleme zu lösen und einen überzeugenden Weg vorauszuplanen.

Teil IV: Mit Worten bezaubern

Dieser Teil konzentriert sich darauf, wie die Sprache, die Sie verwenden, nicht nur eine Erfahrung beschreibt, sondern auch die Macht haben kann, eine Erfahrung zu erzeugen. Stellen Sie sich einfach vor, wie es wäre, wenn Ihnen ein Publikum aus der Hand frisst. Anhand der Fähigkeiten und Ausdrucksweisen großer Kommunikatoren erläutern wir, wie man ein Publikum dazu bringt, mit neuem Appetit wiederzukommen. Wenn Sie sich vorstellen können, dass das Leben als eine Abfolge von Geschichten beschrieben werden kann, werden Sie herausfinden, wie Sie Ihre eigene ansprechende Geschichte schreiben können.

Teil V: Ihre NLP-Kenntnisse umsetzen

In diesem Teil geht es darum, das, was Sie in den anderen Teilen dieses Buches gelesen und geübt haben, auf Ihr eigenes Leben anzuwenden. Sie finden heraus, wie Sie mit der Modeling-Technik auf dem von Ihnen gewählten Gebiet Außergewöhnliches leisten können. Außerdem erfahren Sie, was bei Veränderungen geschieht und wie Sie diese Zeiten meistern können.

Teil VI: Der Top-Ten-Teil

Falls Sie es nicht abwarten können, Antworten über NLP zu erhalten, sollten Sie als Erstes hier einen kleinen Stopp einlegen. Dieser Teil führt Sie zu einigen Top-Ten-Listen und Tipps, wie beispielsweise Anwendungen des NLP, Informationsquellen und hilfreiche Bücher und vieles mehr. Wir haben diesen Teil auf diejenigen ausgerichtet, die immer zuerst das Ende eines Buches lesen, um den Rest zu verstehen.

Symbole, die in diesem Buch verwendet werden

Die Symbole in diesem Buch sollen Ihnen helfen, bestimmte Informationen zu finden, die für Sie nützlich sein können:

Dieses Symbol kennzeichnet NLP-Fachbegriffe, die sich zunächst vielleicht wie eine Fremdsprache anhören, für das NLP aber eine ganz bestimmte Bedeutung haben.

Dieses Symbol schlägt Ideen und Aktivitäten vor, die NLP-Techniken in die Praxis umzusetzen, und soll Ihnen Nahrung für Ihr Gehirn liefern.

Dieses Symbol hebt praktische Ratschläge hervor, mit denen Sie NLP für sich arbeiten lassen können.

Dieses Symbol ist ein freundlicher Hinweis auf wichtige Dinge, die Sie sich merken sollten.

Dieses Symbol finden Sie neben Geschichten, die NLP im Alltag in Aktion zeigen. Manche dieser Geschichten sind wahr, bei anderen sind die Namen geändert worden, wieder andere sind erfunden.

Dieses Symbol kennzeichnet Dinge, die Sie in Ihrer Begeisterung beim Ausprobieren Ihrer NLP-Fertigkeiten besser lassen sollten.

Wie es weitergeht

Sie müssen dieses Buch nicht Seite für Seite von vorn nach hinten durchlesen. Sie werden aber sehr davon profitieren, wenn Sie es mit genau der Geschwindigkeit und in genau der Reihenfolge lesen, die Sie bevorzugen. Schauen Sie im Inhaltsverzeichnis nach, was Sie am meisten interessiert. Wenn Sie darauf aus sind, jemand anders zu verstehen, versuchen Sie es zuerst mit Kapitel 7. Wenn Sie wissen wollen, was Sie antreibt und was in Ihnen vorgeht, wenden Sie sich als Erstes Kapitel 6 zu; dort können Sie die Macht Ihrer Sinne entdecken. Blättern Sie nach Herzenslust und machen Sie sich mit den verschiedenen Themenbereichen vertraut.

Wenn Sie das Buch gelesen haben und noch mehr erfahren möchten, empfehlen wir, sich in Workshops und bei Coachings intensiver mit NLP zu beschäftigen. Wir haben im Top-Ten-Teil einen Abschnitt mit entsprechenden Informationen untergebracht, um Ihnen bei der Reise zu helfen.

Teil I
Willkommen in einer schönen neuen Welt

IN DIESEM TEIL ...

... finden Sie heraus, wofür NLP steht und warum so viel darüber gesprochen wird. Wir zeigen, wie alles mit ein paar tüchtigen Menschen in Kalifornien begann, wir versuchen, Sie dazu zu bringen, Ihre eigenen Annahmen zu überdenken, und helfen Ihnen beim Start in die richtige Richtung, um das aus Ihrem Leben zu machen, was Sie möchten.

Kapitel 1

NLP kurzgefasst

H ier eine kleine Sufi-Weisheit über einen Mann und einen Tiger:

Ein Mann, der von einem hungrigen Tiger verfolgt wurde, drehte sich verzweifelt herum, sah ihm in die Augen und schrie: »Warum lässt du mich nicht in Ruhe?« Der Tiger antwortete: »Warum hörst du nicht auf, so appetitlich zu sein?«

In jeder Kommunikation zwischen zwei Personen – oder in diesem Fall zwischen Mensch und Tier – gibt es immer mehr als nur eine Perspektive. Manchmal können wir das einfach nicht verstehen, weil wir nicht sehen können, was vor uns liegt.

NLP ist eine der am weitesten entwickelten und effektivsten Methoden, die derzeit verfügbar sind, um Ihnen zu helfen, genau das zu tun. NLP konzentriert sich auf Kommunikation und Veränderung. Gerade in der heutigen Zeit müssen wir zu einem Höchstmaß an persönlicher Flexibilität fähig sein. Tricks helfen da nicht weiter; wir müssen konkret werden.

So möchten wir Sie auf der Reise begrüßen und Ihnen in diesem Kapitel eine kleine Kostprobe der Schlüsselthemen der NLP geben.

Was ist NLP?

Alle gesunden Menschen kommen mit demselben neurologischen Grundsystem zur Welt. Dieses neurologische System überträgt die Informationen, die Sie aus der Umwelt aufnehmen, über die Sinne in unser Gehirn. Als Umwelt bezeichnen wir in diesem Zusammenhang alles, was außerhalb von uns selbst liegt, aber auch unsere Organe, also Augen, Ohren, Haut, Magen und Lungen. Das Gehirn verarbeitet die Informationen und überträgt Botschaften zurück an unsere

Organe. Bei den Augen kann das beispielsweise zur Folge haben, dass wir blinzeln. Die Informationen können auch Gefühle auslösen und wir freuen uns, weinen oder lachen. Kurz: Wir verhalten uns auf eine bestimmte Weise.

Unsere Fähigkeit, irgendetwas im Leben zu vollbringen, ob es das Durchschwimmen eines Pools, das Kochen einer Mahlzeit oder das Lesen dieses Buches ist, hängt ganz davon ab, wie wir unser Nervensystem beherrschen. Deshalb richtet sich ein großer Teil des NLP darauf, zu lernen, wie man effektiver denkt und mit anderen und sich selbst besser kommuniziert.

Und so lässt sich der Begriff *Neuro-Linguistisches Programmieren* definieren:

✔ **Neuro** steht für das neurologische System. NLP basiert auf dem Konzept, dass wir die Welt durch unsere Sinne erfahren und die sensorischen Informationen in einen sowohl bewussten als auch unbewussten Denkprozess umwandeln. Denkprozesse aktivieren das neurologische System, das sich wiederum auf Physiologie, Emotionen und Verhalten auswirkt.

✔ **Linguistik** bezeichnet die Art und Weise, wie Menschen Sprache einsetzen, um der Welt Sinn zu geben, Erfahrungen zu sammeln und in Begriffe zu kleiden sowie diese Erfahrungen anderen mitzuteilen. In der NLP ist die Linguistik die Erforschung, wie die Wörter, die Sie sprechen, Ihre Erfahrungen beeinflussen.

✔ **Programmierung** kommt aus der Lerntheorie und bezeichnet, wie wir Erfahrungen chiffrieren oder mental repräsentieren. Ihre persönliche Programmierung besteht aus Ihren internen Prozessen und Strategien (Denkmuster), die Sie einsetzen, um Entscheidungen zu fällen, Probleme zu lösen, zu lernen, zu bewerten und Ergebnisse zu erzielen. NLP zeigt, wie Erfahrungen neu kodiert werden können und die innere Programmierung neu strukturiert werden kann, um das gewünschte Ergebnis zu erzielen.

Wenn Sie diesen Prozess in Aktion sehen wollen, fangen Sie am besten damit an zu beobachten, wie Sie denken. Stellen Sie sich vor, es wäre ein heißer Sommertag. Sie gehen nach Dienstschluss nach Hause in die Küche und nehmen eine Zitrone aus dem Kühlschrank. Schauen Sie sich die Außenseite an, die gelbe, wächserne Haut, die grünen Enden. Fühlen Sie, wie kalt sie in Ihrer Hand ist. Riechen Sie daran. Hm! Drücken Sie sie vorsichtig und achten Sie auf das Gewicht der Zitrone auf Ihrer Handfläche. Nehmen Sie nun ein Messer und schneiden Sie sie in zwei Hälften. Hören Sie, wie der Saft austritt, und achten Sie darauf, wie viel stärker der Geruch nun ist. Beißen Sie fest in die Zitrone und lassen Sie den Saft in Ihren Mund fließen.

Worte. Simple Worte haben die Macht, den Speichelfluss anzuregen. Sie hören ein Wort – Zitrone – und Ihr Gehirn tritt in Aktion. Die Wörter, die Sie gerade gelesen haben, haben Ihrem Gehirn mitgeteilt, dass Sie eine Zitrone in Ihrer Hand halten. Wir glauben vielleicht, dass Wörter nur Bedeutungen beschreiben – sie beschreiben jedoch tatsächlich Ihre Realität. Sie werden während unserer Reise noch viel mehr darüber erfahren.

Ein paar kurze Definitionen

NLP kann auf unterschiedliche Arten beschrieben werden. Die offizielle Definition lautet »die Erforschung der Struktur unserer subjektiven Erfahrung«. Hier noch einige weitere Antworten auf die Eine-Million-Euro-Frage, was NLP ist:

✔ die Kunst und Wissenschaft der Kommunikation,

✔ der Schlüssel zum Lernen,

✔ es dreht sich darum, was in Ihnen und anderen Menschen vorgeht,

✔ der Weg, in allen Lebensbereichen das zu bekommen, was man will,

✔ Beeinflussung anderer mit Integrität,

✔ eine Gebrauchsanweisung für Ihr Gehirn,

✔ das Geheimnis erfolgreicher Menschen,

✔ die Methode, mit der Sie Ihre Zukunft gestalten können,

✔ NLP hilft den Menschen, die Bedeutung ihrer Realität herauszufinden,

✔ Das Instrumentarium für persönliche und organisatorische Veränderung.

Wo alles anfing und wo es hinführt

Die Geschichte des NLP begann in Kalifornien in den frühen 1970er-Jahren an der University of Santa Cruz. Dort konnte ein Masters-Student der Informationswissenschaften und Mathematik namens Richard Bandler einen Professor für Linguistik namens Dr. John Grinder für sein Projekt gewinnen, in dem es darum ging, Personen zu untersuchen, die sie für sehr gute Kommunikatoren und Motoren der Veränderung hielten. Sie waren fasziniert davon, wie manche Menschen entgegen jeder Wahrscheinlichkeit an »schwierige« oder sehr kranke Menschen herankamen, während andere beim Versuch der Kontaktaufnahme kläglich scheiterten.

Die Wurzeln des NLP liegen auf therapeutischem Boden, nachdem Bandler und Grinder drei weltbekannte Psychotherapeuten analysierten: Virginia Satir (entwickelte die Familientherapie), Fritz Perls (Gründer der Gestalttherapie) und Milton H. Erickson (hatte großen Anteil an den Fortschritten der klinischen Hypnotherapie).

In ihrer Arbeit stützten sich Bandler und Grinder überdies auf die Erkenntnisse der Sprachwissenschaftler Alfred Korzybski und Noam Chomsky, des Sozialanthropologen Gregory Bateson und des Psychotherapeuten, Philosophen und Kommunikationswissenschaftlers Paul Watzlawick.

Seit dieser Zeit ist der NLP-Bereich im wahrsten Sinne des Wortes explodiert und umfasst mittlerweile zahlreiche Disziplinen in vielen Ländern rund um den Globus. Es ist uns nicht möglich, alle Lehrer und Anwender des heutigen NLP aufzuzählen, aber in Kapitel 24 können Sie nachlesen, wie Sie Ihr Wissen noch erweitern können.

Wie geht's also weiter mit NLP? Seit den Tagen in Santa Cruz in den 1970er-Jahren wurde jedenfalls schon ein weiter Weg zurückgelegt. Viele weitere Pioniere haben die Geschichte aufgenommen und weitergeführt – machten sie anwendbar und halfen, das Leben realer Personen, wie Sie und ich es sind, zu verändern. Es gibt viel Literatur zu und über NLP. Heutzutage wird NLP von Ärzten und Krankenschwestern, Taxifahrern, Verkäufern, Trainern und Wirtschaftsprüfern, Lehrern und Tierärzten, Eltern, Arbeitern, Rentnern und Teenagern und vielen anderen angewendet. Im Top-Ten-Teil finden Sie eine kleine Auswahl von Anwendungsbeispielen.

Jede Generation nimmt die Gedanken auf, die mit ihrem Interessensgebiet in Einklang stehen, sichtet und verfeinert sie und bringt ihre eigenen Erfahrungen ein. Da NLP neues Denken und Alternativen fördert und die positive Absicht würdigt, die allem Tun zugrunde liegt, können wir nur sagen, dass uns die Zukunft glänzende Aussichten bietet. Der Rest ist Ihre Sache.

Eine Bemerkung zur Integrität

Unter Umständen werden Ihnen die Wörter *Integrität* und *Manipulation* im Zusammenhang mit NLP begegnen, weshalb wir gleich an dieser Stelle darauf eingehen wollen. Sie beeinflussen ununterbrochen andere Menschen. Wenn Sie das bewusst tun, um zu bekommen, was Sie wollen, stellt sich die Frage nach Integrität. Manipulieren Sie andere, um zu bekommen, was Sie wollen, und zwar auf deren Kosten? Die Frage, die wir, die Autorinnen, uns stellen, wenn wir uns in einer Verkaufssituation befinden, ist ganz einfach: Sind unsere Absichten hinsichtlich der anderen Person – sei es ein Individuum oder ein Unternehmen – positiv? Wenn sie gut sind und der anderen Seite nutzen, entsteht Integrität – die sogenannte Win-win-Situation. Wenn nicht, handelt es sich um Manipulation. Wenn Sie nach Win-win streben, sind Sie auf der Erfolgsspur. Und Sie wissen ja: »Wie man in den Wald hineinruft, so schallt es heraus.«

Die Säulen des NLP: Direkt und unkompliziert

Zunächst einmal müssen Sie wissen, dass es im NLP um vier Dinge geht, die als die Säulen des NLP bekannt sind (siehe Abbildung 1.1). Diese vier grundlegenden Elemente erläutern wir in den folgenden Abschnitten.

✔ **Rapport:** Wie man eine Beziehung zu anderen und zu sich selbst aufbaut, ist wahrscheinlich das wichtigste Geschenk, das NLP den meisten Lesern mitgeben kann. Bei der Geschwindigkeit, mit der die meisten von uns leben und arbeiten, ist eine wichtige Lektion in Rapport, wie man Nein zu all den Anfragen an die eigene beschränkte Zeit sagen und gleichzeitig Freundschaften und Geschäftsbeziehungen aufrechterhalten kann. Mehr über Rapport, wie man ihn aufbaut und wann man ihn abbricht, finden Sie in Kapitel 7.

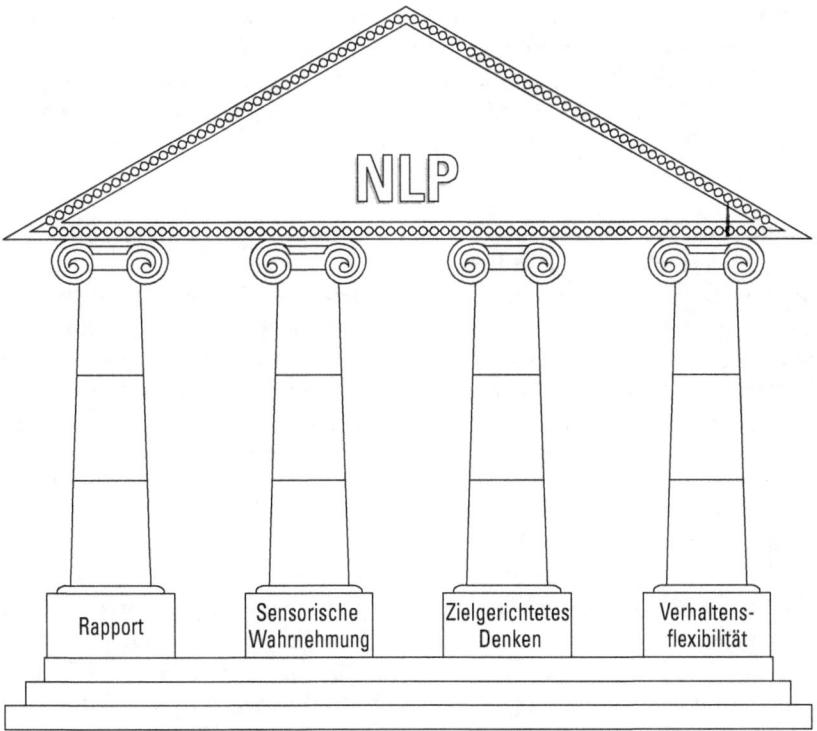

Abbildung 1.1: Die Säulen des NLP

✔ **Sensorische Wahrnehmung:** Haben Sie schon einmal bemerkt, wie sich die Farben, Geräusche und Gerüche in Wohnungen von anderen Leuten ganz subtil von denen in Ihrer Wohnung unterscheiden? Oder dass Kollegen besorgt aussehen, wenn sie über ihren Job sprechen? Vielleicht sind Ihnen auch schon mal die Farben des Nachthimmels oder die frischen grünen Blätter zu Beginn des Frühjahrs aufgefallen. Wie der Detektiv Sherlock Holmes werden Sie mit der Zeit bemerken, um wie viel reicher die Welt ist, wenn man alle Sinne, die einem zur Verfügung stehen, aufmerksam einsetzt. In Kapitel 6 erfahren Sie alles, was Sie über die Macht der sensorischen Wahrnehmung wissen müssen und wie Sie Ihren Sehsinn, den Hörsinn, den Tastsinn, den Geschmackssinn und den Geruchssinn zu Ihrem Vorteil nutzen können.

✔ **Zielgerichtetes Denken:** Das Wort *Ziel* oder *zielgerichtet* wird Ihnen in diesem Buch noch häufig begegnen. Es bedeutet, darüber nachzudenken, was man eigentlich will, anstatt in einer negativen Problemhaltung zu verharren. Die Prinzipien des zielgerichteten Ansatzes können Ihnen dabei helfen, die richtigen Entscheidungen zu fällen und die richtigen Alternativen zu wählen – ob es sich nun darum handelt, was Sie am Wochenende machen wollen, ob es sich um ein wichtiges Projekt dreht oder ob es darum geht, den wahren Sinn des Lebens zu finden. Blättern Sie zu Kapitel 4, um die gewünschten Ergebnisse zu erzielen.

✔ **Verhaltensflexibilität:** Wie man etwas anders erledigen kann, wenn das, was man gerade tut, nicht funktioniert – darum geht es bei Verhaltensflexibilität. Flexibilität ist der Schlüssel zur Praxis des NLP; Instrumente und Gedanken dazu finden Sie in jedem Kapitel. Wir werden Ihnen dabei helfen, neue Perspektiven zu finden und diese in Ihr Repertoire einzubauen. In Kapitel 5 finden Sie Vorschläge, wie Sie Ihre Flexibilität steigern können.

Hier ein Beispiel, was das für den Alltag bedeuten kann: Angenommen, Sie haben Software bestellt, die per Post geliefert wird. Das könnte beispielsweise ein Programm sein, mit dem Sie alle Namen, Adressen und Telefonnummern Ihrer Freunde oder Kunden verwalten können. Sie laden das Programm auf Ihren Computer, benutzen es ein paarmal und dann funktioniert es plötzlich auf mysteriöse Art nicht mehr. Das System weist einen gravierenden Programmierfehler auf. Sie haben jedoch schon viel Zeit in die Installation und die Eingabe aller Kontakte investiert, sodass Sie den Händler anrufen. Die Leute beim Kundenservice sind jedoch keine Hilfe und sogar unverschämt.

Sie müssen nun all Ihre Fähigkeiten bemühen, um *Rapport* mit dem Kundenservicemanager aufzubauen, bevor sich irgendjemand Ihre Beschwerden anhört. Sie müssen dazu Ihre *Sinne* bemühen – vor allem Ihre Ohren, müssen genau aufpassen, was der Händler sagt – und Sie müssen darauf achten, Ihre Gefühle zu kontrollieren, und sich für die passende Antwort entscheiden. Sie müssen sich klar werden, welches *Ziel* Sie verfolgen – was soll passieren, nachdem Sie Ihre Beschwerde losgeworden sind? Möchten Sie Ihr Geld zurück oder Ersatzsoftware? Und letztlich müssen Sie *flexibles Verhalten* an den Tag legen und verschiedene Möglichkeiten in Betracht ziehen, wenn Sie nicht das bekommen, was Sie zunächst angestrebt hatten.

Modelle und Modellbildung

Das neurolinguistische Programmieren (NLP) begann als Modell für die Art und Weise, wie wir mit uns selbst und anderen Personen kommunizieren, und wurde von Bandler und Grinder auf der Grundlage ihrer Untersuchungen bedeutender Kommunikatoren entwickelt. NLP sagt also eine Menge über Modelle und Modellbildung aus.

NLP funktioniert durch Master-Modellbildung in allen Bereichen. Man beginnt mit folgender Prämisse: Wenn Sie jemanden ausfindig machen können, der irgendetwas gut beherrscht, können Sie ein Modell davon bilden, wie er oder sie dies tut, und von dieser Person lernen. Das bedeutet, dass Sie ein Modell von jeder Person bilden können, die Sie bewundern – Topmanager oder Spitzensportler, der Kellner in Ihrem Lieblingsrestaurant oder die gelassene Yoga-Lehrerin.

Das NLP-Kommunikationsmodell

Das NLP-Modell erklärt, wie wir die Informationen verarbeiten, die von außen an uns herangetragen werden. NLP zufolge bewegen Sie sich nicht durchs Leben, indem Sie auf Ihre Umwelt reagieren, sondern indem Sie auf Ihr eigenes Modell oder Ihre Landkarte dieser Welt reagieren.

Eine grundlegende Annahme des NLP lautet: »Die Landkarte ist nicht das Gebiet.« Das bedeutet, dass Sie und ich das gleiche Ereignis unterschiedlich erfahren. Angenommen, Sie kommen zur nächsten Dummies-Party – wir beide hätten eine Menge Spaß, würden viele freundliche Menschen treffen, das gute Essen und die Getränke genießen und uns vielleicht noch ein wenig vom Unterhaltungsprogramm anschauen. Würden wir jedoch am nächsten Tag gebeten, zu erzählen, wie der Abend verlaufen ist, würden wir jeweils eine andere Geschichte erzählen. Somit unterscheiden sich die Darstellungen, die wir von einem äußeren Ereignis liefern, vom Ereignis an sich.

NLP verändert nicht die Welt – es hilft Ihnen ganz einfach dabei, die Art und Weise zu ändern, mit der Sie die Welt wahrnehmen und beobachten. NLP hilft Ihnen dabei, eine andere Landkarte zu erstellen, die Sie dabei unterstützt, effektiver zu sein.

Markus ist Architekt und hat teure Büroräume in zentraler Citylage angemietet. Er hat sich regelmäßig darüber beschwert, dass die Büros nicht ordentlich gereinigt wurden, das Personal faul sei und der Büroleiter nicht zufriedenstellend arbeite. Als wir Markus in seinem Büro besuchen, stellen wir fest, dass er im Chaos arbeitet, das Büro immer mit Plänen und Entwürfen auf jeder möglichen Ablage übersät zurücklässt und nichts wegräumt. Er arbeitet regelmäßig bis spät in die Nacht und reagiert ungehalten auf Unterbrechungen, weshalb das Reinigungspersonal sich nie traut, ihn zu stören, und deshalb unverrichteter Dinge abzieht. Markus hatte ganz einfach nie die Perspektive der anderen Beteiligten berücksichtigt und daher nicht wahrgenommen, welch schwierige Aufgabe es ist, sein Büro um ihn herum aufzuräumen. Seine Landkarte der Realität unterschied sich grundlegend von der des Reinigungsteams.

Master-Modeling

Master-Modeling ist ein weiteres Thema, von dem Sie wahrscheinlich noch hören werden, denn vieles, was mit NLP zu tun hat, ist zukunftsorientiert und dient dazu, Dinge zum Besseren zu verändern – ob es nun um einen besser ausgebildeten Menschen, eine verbesserte Lebensqualität oder eine bessere Welt für die nächste Generation geht.

Der Ansatz im NLP lautet, dass man am besten dadurch lernt, wenn man jemanden findet, der in dem, was man lernen möchte, bereits sehr gut ist. Indem man sich einen anderen Menschen als Modell vornimmt und ihn kopiert, kann man diese besondere Leistung in entsprechend kleine Komponenten unterteilen. Diese Sichtweise verleiht uns Stärke und motiviert uns, große, uns überfordernde Projekte in viele kleine Projekte zu unterteilen, die wir bewältigen können, und Menschen zu finden, die diesen Prozess schon hinter sich haben und uns helfen können.

Tipps für die wirkungsvollere Anwendung des NLP

Wie Sie noch herausfinden werden, dreht es sich bei der praktischen Anwendung des NLP darum, die Zahl der Alternativen zu erhöhen, nachdem es so einfach ist, sich von seinen eigenen Erfahrungen knebeln zu lassen und zu sagen: »So machen wir das eben und so muss es auch bleiben.« Um Nutzen aus dem NLP ziehen zu können, müssen Sie offen sein und sich selbst und andere beim Hinterfragen und der Überwindung von Regeln und Normen unterstützen. Im Folgenden ein paar Tipps, wie das gehen kann.

An erster Stelle steht die Einstellung

NLP ist im Grunde eine Lebenseinstellung und eine Technik, die Sie mit den Instrumenten und Fähigkeiten ausstattet, um alles in Ihrem Leben zu ändern, was nicht zu dem passt, was Sie heute sind. Alles ist möglich, wenn Sie über die Meinungen und Einstellungen verfügen, die Ihren Erfolg unterstützen. Wenn Ihre Einstellungen Ihnen nicht dabei helfen, ein erfülltes und gewinnbringendes Leben zu führen, sollten Sie vielleicht Veränderungen in Betracht ziehen. Die Änderung von Meinungen und Einstellungen verändert tatsächlich auch Ihr Leben.

Viele Menschen verbringen viel Zeit damit, die negativen Seiten ihres Lebens zu betrachten – wie sie ihren Job hassen oder dass sie eigentlich nicht mehr rauchen oder so dick sein wollen. Wenn man sich dazu anhält, sich auf das zu konzentrieren, was man will, können ziemlich schnell positive Ergebnisse erzielt werden.

Wissbegier und Irritation sind gut für Sie

Zwei Eigenschaften können hilfreich für Sie sein: *Wissbegier* – akzeptieren Sie, dass Sie nie alle Antworten erhalten werden –, und die *Bereitschaft, sich irritieren zu lassen*, weil dies neuer Erkenntnis vorausgeht. Wie der Hypnotherapeut Milton H. Erickson (mehr über ihn folgt später) einmal sagte: »Der Erleuchtung geht immer Irritation voraus.«

Wenn die Gedanken, die wir in diesem Buch vorstellen, Sie verwirren, seien Sie Ihrem Unbewussten dankbar, weil das der erste Schritt zur Erkenntnis ist. Nehmen Sie die Irritation als Zeichen dafür, dass Sie nun tatsächlich mehr wissen, als Sie sich bewusst waren.

Die Veränderung liegt bei Ihnen

Die Tage, an denen Sie im Sog immer wiederkehrender, nervtötender und uneffektiver Verhaltensmuster und Reaktionen gefangen waren, sind gezählt. Im NLP geht es ausschließlich um messbare Ergebnisse, die die Lebensqualität von Menschen ganz ohne langwierige und schmerzhafte Reise in die Vergangenheit verbessern.

Wenn Sie sich erst einmal weiter in dieses Buch vertieft haben, werden Sie die experimentelle Natur des NLP entdecken, dass es ums Ausprobieren geht, ums Loslegen. Probieren Sie es selbst aus – lassen Sie uns nicht nur reden.

Die Verantwortung für Veränderung liegt ganz bei Ihnen: Dieses Buch ist nur der Moderator. Wenn Sie nicht offen für Veränderung sind, haben Sie Ihr Geld zum Fenster rausgeworfen. Deshalb möchten wir Sie dazu ermutigen, die Übungen auszuprobieren, Ihre Lernfortschritte zu beobachten und sie dann anderen zu vermitteln, denn Lehren bedeutet zum zweiten Mal lernen.

Viel Spaß

Als Clint Eastwood einmal im Fernsehen interviewt wurde, gab er eine Empfehlung: »Wir sollten die Arbeit ernst nehmen und nicht uns selbst.« NLP bietet viel Spaß und Grund zum Lachen. Wenn Sie vorhaben, perfekt zu werden, setzen Sie sich einem enormen und unrealistischen Druck aus. Vergessen Sie also nicht Ihren Sinn für das Spielerische und versuchen Sie, Sinn in einer sich verändernden Welt zu finden. Lernen ist ernsthafte Arbeit, die Spaß macht. Im Ernst!

Kapitel 2
Einige grundlegende Annahmen des NLP

Meine (Romilla) Freundin Brenda hat eine Tochter namens Mary, ein Einzelkind, das sie sehr liebt. Im Alter von zehn Jahren war Mary ein wenig verzogen, weil sie zur Welt kam, als Brenda und Jim schon alle Hoffnung aufgegeben hatten, überhaupt ein Kind zu bekommen. Mary neigte zu solch heftigen Wutanfällen, dass Sie froh sein können, dass Sie sie nicht miterlebt haben. Mary warf sich auf den Boden, schrie und schlug mit Händen und Füßen um sich. Brenda machte bei Marys Wutanfällen keinerlei Fortschritte, bis eines Tages ... Mary lag auf dem Boden und trainierte ihre Lunge in völliger Hingabe, als die leidgeprüfte Brenda ein paar Metallpfannen aus dem Schrank nahm und sich zu Mary auf den Boden gesellte. Brenda schlug die Pfannen auf den Holzboden und trat und schrie noch heftiger als Mary. Und was passierte? Mary lag absolut erstaunt da und starrte auf ihre Mutter. Sie entschied auf der Stelle, dass ihre Mutter wohl der bessere Experte in Sachen Wutanfälle sei und Mary wohl den Wutanfallwettbewerb jedes Mal gegen sie verlieren würde und es nutzlos sei, dieses Verhalten beizubehalten. Die Wutanfälle waren von diesem Moment an beendet. Brenda übernahm die Kontrolle über ihre Interaktion mit Mary, weil sie die größere Verhaltensflexibilität an den Tag legte.

Diese kleine Begebenheit zeigt sehr schön, dass *die Person in einem System, die die größte Flexibilität aufweist, das System beeinflusst.* Diese Aussage ist nicht das Ergebnis irgendwelcher Experimente, die im Labor durchgeführt wurden. Es ist eine Grundannahme des NLP, eine Annahme, die – wenn Sie sie üben und übernehmen – Ihnen dabei helfen kann, Ihre Reise durchs Leben zu erleichtern. Die Geschichte zeigt nur eine von mehreren »praktischen Ansichten« oder Grundannahmen, die die Basis des NLP bilden.

NLP-Grundannahmen

Die Grundannahmen des NLP sind nichts weiter als Verallgemeinerungen unserer Welt. In diesem Kapitel erläutern wir einige der von uns als besonders einflussreich erachteten Grundannahmen, die von den Gründern des NLP entwickelt wurden, und geben Ihnen die Möglichkeit, sich damit auseinanderzusetzen.

Die Landkarte ist nicht das Gebiet

Eine der ersten Grundannahmen lautet: Die Landkarte ist nicht das Gebiet. Diese Äußerung wurde 1933 von Alfred Korzybski, polnischer Graf und Linguist, in »Science and Sanity« veröffentlicht. Korzybski verwies auf die Tatsache, dass man die Welt – das Gebiet – mit seinen Sinnen erfährt (Seh-, Hör-, Tast-, Geruchs- und Geschmackssinn). Dann wird aus diesem externen Phänomen eine interne Darstellung innerhalb des Gehirns angefertigt – die Landkarte.

Diese interne Landkarte, die Sie von der externen Welt anlegen und die durch Ihre Wahrnehmung gestaltet wird, ist nie ein exaktes Abbild. Es kann also das draußen in der Welt nie das Gleiche sein wie das, was in Ihrem Gehirn ist.

Während ich (Romilla) in meinem Arbeitszimmer sitze und schreibe, schaue ich mir die Eiche im Garten an. Die Vorstellung, die ich davon habe, wenn ich die Augen schließe, unterscheidet sich grundlegend von dem Baum im Garten. Da ich keine Botanikerin bin, fallen mir vielleicht bestimmte Einzelheiten nicht auf, die ein Botaniker bemerkt hätte. Nur weil ich diese Einzelheiten nicht sehe und sie daher auch nicht in meiner inneren Darstellung existieren, heißt das jedoch nicht, dass sie nicht tatsächlich existieren. Oder versuchen Sie es mit einem anderen Beispiel: Wenn Sie anhand eines Stadtplans durch London fahren, sehen die Straßen auf der Karte völlig anders aus als die Straßen, die Sie tatsächlich entlangfahren. So sind die U-Bahn-Stationen, an denen Sie vorbeifahren, dreidimensional und farbig, während sie auf der Karte durch einen blauen Kreis mit einem roten Balken gekennzeichnet sind.

Wahrnehmung durch Ihren persönlichen Filter

Ihre Sinne bombardieren Sie mit zwei Millionen Informationen pro Sekunde, Ihr Bewusstsein kann jedoch nur zwischen fünf und neun Informationen auf einmal verarbeiten. Eine Unmenge an Informationen wird also ausgefiltert. Dieser Filterungsprozess wird durch Ihre Werte und Überzeugungen (»Glaubenssätze«), Erinnerungen, Entscheidungen, Erfahrungen und Ihren kulturellen und sozialen Hintergrund beeinflusst, sodass nur durchkommt, wofür Ihre Filter empfangsbereit sind.

Eine meiner (Romilla) Freundinnen setzt sich für den Tierschutz ein und ist Tieren besonders stark verbunden. Wenn sie Auto fährt, erspäht sie Tiere hinter Bäumen, am Straßenrand oder auf Zäunen lange vor ihren Mitfahrern, die eigentlich wesentlich mehr Gelegenheit zum Umherschauen haben.

Manche Europäer und Nordamerikaner erleiden unter Umständen einen mittleren Kulturschock, wenn sie Länder wie Indien oder Mexiko besuchen. Wegen ihres kulturellen

Hintergrunds sind sie möglicherweise von der Armut in manchen Gegenden bestürzt, während die Einheimischen die Armut als Bestandteil des Lebens akzeptiert haben.

Unbekannte Gebiete:
Anhand der Landkarte einer anderen Person reisen

Das bedeutet, dass jeder von uns eine sehr individuelle Landkarte unserer Welt hat. Um Kommunikation zu vereinfachen, ist es wirklich äußerst hilfreich, zumindest zu versuchen, die interne Realität oder Landkarte der Person zu verstehen, mit der Sie kommunizieren.

Ich (Romilla) besorgte mir gerade eine Tüte Pommes frites, als ich gebeten wurde, einen kurzen Fragebogen über die Qualität, den Service und das Preis-Leistungs-Verhältnis der Speisen auszufüllen. Die Frauen, die hinter dem Tresen bedienten, waren sehr aufgebracht, nachdem ein Mann sich ziemlich unhöflich geweigert hatte, den Fragebogen auszufüllen, und dann gegangen war. Ich fragte sie, ob sie daran gedacht hätten, dass der Mann eventuell deshalb so grob reagiert haben könnte, weil er Analphabet ist und sie ihn in Verlegenheit gebracht haben. Die Veränderung, die in den beiden vorging, war phänomenal. »Oh, darüber habe ich mir noch nie Gedanken gemacht«, meinte die eine. Ihre Haltung wechselte unmittelbar von Wut und Verachtung zu tiefem Mitgefühl. Sie fühlten sich auch selbst viel besser und konnten die negativen Gefühle abschütteln, an die sie sich geklammert hatten.

Sie können die gleiche Strategie einsetzen wie ich, wann immer Sie sich in einer Situation wiederfinden, in der Sie die Reaktion einer anderen Person überrascht, irritiert oder einfach nur verblüfft. Wenn Sie einem Menschen gegenüberstehen, den Sie einfach nicht leiden können, führen Sie folgende Schritte aus, um Ihre Ansichten über ihn zu ändern. (Auch wenn in Ihrer Welt gerade alles in Ordnung ist, können Sie diese Technik trotzdem üben. Denken Sie einfach nur an irgendjemanden, dessen Verhalten Ihnen wirklich auf den Wecker geht.)

✔ Denken Sie an all das Gute, das Ihnen im Leben widerfahren ist.

✔ Während all die Beispiele für das Gute vor Ihrem inneren Auge vorüberziehen, versuchen Sie, so viel Toleranz wie möglich aufzubringen.

✔ Fragen Sie sich, was wohl in der Welt der anderen Person vor sich geht, das ihr Verhalten rechtfertigen könnte.

Wenn Sie dieses Vorgehen mit der Zeit beherrschen, werden Sie nicht nur mit Ihrem eigenen Schicksal zufriedener sein, sondern auch andere Menschen und deren Eigenarten leichter akzeptieren können.

Menschen reagieren gemäß ihrer Landkarte der Welt

Wie alle anderen Menschen auch reagieren Sie gemäß der Landkarte der Welt, die Sie in Ihrem Kopf haben. Die Landkarte basiert darauf, was Sie über sich selbst denken sowie auf

Ihren Werten und Überzeugungen, Ihren Einstellungen, Ihren Erinnerungen und Ihrem kulturellen Hintergrund.

Manchmal ist die Landkarte, nach der eine andere Person funktioniert, für Sie nicht verständlich. Ein wenig Verständnis und Toleranz kann jedoch dazu beitragen, Ihr Leben zu bereichern.

Als Dr. Diwan Assistenzärztin war, besuchte sie ein psychiatrisches Krankenhaus. Einer der Patienten war Englischprofessor mit gutem Ruf und bester Ausbildung. Eine der Eigenheiten des Professors bestand darin, nachts mit einem geöffneten Regenschirm herumzulaufen. Er war davon überzeugt, dass die Strahlung des Mondes ihn in den Wahnsinn treibt. Der Professor hatte aber auch viel Spaß daran, sein Interesse an der englischen Literatur mit dem Personal des Krankenhauses zu teilen, deren Leben durch den täglichen Umgang mit dem Professor sicherlich bereichert wurde. Wäre die Belegschaft dem »verrückten Professor« gegenüber intolerant aufgetreten und hätten sie ihn ignoriert oder ruhiggestellt, wäre – was sie nicht einmal gemerkt hätten – ihr Leben ohne seine literarischen Geschichten und seinen Sinn für Humor ärmer gewesen.

Die Landkarte der Welt eines Kindes

Die Landkarte der Welt eines Kindes kann einen Erwachsenen manchmal nachdenklich machen. Das wird sehr nett durch einen kleinen Ausschnitt aus einer E-Mail illustriert, die eine Zeit lang um die Welt ging: Ein Polizist saß mit seinem Polizeihund in seinem Polizeiwagen, als ihm ein kleiner Junge auffiel, der die beiden anstarrte. Der Junge fragte, ob das ein Hund im Auto wäre. Der Polizist versicherte, dass der Mitfahrer im Wagen tatsächlich ein Hund sei. Der Junge fragte daraufhin völlig fassungslos: »Warum wurde er verhaftet?«

Es gibt kein Scheitern, nur Feedback

Dies ist eine sehr überzeugende These, nach der Sie Ihr Leben leben können. Jeder Mensch macht Fehler und erfährt Rückschläge. Sie haben die Wahl, sich entweder von unerwünschten Ergebnissen überrumpeln zu lassen oder daraus zu lernen, sich aufzurappeln und einen weiteren Versuch beim Sprung über das Hindernis zu wagen.

Ich (Romilla) habe einmal einen Kurs besucht, der von einem Kahuna aus Hawaii namens Serge Kahili King geleitet wurde. Er behauptete, dass er nie Fehler machen würde. Das verursachte ein paar Lacher, da ihm keiner von uns glaubte und zudem das Zwinkern in seinen Augen seinen todernsten Gesichtsausdruck Lügen strafte. Er fügte dann hinzu, dass er vielleicht nicht immer die gewünschten Ergebnisse erzielt, aber nie Fehler macht.

Stellen Sie sich einen Seemann vor, der sein Schiff von Southampton nach Sydney steuert. Würde er vor Angst die Hände vors Gesicht schlagen und in sein Taschentuch schluchzen, wenn er leicht vom Kurs abkäme? Oder würde er sich die nötigen Kurskorrekturen überlegen und dann das Ruder in die Hand nehmen und den Kompass nicht mehr aus den Augen lassen?

 Vor einiger Zeit hörten wir einen Vortrag der Unternehmerin und Marketing-spezialistin Liz Jackson anlässlich einer Veranstaltung zum Internationalen Frauentag. Die Botschaft, die wir aus diesem Vortrag mitnahmen, war, sich nicht vor dem Scheitern zu fürchten. Liz Jackson musste die Herausforderung meistern, ihr Augenlicht verloren zu haben, und ist sogar in der Lage, erfolgreich ein Unternehmen zu führen. Sie sagt, dass Fehler die wichtigsten Werkzeuge sind, um zu lernen. Sie motiviert ihre Mitmenschen dazu, die Hindernisse auf dem Weg zu individuellem Erfolg dadurch zu beseitigen, dass sie darüber reden, wie ihre Ziele aussehen, und dass sie aus ihrem Wohlfühlbereich heraustreten, selbst wenn sie dadurch eine Zeit lang wie gelähmt vor Angst sind. Sie sagt: »Nur aus Fehlern können wir wirklich lernen.«

 Normalerweise meint man mit Feedback (oder Rückmeldung) das Empfangen von Input oder die Reaktion eines anderen Menschen. Im Zusammenhang mit dieser Grundannahme kommt jedoch noch das Ergebnis hinzu, das Sie in der jeweiligen Situation erzielen.

Wenn es jemanden gibt, durch den man etwas über Feedback lernen kann, ist das Thomas Alva Edison. Er wurde zwar durch die Erfindung der Glühbirne berühmt, war jedoch auch sonst ein genialer Erfinder. Sein Genie lag darin, Ideen auszuprobieren, von *unerwarteten Ergebnissen zu lernen* und Gedanken zu Experimenten, die nicht funktionierten, in anderen Erfindungen wiederzuverwerten. Während andere Menschen die unzähligen Versuche Edisons bei der Erfindung der Glühbirne als »Scheitern« ansahen, sah Edison jeden neuen Versuch als eine weitere Methode zu lernen, wie man eine Glühbirne nicht konstruiert.

 Grübeleien über das »Scheitern« sorgen dafür, dass Ihr Blick auf die Vergangenheit und Probleme gerichtet bleibt. Wenn Sie stattdessen die Ergebnisse anschauen, die Sie bisher erzielt haben, selbst wenn sie unerwünscht waren, können Sie den Blick auf neue Möglichkeiten richten und sich nach vorn bewegen.

 Wenn Sie sich einem »Misserfolg« gegenübersehen, können Sie diese NLP-Grundannahme verwenden, um möglicherweise daraus zu wachsen, indem Sie sich folgende Fragen stellen.

Denken Sie an etwas, woran Sie »gescheitert« sind, und fragen Sie sich:

✔ Was versuche ich zu erreichen?

✔ Was habe ich bis jetzt erreicht?

✔ Welches Feedback habe ich gehabt?

✔ Was habe ich daraus gelernt?

✔ Wie kann ich diese Erfahrung positiv einsetzen?

✔ Wie werde ich meinen Erfolg messen?

Dann raffen Sie sich auf und unternehmen einen weiteren Versuch.

Können Sie sich eine Welt vorstellen, in der Sie das Laufenlernen einfach aufgegeben haben, nur weil Sie beim ersten Versuch, aufzustehen und loszulaufen, hingefallen sind? Was meinen Sie wohl, wie die Waterloo-Station in London in der Rushhour aussehen würde, wenn nur ganz wenige Menschen die Kunst des Laufens erlernt hätten?

Die Bedeutung der Kommunikation ist die Reaktion, die sie hervorbringt

Unabhängig davon, wie ehrbar die Absichten Ihrer Kommunikation sind, liegt der Erfolg Ihrer Interaktion darin, wie die Botschaft vom Zuhörer empfangen wird, und nicht darin, was Sie beabsichtigt haben. Mit anderen Worten: Die Bedeutung der Kommunikation ist die Reaktion, die sie hervorbringt.

Das ist wiederum eine sehr wirkungsvolle Grundannahme über Kommunikation. Die Last der Verantwortung, die Botschaft zu übermitteln, wird dadurch ganz auf Ihre Seite verschoben. Sobald Sie diese Grundannahme anwenden, können Sie nicht mehr andere Personen für irgendwelche Missverständnisse verantwortlich machen. Falls die Reaktion, die Sie erhalten, nicht die erwartete ist, werden Sie als Studierender der NLP Ihre Sinne einzusetzen wissen, um festzustellen, dass die andere Person das Wesentliche nicht versteht. Außerdem besitzen Sie die Flexibilität, durch Ihr Verhalten und Ihre Formulierungen die Dinge anders zu gestalten.

 Wenn Sie mit einer Kommunikation beginnen, sollten Sie deren Zweck im Hinterkopf behalten und immer daran denken, wie das gewünschte Ergebnis aussehen soll. Was würde passieren, wenn ein Bauarbeiter ganz ohne Plan loslegen würde, Backsteine aufeinanderzumauern? Ganz sicher würde dabei kein Hochhaus entstehen. Um etwas auf einem starken Fundament aufzubauen, muss zunächst eine Vision des Architekten vom Endprodukt bestehen. Das ist auch eine gute Methode, um Emotionen herauszuhalten, wenn man in eine Situation verwickelt ist, in der es hart auf hart kommen könnte.

Wenn Sie mehr über sensorische Wahrnehmung erfahren wollen, schlagen Sie in Kapitel 7 nach. Kapitel 5 zeigt weitere Möglichkeiten, Verhaltensflexibilität zu üben, und enthält ein paar zusätzliche Tipps, wie man im Ernstfall mit Emotionen umgeht.

Wenn das, was Sie tun, nicht funktioniert, versuchen Sie etwas anderes

Es ist so einfach und dennoch verändert man häufig sein Verhalten nicht. Am Ende ist es doch viel einfacher, mit dem Wunsch durchs Leben zu gehen, dass sich die anderen ändern.

Nicht jeder verfügt über Ihre inneren Kraftquellen, und die Tatsache, dass Sie dieses Buch lesen, bedeutet, dass Sie Initiative zeigen, um Veränderungen in Ihrem Leben zu bewirken.

Deshalb unsere Anregung, dass es wohl weitaus weniger Energieaufwand bedeutet, sich selbst zu ändern, als jemand anderes an seine eigenen Ideale anzupassen.

Wenn Sie diese NLP-Grundannahme akzeptieren, werden Sie erkennen, dass es besser ist, seine Taktik zu ändern, als mit dem Kopf durch die Wand zu wollen oder seine Zeit mit Klagen über sein Unglück zu vertrödeln. Dennoch müssen Sie – bevor Sie tatsächlich Ihre Taktik ändern oder etwas anderes tun – zunächst erkennen, warum das, was Sie bis jetzt getan haben, nicht funktioniert.

Warum funktioniert also das, was Sie tun, nicht? Könnte es sein, dass Sie das, was Sie erreichen wollen, nicht genau genug mitgeteilt haben? Vielleicht hatte die andere Person noch nicht die nötigen Ressourcen entdeckt, um Ihnen bei der Verfolgung Ihrer Ziele zu helfen. Was möchten Sie also anders machen, um die gewünschten Resultate zu erzielen?

Falls Sie nicht so oft umarmt werden, wie Sie eigentlich möchten, sollten Sie direkt damit rausrücken und es Ihrem Partner sagen. Bedenken Sie, dass positives Feedback hervorragend funktioniert. Falls Ihr Partner also Annäherungsversuche macht, sollten Sie ihn auch wissen lassen, wie sehr Sie das zu schätzen wissen.

 Nehmen wir folgendes Beispiel: Patricia war eine Schülerin, die am besten durch Tasten und Fühlen lernte. Das bedeutet, sie hatte Schwierigkeiten mit dem üblichen Frontalunterricht, der sich mehr für Menschen eignet, die visuell oder auditiv ausgerichtet sind. Dadurch fiel es Patricia schwer, dem Unterricht zu folgen, und sie konnte nicht ihr volles Potenzial ausschöpfen. Ein weniger fähiger Lehrer hätte vielleicht die Verantwortung bei Patricia gesucht und sie als dumm abgestempelt oder behauptet, sie hätte nicht die richtige Einstellung zum Studium. Glücklicherweise erkannte ihre Lehrerin, dass Patricia gezeigt werden musste, wie man lernt und wie man die Lehrinhalte praktisch anwenden kann. Sie hatte das Glück, dass ihre Lehrerin den Grund für ihre Probleme erkannte und die Verantwortung übernahm, etwas anderes auszuprobieren. Sie veränderte ihre Lehrmethoden, um Patricia auf den richtigen Weg zu bringen. Patricias Lehrerin war hervorragend: Sie war flexibel und übernahm die Verantwortung für die Effektivität ihrer Lehre. Anstatt die Schuld für das Lernversagen bei Patricia zu suchen, fand sie eine andere Möglichkeit, sie zu erreichen.

Ihr Führungs- oder Leitsystem

Sie erfahren die Welt durch Ihre fünf Sinne – visuell (sehen), auditiv (hören), kinästhetisch (fühlen, tasten), olfaktorisch (riechen) und gustatorisch (schmecken). Es ist mehr als wahrscheinlich, dass Sie zum Sammeln von Daten über Ihre Welt einen der Sinne bevorzugen, vor allem in Stresssituationen.

Dies nennt man das *führende oder leitende Repräsentationssystem*. Es beeinflusst, wie Sie lernen und wie Sie sich die Welt in Ihrem Kopf vorstellen. Mehr zu diesem Thema erfahren Sie in Kapitel 6.

Es ist unmöglich, nicht zu kommunizieren

Haben Sie schon einmal eine Person angelächelt und etwas wirklich Freundliches gesagt, jedoch gleichzeitig gedacht: »Oh Mann, fall doch tot um!« Nein? Gut so, denn wir, die Autorinnen, gehen jede Wette ein, dass Ihre Körperhaltung oder Ihr Zähneknirschen niemanden wirklich getäuscht hätte. Wir sind der festen Überzeugung, dass jemand, der die Botschaft empfangen soll und über etwas Erfahrung im NLP oder über etwas Scharfsinn verfügt, die fehlende Wärme in Ihrem Blick, die Grimasse Ihres Lächelns oder das Flattern in Ihrer Stimme bemerkt hätte. Sie kommunizieren also die Botschaft »Oh Mann, fall doch tot um!«, obwohl Sie sie gar nicht aussprechen.

Das wird auch in einer Untersuchung von Albert Mehrabian gezeigt, der herausfand, dass wenn die gesprochenen Inhalte der Körpersprache widersprechen, die Kommunikation durch 93 Prozent von Mimik und Stimme bestimmt wird und nur zu 7 Prozent durch das tatsächlich Gesagte. Der Einfluss verteilt sich demnach wie folgt:

- ✔ Gesprochenes: 7 Prozent
- ✔ Tonfall: 38 Prozent
- ✔ Körpersprache (Physiologie): 55 Prozent

Jeder hat alle Ressourcen in sich, um die gewünschten Ergebnisse zu erzielen

Wir mögen diese Grundannahme. Sie ist so positiv. Dieser Leitsatz bedeutet, dass jeder das Potenzial dazu hat, zu lernen und zu wachsen. Der wichtige Punkt hierbei ist, dass man vielleicht nicht über alle benötigten Ressourcen verfügt, jedoch über die internen Ressourcen, die zur Aneignung neuer interner und externer Ressourcen erforderlich sind.

Tom, ein achtjähriger Junge, wurde in der Schule schikaniert. Er war klug genug, seinen Vater zu fragen, wie man mit den Bösewichten umgehen könne. Sein Vater riet ihm, sich selbstsicherer zu verhalten und mehr Selbstvertrauen zu zeigen. Tom hatte keine Vorstellung, wie das gehen sollte. Tom mochte Terminator-Filme besonders gern, Arnold Schwarzenegger war sein Held. Sein Vater brachte ihm die *Circle of Excellence*-Übung bei und riet Tom, sich vorzustellen, er sei Arnie, der in den Kreis steigt. Toms neues Selbstvertrauen beeinflusste sein Verhalten, seine Körpersprache und seine Einstellung. Seine Peiniger zogen sich zurück. Seine Anerkennung wuchs beträchtlich, als andere kleine Opfer ihn baten, seine Technik lernen zu dürfen. Der »Circle of Excellence« ist eine hervorragende Technik, sich selbst aufzubauen, indem man einen überzeugenden Ressourcenzustand aufbaut. Mehr zu diesem Thema finden Sie in Kapitel 9.

Jedes Verhalten hat eine positive Absicht

Unglücklicherweise trifft das auch für schlechtes oder unproduktives Verhalten zu. Bei schlechtem Verhalten ist die dahinter liegende positive Absicht – die auch Sekundärgewinn genannt wird – verdeckt.

 *Sekundärgewinn* ist der Nutzen, den jemand unbewusst aus einem bestimmten Verhalten zieht, das gemeinhin für schlecht gehalten wird.

Ein Kind spielt möglicherweise den Klassenclown, um von seinen Kameraden akzeptiert zu werden; Lehrer und Eltern halten dies Verhalten jedoch für ziemlich destruktiv.

 Nehmen wir das Beispiel von Julia. Das jüngste von fünf Kindern litt schon, seit sie denken konnte, an Rückenschmerzen, doch konnten die Ärzte den Grund dafür nicht finden. Julias Mutter war eine flatterhafte, selbstsüchtige Frau, der mehr am Feiern als an ihrer Familie lag. Als Julia klein war, halfen ihr ihre Geschwister, indem sie ihren Schulranzen trugen und darauf achteten, dass es Julia gut ging. Richtig schlimm wurde es, als Julias Tochter zur Welt kam, sodass ihr Ehemann den Einkauf, das Herumtragen und das Aufpassen auf das Baby übernahm. Das kleine Mädchen wuchs in die Rolle von Mamas kleinem Helfer und stand ständig zu ihrer Verfügung. Als Julia sich dann mit einer Therapie einverstanden erklärte, konnte sie erstmals anerkennen, dass ihre Rückenschmerzen psychosomatisch bedingt waren. Sie erkannte, dass dies ihre Art war, Liebe und Aufmerksamkeit einzufordern, die sie von ihrer Mutter ersehnt, doch niemals bekommen hatte.

Julias Verhalten ist eine gute Demonstration dieser Grundannahme, da ihr Sekundärgewinn darin lag, dass ihre Familie sich ständig um sie kümmerte, und sie eigentlich nur ihr Bedürfnis nach Liebe und Aufmerksamkeit befriedigen wollte. Als sie erst einmal ihr Bedürfnis erkannt hatte, war es ihr auch möglich, zu sehen, dass sie viel Liebe und Aufmerksamkeit von ihrem Ehemann und ihrer Tochter bekam. Einer der Nebeneffekte der Therapie war, dass Julia begriff, dass das Verhalten ihrer Mutter auf Problemen ihrer Mutter beruhte und nicht Julias Fehler war.

 Wenn Sie die positive Absicht verstehen, die eine Person zu einem unliebsamen Verhalten bringt, können Sie Ihre Flexibilität und damit Ihre Fähigkeit, zu kommunizieren, steigern. Dann können Sie dazu beitragen, das unerwünschte Verhalten zu verändern, indem Sie die Absicht des Verhaltens auf positivere Weise befriedigen.

 Als eine von uns Autorinnen für einen internationalen Konzern arbeitete, belegte ein Verkaufsleiter namens Patrick einen der freien Tische in ihrer Nähe. Bezeichnungen wie unausstehlich und rücksichtslos gehörten noch zu den gemäßigten Eigenschaften, die man diesem Mann nachsagte. Patrick machte sich breit. Er lümmelte sich in seinem Stuhl, was bedeutete, dass er von seinem Schreibtisch zurückrollte und die Menschen, die zu der Autorin wollten, sich hinter ihm durchquetschen mussten. Er war laut, stellte an jeden um ihn herum Forderungen und war extrem unfreundlich zu seiner Sekretärin. Im Büro wurde erzählt, das Verhalten des armen Patrick sei die Folge einer herrischen Mutter und einer noch dominanteren Ehefrau. Unglücklicherweise führte seine Suche nach Anerkennung und vor allem Respekt zu einem Verhalten, das genau das Gegenteil bewirkte, wonach er sich sehnte. Nachdem mehr über Patricks Hintergrund bekannt war, war es den meisten von uns möglich, etwas freundlicher über ihn zu denken, und seine Anwesenheit trieb uns nicht mehr zur Weißglut.

Weil wir ihm einen gewissen Grad an Anerkennung entgegenbrachten, waren wir imstande, seine Bedürfnisse ein wenig zu befriedigen und sein Verhalten damit etwas abzuschwächen.

Der Mensch zeichnet sich nicht allein durch sein Verhalten aus

Als ich (Romilla) mir eine Sendung im Fernsehen über Reden historischer Persönlichkeiten anschaute, wurde ich hellhörig, als Martin Luther King jr. auf die Frage eines Journalisten antwortete, wie man mit Rassisten umgehen sollte. Martin Luther King hätte auch die Grundannahme zitieren können, dass Menschen mehr als nur ihr Verhalten sind, als er sagte: »Ich spreche von einer Art Liebe, die dich dazu bringt, den Menschen, der dir Schlechtes antut, zu lieben, während man die Tat des Menschen hasst.«

Der Punkt ist, dass schlechtes Benehmen einen Menschen noch nicht zu einem schlechten Menschen macht. Es ist äußerst wichtig, das Verhalten und den Menschen zu trennen. Menschen können sich schlecht verhalten, weil sie nicht über die inneren Ressourcen oder die Fähigkeit verfügen, sich anders zu verhalten. Vielleicht sehen sie sich selbst auch in einer Umgebung, die sie davon abhält, so gut zu sein, wie sie sein könnten. Hilft man jemandem, die Fähigkeiten zu entwickeln oder in eine günstigere Umgebung zu kommen, kann sich das Verhalten desjenigen oftmals entscheidend verändern und ihn zu neuen hervorragenden Leistungen antreiben.

 Ich (Romilla) kenne einen sehr freundlichen, netten jungen Mann namens Peter, bei dem man eine Lese-Rechtschreib-Schwäche diagnostiziert hatte. Peter bewundert Tiere und kann sehr gut mit Tieren umgehen, die verletzt oder krank sind. Leider wurde Peter durch bestimmte Umstände als Unruhestifter gebrandmarkt und bekam wegen Drogen Schwierigkeiten mit der Polizei. Die Menschen in seiner Nachbarschaft nahmen ihn als schlechte Person wahr. Nachdem Peter geholfen wurde, seine Ansichten über seine eigenen Fähigkeiten zu verändern, wurde er zu einem wertvollen Bestandteil der Gesellschaft und arbeitete fortan für den Tierschutz.

Jeder von uns verhält sich in verschiedenen Lebensbereichen unterschiedlich. In Kapitel 11 werden Sie etwas über logische Ebenen lesen und erfahren, dass Menschen über verschiedene Ebenen verfügen, auf denen sie funktionieren:

✔ Spiritualität/Mission

✔ Identität

✔ Werte und Glaubenssätze

✔ Fähigkeiten und Fertigkeiten

✔ Verhalten

✔ Umwelt

Nachdem Peter geholfen wurde, die Ansichten über seine Fähigkeiten zu ändern, änderten sich seine Ansichten über sich selbst. Das ermöglichte es ihm, in eine andere Umgebung umzuziehen, in der er sich wertvoller fühlen konnte. Der Rest wurde zum Selbstläufer, bei dem seine Selbstwahrnehmung »Ich bin ein Versager« sich zu »Ich kann tatsächlich einen Beitrag leisten« verschob. Peters schlechtes Verhalten machte ihn also nicht zu einem schlechten Menschen. Er ist wesentlich mehr als dieses Verhalten, ist liebevoll und nett, wie wir gesehen haben.

Körper und Geist hängen miteinander zusammen und beeinflussen sich gegenseitig

Die ganzheitliche Medizin baut auf dem Grundsatz auf, dass der Geist den Körper beeinflusst und der Körper wiederum den Geist. Um Menschen gesund zu halten, muss der praktizierende Arzt mehr tun, als nur die Symptome zu bekämpfen. Vielmehr müssen Geist und Körper zugleich untersucht und behandelt werden. Auch im NLP nimmt der Körper als wichtiger Bestandteil von Veränderungsarbeit einen immer größeren Stellenwert ein. Das Konzept des »Embodiment« untersucht die Wechselwirkungen von Körper und Geist.

Neueste Untersuchungen haben gezeigt, wie tiefgreifend diese Geist-Körper-Verbindung ist. Neurotransmitter sind Chemikalien, die Impulse entlang unserer Nerven übertragen. Sie sind das Mittel, über das Ihr Gehirn mit dem Rest Ihres Körpers kommuniziert. Jeder Gedanke, den Sie denken, reicht über Neurotransmitter bis in die entfernteste winzige Zelle Ihres Körpers. In weiteren Untersuchungen wurde herausgefunden, dass dieselben Neurotransmitter, die man im Gehirn vorfindet, auch von den inneren Organen gebildet werden können. Die Vorstellung, dass Botschaften geradlinig entlang der Neuronen erzeugt und übertragen werden, ist also nicht mehr haltbar. Diese Botschaften können genauso gut durch Ihre Organe erzeugt und übertragen werden. Dr. Pert vom National Institute of Mental Health beruft sich auf den »Körperverstand« – Körper und Verstand arbeiten als integriertes Ganzes zusammen, da auf der Ebene der Neurotransmitter keine Unterscheidung zwischen Körper und Geist gemacht werden kann.

 Um diese Verbindung besser verstehen zu lernen und sie in Aktion zu beobachten, führen Sie folgende Schritte aus:

1. Formen Sie mit dem Zeigefinger und dem Daumen der linken Hand einen Kreis.

2. Verketten Sie nun den Zeigefinger und Daumen der rechten Hand mit dem ersten Kreis.

   Die Kreise greifen ineinander und lassen sich nur voneinander trennen, wenn man die Finger der einen oder der anderen Hand auseinander bewegt.

3. Denken Sie an jemanden, den Sie gern mögen, und ziehen Sie fest, um die Verbindung zu lösen.

   Geht ziemlich schwer, nicht wahr?

4. Denken Sie an jemanden, den Sie nicht leiden können, und ziehen Sie fest, um die Verbindung zu lösen.

Geht das etwas leichter?

War es etwas leichter, die Kreise zu trennen, als Sie an jemanden dachten, den Sie nicht mögen? Wenn ein einfacher Gedanke den Druck, den Ihre Muskeln ausüben, beeinflussen kann, was glauben Sie, was mit Ihrem Körper passiert, wenn er ständigem Stress ausgesetzt wird?

Körperliche Prozesse, wie Haltung, Atmung oder Bewegung, spielen eine zentrale Rolle dabei, wie wir uns fühlen und wie wir auf äußere Einflüsse reagieren. Beispielsweise beeinflusst eine aufrechte Haltung nicht nur, wie wir von anderen wahrgenommen werden, sondern auch, wie selbstbewusst und motiviert wir uns fühlen.

Mit folgender Übung können Sie dies gleich mal ausprobieren!

Diese einfache Übung hilft Ihnen, die Verbindung zwischen Ihrem Körper und Ihren Emotionen zu erkennen und darauf Einfluss zu nehmen. Sie eignet sich, um in stressigen Situationen wieder zu mehr Ruhe und Klarheit zu kommen:

1. **Ankommen:** Begeben Sie sich an einen ruhigen Ort und nehmen Sie sich ein paar Atemzüge Zeit, Ihre Aufmerksamkeit von außen nach Innen zu richten und anzukommen. Nehmen Sie dafür zunächst Ihre Umwelt wahr und schließen dann die Augen, um die Aufmerksamkeit nach Innen zu richten.

2. **Körperwahrnehmung:** Richten Sie Ihre Aufmerksamkeit auf die Wahrnehmung in Ihrem Körper. Wandern Sie dafür mit Ihrer Aufmerksamkeit durch Ihren Körper. Entweder von oben nach unten oder andersrum oder von rechts nach links. Was nehmen Sie wahr? Sind Bereiche warm oder kalt? Gibt es in Bereichen ein Strömen, ein Pochen, ein Fließen oder ein Ziehen oder noch etwas ganz anderes? Nehmen Sie alles bewusst wahr, ohne es zu bewerten.

3. **Emotionen erkennen:** Welche Emotionen nehmen Sie in diesem Moment bei sich wahr? Sind Sie gelassen oder ärgerlich, traurig oder fröhlich? Nehmen Sie alles wahr was kommt, ohne es zu bewerten.

4. **Körperhaltung bewusst verändern:** Verändern Sie bewusst Ihre Körperhaltung. Richten Sie sich auf, sodass der Atem besser fließen kann. Lassen Sie die Schultern nach hinten und unten sinken. Öffnen Sie dabei den Brustkorb.

5. **Die Veränderung wahrnehmen:** Nehmen Sie wahr, welche Veränderungen die Körperhaltung in Ihren Emotionen bewirkt.

6. **Öffnen Sie Ihre Augen und Orientieren sich zurück im Raum.** Überlegen Sie, wie Sie die Erkenntnisse in Ihren Alltag einbauen können, um in stressigen und herausfordernden Momenten Ihre Emotionen positiv zu beeinflussen.

Wahlmöglichkeiten sind besser als keine Wahlmöglichkeiten

NLP propagiert die Wahlmöglichkeiten eines Individuums als vernünftige Lebensweise. Vielleicht haben Sie manchmal das Gefühl, dass Sie nicht die Möglichkeit haben, den Job zu verändern, in ein anderes Land zu ziehen oder aus einer unglücklichen Beziehung auszubrechen. Sie hören sich vielleicht sagen »Ich habe keine andere Wahl« oder »Ich muss es einfach tun«. Angst vor Veränderungen, fehlendes Vertrauen in Ihre Fähigkeiten und manchmal sogar völlige Unkenntnis der eigenen Stärken können Sie davon abhalten, nötige Veränderungen durchzuführen. NLP fragt: »Was ist, wenn es anders wäre?«, und zielt darauf ab, den Horizont zu erweitern, indem all die Ressourcen bewusst gemacht werden, über die man bereits verfügt und die man sich noch aneignen kann. NLP hilft Ihnen, die Gründe zu untersuchen, warum Sie Veränderung wünschen, selbst wenn es sich nur um eine kleinere Unzufriedenheit handelt. Veränderung kann einiges ins Wanken bringen, und die Menschen, die wir kennen, die es geschafft haben und sich für eine der ihnen zur Verfügung stehenden Möglichkeiten entschieden, sind wesentlich zufriedener mit ihrem Leben und haben es auch besser unter Kontrolle. Hilfe bei der Entscheidung, was Sie von Ihrem Leben wollen und wie man mit der Umsetzung beginnt, finden Sie in Kapitel 4.

 Das klingt gerade für mich (Romilla) seltsam vertraut, da ich früher für einen internationalen Konzern gearbeitet habe, der zahlreiche Leute entließ. Viele der Angestellten warteten einfach ab und hofften, dass sie nicht rausgeworfen würden. Die IT-Industrie steckte gerade in der Flaute und die Jobs waren ziemlich unsicher. Man war der Ansicht, dass einem nichts anderes übrigblieb, als sich am Job festzuklammern, völlig unabhängig davon, wie man vom Unternehmen herumgestoßen wurde. Die Menschen hatten keine andere Wahl. Zu denen, die die Chance, von diesem Stress wegzukommen, mit Erleichterung aufnahmen, gehörten vor allem die, die wussten, was sie von ihrem Job wollten, und schon Vorbereitungen getroffen hatten, andere Karrieren zu verfolgen, oder die willens waren, alle zur Verfügung stehenden Möglichkeiten in Betracht zu ziehen, egal wie weit hergeholt sie auch schienen.

Das Modellieren von Erfolgsstrategien führt zum Erfolg

Als ich (Romilla) die britische Landstreckenläuferin Paula Radcliffe beobachtete, wie sie die Ziellinie überquerte, fühlte ich große Bewunderung. Wie muss es sich wohl anfühlen, in solcher Topform zu sein? Ich hatte den Eindruck, wenn man den Wunsch hätte, eine Paula Radcliffe zu werden, und über den entsprechenden Körperbau, die zielstrebige Entschlossenheit und die erforderliche Unterstützung verfügt, dann kann man auch die entsprechenden Überzeugungen und Werte entwickeln, um seine Umwelt, seine Fähigkeiten und Verhaltensweisen so auszurichten, dass man sein Ziel erreicht.

NLP liefert Ihnen die nötigen Instrumente, um eine andere Person zu modellieren – das zu übernehmen, was sie gut macht, und dies nachzubilden. Es muss sich jedoch nicht unbedingt um einen solch großen Traum handeln wie der Wunsch, ein Sportstar zu werden. Es kann auch etwas so Einfaches sein wie das Modellieren der Fähigkeiten eines Mitarbeiters, der bei Projekten immer den Zeitplan einhält, oder eines Freundes, der immer zur rechten Zeit das rechte Wort zu sagen weiß. Sie können die Person, der Sie nacheifern wollen, ausfragen, was sie inspiriert, woher sie weiß, wann die richtige Zeit gekommen ist zu tun, was sie tut, und wie sie ihr Ziel immer im Auge behält. Im Falle des Kollegen gibt es womöglich eine Reihe von Strategien, mit deren Hilfe er die Projektziele erreicht, die Sie erlernen und nachahmen können. Die Modellierung des Erfolgs von anderen ist eine gute Methode, um potenzielle Gefühle wie Neid oder Eifersucht in einen konstruktiven Prozess umzuwandeln, sodass der Erfolg selbst erfahren werden kann.

Zum Schluss noch: Erst mal ausprobieren

Probieren Sie die Grundannahmen für sich selbst aus, als wären diese Generalisierungen wahr. Üben Sie diejenigen, die Sie für besonders hilfreich halten, bis sie Ihnen in Fleisch und Blut übergegangen sind. Wenn Sie die NLP-Grundannahmen ausprobieren, legen Sie eine Liste an und suchen Sie sich daraus jeden Tag aufs Neue eine Annahme aus, nach der Sie dann den ganzen Tag leben. Sie werden auf einmal feststellen, dass Sie die Annahmen wirklich leben und dass »das Leben einfacher ist«.

 Eine gute Möglichkeit, NLP besser zu verstehen, besteht darin, Ihre grundlegenden Annahmen über das Leben zu untersuchen. Was Sie derzeit über bestimmte Personen und Probleme denken, wie Sie kommunizieren und was wichtig ist – manchmal hilft das, den Blickwinkeln zu ändern. Das löst unter Umständen einige neue Vorgehens- oder Verhaltensweisen aus.

 Es gibt einfach keine eindeutigen Antworten. Wenn Sie sich auf die einzelnen Grundannahmen einlassen, sollten Sie sie sorgfältig abwägen. Sie müssen nicht mit jeder einzelnen einverstanden sein. Sie können sie auch einfach nur anprobieren, schauen, ob sie passen, und sehen, hören und fühlen, was sie bewirken.

IN DIESEM KAPITEL

Das Unbewusste verstehen lernen

Lernen, wie das Gehirn funktioniert

Ängste überwinden

Motivatoren entdecken

Kapitel 3

Wer lenkt den Bus?

Solange wir Sie nicht bitten, sich auf Ihre Atmung zu konzentrieren, bemerken Sie Ihre Atemzüge gar nicht – die Luft, die durch Ihre Nase strömt oder die Bewegung Ihres Brustkorbs beim Ein- und Ausatmen. Mit der einfachen Aufforderung haben Sie Ihre Atmung in Ihr Bewusstsein gerufen. Während Sie weiterlesen und Ihre Atmung wieder vergessen, wird sie wieder aus Ihrem Bewusstsein zu den anderen Prozessen zurückkehren, die Ihren Körper am Laufen halten.

Ist Ihnen bewusst, wann es Zeit für Sie ist, Durst zu haben? Versuchen Sie einmal, bewusst jeden Muskel in Ihrem Arm zu aktivieren, der dazu nötig ist, ein Glas Wasser an den Mund zu führen. Unmöglich? Brauchen Sie ein Diplom in Anatomie und Physiologie, bevor Sie versuchen können, den Arm bewusst zu heben? Das zeigt nur, wie Ihr Unbewusstes Ihren Körper am Laufen hält, und zwar außerhalb Ihres Bewusstseins.

Wenn Sie immer noch an der Macht Ihres Unbewussten über Ihren Körper und seine Funktionen zweifeln, sollten Sie sich einmal folgendes Experiment des Forschers Paul Thorensen ansehen. Er hypnotisierte einen Mann und teilte ihm mit, dass der Stift, den er in seinen Händen hält, ein heißes Brandeisen sei. Thorensen berührte dann den Arm des Mannes mit diesem Stift und im Nu bildete sich eine Brandblase an der betreffenden Stelle.

In diesem Kapitel werden Sie Ihrem Unbewussten begegnen und lernen, wie Sie Ihr Gehirn dazu verwenden können, sich besser auf Ziele zu konzentrieren und diese müheloser und schneller zu erreichen. Sie werden die Psychologie von posttraumatischen Stresserkrankungen und Phobien kennenlernen und herausfinden, wie Sie sie überwinden können. Am wichtigsten jedoch ist, dass Sie etwas über Ihre Werte erfahren werden – die Triebfedern, die Sie motivieren. Sobald Sie einmal herausgefunden haben, dass Ihre Ansichten und Überzeugungen (oder auch Glaubenssätze) eine Struktur haben und dass Sie diese Struktur ändern können, sind Sie auf dem besten Weg, Verantwortung für Ihre Emotionen, Ihre Erinnerungen und die Art und Weise zu übernehmen, mit der Sie auf Personen und Ereignisse in Ihrem Leben reagieren, ohne dass Sie dabei von der Vergangenheit erdrückt werden.

Wie unsere Ängste uns in die falsche Richtung lenken können

Das Unbewusste steuert nicht nur die Abläufe innerhalb Ihres Körpers, sondern kann auch einen ungeheuren Einfluss auf die Erfolge haben, die Sie in Ihrem Leben erzielen. Haben Sie schon einmal etwas bewusst gewollt und am Ende etwas völlig anderes gemacht?

Sie können zwar bewusst entscheiden, dass Sie ein Ziel erreichen wollen. Doch wenn Ihr Unbewusstes nicht voll dabei ist, wird es sein eigenes Programm vorantreiben –, das unter Umständen ganz anders aussieht, als Sie beabsichtigen. Stellen Sie sich vor, was Sie alles erreichen könnten, wenn Sie mit Ihrem Unbewussten in Rapport stehen würden und so einfach in die Richtung gehen könnten, die Sie direkt und schnell ans Ziel bringt.

 Stefan war gerade dabei, sich selbstständig zu machen. Trotz gesetzter Ziele und außergewöhnlicher Fähigkeiten in seinem Bereich bekam er sein Unternehmen einfach nicht zum Laufen und reagierte äußerst panisch, als er zusehen musste, wie seine Rücklagen dahinschwinden. Er hatte einen unerschütterlichen Glaubenssatz aus einem Song, in dem es heißt »I Can't Sing The Blues In An Airconditioned Room« (Ich kann in einem klimatisierten Raum keinen Blues singen). Der Autor dieses Songs hatte festgestellt, dass er den Blues nur in Armut singen kann und dass Erfolg und Vermögen seine musikalischen Ausdrucksmöglichkeiten einengen. Als Roger erkannte, dass er die Wahl hat, sein Leben als Tramper oder als Millionär zu erleben, veränderte sich sein Verhalten und auch seine Geschäftssituation verbesserte sich entscheidend.

Der Schlüssel, Ihr Unbewusstes mit Ihren bewussten Hoffnungen und Zielen in Übereinstimmung zu bringen, besteht darin, zu verstehen, was sie steuert und wie Ihr Unbewusstes funktioniert. Die folgenden Abschnitte erklären Ihnen alles, was Sie darüber wissen müssen.

Bewusst und unbewusst

In Begriffen des NLP ist Ihr Bewusstsein der Teil Ihres Verstands, der sich jederzeit über die Dinge in und um Sie herum bewusst ist, was nach Untersuchungen von George Miller im Jahre 1956 nur magere sieben plus/minus zwei Informationsbrocken sind. (Mehr über Millers Entdeckungen finden Sie in Kapitel 5.) Das ist Ihr Kurzzeitgedächtnis, das Gedanken für Minuten bis Stunden speichern kann. Diesen Teil Ihres Gehirns benutzen Sie, etwa um sich eine Telefonnummer lange genug zu merken, damit Sie den entsprechenden Anruf tätigen können. Der Rest ist Ihr Unbewusstes oder unbewusstes Denken. Das Bewusstsein kann man mit der Spitze eines Eisbergs vergleichen, dessen restliche neun Zehntel unter Wasser das Unbewusste darstellen.

Ihr Bewusstes und Ihr Unbewusstes zeichnen sich durch unterschiedliche Qualitäten aus (siehe Tabelle 3.1). Wenn Sie wissen, wofür die beiden jeweils am besten geeignet sind, können Sie feststellen, ob Sie besser mit Ihrer logischen linken Gehirnhälfte oder besser mit Ihrer kreativen rechten Gehirnhälfte arbeiten können. Dann können Sie beschließen, sich auf Aspekte zu konzentrieren, die Sie mental weiterbringen, wie etwa zeichnen zu lernen, wenn bei Ihnen eher die Funktionen der linken Gehirnhälfte dominieren – oder angewandte Mathematik zu lernen, wenn bei Ihnen eher die Funktionen der linken Gehirnhälfte dominieren. Fest steht, dass das Meditieren-Lernen die Eigenschaften beider Hälften weiterentwickelt und sie besser miteinander kommunizieren lässt.

Das Bewusste zeichnet sich aus durch	Das Unbewusste ist besser in
lineares Denken	ganzheitlichem Denken
sequenzielle Verarbeitung	Intuition
Logik	Kreativität
verbale Sprache	Steuerung der Körperfunktionen
Mathematik	Steuerung der Emotionen
Analyse	Speicherung von Erinnerungen

Tabelle 3.1: Das Bewusste und das Unbewusste im Vergleich

Das schrullige Unbewusste

Wie jeder Freund seine besonderen Marotten hat, hat auch Ihr Unbewusstes einige interessante Schrulligkeiten, deren Bekanntschaft zu machen recht nützlich für Sie sein könnte, damit Sie besser mit ihnen klarkommen. Im Idealfall arbeiten Ihr Unbewusstes und Ihr Bewusstes als Einheit zusammen.

Wenn Sie das Unbewusste mitberücksichtigen und es für sich arbeiten lassen, werden Sie fähig sein, mehr im Leben zu erreichen als etwa das scheinbar mühelose Setzen und Erreichen von Zielen.

Das hat nichts mit Sexismus zu tun

Wussten Sie, dass Ihr Gehirn eine linke und eine rechte Hälfte hat, die mittels des sogenannten *Corpus Collosum* verbunden sind? Üblicherweise haben Frauen ein dickeres Corpus Collosum als Männer, was ihnen die gleichzeitige Verarbeitung von mehreren Dingen (das sogenannte Multitasking) erleichtert.

Oh, und wo wir gerade dabei sind: Wenn Sie jemand dick nennt … bedanken Sie sich. Das ist nämlich ein Kompliment an die Dichte des Netzwerks, das Ihre Gehirnzellen verbindet und zu höherer Intelligenz führt.

Negationen können nicht verarbeitet werden

Ihr Unbewusstes kann keine Negationen verarbeiten. Es interpretiert alles, was Sie denken, als positive Gedanken. Wenn Sie also denken: »Ich möchte nicht arm sein«, konzentriert sich Ihr Unbewusstes auf »arm« und da es nicht mit Negationen umgehen kann, verwandelt sich der Gedanke in »Ich möchte arm sein«. Arm zu werden, wird dann in Ihrem

Unbewussten zum Ziel und wie ein kleines Kind, das gefallen will, hilft es Ihnen dabei, sich so zu verhalten, dass Sie arm bleiben. Das ist sicher nicht das, was Sie wollen.

Das ist der Grund, warum die positive Formulierung von Zielen so wichtig ist. In diesem Fall sollten Sie statt »Ich möchte nicht arm sein.« besser »Ich möchte wohlhabend sein.« denken. Mehr Informationen über die Bedeutung positiv formulierter Ziele finden Sie in Kapitel 4.

Ihr Unbewusstes braucht Anleitung

Yogis vergleichen das Unbewusste mit einem übermütigen Affen, der sich ständig von Baum zu Baum hangelt. Um den Affen zu beschäftigen und von Unfug abzuhalten, rammt man einen Pfosten in den Boden und leitet den Affen dazu an, daran rauf- und runterzuklettern. Wenn Ihr Bewusstes Ihr Unbewusstes nicht anleitet, wird es sich umschauen, wo es sonst Anleitung finden kann. Ein zielloser Jugendlicher kann in der Zugehörigkeit zu einer Straßenbande die gewünschte Anleitung durch den Anführer und die Bandenregeln finden. Ihr Unbewusstes wird das Gleiche tun, und niemand wünscht sich wohl von seinem Unbewussten Gossensprache und Graffitischmierereien.

Um das Unbewusste zu leiten, müssen Sie Kommunikationskanäle zwischen dem Bewussten und dem Unbewussten öffnen. Diesen Rapport entwickelt man, indem man Ruhe für Meditation und Entspannung findet und die Erinnerungen untersucht, die das Unbewusste einem präsentiert. In Kapitel 7 finden Sie mehr Informationen darüber, wie man Kommunikationskanäle öffnet.

Das Unbewusste – Bewahrer der Erinnerungen

Die 1957 durchgeführte Penfield-Studie ergab, dass all unsere Erfahrungen detailgetreu im Gedächtnis aufgezeichnet werden. Das Gehirn einer Frau wurde im Wachzustand mit einer Elektrode stimuliert und Penfield entdeckte, dass die Frau sich lebhaft an die Details einer Feier in ihrer Kindheit erinnern konnte. Die Speicherung und Strukturierung all dieser Erinnerungen unterliegt der Verantwortung des Unbewussten.

Eine der Funktionen des Unbewussten besteht darin, Erinnerungen mit ungeklärten negativen Emotionen zu unterdrücken.

 Als Dagmars Beziehung zu Thomas auseinanderbrach, bekam sie heftige Magenkrämpfe, für die Ärzte keine körperliche Ursache finden konnten. In der Therapie erinnerte sich Dagmar an den Tag, an dem ihre Mutter die Familie wegen eines anderen Mannes verließ. Sie sah das Bild ihrer Mutter, wie sie wegfuhr, und von Dagmar, die schluchzte: »Komm zurück, Mami, ich habe Bauchschmerzen!« Dagmar erkannte, dass ihre Bauchschmerzen, die sie schon als Kind bei ihrer Mutter eingesetzt hatte, um sie zur Rückkehr zu zwingen, erneut von ihrem Unbewussten erzeugt wurden, um Thomas zur Rückkehr zu bewegen. Die Erinnerung hatte all die Jahre in ihr geschlummert.

Eine weitere Funktion des Unbewussten besteht darin, unterdrückte Erinnerungen zur Verarbeitung zu präsentieren, um verschüttete Emotionen freizusetzen. Leider wählt es wie ein junges Kind, das seine Eltern in aller Öffentlichkeit blamiert, nicht immer den passenden

Zeitpunkt, um eine Erinnerung hervorzurufen, die verarbeitet werden müsste. Sie könnten sich also bei einem Familientreffen befinden und sich so richtig wohlfühlen, wenn Ihr Unbewusstes auf einmal zu Ihnen sagt: »Setz dich mit der Erinnerung auseinander, wie dein Vater dich an deinem Geburtstag geschlagen hat ... jetzt!«, und plötzlich fangen Sie vor den peinlich berührten Verwandten an zu weinen.

Ihr Unbewusstes ist eine ungeheuer leistungsfähige Lernmaschine

Ihr Unbewusstes ist immer auf der Suche nach neuen Erfahrungen und hält ständig Ausschau nach etwas Neuem. Es muss mit neuen Erfahrungen gefüttert werden und wie der übermütige Affe wird es Sie in Schwierigkeiten bringen, wenn Sie es nicht davor bewahren, sich zu langweilen. Wir, die Autorinnen, kennen einen sehr netten, großzügigen und cleveren Menschen, der sich bei seiner Arbeit langweilte. Anstatt konstruktive Wege zu suchen, um der Langeweile zu entkommen, fing er an, Computerspiele zu spielen. Zum Glück brachte ein neuer Job neue Herausforderungen und er ist heute in seinem Beruf sehr erfolgreich.

Auch Sie können konstruktive Wege finden, Ihren Verstand zu beschäftigen, etwa mit Lesen, Puzzeln oder anderen Hobbys. Solche Aktivitäten tragen dazu bei, sich mental fit zu halten. Um den Verstand zur Ruhe zu bringen, das Stressniveau zu senken und die Kreativität zu steigern, gibt es nichts Besseres als Meditation.

Ihr Unbewusstes verhält sich wie ein hoch moralisches Wesen

Ihr Unbewusstes wird Sie auf dem geraden und schmalen Pfad der Moral halten, die es gelernt hat, und wird Ihnen diese Moral aufzwingen, selbst wenn die Gesellschaft sie für falsch hält. Ein Terrorist kann ohne Skrupel töten und zerstören, da seine Moralvorstellungen ihm sagen, dass er ein Freiheitskämpfer ist. Er glaubt tatsächlich, dass er eine moralische Person ist, die gegen eine kriminelle Gesellschaft kämpft. Ein Bandenmitglied kann ohne Schuldgefühl töten, um die Ehre seiner Bande zu schützen, weil es gelernt hat, dass die Bandenehre mehr zählt als das christliche Gebot »Du sollst nicht töten« oder die Gesetze, die Mord für illegal erklären. Falls Ihr Unbewusstes jedoch meint, dass Sie bestraft werden müssen, werden Sie mit Schuldgefühlen beladen und entwickeln Verhaltensweisen, um sich selbst zu bestrafen – selbst, wenn kein Gesetz bestätigt, dass das, was Ihr Unbewusstes für schlecht hält, auch wirklich schlecht ist.

Das retikuläre Aktivierungssystem (RAS) – Ihr Ortungssystem

Jede Sekunde dringen über Ihre fünf Sinne ungefähr zwei Milliarden Daten auf Sie ein. Um nicht durchzudrehen, wird diese Flut durch ein Netzwerk von Zellen in Ihrem Gehirn gefiltert, sodass nur noch ein äußerst geringer Anteil der Informationen weiter ins Gehirn vordringen kann. Dieses Netzwerk heißt *retikuläres Aktivierungssystem* oder kurz *RAS*.

Das RAS funktioniert wie eine Antenne, nimmt Reize wahr und alarmiert Ihr Gehirn, aufmerksam zu werden. Das RAS lässt nur die Daten durch, die mindestens einem der folgenden Kriterien entsprechen:

✔ Informationen, die lebenswichtig sind:

Wenn Sie zum Beispiel tief schlafen und wegen eines seltsamen Geräuschs im Haus aufwachen oder wenn Sie gerade herumspazieren und vor sich hin träumen und plötzlich auf den herannahenden Verkehr aufmerksam werden.

✔ Informationen mit Neuheitswert:

Erinnern Sie sich noch daran, als Sie das letzte Mal ein Zimmer renoviert haben? Anfangs empfanden Sie noch jedes Mal, wenn Sie das Zimmer betraten, echte Freude an dem Anblick der neuen Tapete. Dann ist Ihnen nach ein paar Wochen aufgefallen, dass ein Gemälde schief hängt oder ein Gegenstand nicht zentriert ist und nicht genau zum Muster der Tapete oder der Farbe der Wand passt. Das liegt daran, dass der Neuheitswert sich abgenutzt hat.

✔ Die Information hat einen starken emotionalen Gehalt:

Der Überlebensaspekt wird auch auf andere Personen übertragen. Sie werden umgehend alarmiert, sobald sich die Atmung Ihres Babys verändert, doch können Sie ruhig durchschlafen, während Ihr Ehemann vor sich hin schnarcht oder im Schlaf murmelt.

Können Sie sich noch daran erinnern, als Ihnen einmal einer Ihrer Liebsten im Kaufhaus abhandengekommen ist? Sie haben alles von oben bis unten abgesucht und sich alle möglichen Strafen für denjenigen ausgedacht. Und dann ist es, als würden die Menschenmengen ausgeblendet, während Sie einen Blick auf die Person in einiger Entfernung erhaschen, und Sie rasen auf sie zu und verspüren nichts als Erleichterung. Würde keine emotionale Bindung zwischen Ihnen und der Person bestehen, wäre sie einfach nur ein weiterer Körper in der Menge. Da es sich jedoch um einen Ihnen nahestehenden Menschen handelt, sticht er wie ein Leuchtturm hervor.

Im Grunde reagiert das RAS auf Reize, die über einer gewissen Aufmerksamkeitsschwelle liegen. Gewöhnliche und alltägliche Routinen liegen unterhalb dieser Schwelle. Das hilft Ihnen, Dinge zu bemerken, die für Ihre aktuellen Ziele relevant sind.

Können Sie sich daran erinnern, als Sie einmal eine Liste zusammengestellt haben und sie an die Wand gehängt haben? Sie haben sie vielleicht eine Weile beachtet und dann längere Zeit nicht mehr gesehen, obwohl Sie mehrmals am Tag daran vorbeigekommen sind. Das liegt daran, dass die Liste nun keinen Neuigkeitswert mehr hatte und daher unter die Aufmerksamkeitsschwelle gerutscht ist.

Sie kennen sicher chronisch unzufriedene Menschen, die Äußerungen machen wie: »Ich bekomme nie etwas ab« oder »Ich habe nie Glück.« Diese Menschen werden durch ihre Überzeugungen oder »Glaubenssätze« davon abgehalten, Chancen zu erkennen. Selbst wenn ihnen eine Chance geradezu ins Gesicht springt, würden sie sagen »Das ist zu schön, um wahr zu sein« und die Gelegenheit ausschlagen. Dann gibt es noch die, die immer auf den Füßen landen. Die glücklichen Menschen sind diejenigen, die für alle Möglichkeiten offen sind. Mit dieser Denkweise können sie Erfolg aus Misserfolgen ziehen, weil sie fest davon überzeugt sind, zu gewinnen.

Ihre Glaubenssätze beeinflussen die Schwelle des RAS. Jemand, der Schwierigkeiten mit der Rechtschreibung hat, nimmt eine Ausschreibung für eine Stelle als Redakteur vielleicht gar nicht wahr, obwohl man diesen Mangel mit Rechtschreibprogrammen beheben kann und er bei der Recherche von Nachrichtenstorys unter Umständen viel besser ist als andere Bewerber, die kein Problem mit Rechtschreibung haben.

Wenn Sie sich Ihrer Glaubenssätze bewusst sind, können Sie herausfinden, ob sie Sie davon abhalten, Ihre Ziele zu erreichen. Denken Sie einmal an eine Zeit zurück, in der Sie etwas wirklich tun wollten, aber aus irgendwelchen Gründen nicht die Gelegenheit fanden, Ihr Ziel zu erreichen. Schauen Sie sich dann Ihre Glaubenssätze an. Es wird Ihnen vielleicht auffallen, dass diese Überzeugungen Sie davon abgehalten haben, Chancen zu erkennen, die Ihnen das Erreichen Ihres Ziels ermöglicht hätten.

Wie Erinnerungen erzeugt werden

Erinnerungen werden normalerweise erzeugt, wenn Informationen vom RAS in einen Teil des Gehirns geleitet werden, der *Amygdala* genannt wird, wo sie emotional gewichtet werden, bevor sie zum *Hippocampus* weitergegeben werden. Der Hippocampus bewertet diese Daten im Vergleich zu denen, die im Langzeitgedächtnis vorhanden sind, und präsentiert sie dem *Cortex* zur Analyse und zur Rückführung in das Langzeitgedächtnis. Abbildung 3.1 zeigt, wo diese Gehirnregionen liegen.

Posttraumatische Stresserkrankung

Die Allgemeinheit hat die posttraumatische Stresserkrankung – PTBS(Posttraumatische Belastungsstörung) – zum ersten Mal wahrgenommen, als Filme über Vietnamkriegsveteranen in die Kinos kamen. Heutzutage wissen wir durch Medienberichte, dass PTBS unter Menschen, die in Rettungsdiensten arbeiten, oder unter Kriegs- oder Verbrechensopfern weitverbreitet ist.

Hippos und Pyramiden

Ach ja, und wussten Sie schon, dass der Hippocampus aus lauter Reihen pyramidenförmiger Strukturen besteht, die im Tagesverlauf aufgefüllt und bei Nacht entleert werden? Das führt dazu, dass Sie direkt nach dem Aufwachen am effektivsten Zusammenhänge herstellen können. Deshalb sollten Sie auch die schwierigste Denkarbeit am besten erledigen, bevor die Pyramiden voll sind.

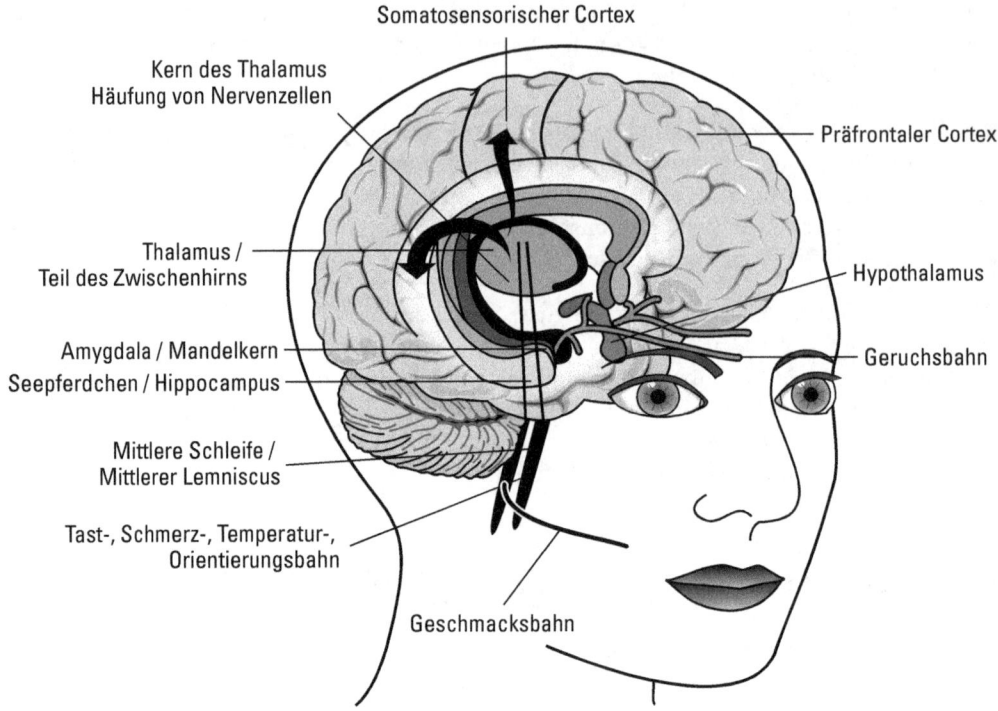

Somatosensorischer Cortex

Kern des Thalamus
Häufung von Nervenzellen

Präfrontaler Cortex

Thalamus /
Teil des Zwischenhirns

Hypothalamus

Amygdala / Mandelkern
Seepferdchen / Hippocampus

Geruchsbahn

Mittlere Schleife /
Mittlerer Lemniscus

Tast-, Schmerz-, Temperatur-,
Orientierungsbahn

Geschmacksbahn

Abbildung 3.1: So finden Sie sich in Ihrem Gehirn zurecht.

PTBS tritt auf, wenn die Amygdala Eingaben mit sehr hohem emotionalem Wert empfängt, in Panik gerät und die Information nicht an den Hippocampus senden kann. Daher bleibt das traumatische Ereignis in der Amygdala hängen und der Hippocampus ist nicht im Stande, die Erinnerung dem Neocortex zur Bewertung vorzulegen, sodass das Ereignis für das Gehirn keinen Sinn ergibt. Da die Amygdala das Organ ist, das sich vor allem mit Ihrem Überleben beschäftigt, steht sie bei PTBS-Betroffenen in ständiger Erregung und erzeugt Flashbacks und hochgradige Angstzustände.

Virginia Woolf schrieb »Mrs Dalloway« in den frühen 1920er-Jahren. Ihr Porträt von Septimus Smith zeigt, dass er nach den Gräueln des Ersten Weltkriegs an posttraumatischem Stress leidet. Leider war die Schulmedizin damals ziemlich unerfahren im Umgang mit psychologischen Problemen. Patienten wie Septimus Smith wurde viel Ruhe zur Erholung verordnet und sie mussten sich Ratschläge wie »Reißen Sie sich doch zusammen, Mann!« anhören.

Phobien und PTBS haben eine ähnliche Struktur, bei der die Erinnerung in der Amygdala gefangen ist. Zum Glück haben wir mittlerweile die NLP-Phobie-Schnelltherapie, die hilfreich dabei sein kann, Menschen sowohl von Phobien als auch von unverarbeiteten traumatischen Erfahrungen zu befreien. Mehr dazu finden Sie im Abschnitt »Die Phobie-Schnelltherapie« weiter hinten in diesem Kapitel.

Phobien

Die Experten sind sich über die Ursache von Phobien nicht ganz einig. Manche Psychologen behaupten, dass Phobien das Resultat eines Traumas seien, wie beispielsweise bei einer Person, der man einmal einen Frosch auf den Rücken gesetzt hat. Andere behaupten, Phobien wären erlernte Reaktionen, wie bei einem zweijährigen Kind, das auf eine Kobra stößt und aufgrund der Reaktionen der umstehenden Erwachsenen eine Phobie entwickelt. Hilfestellungen zur Überwindung von Phobien können Sie im Abschnitt »Die Phobie-Schnelltherapie« weiter hinten in diesem Kapitel nachlesen.

 Ich (Romilla) litt früher an einer Ophidiophobie und habe auch kein Problem, das zuzugeben. Wenn ich ein etwas verständlicheres Wort wie Schlangenphobie dafür verwende, können Sie sich vielleicht vorstellen, worum es dabei geht. Die Phobie war so heftig, dass ich von Schlangen geträumt habe und zwar sehr häufig. Ich wachte dann mit völlig verkrampften Gliedern auf und musste jeden einzelnen Teil meines Körpers erst einmal bewusst entspannen. Das ging sogar so weit, dass ich vor fremden Leuten völlig ausgerastet bin, als ich in Holland in das Wohnzimmer eines Freundes ging. Der Grund für mein Ausflippen? Eine ausgestopfte Kobra als Wohnzimmerdekoration.

Ich werde nun nicht mehr von Ängsten vor Schlangen heimgesucht. Leider wusste ich zu dem Zeitpunkt, als ich meine Phobie überwinden konnte, noch nichts von NLP, was dazu führte, dass sich mein Desensibilisierungsprozess ziemlich dramatisch in einem kleinen Zoo in Mombasa in Kenia abspielte. Ich wanderte mit meinem Ehemann durch den Zoo und schaute mir die exotische Tierwelt an, unter anderem die Schildkröten aus Madagaskar. Irgendwann kamen wir an einem Tierpfleger vorbei, der mich fragte, ob ich daran interessiert sei, den Python zu halten, den er um seinen Hals geschlungen hatte. Als mein Ehemann und der Tierpfleger mich überredet hatten, den Python zu nehmen, hatten wir mittlerweile ein Publikum von etwa dreißig Einheimischen, die mir jedoch zu diesem Zeitpunkt nicht bewusst waren. Als der Tierpfleger versuchte, mir den Python um den Hals zu legen, fing ich an zu schreien. In diesem Moment bemerkte ich auch das Publikum, das in Gelächter ausbrach, manche lachten sogar Tränen. Der zweite Versuch war dann jedoch ein Erfolg, auch wenn ich noch immer geschrien habe, bis der Python um meinen Hals lag. Ganz nebenbei: Schlangen sind nicht schleimig.

Hätte ich damals schon NLP gekannt, wäre der Überwindungsprozess meiner Phobie wesentlich weniger traumatisch abgelaufen und zwar mittels der NLP-Phobie-Schnelltherapie.

Die Phobie-Schnelltherapie

Die Phobie-Schnelltherapie ermöglicht es Ihnen, ein Trauma oder eine Phobie erneut zu durchleben, ohne den emotionalen Gehalt des Ereignisses zu erleben oder sich dem Auslöser auszusetzen, der normalerweise die phobische Reaktion erzeugt. Dabei sollte gewährleistet sein, dass Sie sich in einer Umgebung befinden, in der Sie sich absolut sicher fühlen, und Sie sollten jemanden dabeihaben, der Ihnen hilft, auf dem Boden zu bleiben. Bitte beachten Sie, dass Sie im Rahmen der Selbsthilfe nur Alltagsphobien oder Alltagstraumata angehen sollten. Diagnostizierte Phobien und posttraumatische Belastungsstörungen gehören in die Hände von Psychotherapeuten und Psychiater. In Absprache können Sie aber den Heilungsprozess mit den beschriebenen Methoden unterstützen.

Spaß mit Phobien

Im Folgenden finden Sie ein paar Begriffe, die etwas Spaß in Small Talk bringen können. Aber Vorsicht: Beschuldigen Sie niemals jemanden vom anderen Geschlecht, Phronemophobie zu haben (Angst vor dem Denken), und am besten setzen Sie jemanden mit einer Ablutophobie (Angst, sich zu waschen) neben Ihre Schwiegermutter, wenn Sie an Pentheraphobie leiden (Angst vor Schwiegermüttern).

- ✔ Peladophobie – Angst vor Menschen mit Glatze

- ✔ Philophobie – Angst vor dem Verlieben oder dem Verliebtsein

- ✔ Phobophobie – Angst vor der Angst

- ✔ Xyrophobie – Angst vor Rasierern

- ✔ Galeophobie – Angst vor Katzen

- ✔ Triskaidekaphobie – Angst vor der Zahl Dreizehn

- ✔ Otophobie – Angst vor der Zahl Acht

In dem nun vorgestellten Format untersuchen Sie eine Erfahrung, während Sie doppelt von der Erinnerung dissoziiert sind und so eine Trennung zwischen Ihnen (im Jetzt) und den Emotionen des Traumas oder der phobischen Reaktion schaffen. In der unten stehenden Liste mit Anweisungen wird die doppelte Dissoziation dadurch erzielt, dass Sie sich selbst in einem Kino beobachten (Dissoziation), wie Sie sich auf der Kinoleinwand beobachten (doppelte Dissoziation). Mehr zum Thema Dissoziation finden Sie in Kapitel 10 im Abschnitt »Assoziieren oder Dissoziieren«.

1. Finden Sie heraus, wann Sie eine phobische Reaktion auf einen Stimulus oder eine traumatische oder unangenehme Erinnerung haben, die Sie gern überwinden möchten.

2. Rufen Sie sich in Erinnerung, dass Sie sich sowohl vor als auch nach der unangenehmen Erfahrung in Sicherheit befunden haben beziehungsweise befinden.

3. Stellen Sie sich vor, Sie sitzen im Kino und beobachten sich auf einer kleinen Leinwand.

4. Stellen Sie sich nun vor, Sie schweben aus dem Ich, das im Kinosessel sitzt, heraus in den Vorführraum.

5. Jetzt können Sie sich im Vorführraum sehen, wie Sie sich im Kinosessel dabei beobachten, wie Sie den Film über sich auf der Leinwand anschauen.

6. Lassen Sie den Film in Schwarz-Weiß auf einer winzigen Leinwand ablaufen. Beginnen Sie zu einer Zeit vor der Erfahrung der Erinnerung, die Sie verarbeiten wollen, und lassen den Film ganz durchlaufen, bis die Erfahrung vorbei und Sie in Sicherheit sind.

7. Nun halten Sie den Film an oder blenden eine weiße Leinwand ein.

8. Schweben Sie aus dem Vorführraum, aus dem Kinosessel in das Ende des Films.

9. Lassen Sie den Film jetzt ganz schnell in Farbe rückwärtslaufen, sodass er nur ein oder zwei Sekunden lang dauert, als würden Sie den Film ganz bis zum Anfang erleben, als Sie in Sicherheit waren.

10. Sie können die Schritte 8 und 9 so oft wiederholen, bis das Erlebnis angenehm ist.

11. Gehen Sie nun in die Zukunft und stellen Sie sich ein Ereignis vor, bei dem Sie normalerweise die phobische Reaktion erleben würden.

Werte und Glaubenssätze machen den Unterschied

Sie haben vielleicht schon einmal den Ausspruch »Diese Jugend von heute hat einfach keine Werte mehr« gehört. Jeder hat Werte, nur dass sie für unterschiedliche Menschen und Gruppen verschieden sind. Ihre Werte und Glaubenssätze sind unbewusste Filter, die Sie dafür verwenden, zu entscheiden, welche der Daten, die Ihre Sinne aufnehmen, hereingelassen werden und welche draußen bleiben sollen. Das bedeutet also, dass die unbewussten neun Zehntel Ihres Gehirns die ganze Zeit über still und ruhig alle möglichen Überzeugungen aufgebaut und alle möglichen Entscheidungen über Ihre Umgebung getroffen haben … und Sie sich nicht im Geringsten darüber bewusst sind.

Die Macht der Glaubenssätze

Ihre Überzeugungen oder Glaubenssätze können – wenn man es auf die Spitze treibt – die Macht über Leben und Tod haben. Sie können Ihnen zu Gesundheit, Reichtum und Glück verhelfen oder aber zu Unwohlsein, Armut und Krankheit.

Mit den Glaubenssätzen, von denen wir sprechen, sind keine religiösen Überzeugungen gemeint – es handelt sich vielmehr um Verallgemeinerungen, die Sie aufgrund Ihrer Lebenserfahrung machen. Diese Verallgemeinerungen formen die Grundlagen Ihrer Realität, die wiederum Ihr Verhalten steuert. So kann ein bestärkender Glaubenssatz zu der Entstehung eines weiteren führen, der wiederum zu einem neuen Ziel führt. »Ich bin wirklich gut in Orthografie« kann also zu der Entstehung des Glaubenssatzes führen, dass Sie gern mit Wörtern umgehen und sich gut ausdrücken können. Das führt Sie vielleicht zu dem Glaubenssatz, dass Sie Geschichten erzählen können, und plötzlich finden Sie den Mut, eine Kurzgeschichte an eine Zeitschrift zu senden und … auf einmal sind Sie ein Autor mit einer Veröffentlichung.

Ebenso wie es positive, aufbauende Glaubenssätze gibt, können Sie aber auch von negativen, destruktiven Glaubenssätzen beeinflusst werden. Wenn Sie in der Schule gehänselt wurden, können Sie zu der Überzeugung gelangt sein, dass die Menschen im Allgemeinen nicht besonders nett sind. Das führt möglicherweise dazu, dass Sie relativ aggressiv auf Menschen reagieren, die Sie zum ersten Mal treffen. Wenn manche Menschen dann auch noch in ähnlich aggressiver Weise reagieren, könnte deren Verhalten Ihre Überzeugung, dass Menschen nicht besonders nett sind, noch verstärken. Sie würden unter Umständen nicht einmal wahrnehmen, wenn jemand freundlich reagiert, nachdem Ihre Glaubensfilter nicht darauf ausgerichtet sind, freundliche Menschen wahrzunehmen.

Achten Sie darauf, dass einschränkende Glaubenssätze sich durch Formulierungen wie »ich kann nicht«, »ich sollte«, »ich sollte nicht«, »ich könnte«, »ich würde« und »ich müsste« bemerkbar machen. Wie Henry Ford schon sagte: »Wer glaubt, er kann, der kann; wer es nicht glaubt, kann es nicht. Das ist ein unerbittliches, unbestreitbares Gesetz.«

Beeinflussung durch Glaubenssätze Dritter

Der wirklich schreckliche Gedanke dabei ist, dass vorgefasste Meinungen anderer bei Ihnen zu falschen Einschätzungen führen können, vor allem wenn es sich bei diesen Leuten um Lehrer, Arbeitgeber, Familienmitglieder und Freunde handelt.

Eine sehr interessante Untersuchung über eine Gruppe von Kindern, die laut Testergebnissen durchschnittliche Intelligenz besaßen, zeigt, wie die Glaubenssätze eines Lehrers die Lernfähigkeit fördern oder hemmen kann.

Die Schüler wurden nach dem Zufallsprinzip in zwei Gruppen aufgeteilt. Dem Lehrer der einen Gruppe wurde mitgeteilt, dass die Schüler in seiner Gruppe begabt seien, während dem Lehrer der anderen Gruppe gesagt wurde, dass seine Schüler nicht besonders schnell lernen. Beide Gruppen wurden nach einem Jahr erneut einem Intelligenztest unterzogen. Das Ergebnis der Gruppe des Lehrers, der seine Schüler für begabt hielt, lag höher als beim Eingangstest, während die Gruppe des Lehrers, der annahm, seine Schüler seien lernschwach, beim zweiten Intelligenztest schlechter abschnitten als beim Eingangstest.

Traurigerweise sind solche Phänomene nicht nur in überfüllten Schulen zu finden, sondern treten auch in Familien auf, in denen Eltern ihre Kinder in eine »akzeptable« Position hineinbugsieren wollen. Andere Beispiele wären Freunde, die Ihnen zur Vorsicht raten, wenn Sie einen sicheren Job gegen die Verwirklichung eines Traums eintauschen wollen, oder ein Arbeitgeber, dessen Kommunikationsstil sich von Ihrem unterscheidet, was sich nachteilig auf die Entwicklung Ihrer Karriere auswirkt. Sie nehmen solche Personen unter Umständen nicht nur als jemand wahr, der mehr weiß als Sie, sondern heben sie auch noch in den Himmel.

Für ein Kind mag es sehr schwierig sein, ohne elterliche Hilfe die Defizite eines Lehrers zu überwinden, und Restriktionen im Elternhaus oder in der Familie sind noch fataler. Als Erwachsener können Sie das Für und Wider von Ratschlägen abwägen, indem sie sie aus der Sicht der anderen Person heraus betrachten. Mehr zu diesem Thema finden Sie in Kapitel 7, in dem es um den Aufbau von Rapport geht, im Abschnitt »Wahrnehmungspositionen erforschen«. Sobald Sie die Gründe für die Meinung einer anderen Person einmal verstanden haben, können Sie entscheiden, ob Sie dafür oder dagegen sind, doch zumindest können Sie immer lernen, wie Sie sich den Kommunikationsstil Ihres Arbeitgebers zunutze machen können, um Ihre Botschaft zu transportieren und Ihre Karriere voranzutreiben.

Glaubenssätze ändern

Manche Ihrer Glaubenssätze stärken Sie. Andere Glaubenssätze können Ihre Denkweise einschränken und Ihnen im Weg stehen. Die gute Nachricht ist, dass Glaubenssätze sich anpassen und auch ändern lassen. Ein Beispiel dafür ist die Vier-Minuten-Meile. Jahrelang haben Sportler nicht daran geglaubt, dass es möglich sei, eine Meile in vier Minuten zu laufen. Roger Bannister schaffte das jedoch im Mai 1954. Kurz danach wurde sein Rekord noch mehrere Male gebrochen.

Höre ich Sie fragen: »Warum sollte ich etwas ändern, das meine Welt zusammenhält?« Ja, Glaubenssätze halten Ihre Welt zusammen – doch zum Guten oder zum Schlechten? Wenn Sie ein Glaubenssatz einschränkt, ändern Sie ihn. Wenn Sie dann merken, dass Sie die Sicherheit des alten Glaubenssatzes benötigen, können Sie jederzeit wieder zurückwechseln.

Wenn ich Sie bitte, an einen Ihrer Glaubenssätze zu denken, machen Sie sich vielleicht ein Bild, fühlen etwas, hören etwas oder erleben etwas oder alles zusammen. Daraus können wir schließen, dass Ihre Glaubenssätze bestimmte Merkmale aufweisen. Diese Eigenschaften – visuell (sehen), auditiv (hören), kinästhetisch (fühlen, tasten), olfaktorisch (riechen) und gustatorisch (schmecken) – werden auch *Modalitäten* genannt. Die Feinheiten der Modalitäten können mithilfe von *Submodalitäten* abgestimmt werden. Das sind Merkmale wie Helligkeit, Größe, Distanz bei Bildern, Lautstärke und Klang für Geräusche und Druck, Temperatur und Ortsangabe für Gefühle.

Eine Möglichkeit, Glaubenssätze zu verändern, besteht darin, die Submodalitäten zu regulieren. Das ist ein wirklich nützlicher Prozess, der Ihnen dabei helfen kann, behindernde Glaubenssätze, die Sie fest im Griff haben, zu lockern und die Effekte eines positiven Glaubenssatzes zu fördern, um einen aufbauenden Glaubenssatz zu entwickeln. Angenommen, Sie haben sich stark zu Menschen hingezogen gefühlt, doch wurde Ihnen immer erzählt, es wäre nicht gut, von Gefühlen bestimmt zu sein. Verändern Sie Ihren Glaubenssatz in »Ich kann gut mit Menschen umgehen«, kann sich Ihr Selbstvertrauen im Umgang mit anderen Menschen extrem verändern. Wenn Sie wissen, dass Sie künstlerisch begabt sind, können Sie mit diesem Glaubenssatz auch in eine etwas technischere künstlerische Karriere wie Computergrafik einsteigen.

 Um Veränderungen an Ihren Glaubenssätzen zu üben, können Sie folgende Anleitung nachvollziehen:

1. **Denken Sie an einen Glaubenssatz, von dem Sie wissen, dass er wahr ist, etwa »Ich bin ein rücksichtsvoller Autofahrer«.**

   Wenn Ihnen kein solcher Glaubenssatz einfällt, fragen Sie sich, ob Sie glauben, dass die Sonne morgens aufgeht, auch wenn's stark bewölkt ist.

2. **Haben Sie ein Bild gesehen, haben Sie etwas gefühlt und/oder haben Sie etwas gehört? Wodurch zeichnete sich das Bild, das Gefühl, das Gehörte aus?**

3. **Nun denken Sie an einen Glaubenssatz, den Sie ändern wollen, weil er Ihnen nicht nützlich ist, beispielsweise »Ich kann nicht vernünftig einparken«.**

4. **Übertragen Sie nun die Merkmale des Glaubenssatzes, von dem Sie wissen, dass er wahr ist, auf die des Glaubenssatzes, den Sie ändern wollen.**

Nehmen wir an, das Bild dessen, was Sie für wahr halten, ist hell, groß, dreidimensional, klar und unmittelbar vor Ihnen, und das Bild des Glaubenssatzes, den Sie ändern wollen, ist klein, dunkel, zweidimensional und weit entfernt. Verändern Sie das Bild des Glaubenssatzes, den Sie ändern wollen, so, dass es hell, groß, dreidimensional, klar und direkt vor Ihnen ist.

Gehen Sie genauso mit den Geräuschen und Gefühlen um, die Sie mit dem Glaubenssatz verbinden, den Sie für wahr halten. Sind die Merkmale der Geräusche und Gefühle des Glaubenssatzes, den Sie ändern wollen, anders?

 Eine Gruppe von Glaubenssätzen nennt man *Glaubenssystem*. Glaubenssätze und Glaubenssysteme können bestimmte Werte unterstützen. Werte sind die Ursache dafür, dass Sie irgendetwas tun. Glaubenssätze leiten Ihr Verhalten, das wiederum dabei hilft, einen Wert zu erfüllen – vorausgesetzt natürlich, es gibt keine Konflikte, die durch das Unbewusste hervorgerufen werden. Über Werte erfahren Sie im folgenden Abschnitt mehr.

Mit den eigenen Werten arbeiten

Werte sind die Triebfedern, die Ihr Verhalten antreiben, und bilden Ihre unbewussten Motivatoren und Demotivatoren. Die Ursache dafür, dass Sie irgendetwas tun, liegt in Ihren Werten. Nachdem Sie etwas getan haben, entscheiden Sie anhand dieser Werte, ob die Tat gut oder schlecht war. Wenn Sie großen Wert auf Ehrlichkeit legen, können Sie ein gutes Gefühl haben, wenn Sie ein Portemonnaie, das Sie auf der Straße gefunden haben, der Polizei übergeben.

Werte beeinflussen Ihre Wahl der Freunde und Partner, die Art von Waren, die Sie kaufen, die Interessen, die Sie verfolgen, und wie Sie Ihre Freizeit verbringen. Ebenso wie Ihre Glaubenssätze beeinflussen auch Ihre Werte die Filter, die das RAS einsetzt (siehe den Abschnitt »Das retikuläre Aktivierungssystem (RAS) – Ihr Ortungssystem« weiter vorn in diesem Kapitel).

Ihr Leben hat viele Facetten. Sie sind wahrscheinlich Bestandteil einer Familie, eines Teams bei der Arbeit und vielleicht gehören Sie auch einem Verein an, in dem Sie Ihrem Hobby nachgehen, um nur ein paar zu nennen. Jeder dieser Lebensbereiche – Familie, Arbeit, Freizeit und so weiter – hat seine eigene Werteordnung, bei der jeweils der wichtigste Wert ganz oben steht. Die Werte ganz oben in der Hierarchie sind meist abstrakter als die weiter unten und üben den größten Einfluss auf Ihr Leben aus. Im Beispiel aus Abbildung 3.2 sind Familie und Freunde ziemlich konkret, während Zufriedenheit schwerer greifbar ist.

KAPITEL 3 Wer lenkt den Bus? 69

Mittel-zum-Zweck-Werte

Werte können entweder *Mittel*-Werte oder *Zweck*-Werte sein, wobei Mittel-Werte weiter unten in der Hierarchie auftauchen und als Sprossen der Leiter dienen, mit deren Hilfe Sie die höheren Zweck-Werte erreichen. In Abbildung 3.3 ist Freiheit ein Zweck-Wert und alle anderen Werte sind Mittel zu diesem Zweck. Mittel-Werte sind solche, die erfüllt sein müssen, um zum Zweck-Wert zu gelangen. Freiheit ist schwerer zu messen als etwa Geld. Im Beispiel kann man Geld ohne Freiheit haben, doch um Freiheit zu bekommen, muss man Geld haben. Also ist Freiheit – der Zweck-Wert – hier vom Mittel-Wert Geld abhängig.

Abbildung 3.2: Eine Werteleiter

Sie können durch Ihre Werte entweder zum Wohlbefinden hin- oder vom Schmerz weggetrieben werden.

Hin-zu-Werte	Weg-von-Werte
Liebe	Schuld
Freiheit	Trauer
Gesundheit	Einsamkeit
Freude	Zorn
Wohlstand	Armut

Werte mit *Weg*-von-Tendenzen weisen auf negative Emotionen, negative Entscheidungen oder emotionale Traumata hin, die unter Umständen Ihr Leben beeinflussen. Dies kann mit Techniken wie der *Time Line Therapy*™ (Zeitlinien-Therapie) gelöst werden. Der Hauptzweck aller NLP-Techniken besteht darin, etwas aus den negativen Ereignissen zu lernen, damit das Unbewusste verschüttete Emotionen freisetzen kann. Im Grunde funktioniert die Zeitlinien-Therapie nach dem Prinzip, dass Ihre Erinnerungen entlang einer Zeitlinie angeordnet sind und man durch Veränderung einer Erinnerung auf dieser Zeitlinie andere Erinnerungen freisetzen kann. Das kann Ihnen wiederum dabei helfen, mehr Kontrolle über Ihre Reaktionen auf Ereignisse zu erlangen und mehr Wahlmöglichkeiten im Leben zu haben. In Kapitel 13 finden Sie mehr Informationen über diese Technik.

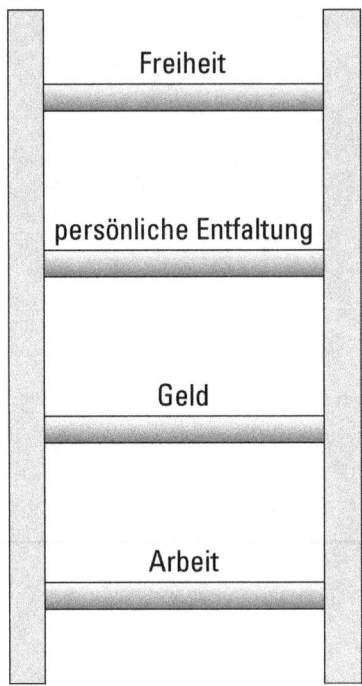

Abbildung 3.3: Eine Leiter der Zufriedenheit

Die Entstehung von Werten

Werte werden in drei Phasen Ihres Lebens wesentlich geformt.

✔ Die *Prägungsphase* dauert bis etwa zum siebten Lebensjahr. In dieser Zeit lernt man größtenteils unbewusst von seinen Eltern.

✔ Die *Modellierungsphase* findet zwischen dem achten und dem dreizehnten Lebensjahr statt. In diesem Zeitraum lernt man durch bewusstes und unbewusstes Kopieren von Freunden. Einige der wichtigsten Werte – Kernwerte – werden im Alter von etwa zehn Jahren geformt.

✔ Die *Sozialisierungsphase* verläuft zwischen dem vierzehnten und dem einundzwanzigsten Lebensjahr. In diesem Zeitraum lernt man Werte, die sich auf Beziehungen auswirken.

Ihre Werte erforschen

Wenn es in Ihrem Leben Bereiche gibt, die Sie für verbesserungswürdig halten, können Sie Ihre Werte erforschen, um zu einer Einsicht zu gelangen, die Ihnen unter Umständen Verbesserungen ermöglicht. Mit folgenden Anweisungen können Sie herausfinden, was Sie davon abhält, das zu bekommen, was Sie möchten.

1. **Wählen Sie einen Lebensbereich oder -zusammenhang aus, mit dem Sie nicht glücklich sind oder den Sie verbessern möchten.**

   Leben oder arbeiten Sie zum Beispiel in einer Umgebung, die Sie nicht mögen und daher ändern möchten?

2. **Stellen Sie eine Liste der Dinge zusammen, die in diesem Zusammenhang für Sie wichtig sind.**

   Es wird Ihnen auffallen, dass Ihnen die ersten Werte sehr schnell einfallen. Bleiben Sie weiter dran, dann werden Sie merken, dass noch ein ganzer Stapel weiterer Werte auftaucht.

3. **Sortieren Sie diese Werte nach Bedeutung, wobei der wichtigste Wert ganz oben steht.**

   Falls es Ihnen schwerfällt, die Liste zu sortieren, fragen Sie sich einfach: »Wäre es in Ordnung, wenn ich A haben könnte, aber nicht B?« Wenn die Antwort Ja ist, dann hat A mehr Bedeutung als B. Wenn die Antwort Nein lautet, dann muss B über A einsortiert werden. Bei der folgenden Werteliste, die sich möglicherweise auf Ihren Job anwenden lässt, könnten Sie beispielsweise entscheiden, dass Sicherheit für Sie wichtiger ist als Abenteuer:

   Erfolg

   Macht

   Leistung

   Abenteuer

   Sicherheit

   Wenn Sie alle Werte nach Bedeutung geordnet haben, werden Sie wahrscheinlich feststellen, dass Sie den Werten, die später aufgetaucht sind, mehr Bedeutung beimessen.

4. **Fragen Sie sich nach dem Sortieren der Werte, ob es einen Wert gibt, der in diesem Lebensbereich nützlich sein könnte, jedoch noch fehlt. Wo würde der Wert zwischen den vorhandenen Werten eingeordnet?**

   Wenn Sie Ihren Job bewerten und nicht den gewünschten Grad an Erfolg erzielen, liegt das vielleicht daran, dass in Ihrer Randordnung der Punkt Erfüllung fehlt. Unter diesem Gesichtspunkt würden Ihre Entscheidungen aus dem vorangegangenen Prozess vielleicht wie folgt aussehen:

Erfolg

Erfüllung

Leistung

Abenteuer

Sicherheit

Wertekonflikte

 Wenn Ihre Mittel-Werte geordnet sind (siehe vorherigen Abschnitt), fällt es wesentlich leichter, den Zweck-Wert zu erreichen. Leider können Ihre Werte jedoch auch in Widerspruch zueinander stehen. Sie glauben, Sie würden sich auf ein Ergebnis hinbewegen, doch hat Ihr Unbewusstes andere Ideen, die Sie tatsächlich von Ihrem Ziel abbringen.

Vielleicht war Ihre Familie arm, als Sie ein Kind waren, und Sie haben daher einen starken Weg-von-Armut-Wert, der im direkten Widerspruch zum Hin-zu-Wohlstand-Wert steht. Sie möchten also Wohlstand, denken jedoch weiterhin: »Ich will nicht arm sein«, wozu Ihnen das Unbewusste jedoch verhilft.

Ein weiterer Konflikt kann entstehen, wenn Sie sich gleichzeitig auf zwei Ziele zubewegen wollen und der Meinung sind, Sie könnten entweder nur das eine oder nur das andere erreichen. Ein Beispiel für diesen Konflikt ist der Wunsch, abzunehmen und gleichzeitig Essen genießen zu wollen.

Gibt es in Ihrem Leben einen vorrangigen Wert, der Sie davon abhält, Befriedigung in anderen Lebensbereichen zu erlangen? Wenn Wohlstand die Nummer eins für Sie ist, werden Sie unter Umständen unglaublich reich. Jedoch hält Sie dieser Wert eventuell auch davon ab, eine befriedigende Beziehung zu führen.

 Achten Sie darauf, nicht so lange an der Erfüllung Ihrer Mittel-Werte zu arbeiten, dass Sie das Erreichen des Zweck-Werts verpassen.

Werte ändern

Wenn Sie über Ihre Werte nachdenken, erzeugen Sie ein Bild, genau wie beim Nachdenken über Ihre Glaubenssätze (siehe den Abschnitt »Die Macht der Glaubenssätze« weiter vorn in diesem Kapitel). Die Rangordnung Ihrer Werte lässt sich durch Veränderung der Charakteristika in dem Bild, das der Wert erzeugt, variieren. Angenommen, Ihre Lebenswerte sind folgende:

Freiheit

Leistung

Finanzielle Sicherheit

Spaß

Familie

Gesundheit

Plötzlich müssen Sie jedoch feststellen, dass Sie nicht ganz gesund sind. Sie können sich dann eventuell dazu entschließen, dass es wichtiger für Sie ist, gesund zu sein, als Spaß zu haben, und vertauschen die Reihenfolge der beiden Werte. Das können Sie mit der folgenden Technik erreichen.

1. Wenn Sie an Spaß denken, achten Sie bei dem Bild, das Sie dabei vor Augen haben, auf Folgendes:

    Größe

    Farbe/Schwarz-Weiß

    Position

    Standbild oder Film

    Scharf oder verschwommen

2. Achten Sie auf das Bild, das Sie beim Gedanken an Gesundheit sehen.

3. Tauschen Sie die Eigenschaften der Bilder aus.

    Ebenso wie bei der Veränderung der Bildmerkmale von Glaubenssätzen können Sie auch die Eigenschaften des Bildes für Gesundheit ändern, sodass es die gleichen wie für Spaß sind. So können Sie Gesundheit auf eine Stufe heben, die gleiche Bedeutung für Sie hat wie Spaß. Nun verändern Sie das Bild für Spaß so, dass es die gleichen Merkmale wie zuvor das Bild für Gesundheit hat. So verschieben Sie Spaß auf die Stufe, auf der zuvor Gesundheit angeordnet war.

Die zukünftige Realität tagträumen

Ganz im Gegensatz zu dem, was Ihnen Ihr Lehrer vielleicht gesagt hat, als Sie aus dem Fenster geschaut haben und Ihren Gedanken freien Lauf gelassen haben, kann dies ein bedeutender erster Schritt in Richtung Ihrer Ziele sein. Durch die Techniken, die in den vorangegangenen Abschnitten erläutert wurden, können Sie herausfinden, wonach Sie eigentlich streben, um dann die ersten Schritte zur Verwirklichung zu unternehmen – durch einfaches Tagträumen.

 Erlauben Sie sich also, zu träumen und zu spielen. Was würden Sie sich wünschen, wenn Ihnen eine gute Fee die Erfüllung eines Wunsches ermöglichen würde? Sie würde dafür sorgen, dass Sie alle Einflussmöglichkeiten, Kontakte und Ressourcen besitzen, um Ihren Herzenswunsch zu erfüllen. Alles klar? Folgen Sie nun dieser Anleitung:

1. **Stellen Sie eine Liste der Dinge zusammen, die wichtig für Ihr Ziel sind, sowie aller Gründe, warum Sie es erreichen wollen, und ordnen Sie sie nach Bedeutung.**

   Sind Sie von Ihren Werten überrascht? Mussten Sie feststellen, dass etwas, das Sie zunächst für wichtig hielten, dann doch nicht so bedeutsam war, und fiel Ihnen im Verlauf ein Wert ein, der anfangs fehlte?

   Wenn Sie nicht sicher sind, wie man das macht, blättern Sie zum Abschnitt »Ihre Werte erforschen« weiter vorn in diesem Kapitel zurück.

2. **Nun stellen Sie sich in Ihrem Tagtraum vor, Sie würden aus Ihrem Körper heraus in die Zukunft schweben, zu einem Zeitpunkt, an dem Sie Ihr Ziel erreicht haben.**

3. **Achten Sie auf Bilder, Geräusche und Gefühle und regulieren Sie sie.**

   Können Sie sie stärker und lebhafter machen und dann noch stärker?

4. **Drehen Sie sich von dem Platz in der Zukunft um und schauen Sie zurück ins Jetzt und lassen Sie Ihr Unbewusstes herausfinden, was es noch wissen muss und wie es Ihnen helfen kann, Ihr Ziel zu erreichen.**

   Versuchen Sie, darauf zu achten, worin der erste Schritt bestehen könnte.

5. **Wenn Sie den Tagtraum voll ausgekostet haben, kommen Sie zurück und unternehmen Sie diesen ersten Schritt!**

Kann sein, dass Sie von sich selbst überrascht sind?

Kapitel 4
Das Leben in die Hand nehmen

hre Erinnerungen können ein schönes Geschenk oder aber eine furchtbare Last sein, sie können Sie in sanfte Seidentücher betten oder mit Stacheldraht festhalten. Ihre Erinnerungen können Sie und Ihre Träume antreiben oder aber in der Vergangenheit gefangen halten. Aber mithilfe von NLP und mit dem Wissen, wie Sie Ihren Verstand programmieren können, *muss Ihre Vergangenheit nicht zwingend Ihre Zukunft formen.*

Dieses Kapitel dreht sich darum, aus Ihnen den Fahrer und nicht den Beifahrer in Ihrer Lebensgeschichte zu machen. Lassen Sie uns also losfahren. Es wird Zeit, Spaß zu haben.

Die Kontrolle über Ihr Erinnerungsvermögen übernehmen

Ihre Erinnerungen werden als Bilder, Geräusche und Gefühle aufgezeichnet, und wenn sie ein wenig daran drehen, können Sie positive Erinnerungen verstärken und negative Erinnerungen entschärfen. In Kapitel 10 können Sie mehr über die Veränderung der Beschaffenheit Ihrer Erinnerung nachlesen. Sie können jedoch direkt loslegen, indem Sie die Muskeln spielen lassen, die für die Kontrolle über das Gedächtnis zuständig sind, während Sie die folgenden sehr simplen Übungen durchführen.

 In der ersten Übung finden Sie heraus, wie Sie eine positive Erinnerung wachrufen und verändern können, um sich jederzeit gut oder sogar besser zu fühlen. Führen Sie die folgenden Schritte aus:

1. **Denken Sie an einen Tag, an dem Sie wirklich glücklich waren.**

2. **Achten Sie darauf, was Sie sehen, hören und fühlen, wenn Sie die Erinnerung wachrufen.**

3. **Handelt es sich bei der Erinnerung um ein Bild, regeln Sie seine Qualität, indem Sie es größer und heller machen und näher heranholen.**

   Während Sie sich selbst beobachten, versuchen Sie, in das Bild hineinzutreten, und finden Sie heraus, ob Ihnen das ein besseres Gefühl verleiht.

   In Kapitel 10 können Sie im Abschnitt »Assoziieren oder Dissoziieren« mehr darüber herausfinden, wie man »in das Bild eintritt«. Sie werden feststellen, dass Sie durch die Anpassung des Bildes die positiven Emotionen verstärken und sich noch glücklicher und besser fühlen können.

4. **Achten Sie auf jedes Geräusch, das unter Umständen mit der Erinnerung einhergeht.**

   Werden die positiven Gefühle verstärkt, wenn Sie die Geräusche lauter stellen oder wenn Sie sie nur im Kopf hören oder wenn Sie sie auch außerhalb hören?

5. **Beachten Sie die Gefühle, die Sie gegebenenfalls haben.**

   An welcher Stelle in Ihrem Körper nehmen Sie sie wahr? Haben sie eine Farbe, eine Oberflächenstruktur oder ein Gewicht? Werden die Gefühle verändert, wenn Sie ihren Standort, ihre Farbe, ihre Oberfläche oder ihr Gewicht verändern? Ändern Sie diese Parameter, um die Gefühle zu verbessern.

Wenn Sie diese Übung abgeschlossen haben, haben Sie die Qualitäten der Erfahrung, die Sie gemacht haben, verbessert und Sie haben – was noch wichtiger ist – festgestellt, dass Sie die Struktur Ihrer Erinnerungen verändern können, um die Wirkung negativer Erfahrungen zu verringern und die erfreulicher Erfahrungen erneut zu erleben und zu verstärken.

 Selbstverständlich sind nicht alle Erinnerungen angenehm. Die zweite Übung zeigt Ihnen, wie Sie die Qualitäten einer unangenehmen Erinnerung verändern können. Wenn Sie die Eigenschaften der negativen Erinnerung verändern, werden Sie in der Lage sein, negative Emotionen loszulassen, die Sie unter Umständen noch immer fest im Griff haben. Führen Sie folgende Schritte aus:

1. **Denken Sie an eine Erinnerung, die nur ein wenig unangenehm ist.**

   Bei dieser Übung denken Sie bitte – bis Sie mehr Erfahrung in NLP-Techniken haben – an eine Erinnerung, die nur ein wenig unangenehm ist. Heben Sie sich wirklich heftige Erinnerungen für den Zeitpunkt auf, wenn Sie sich bei einem erfahrenen Therapeuten befinden.

2. **Achten Sie auf Bilder, Geräusche und Gefühle, die diese Erinnerung mit sich bringt.**

3. **Wenn Sie sich im Bild befinden, steigen Sie aus dem Bild heraus, um zum Betrachter zu werden.**

   In Kapitel 10 erfahren Sie im Abschnitt »Assoziieren oder Dissoziieren« mehr darüber, wie man »aus dem Bild heraustritt«. Im Moment stellen Sie sich am besten einfach vor, Sie stehen hinter einer Filmkamera, mit der Sie sich bei der Verarbeitung der Erinnerung filmen, mit der Sie sich gerade beschäftigen.

4. **Verändern Sie etwaige Geräusche, sodass sie leiser sind, oder lassen Sie die Personen im Bild vielleicht wie Mickymaus sprechen.**

   Falls es Geräusche wie Sirenen oder Schreie gibt, können Sie diese leiser drehen, oder falls irgendjemand etwas Unerfreuliches sagt, können Sie denjenigen mit einer albernen Zeichentrickstimme reden lassen.

5. **Verändern Sie die Qualität des Bildes.**

   Machen Sie es kleiner, dunkler, machen Sie ein Schwarz-Weiß-Bild draus, bewegen Sie es weit von sich weg, bis es nur noch ein kleiner, fast nicht mehr erkennbarer Punkt ist. Sie können es auch in die Sonne schicken und dabei zusehen, wie es in einem Feuerball aufgeht. Mit diesem Schritt erfahren Sie, wie Sie die Verbindung zerstören, die die Erinnerung zuvor zu Ihnen hatte.

 Die Veränderung der Erinnerung bedeutet nicht, dass das Ereignis gar nicht stattgefunden hat. Es bedeutet vielmehr, dass Sie entscheiden können, wie die Erinnerung Sie heute beeinflusst und welche Auswirkungen sie auf Ihre Zukunft hat.

Sie sehen es, weil Sie es glauben

Wenn Sie zu einer Gruppe von Leuten gehören würden, die Zeugen eines Überfalls waren, wäre es sehr wahrscheinlich, dass keiner von Ihnen der Polizei die gleichen Angaben machen würde. Das liegt daran, dass jeder die Daten, die seine Realität erzeugen, durch seine fünf Sinne wahrnimmt – visuell (sehen), auditiv (hören), kinästhetisch (fühlen, tasten), olfaktorisch (riechen) und gustatorisch (schmecken). Jedoch bombardieren die Sinne Ihr Gehirn mit einer so großen Menge an Daten, dass Sie nur einen äußerst kleinen Bruchteil dessen verarbeiten, um nicht durchzudrehen. Was zu Ihrem Gehirn durchdringt, wird durch Filter bestimmt, die sich aus Ihrer Vorstellung darüber zusammensetzen, wer Sie sind, und welche Werte, Überzeugungen und Erinnerungen Sie haben. In Kapitel 5 erfahren Sie mehr über diese Filter.

Ebenso wie die Filter bestimmen, was Sie empfangen, beeinflussen sie auch, was Sie nach außen in die Welt projizieren. Falls Sie sich also von bösen oder selbstsüchtigen Menschen umgeben fühlen oder von Menschen, die eifersüchtig sind, liegt das vielleicht daran, dass Sie irgendeinen nicht verarbeiteten Groll mit sich herumtragen, die Welt aus einer eher eingeschränkten Perspektive heraus sehen oder womöglich auf den Erfolg eines anderen eifersüchtig sind.

Maria, eine meiner (Romilla) Klientinnen, war extrem unglücklich in ihrem Job, weil sie gemobbt wurde. Die Abteilungsleiterin und die Abteilungssekretärin hatten sich gegen Maria verschworen und verhielten sich ihr gegenüber äußerst unfreundlich und kleinlich. Ich half Maria bei der Erkenntnis, dass die Abteilungsleiterin eine sehr einsame ältere Frau ist, die keine Freunde hat und in ihrem Arbeitsumfeld sehr unbeliebt ist. Jedes Mal, wenn Maria die Abteilungsleiterin anschaute, stellte sie sich vor, ihr Gegenüber würde ein Plakat in der Hand halten, auf dem steht: »Ich fühle mich wertlos und nicht liebenswert.« Maria begann Mitleid zu empfinden statt Angst. Sie erkannte, dass ihre eigene Selbstachtung etwas gestützt werden musste, und gewann langsam Land – indem sie lernte, Nein zu sagen. Gerade am Anfang war das nicht einfach, doch konnte Maria nicht nur ihr Selbstwertgefühl steigern, sie ließ sich auch nicht mehr durch das Verhalten der Abteilungsleiterin beeinflussen. In Marias Fall lag es vielleicht daran, dass sie ihren Mangel an Selbstwertgefühl projizierte und dadurch zu der Annahme gelangte, dass sie gemobbt würde. Die Veränderungen in ihrem Inneren durch die Steigerung ihres Selbstvertrauens bewirkten, dass sie eine entsprechende Veränderung im Verhalten der sie umgebenden Personen beobachtete. Eine Methode, die Dinge um sich herum zu ändern, besteht also darin, sich selbst zu betrachten und sich selbst zu verändern. Das können Sie erreichen, indem Sie die Verantwortung für Ihre Gedanken und Handlungen übernehmen und nicht mehr die Schuld bei anderen suchen.

Das Spiel mit der Schuldzuweisung

Es ist einfacher, jemand anderes für sein eigenes Unglück verantwortlich zu machen, als die Verantwortung dafür zu übernehmen, die Dinge selbst in Ordnung zu bringen. Es ist nicht leicht zu erkennen, dass man durch die Schuldzuweisung an einen anderen gleichzeitig dieser Person Macht überlässt. Dadurch dass Sie jemand anderes verantwortlich machen, begeben Sie sich in die Opferrolle.

Neben dem Mobbing beschwerte sich Maria noch über Folgendes: »Mein Chef gibt mir keine Gehaltserhöhung.« Das entsprach den Tatsachen. Marias Arbeitsleistung war jedoch überdurchschnittlich, und ihr Chef – nicht gerade der Hellste – war sich der guten Arbeit, die Maria ablieferte, gar nicht bewusst. Ich achtete darauf, dass Maria bei ihrer nächsten Arbeitsbewertung gut vorbereitet war. Maria konnte eine Liste ihrer Erfolge seit dem letzten Gehaltsgespräch vorlegen und Verbesserungsvorschläge unterbreiten. Sie sprach über ihre Ziele in ihrem Job und schlug Wege vor, wie sie diese Ziele erreichen könnte. Aus der Sicht des NLP hörte Maria damit auf, die Schuld für das Ausbleiben der Gehaltserhöhung bei ihrem Chef zu suchen, und nahm stattdessen das Ruder selbst in die Hand. Als sie feststellen musste, dass ihr Chef nicht in der Lage war, ihre Stärken zu erkennen, zeigte Maria große Flexibilität, indem sie ihr Verhalten veränderte, um von ihrem Chef die gewünschte Reaktion zu bekommen … und sie bekam ihre Gehaltserhöhung und wurde befördert.

Um positive Veränderungen für sich selbst zu bewirken, müssen Sie von Schuldzuweisungen wegkommen und Maßnahmen ergreifen, die dazu führen, dass Sie bekommen, was Sie wollen.

Im Problem-Rahmen stecken bleiben

Generell lässt sich sagen, dass man dazu neigt, zurückzublicken, wenn etwas schiefläuft, um zu analysieren, was nicht geklappt hat, da unsere Gesellschaft auf Problemlösung ausgerichtet ist. Dabei ist einer der unerwünschten Nebeneffekte die Schuldzuweisung. Das Problem mit dem Problem-Rahmen ist, dass er Sie von Folgendem abhält:

✔ über die wahren Ergebnisse nachzudenken, die Sie erreichen wollen,

✔ Erfolge aus der Vergangenheit zu untersuchen und diese zu modellieren,

✔ von dem zu lernen, was bei jemand anders funktioniert hat, und dessen Strategien nachzuahmen.

Wenn Sie zurückschauen, um zu analysieren, warum die Dinge nicht so gelaufen sind, wie Sie es sich wünschen, neigen Sie dazu, sich auf Folgendes zu konzentrieren:

✔ Was falsch ist,

✔ wie lange Sie dieses Problem schon haben,

✔ wessen Schuld es ist, dass Sie dieses Problem haben,

✔ warum das Problem auftrat,

✔ warum Sie nichts gegen das Problem unternommen haben.

Die Frage nach dem »Warum« zwingt den Menschen, immer tiefer in das Problem einzutauchen, defensiv zu werden und sich immer weiter von der aktiven Lösung des Problems zu entfernen. Eine konstruktivere Fragestellung wäre: »Was erhofften Sie zu erreichen, als Sie ... taten?« oder »Welcher Sinn und Zweck stand hinter Ihrem Vorhaben?«.

 Denken Sie an eine Zeit zurück, als Sie so tief in einem Problem steckten, dass Sie keine Lösung mehr sehen konnten. Vielleicht haben Sie ja gerade jetzt solch ein Problem. Fragen Sie sich, ob Sie sich auf das Ergebnis konzentrieren, das Sie erreichen wollen, oder ob Sie zu sehr von den momentanen Emotionen gefangen sind, um klar denken zu können?

Hilfe naht, und zwar in Form der Ergebnis-Rahmen-Fragen im Abschnitt »Smarter als SMART: Wohlgeformte Ziele kreieren« weiter hinten in diesem Kapitel.

Sich in den Ergebnis-Rahmen versetzen

Dieser smartere und konstruktivere Prozess bietet Ihnen eine andere Denkweise über Ihre Probleme. Wir nennen das den »Ergebnis-Rahmen«. Dieser Ansatz hilft Ihnen, festzustellen und zu behalten, was Sie *ganz bestimmt wollen*. Wenn Sie noch einen effizienten Zielsetzungsprozess hinzunehmen und jeden Schritt auf dem Weg überwachen, können Sie alle Abweichungen vom Plan korrigieren, um die gewünschten Ergebnisse mühelos und termingerecht zu erzielen.

Der Weg zur Kompetenz

Das menschliche Gehirn ist eine Lernmaschine, die beschäftigt werden muss. Wenn nicht, kann es in Ablehnung umschlagen und den Menschen in alle möglichen Schwierigkeiten bringen. Als Mensch haben Sie die Möglichkeit, all Ihre Genialität einzusetzen, um Ihr Gehirn dazu zu bringen, Ihnen bei der Verwirklichung Ihrer Ziele zu helfen. Wenn Sie es schaffen, eine ansprechende Zukunft zu erschaffen, wird Ihnen Ihr Gehirn dabei helfen, Ihr Verhalten darauf auszurichten, schnell und einfach zum Ziel zu kommen. *Der erste Schritt besteht darin, herauszufinden, was Sie wollen.*

Wissen, was man will

Als Alice (»Alice im Wunderland« von Lewis Carroll) die Grinsekatze fragt: »Würdest du mir bitte verraten, welchen Weg ich von hier aus einschlagen soll?«, hat sie keinen blassen Schimmer, wo sie überhaupt hinwill – sie möchte einfach nur irgendwo hingehen. Die Grinsekatze antwortet, dass Alice ganz sicher irgendwo ankommen wird, wenn sie nur lange genug geht. Und wie Alice sollten Sie sich einmal vorstellen, was passieren würde, wenn Sie das nächste Mal am Fahrkartenschalter nach einer Fahrkarte nach irgendwo fragen würden.

Wenn Sie sich nach vorn bewegen und Ihre Ziele erreichen wollen, müssen Sie sich darüber klar werden, was Sie *wirklich* wollen. Es passiert sehr oft im Leben, dass man in irgendetwas verfangen ist, was man nicht will, und eine Unmenge an Energie – sowohl physisch als auch emotional – damit verschwendet, das unerwünschte Ergebnis zu verhindern.

Um herauszufinden, was Sie wollen, und Ihre Energien zur Verwirklichung des Gewünschten einzusetzen, setzen Sie sich einfach hin und schreiben sich selbst einen Nachruf. Dann können Sie über das Erbe entscheiden, das Sie Ihren Nachkommen hinterlassen wollen, und über die Schritte nachdenken, die Sie unternehmen würden, um das Vermächtnis zu erfüllen. Mehr über diese Technik können Sie in Kapitel 3 erfahren. Dort können Sie auch nachlesen, dass Ihr Unbewusstes ein wunderbarer Verbündeter sein kann, der Ihnen auf dem Weg zu Ihren gewünschten Zielen hilfreich zur Seite stehen kann – aber auch auf dem Weg zu den unerwünschten.

 Eine Klientin, die versuchte, aus ihrer zweiten Ehe zu »entkommen«, besuchte mich (Romilla) und sagte mir: »Ich bin einfach nicht gut in beziehungstechnischen Dingen.« Als wir an ihren Problemen arbeiteten, fanden wir heraus, dass sie als kleines Kind ihren geliebten Großvater verloren hatte. Das Trauma dieses Ereignisses hat sich sehr tief in ihre Psyche eingegraben und ihre Verlustängste haben sie dazu getrieben, Beziehungen zu beenden, bevor sie den Schmerz des Verlustes erneut erleben musste. Da sich diese Klientin unbewusst auf das konzentrierte, was sie nicht wollte – den Schmerz des Verlustes –, trug ihr Unbewusstes dazu bei, Verhaltensweisen zur Vermeidung dieses Schmerzes beizubehalten. Leider führte das zu anderen Problemen. Um zu der ersehnten Beziehung zu kommen, musste sie sich genau überlegen, was sie von einer Beziehung erwartet, und sich darauf konzentrieren, sie in ihrem Leben zuzulassen.

Eine Möglichkeit, herauszufinden, was Sie wirklich wollen, ist, sich in die Zukunft zu versetzen. Stellen Sie sich vor, Sie sind eine grauhaarige Großmutter oder ein grauhaariger Großvater. Sie sitzen auf einem Stein an einem prasselnden Lagerfeuer und zu Ihren Füßen sitzen Ihre Enkelkinder, die unbedingt noch eine Geschichte aus Ihrem Leben hören möchten. Was würden Sie ihnen über die Zeit erzählen, in der Sie die Gelegenheit verpasst haben, sich einen Traum zu erfüllen, nur weil Sie zu ängstlich oder zu sehr von den Bedenken anderer beeinflusst waren? Oder würden Sie ihnen lieber erzählen, dass Sie gegen alle Einwände mit festem Glauben an Ihre eigenen Werte etwas Spektakuläres erreicht haben?

 Spulen Sie die Jahre vor und schauen Sie auf Ihr jetziges Leben zurück. Fertigen Sie eine Liste all Ihrer Träume an, die Sie leben würden, wenn Sie all das nötige Geld und den Einfluss hätten und wüssten, dass nichts schiefgehen kann.

Vielleicht entscheiden Sie sich für materielle Dinge wie ein dickes Finanzpolster, ein großes Haus, schöne Autos oder Sie entscheiden sich für Einfluss auf der politischen Bühne. Die Beschäftigung mit dem folgenden Abschnitt »Smarter als SMART: Wohlgeformte Ziele kreieren« und die Ausführungen in Kapitel 5 werden Ihnen helfen, die Gründe herauszufinden, warum Sie welche Ziele verfolgen und wodurch Sie dabei angetrieben werden.

Smarter als SMART: wohlgeformte Ziele kreieren

Sogenannte SMART-Goals waren vor einigen Jahren in der Unternehmenswelt der letzte Schrei. Nach dem SMART-Modell müssen Ziele spezifisch (specific), messbar (measurable), ausführbar (achievable), realistisch (realistic) und terminiert (timed) sein. So weit, so gut. NLP fügt dem Ganzen noch sensorische Informationen hinzu, die Ihnen helfen können, Ihr Verhalten zu ändern oder Hilfe beispielsweise durch Ratgeber und Mentoren zu finden.

Dank NLP können wir einen besseren Weg nach vorn vorschlagen, der SMART-Goals noch smarter macht, indem Ihnen mit dem Prozess zur wohlgeformten Zielsetzung geholfen wird, herauszufinden, was Sie wollen. NLP erweitert den SMART-Ansatz um den Einsatz all Ihrer Sinne, die zur Gestaltung eines Ziels und zur Feinabstimmung verwendet werden, damit das Ziel mehr als nur spezifisch, messbar, ausführbar, realistisch und terminiert ist. Dieser Prozess erfordert, dass Sie eine Reihe von Fragen beantworten, die Ihnen tatsächlich dabei helfen werden, das Wie, Warum und Weshalb Ihres gewünschten Ziels zu erforschen. Mithilfe dieses Prozesses werden Sie anfangen, Ihre wahren Motivationen Ihrer Ziele zu verstehen, und Sie werden in der Lage sein, das Für und Wider von Erfolg und Misserfolg abzuwägen. Ein ziemlich gängiges Beispiel für eine wohlgeformte Zielvorgabe ist der Wunsch nach einem besser bezahlten Job.

 Wenn Ihre gewünschten Ziele folgende Kriterien erfüllen, spricht man im NLP von *wohlgeformten Bedingungen*. Bei jedem Ziel, das Sie anstreben, raten wir Ihnen, sich die in Abbildung 4.1. gezeigten Fragen zu stellen.

Abbildung 4.1: Wohlgeformte Ziele setzen

Die folgenden Abschnitte erläutern diese Punkte ausführlicher.

Ist das Ziel positiv gesetzt?

Was wollen Sie erreichen? Oder ... was würden Sie lieber erreichen?

Das sind die Fragen, die dazu beitragen, die gewünschte Zielvorgabe zu klären, da es wichtig ist, zu wissen, was man *will*, um die entsprechende Fokussierung und Richtung zu erlangen. Es muss klar werden, was Sie wollen. Ein diffuses Ziel wie: »Ich möchte mehr Geld« reicht nicht aus, weil es schon dadurch erreicht werden kann, dass man einen Zehn-Euro-Schein auf dem Bürgersteig findet. Ein besseres Ziel wäre: »Ich möchte 70 Kilo wiegen« oder: »Ich möchte 2.000 Euro auf meinem Bankkonto haben« oder: »Ich möchte ein Jahreseinkommen von 70.000 Euro haben«. Negative oder verneinende Ziele wie »Ich möchte diesen Job nicht mehr haben« können fatale Konsequenzen haben. Wenn Sie sich also dabei erwischen, wie Sie »Ich will nicht ...« sagen, sollten Sie sich fragen: »Was möchte ich stattdessen?«

Ist es von mir selbst initiiert und vertreten und unterliegt es meiner Kontrolle?

Es kommt oft vor, dass jemand, der mit dem Rauchen aufhören will, sagt: »Mein Ehepartner will, dass ich mit dem Rauchen aufhöre.« Man hat eine wesentlich höhere Erfolgschance, wenn der Antrieb für ein bestimmtes Ziel von innen heraus kommt, etwa: »Ich möchte für mich selbst ein langes und gesundes Leben genießen.« Im Gegensatz dazu unterliegt ein Ziel wie »Ich möchte im Mai zwei Wochen Urlaub in der Sonne« nicht Ihrer Kontrolle, sondern der Ihres Arbeitgebers, weil er Ihrem Urlaubsantrag zustimmen oder ihn ablehnen kann.

Stellen Sie sich deshalb folgende Fragen:

✔ Tue ich es für mich oder für jemand anders?

✔ Hängt das Ergebnis allein von mir ab?

 Während meiner Tätigkeit als Marketingberaterin musste ich (Kate) feststellen, dass ich bei mehreren Projekten mit Kunden zusammenarbeiten musste, die extrem gestresst, stark beschäftigt und unorganisiert waren. Ich verbrachte lange Besprechungen an chaotischen Schreibtischen der Kunden, die Telefongespräche führten oder die Projektinformationen zusammentrugen, während ich warten musste. Meine Zielvorgabe für die zukünftige Zusammenarbeit mit Kunden war »ruhig, effizient und geschäftsmäßig« zu arbeiten. Wenn man sich das Ziel ansieht, wird nicht direkt klar, dass ich die Kontrolle über die Vorgabe hatte, da auch der Kunde seinen Teil dazu beitragen musste. Aber durch Anwendung der NLP-Prinzipien der wohlgeformten Zielvorgabe hatte ich klarere Erwartungen an unorganisierte Kunden. Zu meinen Strategien gehörte die Einberufung von Treffen in ruhigen Büroräumen ohne Störungen oder die Abhaltung von Videokonferenzen, anstatt neben dem Kunden zu sitzen. Dies hatte klare Vorgaben zur Folge, wie die Definition des Beginns und des Endes der Konferenzen und die schriftliche Festlegung der Themen, der Tagesordnung, der Arbeitsschritte und der erforderlichen Informationen. Nachdem ich den Zeitaufwand einzeln auflistete und jede aufgewendete Stunde in Rechnung stellte – wie im Anwaltsberuf üblich –, beeinflusste ich die Effizienz anderer. Zunächst schien mein Ziel »ruhig, effizient und geschäftsmäßig zu arbeiten« nicht allein von mir abzuhängen, weshalb es mir nicht möglich war, es zu erreichen. Ich konnte jedoch die Zuständigkeit für mein Ziel dadurch zurückerlangen, dass ich Verhaltensflexibilität an den Tag legte und meine Klienten mit Integrität beeinflusste.

Das Verweilen im Negativen kann gesundheitsschädigend sein

Ich (Romilla) kenne mindestens zwei Personen, die es fertiggebracht haben, sich von ihren Jobs völlig vereinnahmen zu lassen, indem sie unbewusst Verhaltensweisen annahmen, die nicht ihrer Rolle entsprachen. Als sie die Situation später untersuchten, stellten sie fest, dass sie sich anders verhalten hätten, wenn sie ihre Energie auf die Definition des gewünschten Jobs und die Suche nach einem entsprechenden Arbeitsplatz konzentriert hätten. Stattdessen verschwendeten sie ihre Energie dadurch, dass sie einfach nicht da sein wollten wo sie waren, und verfielen in destruktive, vermeidende Verhaltensweisen.

Beschreibt es den Erfolgsnachweis?

Erfolgsnachweis bedeutet nichts anderes als die Frage: »Wie werde ich feststellen, ob ich mein Ziel erreicht habe?« Folgende Fragen sind extrem wichtig, da Sie mit ihnen Ziele bestimmen können, die zu schwammig sind, oder feststellen können, ob sich jemand über seine Zielvorgaben nicht völlig im Klaren ist.

✔ Woran merke ich, dass ich die Zielvorgabe erreiche?

✔ Was werde ich tun, wenn ich dort angelangt bin?

✔ Was werde ich sehen, hören und fühlen, wenn ich angelangt bin?

Bei einem meiner (Romilla) Workshops hatte ein Steuerberater namens David den Wunsch, sich selbstständig zu machen. Sein einziges Ziel war, innerhalb von drei Monaten genug zu verdienen. Durch Beantwortung der oben stehenden Fragen fand er heraus, dass er nicht wirklich durchdacht hat, was er sich von der Selbstständigkeit erwartet. Sein erstes Ziel war zwar positiv gesetzt, doch zu diffus, um ihm irgendwohin zu helfen. Genauso gut hätte man sagen können: »Ich will nicht für jemand anders arbeiten« (negative Aussage). Durch die Methode der wohlgeformten Ziele war es ihm möglich, herauszufinden, dass er eigentlich andere selbstständige Steuerberater unterrichten wollte, wie man mit NLP-basierten Verkaufstechniken Umsätze macht.

Ist der Kontext klar definiert?

Ist der Kontext Ihres Ziels klar definiert? Wo, wann, wie und mit wem will ich es erreichen? Diese Frage ist bestens geeignet, um den Feinschliff an seinem Ziel vorzunehmen, indem man das, was man nicht will, ausschließt. Wenn Sie ganz sicher sind, dass Ihnen der Urlaub auf dem Mond nicht gefallen hat, würde bei Ihrem Ziel »Ich möchte mein eigenes Ferienhaus« die Mondkolonie schon einmal nicht infrage kommen. Oder wenn Sie keine Lust auf Marsmenschen haben, wissen Sie schon mal, dass Sie sich nicht auf dem Mars niederlassen werden.

Mit der Definition, *wann* Sie etwas wollen, können Sie unter Umständen Schritte identifizieren, die ausgeführt werden müssen, bevor das Ziel erreicht werden kann. Die Zielsetzung »Ich möchte mein Ferienhaus, wenn ich mir jemanden leisten kann, der es in Schuss hält« wird Ihnen womöglich klarmachen, dass Sie ein Mindesteinkommen von 75.000 Euro pro Jahr benötigen, bevor Sie sich Ihr Ferienhaus leisten können.

Als der Unternehmer Knut sein Geschäft, das er von zu Hause aus führte, erweitern wollte, war sein erstes Ziel, sein eigenes Haus mit einem Anbau zu versehen. Die Beantwortung der oben stehenden Fragen veränderte seine Zielvorgabe jedoch dahin gehend, sich Büroräume außerhalb seines Hauses zu suchen. Das führte dazu, dass sein sechsköpfiges Team in ein luxuriöses, zweckmäßiges Bürogebäude mit niedriger Miete zog, das genügend Platz bot zu expandieren. Er und seine Frau erhielten wieder zwei Zimmer in ihrem Haus zurück und konnten echte Freizeit genießen, ohne über dem Geschäft zu leben.

Definiert es die benötigten Ressourcen?

Folgende Fragen werden Ihnen helfen, herauszufinden, was Sie an Personen, Wissen und anderem benötigen werden, um Ihre Zielvorgaben zu erreichen. Sie helfen Ihnen, sich auf Erfahrungen zu berufen, bei denen Sie schon einmal Ressourcen eingesetzt haben, die sich in der aktuellen Aufgabe als nützlich erweisen könnten. Nehmen wir Peter, der gern Drachensegeln lernen möchte, jedoch Höhenangst hat. Welche Antworten würde er auf die Fragen geben?

✔ Über welche Ressourcen verfüge ich zurzeit?

Peter: »Ich möchte es lernen und habe Freunde, die Drachensegler sind und mich anleiten können. Ich bin sportlich und es fällt mir leicht, neue Sportarten zu erlernen. Es kann nicht so viel anders als Wasserski sein!«

✔ Welche Ressourcen muss ich noch beschaffen?

Peter: »Ich muss meine Höhenangst überwinden, also muss ich mir einen Therapeuten oder Hypnotherapeuten suchen, der mir über meine Ängste hinweghilft. Ich muss mir außerdem einen Club suchen, in dem ich einen Lehrer finde und einen Drachensegler mieten kann. Ich muss meinen Terminplan überarbeiten, um genügend Zeit für mein neues Hobby zu haben.«

✔ Habe ich Ähnliches schon einmal erreicht?

Peter: »Ja, als ich Autofahren lernte. Junge, war ich fertig, als der Polizeiwagen mit Sirene und Blaulicht scheinbar hinter mir her war. Doch ich habe dazugelernt und bin mittlerweile ein guter Fahrer.«

✔ Was passiert, wenn ich so täte, ich hätte schon alle Ressourcen?

Peter: »Ich fühle, wie ich mich in die Lüfte schwinge, und mir wird auch nicht mehr schwindlig, wenn ich nach unten schaue. Ich hätte nie gedacht, dass ich den festen Boden verlassen könnte, ohne Metall unter mir zu haben. Ich kann es gar nicht abwarten, zu starten.«

Wenn Sie sich vorstellen, Sie hätten schon alle erforderlichen Ressourcen, können Sie Einstellungen ändern, die Sie unter Umständen zurückhalten. Außerdem können Sie die Zielvorgabe dann sozusagen schon mal anprobieren – vielleicht verändern Sie dann noch einmal Ihre Ansicht.

Ist das Ziel ökologisch?

Der Duden definiert *Ökologie* als »Wissenschaft von den Beziehungen der Lebewesen zu ihrer Umwelt« sowie »Wechselbeziehungen zwischen den Lebewesen und ihrer Umwelt«. Im NLP meint man mit *ökologischer Prüfung* die Fragestellungen, mit denen man absichert, ob die Zielvorgabe auch mit allen Aspekten Ihres Lebens in Einklang zu bringen ist. Hierzu gehört auch ein Blick auf die Beziehungsgefüge, in denen wir uns befinden. Welche Auswirkungen hat die Erreichung meines Ziels auf meine Familie, meine Kollegen, meine Nachbarschaft und die weiteren sozialen Bezüge, in denen ich mich befinde? Was sind die Auswirkungen, wenn ich es nicht erreiche? Gibt es Aspekte, die ich in meiner

Planung beachten sollte, um unerwünschte Wirkungen auf meine sozialen Systeme zu vermeiden und erwünschte Wirkungen zu fördern?

Die ökologische Prüfung führt auch sehr deutlich alle möglichen Hintergedanken oder Sekundärgewinne vor Augen, denen Sie sich unter Umständen bei der Festlegung Ihrer Zielvorgaben nicht bewusst sind. Ein *Sekundärgewinn* oder *positives Nebenprodukt* wird als Verhalten definiert, das scheinbar negativ ist oder Probleme verursacht, obwohl es in bestimmten Zusammenhängen tatsächlich einer positiven Funktion dient.

Folgende Fragen bilden das Leitsystem, mit dem Sie an den gewünschten Kernpunkt andocken können. Achten Sie auf alle Bilder, Geräusche und vor allem Gefühle, die Ihr Unbewusstes zutage fördert, während Sie sich die unten stehenden Fragen stellen. Seien Sie für Reaktionen, die Sie erhalten, offen und richten Sie Ihr Ziel dementsprechend aus.

✔ Was ist der wahre Grund, warum ich das will?

✔ Was werde ich verlieren oder gewinnen, wenn ich es erreicht habe?

✔ Was wird passieren, wenn ich es erreicht habe?

✔ Was wird nicht passieren, wenn ich es erreicht habe?

✔ Was wird passieren, wenn ich es nicht erreiche?

✔ Was wird nicht passieren, wenn ich es nicht erreiche?

✔ Welche Auswirkungen hat die Zielerreichung auf mein soziales Umfeld?

 Einer meiner (Kate) Klienten namens Dennis steckte in einem Dilemma. Er war ein durchschnittlicher Schüler und seine Noten reichten aus, um an der Universität Kunst zu studieren. Seine echte Leidenschaft war jedoch die Arbeit mit Holz. Er entschied sich, den Prozess zur wohlgeformten Zielvorgabe einzusetzen, um herauszufinden, was er mit seiner Zukunft anfangen sollte. Er war sich sicher, dass er irgendetwas Kreatives machen wollte – eine Kunstausbildung wäre da schon mal nicht schlecht. Er konnte sich bei Ausstellungen sehen, wie er mit den Leuten über seine Arbeit redet. Er wusste, dass er kreativ war und sich alles zu seinem Thema anlesen konnte, er hatte also alle nötigen Ressourcen zur Hand. Als er jedoch zur ökologischen Überprüfung des Universitätsstudiums kam, stellte er fest, dass er nicht Jahre damit verbringen wollte, Theorie zu lernen. Er fand heraus, dass er sich eigentlich selbst zum Künstler ausbilden und praktisch lernen wollte.

Was ist der erste Schritt?

Laotse, der taoistische Philosoph, soll gesagt haben, dass eine Reise von tausend Meilen immer mit dem ersten Schritt beginnen muss. Dies sollte man sich merken. Bei Veränderung handelt es sich selten um einen spektakulären Durchbruch, sondern es tröpfelt so vor sich hin – Sie erzielen das Gewünschte nur sehr langsam. Eine Auflistung in Form eines

Aktionsplans mit den erforderlichen Schritten, um Ihr Ziel zu erreichen, ist ein absolutes Muss. Falls Sie sich dazu entschlossen haben, ein Oscar-gekrönter Drehbuchautor zu werden, müssen Sie an einem Kurs teilnehmen und mit dem Schreiben anfangen. ABER ... sollten Sie sich jedes Mal, wenn Sie sich ans Schreiben begeben, von irgendetwas ablenken lassen, wird Ihr Ziel immer ein Traum bleiben. Damit Ihr Traum Realität wird, müssen Sie diesen ersten entscheidenden Schritt machen, weil Sie ohne ihn nicht genügend in Fahrt kommen, um den nächsten Schritt machen zu können ... und dann den nächsten.

Die Vier-Punkte-Formel für Erfolg

Die Erfolgsformel festigt, was Sie herausgefunden haben, wenn Sie zumindest eine wohlgeformte Zielvorgabe erstellt haben. Diese Formel kann sowohl auf Lebensziele als auch auf kurzfristige Ziele wirkungsvoll angewendet werden. Denken Sie immer daran, dass es einfacher ist, ein Ziel zu erreichen, das klar definiert und deutlich sichtbar ist. Robin Hood hätte seine geliebte Marian niemals bekommen, wenn er sich nicht auf das Zentrum der Zielscheibe konzentriert hätte.

Vollziehen Sie folgende Schritte nach, um das Ziel zu treffen:

1. **Seien Sie sich Ihrer Zielvorgabe bewusst.**

   Es ist besonders wichtig, präzise festzulegen, was man will. Durch den Ziel-Rahmen können Sie die Zielvorgabe noch anpassen, damit sie den Bedingungen für Wohlgeformtheit entspricht. Details hierzu finden Sie in den vorangegangenen Abschnitten.

2. **Ergreifen Sie Maßnahmen.**

   Solange Sie diesen ersten Schritt und die folgenden nicht unternehmen, wird auch nichts passieren, was Sie näher an Ihr Ziel bringt, und wenn es noch so klar definiert ist.

3. **Benutzen Sie Ihre Sinne.**

   Wenn Sie sehen, hören und fühlen, was nicht funktioniert, können Sie Ihr Verhalten ändern, um zum gewünschten Ziel zu kommen. Kapitel 6 zeigt Ihnen, wie Sie Wahrnehmungsfähigkeit entwickeln können.

4. **Verhalten Sie sich flexibel.**

   Dies schließt an die NLP-Grundannahme »In der Interaktion zwischen Menschen kann die Person mit der größten Verhaltensflexibilität die Interaktion kontrollieren« an. Sie können auch sagen: »Wenn es nicht funktioniert, versuche ich etwas anderes.« Schlagen Sie in Kapitel 2 nach, in dem Sie eine Erläuterung zu dieser wichtigen Grundannahme finden.

 Wenn du immer tust, was du schon immer getan hast, wirst du immer bekommen, was du schon immer bekommen hast.

Das Rad des Lebens drehen

Dieser Abschnitt wird Ihnen helfen, festzustellen, ob Ihr Leben ausgewogen ist, und falls Verbesserungen nötig sind, an welchem Bereich Sie arbeiten müssen, um Ihr Leben ins Gleichgewicht zu bringen, und zwar ganz einfach und effektiv.

Abbildung 4.2 zeigt eine Scheibe. Wenn Sie die einzelnen keilförmigen Abschnitte mit Ihnen wirklich wichtigen Lebensbereichen beschriften müssten, welche würden Sie nehmen? Normalerweise wählen die meisten Menschen unter anderem Arbeit und Karriere (einschließlich Hausarbeit), Finanzen, Freunde und Familie, Beziehungen, persönliche Entwicklung und Lernen, Spaß und Erholung, Spiritualität und materielles Umfeld.

 Nehmen Sie das Zentrum der Scheibe als 0 und die Außenkante als 10 und geben Sie Ihre Zufriedenheit in jedem der Lebensbereiche mit einer geraden oder kurvigen Linie wieder, sodass eine neue Außenkante entsteht. Der neue Rand der Scheibe stellt Ihr persönliches Lebensrad dar. Die ideale Situation wäre offensichtlich, alle Abschnitte bei 10 einzuzeichnen, wodurch ein rundes Rad entstehen würde wie das in Abbildung 4.2.

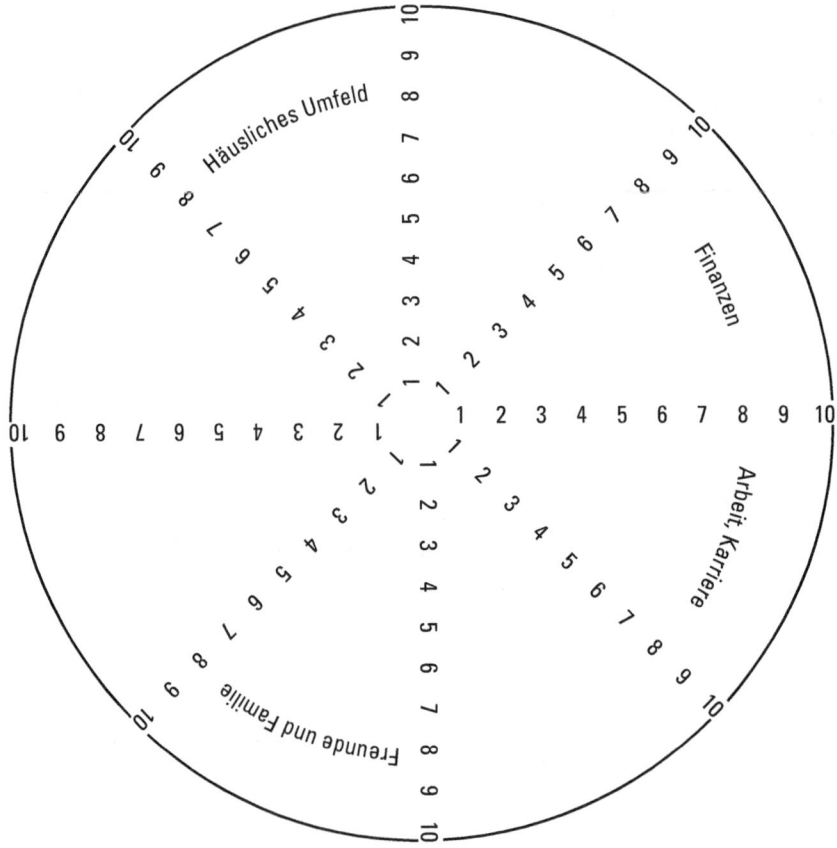

Abbildung 4.2: Ein Beispiel für ein Lebensrad

Traumtagebuch über die Ziele führen

Haben Sie schon einmal einen Termin ausgemacht und dann vergessen, ihn aufzuschreiben? Was ist passiert? Haben Sie die Verabredung eingehalten? Wenn ja, seien Sie Ihrem Unbewussten für seine Aufmerksamkeit dankbar. Haben Sie, falls Sie die Verabredung vergessen haben, Ihre Lektion gelernt und schreiben Sie nun alle Termine auf?

 Stellen Sie sich ein Ziel als Verabredung mit einem gewünschten Ergebnis vor und schreiben Sie es auf. Wenn Sie nur eine Überlegung aus diesem Buch mitnehmen, um erfolgreicher zu werden, dann die, dass Sie Ihre Ziele aufschreiben sollten, Maßnahmen ergreifen sollten, um sie zu erreichen, und jeden Tag an Ihren Plänen arbeiten sollten.

In Kapitel 3 haben wir das »retikuläre Aktivierungssystem«, kurz RAS, vorgestellt. RAS funktioniert wie eine Antenne, die nach Gelegenheiten, Personen und anderen Ressourcen fahndet, die Sie benötigen, um Ihre Ziele zu erreichen. Wenn Sie Ihre Ziele niederschreiben, wird Ihr RAS aktiviert. Das RAS ist ein Netzwerk von Nervenzellen, das wie ein Radar funktioniert und Ihre Aufmerksamkeit auf das lenkt, was für Sie wichtig ist. So lenkt es, um zu überleben, Ihre Aufmerksamkeit auf das herannahende Auto, während Sie gerade »mit eingeschaltetem Autopilot« fahren. Ihr RAS wird Sie auch bei Gelegenheiten alarmieren, die mit Ihren Zielen verbunden sind.

Ich (Romilla) leite einen Workshop über Zielsetzung namens »Going for Goals«. Eines der Gratismaterialien, mit denen die Teilnehmer nach Hause gehen, ist ein Traumtagebuch. Dabei handelt es sich um ein Notizbuch mit einem schönen Einband, in das sie Ihre Träume und Wünsche schreiben können. Die Idee ist, etwas zu haben, das man gern in den Händen hält und das schön anzusehen ist, damit man sein Traumtagebuch auch jeden Tag zur Hand nimmt, um erledigte Aufgaben einzutragen und Bilder und Notizen aufzuzeichnen, die andere Ziele ins Leben rufen.

 Suchen Sie sich ein paar Lebensbereiche aus, in denen Sie gern Ziele setzen würden. Das kann etwas aufwendig werden; wir empfehlen Ihnen aber, sich auf jeden Fall Zeit zu lassen und jede Phase auszukosten, nachdem Sie hier in Wirklichkeit *die Zukunft gestalten, die Sie leben möchten*. Sie erschaffen Ihr eigenes Traumtagebuch und füllen es mit Ihren Träumen und Zielen. Führen Sie folgende Schritte aus:

1. **Besorgen Sie sich ein schönes Notizbuch, das Sie gern jeden Tag zur Hand nehmen werden; nehmen Sie am besten ein Ringbuch und kaufen Sie gleich ein paar farbige Trennblätter dazu.**

2. **Zeichnen Sie ein Lebensrad hinein und füllen Sie es aus (siehe Abbildung 4.2).**

3. **Suchen Sie die Lebensbereiche heraus, die Sie gestalten oder umgestalten möchten, und beschriften Sie die Trennblätter mit den Bereichen, an denen Sie arbeiten wollen.**

    Am Anfang sollten Sie vielleicht erst einmal an einem oder zwei Lebensbereichen arbeiten.

4. **Denken Sie über Ziele für jeden der Bereiche nach.**

   Erwägen Sie sowohl langfristige Ziele (Lebensziele im Rahmen von fünf Jahren und mehr) als auch kurzfristige Ziele (sechs Monate bis ein Jahr).

5. **Wenden Sie den Prozess für wohlgeformte Zielsetzung auf Ihre Ziele an.**

   Sehen Sie sich hierzu noch einmal den Abschnitt »Smarter als SMART: Wohlgeformte Ziele kreieren« weiter vorn in diesem Kapitel an.

6. **Schreiben Sie Ihre Ziele mit dem Datum auf, an dem Sie sie erreicht haben wollen.**

7. **Teilen Sie die Ziele in monatliche, wöchentliche und tägliche Ziele auf und schreiben Sie sie zusammen mit dem jeweiligen Datum in Ihr Tagebuch.**

   Jetzt benötigen Sie vielleicht noch mehr Trennblätter (behalten Sie am besten das gewählte Farbsystem bei).

8. **Werfen Sie jeden Abend vor dem Schlafengehen einen Blick auf Ihre Träume und stellen Sie eine Liste mit Aktivitäten zusammen, was Sie am nächsten Tag unternehmen wollen, um Ihre Ziele zu erreichen (das dauert nur ein paar Minuten).**

 Genießen Sie das Gefühl, etwas erreicht zu haben, wenn Sie erreichte Ziele abhaken, und *seien Sie dankbar für das, was Sie erreicht haben.*

Einfach loslegen

Wir sind einmal einem Autor namens Justus begegnet, der eine Menge Zeit, Aufwand und Herzblut in sein Buch gesteckt hatte. Er erzählte uns von einem Treffen mit einem Mann namens Max, der meinte: »Seien Sie nicht zu enttäuscht, wenn das Buch nicht von besonders vielen Menschen gekauft wird.« Justus war verletzt und verwirrt, bis er feststellte, dass er zumindest etwas getan hatte, was Max nicht tat – mit Herzblut und Glauben in sich selbst investieren. Es gibt zahlreiche Menschen auf der Welt, die aus einer Position mit wenigen oder gänzlich fehlenden Wahlmöglichkeiten heraus agieren. Sie hassen Menschen, die scheinbar frei von jeglichen Beschränkungen leben. Denken Sie also daran, dass es kein Versagen, sondern nur Feedback gibt – warum also nicht mutig sein und seinen Traum leben?

Teil II
Freunde gewinnen und Menschen beeinflussen

Haben Sie sich schon einmal gefragt, was Sie antreibt, und nicht gewusst, wo Sie anfangen sollen? Oder waren Sie schon mal verwirrt, dass Menschen sich nicht so verhalten haben, wie Sie es erwartet hatten? Keine Sorge: Dieser Teil sollte Ihnen dabei helfen, einiges klarer zu sehen. Sie werden erkennen, dass es im Leben vor allem darum geht, Verbindungen zwischen Menschen herzustellen. Sie werden zwei Kernthemen des NLP kennenlernen – die sensorische Wahrnehmung und den Rapport –, bei denen es darum geht, mehr von der Welt wahrzunehmen, die Sie umgibt, und wie Sie mit ihr umgehen können. Ohne Rapport wird Ihnen ganz einfach niemand zuhören. Außerdem zeigen wir Ihnen, wie wichtig es ist, darauf zu hören, wie Menschen Worte unterschiedlich verwenden, und die Perspektive zu wechseln und eine Situation auch einmal aus einem anderen Blickwinkel zu betrachten. Und wir möchten, dass Sie die Fähigkeiten begnadeter Kommunikatoren beherrschen lernen. Wenn Sie also die nächsten Kapitel lesen, sind Sie auf dem richtigen Weg.

IN DIESEM KAPITEL

Das NLP-Kommunikationsmodell kennenlernen

Die Verantwortung für jede Interaktion übernehmen

Verstehen, wie andere kommunizieren

Wie man effektiv kommuniziert

Techniken, mit denen man Emotionen raushalten und sich auf Resultate konzentrieren kann

Kapitel 5
Die Kommunikationstasten drücken

Wenn wir Sie fragen würden, für welchen Anteil Sie in einem Dialog verantwortlich sind, würde Ihre Antwort dann »50 Prozent« lauten? Schließlich sind ja zwei Personen an dem Dialog beteiligt, daher trägt logischerweise jeder von Ihnen die Hälfte der Verantwortung dafür, Reaktionen hervorzurufen und selbst zu reagieren. Wenn Sie mit den unten stehenden NLP-Grundannahmen vertraut sind (die wir in Kapitel 2 erläutern), würde Ihre Antwort »100 Prozent« lauten:

✔ Die Bedeutung der Kommunikation liegt in der Reaktion, die man erzielt.

✔ Wenn das, was Sie tun, nicht funktioniert, versuchen Sie etwas anderes.

✔ Die Person, die innerhalb eines Systems die größte Flexibilität aufweist, kontrolliert das System.

In diesem Kapitel zeigen wir Ihnen, wie Sie die Verantwortung für jede Kommunikation übernehmen, an der Sie beteiligt sind. Wir beschreiben Mittel und Wege, mit denen Sie feststellen können, ob Ihre Botschaft die Person, mit der Sie sprechen, eventuell nicht erreicht, um dann Ihre Worte, Taten und Aktionen so verändern zu können, dass Sie die gewünschte Reaktion erzielen.

Das NLP-Kommunikationsmodell

Das NLP-Kommunikationsmodell basiert auf kognitiver Psychologie; es wurde von Richard Bandler und John Grinder entwickelt.

Dem NLP-Kommunikationsmodell zufolge wird durch ein bestimmtes Verhalten einer anderen Person (ihr *externes Verhalten*) in Ihnen eine Kettenreaktion ausgelöst (Ihre *interne Reaktion*), die wiederum zu irgendeiner Reaktion führt (Ihr *externes Verhalten*), die dann zu einer Kettenreaktion in der anderen Person führt (ihre *interne Reaktion*), und so geht das weiter. Abbildung 5.1 zeigt diese Kettenreaktion.

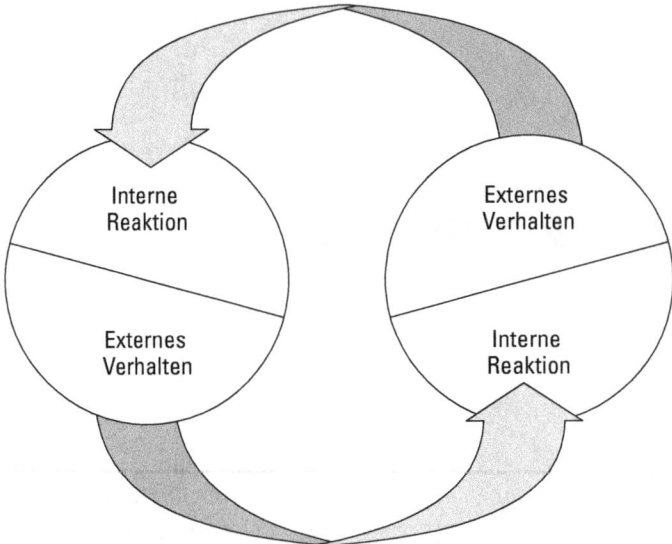

Abbildung 5.1: Kommunikationskreislauf

Die *interne Reaktion* setzt sich aus einem *internen Prozess* und einem *internen Zustand* zusammen. Der interne Prozess besteht aus Selbstgespräch, Bildern und Klängen; der interne Zustand sind die erlebten Gefühle.

Die beiden folgenden Abschnitte präsentieren zwei Szenarien, die das NLP-Kommunikationsmodell in der Praxis zeigen.

Szenario 1

Für manche war es ein wunderschöner heißer Sommertag. Doch die Klimaanlage des Büros war kaputt und Daniel hatte einen fürchterlichen Tag gehabt. Er steigt in sein Auto und schaltet mit einem Seufzer der Erleichterung die Klimaanlage an, um sich auf dem langen Nachhauseweg durchzukämpfen. Sein Sohn Andreas hatte versprochen, den Rasen zu mähen. Daniel freut sich schon darauf, auf einer Bank auf dem frisch gemähten Rasen mit einem kühlen Bier zu sitzen. Als er ankommt, muss er feststellen, dass der Rasen nicht gemäht ist.

Daniel stürmt aufgebracht, unfähig seine Gefühle zu zügeln, ins Haus und schnauzt Andreas an, der sich schmollend in sein Teenager-Schneckenhaus zurückzieht und etwas von kaputtem Rasenmäher brummelt, was Daniel aber nicht hört. Schließlich brüllt Andreas: »Mäh dein dämliches Gras doch selbst!«, und rennt weg. Keiner von beiden ist jetzt mehr bereit, zu kommunizieren, und beide drehen sich in einem unaufhaltsamen Teufelskreis von Anschreien, Türenschlagen und schließlich Schweigen.

In diesem Beispiel ist, als Daniel explodiert, der ungemähte Rasen der Auslöser für den Aufbau eines *inneren Zustands* der Wut, Verärgerung und Frustration. Der *interne Prozess* ist vielleicht ein Monolog wie: »Er hat es versprochen. Ich wusste, dass ich von ihm nichts erwarten kann. Wir wollen immer nur das Beste für ihn und er lässt uns ständig hängen ...«, mit Bildern aus der Vergangenheit, als Andreas nicht die Erwartungen von Daniel erfüllen konnte.

Daniels *externes Verhalten*, Andreas in diesem Ton und mit diesem Gesichtsausdruck anzuschreien, provozierte in Andreas einen *inneren Zustand*. Er ist möglicherweise ähnlich wütend, verärgert und frustriert wie Daniel. Er sieht eventuell ebenfalls Bilder vergangener Zusammenstöße mit seinem Vater und weiß, dass er wie üblich nicht verstanden wird. Andreas' *externes Verhalten*, sein übliches Schmollen und Brummeln ist dann nur noch Öl ins Feuer für seinen Vater, und so nimmt alles seinen Lauf.

Szenario 2

Stellen Sie sich nun Szenario 2 vor. Daniel kommt nach Hause und sieht den ungemähten Rasen. Anstatt jedoch zu explodieren, atmet er tief durch und fragt Andreas, warum der Rasen nicht gemäht ist. Andreas geht gleich in die Defensive, nachdem er annimmt, dass Daniel ihn ausschimpfen wird, und erklärt, dass der Rasenmäher kaputtgegangen ist. Erfahrungen aus der Vergangenheit haben Daniel gezeigt, dass Andreas sich vermutlich in sein Schneckenhaus zurückziehen wird, und er bietet ihm deshalb an, ihm zu zeigen, wie man den Rasenmäher repariert. Zunächst entspannt er jedoch bei einem kühlen Bier, bevor er Andreas dabei hilft, die Reparatur auszuführen. Andreas mäht dann den Rasen und die ganze Familie sitzt anschließend beim gemeinschaftlichen Abendessen am Tisch.

In diesem Szenario konnte der Vater seinen internen Prozess verändern und versuchte, sich ernsthaft zu erinnern, wie es zu seinen eigenen Teenagerzeiten war und er eine Anleitung benötigte. Er legt fest, welches Resultat er aus seiner Interaktion mit seinem Sohn erzielen möchte, und ist durch das Abkoppeln der Emotionen im Stande, einen Weg zu beschreiten, der die Kommunikationskanäle offenhält, um das gewünschte Ergebnis zu erzielen ... dass Andreas den Rasen mäht.

Dieses Szenario zeigt, wie es Daniel durch die praktische Umsetzung der Grundannahmen möglich ist, ein Ziel zu erreichen, nämlich dass Andreas den Rasen mäht. Die emotionale Bindung zwischen Vater und Sohn ist ein weiterer Vorteil. Die Reaktion, die er von Andreas erhält, als der in die Defensive geht, ist ganz offensichtlich nicht die, die sich Daniel wünscht. Er ist jedoch flexibel genug, Andreas' Verhaltensmuster zu erkennen und seine eigenen Reaktionen zu ändern, um sein Ziel zu erreichen, und kontrolliert somit das System.

Der Kommunikationsprozess

John Grinder und Richard Bandler fanden heraus, dass Menschen, die Kommunikation meisterhaft beherrschen, über drei besondere Fähigkeiten verfügen:

✔ Sie wissen, was sie wollen.

✔ Es gelingt ihnen, die Reaktionen wahrzunehmen, die sie erhalten.

✔ Sie verfügen über die Flexibilität, ihr Verhalten zu ändern, bis sie bekommen, was sie wollen.

 Ich (Kate) habe einen Freund namens Simon, der mich viel Nützliches über den Umgang mit Menschen gelehrt hat. Simon schafft es so gut wie immer, Ruhe zu bewahren, und erreicht selbst in den schwierigsten Situationen normalerweise seine Ziele. Er schafft das, weil er sich von seinen Emotionen distanziert und sich ganz auf das gewünschte Resultat konzentriert. Er versucht darüber hinaus, den Standpunkt der anderen Person zu verstehen, um zu einem Ergebnis zu gelangen, das für beide Seiten von Vorteil ist (*Win-win*).

Wir alle verarbeiten Informationen völlig unterschiedlich und reagieren daher auch auf dieselbe Situation unterschiedlich. Wäre es nicht wirklich nützlich, zu verstehen, wie jemand funktioniert? In den folgenden Abschnitten finden Sie einige Anhaltspunkte.

Von der Zahl Sieben verfolgt

Mein Problem ist, dass ich von einer Ganzzahl verfolgt wurde. Diese Zahl ist mir sieben Jahre lang hinterhergelaufen, hat sich in meine privatesten Daten eingeschlichen und ist mir aus allen möglichen Veröffentlichungen entgegengesprungen. Diese Zahl tritt in vielen Erscheinungsformen auf, manchmal ist sie etwas größer und manchmal etwas kleiner als üblich, doch niemals ist sie so stark verändert, dass man sie nicht mehr erkennen könnte. Die Beharrlichkeit, mit der mich diese Zahl plagt, ist mehr als nur reiner Zufall. Es gibt, um einen berühmten Senator zu zitieren, ein Muster dahinter, das die Erscheinungen steuert. Entweder gibt es wirklich etwas Ungewöhnliches an der Zahl oder ich leide an Verfolgungswahn.

The Magical Number Seven Plus or Minus Two (George Miller, Psychological Review, 1956)

Sieben plus/minus zwei

George Miller führte Untersuchungen durch, um zu bestimmen, wie viele Datenportionen der Mensch gleichzeitig im Kurzzeitgedächtnis behalten kann. Er kam zu dem Ergebnis, dass der Mensch sieben plus/minus zwei Informationen auf einmal verarbeiten kann; neun, wenn er sich gut fühlt oder Interesse am Thema hat, und nur fünf, wenn er sich etwas schlapp fühlt oder nicht besonders an dem interessiert ist, was er sich zu merken versucht. Wenn Sie nicht besonders gut im Multitasking (gleichzeitige Verarbeitung mehrerer Aufgaben) sind, können Sie möglicherweise nicht mehr als eine Informationseinheit auf einmal verarbeiten.

Die fünf Sinne (Sehen, Hören, Fühlen, Riechen und Schmecken) bombardieren Sie mit etwa zwei Millionen Informationseinheiten pro Sekunde. Wenn Sie versuchen würden, mit dieser Flut an Eingaben klarzukommen, würden Sie durchdrehen. Um normal zu bleiben, filtern Sie daher die eingehenden Informationen, bevor Ihr Gehirn sie verarbeitet und interne Repräsentationen dieser Informationen anfertigt.

Der Grund hierfür ist, dass die Vorgänge, bei denen Sie die internen Repräsentationen externer Ereignisse anfertigen, die Sie durch Ihre Sinne wahrnehmen, von Ihren vielen unterschiedlichen Erfahrungen und Filtern beeinflusst werden.

Die Art und Weise, wie externe Reize Ihres Umfelds in Ihrem Gehirn in interne Repräsentationen umgewandelt werden, umfasst drei grundlegende Vorgänge: Tilgung, Verzerrung und Generalisierung. Die folgenden Abschnitte liefern einen kurzen Überblick über diese Vorgänge; in Kapitel 15 finden Sie mehr Informationen dazu.

Tilgung

Tilgung findet statt, wenn Sie einer durch Ihre Sinne eingehenden Information Aufmerksamkeit schenken und sich anderer Stimuli überhaupt nicht bewusst sind. Stellen Sie sich einen schusseligen Professor vor, der so in seine Arbeit vertieft ist, dass er das Haus in Pantoffeln verlässt.

Ich (Kate) habe eine Geschichte über meine Schwiegermutter auf Lager, die veranschaulicht, wie unser Unbewusstes Tilgungen vornimmt. Meine Schwiegermutter fuhr meist mit dem Bus nach Kennington in London, wo sie für die Children's Society – ein britischer Wohltätigkeitsverein – arbeitet. Normalerweise brachte sie ihren Müll raus, um dann noch mal wegen der Handtasche und des Portemonnaies hineinzugehen. Nachdem sie eines Morgens etwas spät dran war, schnappte sie sich alle drei Sachen auf einmal: Handtasche, Portemonnaie und Mülltüte. Erst als sie im Bus saß und dachte, dass es im Bus an diesem Morgen ziemlich muffig roch, fiel ihr auf, dass sie den Müllbeutel in den Bus mitgenommen hatte.

Verzerrung

Verzerrung tritt auf, wenn man durch die Sinne eingehende Informationen missinterpretiert. Ein Zyniker könnte behaupten, dass die Liebe eine Art von Verzerrung ist, wenn man mit großen Augen durch eine rosarote Brille schaut und sich der Fehler des »perfekten« Partners in keiner Weise bewusst ist.

Ich (Romilla) fuhr spät nachts absolut nüchtern von Bristol nach Hause, als ich auf eine zweispurige Schnellstraße kam und es zu regnen anfing. Es war ein sehr feiner Sprühregen. Ich sah eine weiße, ätherische Gestalt in einiger Entfernung auf der Fahrbahn stehen. Mit pochendem Herzen führte ich etwa folgenden inneren Monolog:

»Oh, mein Gott, es ist ein Geist. Ich bin die Erste in meiner Familie, die einen Geist zu Gesicht bekommt.«

»Sei nicht blöd, es gibt keine Geister!«

»Die Straße ist völlig leer. Kann ich umdrehen, ohne einen Unfall zu verursachen?«

»Du weißt, dass du idiotisch reagierst. Es ist kein Geist.«

»Doch, wohl. Was, wenn es wirklich ein Geist ist?«

»Aber es ist keiner.«

»Doch, es ist einer.« Und so weiter …

Zu meiner großen Erleichterung – ich muss jedoch zugeben, auch zu meiner tiefen Enttäuschung – handelte es sich um einen Tramper, der sich eine weiße Plastikplane umgehängt hatte und im Regendunst ziemlich gruselig aussah. Ich glaube, ich hätte den Geist aufgegeben, wenn es sich um einen echten Geist gehandelt hätte!

Man kann auch die Bedeutung der Handlungen anderer Personen verzerren.

 Meine (Kate) Freundin Jessica hatte einen Chef namens Michael, dem es aufgrund seines kulturellen Hintergrunds sehr schwerfiel, im Arbeitsumfeld mit Frauen umzugehen, weswegen seine Interaktionen mit weiblichen Angestellten immer sehr schroff ausfielen. Jessica missinterpretierte Michaels Verhalten und dachte, er würde sie nicht mögen. Die Situation hätte sich aufschaukeln und außer Kontrolle geraten können, wenn Jessica ihre Befürchtung nicht anderen Kollegen anvertraut hätte. Als Jessica eingesehen hatte, dass Michaels Verhalten durch seine Erziehung bedingt war, reagierte sie nicht mehr emotional darauf. Ihr Verhalten änderte sich und spiegelte mehr Selbstvertrauen wider, was wiederum zu einer besseren Behandlung durch Michael führte.

Generalisierung

Eine Generalisierung entsteht, wenn Sie Rückschlüsse aus einer Erfahrung auf ähnliche Situationen oder Vorkommnisse übertragen. Generalisierungen können positiv sein – Sie helfen Ihnen, eine kognitive Landkarte der Welt anzufertigen. Würden Sie nie generalisieren, müssten Sie jedes Mal, wenn Sie ein Buch lesen wollten, das Alphabet erneut lernen und herausfinden, wie man die einzelnen Buchstaben zu Wörtern zusammensetzt. Generalisierungen ermöglichen Ihnen, auf dem aufzubauen, was Sie schon wissen, ohne jedes Mal das Rad neu erfinden zu müssen.

Die Glaubenssätze, die Sie über die Welt gebildet haben, sind Generalisierungen und, wenn es Ihnen wie uns, den Autorinnen, geht, tilgen und verzerren Sie, so gut Sie können, um an diesen Glaubenssätzen festhalten zu können. Mit anderen Worten können Ihre Generalisierungen auch zu Beschränkungen werden, da es unwahrscheinlicher wird, dass Sie

Handlungen und Ereignisse akzeptieren oder trauen, die nicht in Ihr vorgefertigtes Schema passen. Fühlen Sie ein klein wenig Enttäuschung, wenn jemand oder eine Situation nicht Ihren schlimmsten Erwartungen entspricht? Und fühlen Sie einen kleinen Triumph, wenn Sie erwartungsgemäß enttäuscht wurden?

Jedem das Seine

Menschen, die denselben externen Reizen ausgesetzt werden, erinnern sie nicht gleich und reagieren darauf nicht wie andere. Der Grund dafür ist, dass jeder auf der Grundlage seiner eigenen Metaprogramme, Werte, Glaubenssätze, Einstellungen, Erinnerungen und Urteile unterschiedlich tilgt, verzerrt und generalisiert.

Metaprogramme

Metaprogramme, die wir in Kapitel 8 eingehend behandeln, sind die Filter, die uns am wenigsten bewusst sind. Sie prägen die Art, wie Sie Ihre Verhaltensmuster über Ihre Sprache offenbaren. So würde jemand, der dafür bekannt ist, Verantwortung zu übernehmen und Dinge in die Hand zu nehmen, vielleicht sagen:»Ich will keine Entschuldigungen hören, ich will Resultate sehen.« Wohingegen man jemand, der sich Zeit nimmt, um Dinge zu überdenken, bevor er handelt, eher sagen würde: »Hetzen Sie sich nicht, überdenken Sie alle Aspekte und achten Sie darauf, dass die gewünschten Ergebnisse erzielt werden.« Wenn man das verkennt und zu Generalisierungen neigt, kann es passieren, dass man Menschen einfach in Schubladen einordnet, beispielsweise »Du meinst Tom, diesen dämlichen introvertierten Typen?« (Verzerrung) oder »Genau, der typische Verkäufer, immer total direkt« (Generalisierung). Es ist jedoch wichtig, sich daran zu erinnern, dass Menschen ihre Verhaltensmuster je nach Umgebung und Situation, in der sie sich befinden, ändern können.

Tabelle 5.1 zeigt schon einmal einen kleinen Vorgeschmack zu introvertierten und extrovertierten Tendenzen und wie diese Ihren Filterungsprozess beeinflussen. Beide Neigungen sind grundlegende Metaprogramme.

Introvertiert	Extrovertiert
Möchte allein sein, um Energie zu tanken.	Muss Menschen um sich haben, um zu entspannen und auszuruhen.
Hat nur wenige Freunde, zu denen eine tiefe Beziehung gepflegt wird.	Hat eine Menge Freunde, zu denen eine eher oberflächliche Beziehung gepflegt wird.
Nimmt sich reale oder eingebildete Kränkungen sehr zu Herzen.	Nimmt die Kränkung unter Umständen nicht wahr und falls doch, wird die Kränkung auf den anderen geschoben, der wohl einen schlechten Tag hat.
Interessiert sich für wenige Themen, kennt sich jedoch mit diesen bestens aus.	Weiß über eine Menge Dinge Bescheid, jedoch nicht so im Detail wie der Introvertierte.
Tendenziell einzelgängerisch.	Eher gesellig orientiert.

Tabelle 5.1: Metaprogramme – introvertiert und extrovertiert im Vergleich

Introvertierte Menschen sind extrovertierten nicht überlegen und ebenso wenig andersherum.

Metaprogramme bewegen sich entlang einer variablen Skala und stellen keine Entweder-oder-Alternative dar (siehe Abbildung 5.2). Deshalb verhalten Sie sich vielleicht bei der Arbeit, wo Sie Selbstvertrauen haben und sich in der Umgebung wohlfühlen, wie ein extrovertierter Mensch. Dies würde Ihren Antennen erlauben, mehr Informationen zu empfangen, und Sie würden Kontakte und Möglichkeiten wahrnehmen, die Ihnen in Ihrem Job hilfreich wären. Bei Treffen mit Kollegen zu geselligen Anlässen fühlen Sie sich jedoch vielleicht unwohl und verschieben die Skala daher in Richtung introvertierter Tendenzen. Demzufolge tilgen Sie gegebenenfalls unterschwellige Botschaften, die Ihnen in Ihrer gewohnten Arbeitsumgebung aufgefallen wären.

introvertiert ← → extrovertiert

0 1 2 3 4 5 6 7 8 9 10

Abbildung 5.2: Metaprogramme funktionieren entlang einer variablen Skala.

 Wir sind uns bewusst, dass extrovertierte Menschen introvertierteren Freunden und Bekannten ziemlich auf die Nerven gehen können. An alle Extrovertierten: Bitte achten Sie darauf, sich etwas zurückzunehmen, wenn Sie jemanden treffen, der vielleicht nicht so offen ist wie Sie, und passen Sie auf, dass Sie ihn nicht zu sehr bedrängen.

 Ein extrovertierter NLP-Freak (jemand, der immer und überall und mit jedem NLP-Spielchen treibt) bugsierte einen armen introvertierten Menschen, den er auf einer Party kennengelernt hatte, durch den ganzen Raum, indem er ihm ständig »auf die Pelle rückte«, während der Introvertierte sich andauernd von ihm zu entfernen suchte, nur um erneut bedrängt zu werden.

 Wenn Sie bedenken, dass Menschen in unterschiedlichen Situationen verschiedene Tendenzen zeigen können, welche Seite der Skala bevorzugen Sie dann? Können Sie Einschätzungen über Familienmitglieder und Freunde abgeben? Hier ein Tipp: Die Antwort auf die Frage »Bevorzugen Sie Gesellschaft oder möchten Sie lieber allein sein, wenn Sie wieder Energie tanken müssen?« wird Ihnen einen deutlichen Hinweis auf die Neigungen eines Menschen liefern.

Manche introvertierte Menschen haben auch eine sehr starke Bindung zu ihren Haustieren und suchen die Gesellschaft ihrer vierbeinigen Freunde statt der von Menschen, wenn sie sich erholen möchten.

Werte

Bei Werten handelt es sich um einen weiteren Satz Filter, die zwar unbewusst sind, jedoch nicht so sehr wie Metaprogramme. Sie lernen Ihre Werte bis zu einem Alter von etwa sieben

Jahren nahezu ausschließlich von Ihren Eltern und nahen Familienangehörigen und dann von Gleichaltrigen und Freunden. Werte motivieren Sie zu Handlungen, doch sie können auch als Bremsen fungieren, die Sie von der Erfüllung des Zweck-Werts abhalten. Das sind die Faktoren, die Ihnen wichtig sind und Ihnen die Beurteilung ermöglichen, ob das, was Sie getan haben, gut oder schlecht war. Sie beeinflussen, wie Sie Daten eintreffender Stimuli tilgen, verzerren oder generalisieren. Werte werden hierarchisch geordnet, wobei der wichtigste Wert ganz oben steht. Beispiele für solche Werte sind Gesundheit, Wohlstand, Zufriedenheit, Ehrlichkeit, Freundschaft, Erfüllung in der Arbeit und so weiter. In Kapitel 3 erfahren Sie mehr über Werte.

 Jakob arbeitete für eine karitative Organisation; er half, Bildungsprogramme in Afrika zu organisieren. Er hatte eine junge Familie und mochte seine Arbeit. Zwar war er arm wie eine Kirchenmaus, doch wurden die laufenden Lebenshaltungskosten von der Organisation übernommen. Seine Wertehierarchie wurde durch seine Arbeit befriedigt und sah ungefähr folgendermaßen aus:

1. Zufriedenheit

2. Lebensqualität anderer steigern

3. Zusammensein mit der Familie

4. Freiheit

5. Abwechslung

6. Netzwerkunterstützung

Diese Werte traten durch die Frage »Was ist Ihnen an Ihrer Arbeit wichtig?« zutage.

Nachdem die Werte von Jakob befriedigt wurden, schenkte er Arbeitsangeboten, die ein besseres Einkommen bedeutet hätten, keine Aufmerksamkeit (Tilgung). Er hatte den Glaubenssatz entwickelt, dass sie ihn von den anderen Aspekten seiner Arbeit, die er hoch schätzte, abbringen würden. Er gab zu, dass er die Ansicht vertritt (Verzerrung), dass sämtliche (Generalisierung) westlichen Interessen in Afrika nur dazu dienten, Einheimische auszubeuten. Später jedoch musste er erkennen, dass dies für manch einen nur eine Ausrede war, um die Verantwortung für das eigene Schicksal nicht selbst in die Hand nehmen zu müssen.

 Werte sind stark kontextbezogen. Das bedeutet, dass einige Ihrer Werte sich nur auf bestimmte Lebensbereiche anwenden lassen und ihre Bedeutung in der Hierarchie veränderlich ist, je nachdem welchen Lebensaspekt Sie untersuchen. Jakobs Werte waren nur im Bereich seiner Arbeit relevant.

 Um herauszufinden, welche Werte für Sie in einem Ihrer Lebensbereiche wichtig sind, müssen Sie eine Pause einlegen, aus der Tretmühle des Alltags heraustreten und anfangen zu denken! Um das zu erreichen, führen Sie folgende Schritte durch:

1. **Wählen Sie einen Lebensaspekt, in dem Sie nicht so erfolgreich sind, wie Sie es gern wären.**

Sie können wie Jakob die Arbeit nehmen oder aber auch über Beziehungen, Erziehung oder die Umgebung, in der Sie leben, oder Ähnliches nachdenken. In Kapitel 4 finden Sie weitere Vorschläge.

2. **Fertigen Sie eine Liste der Dinge an, die für Sie in diesem Zusammenhang wichtig sind.**

3. **Schauen Sie sich die Liste an und denken Sie noch einmal nach. Fehlt vielleicht noch ein Punkt, der für Sie von Bedeutung ist?**

4. **Sortieren Sie die Punkte nach ihrer Bedeutung.**

   Ist der zweite Wert wirklich bedeutender als der dritte oder sollte eher der fünfte Wert an die zweite Stelle verschoben werden?

5. **Können Sie für jeden dieser Werte feststellen, ob Sie vielleicht eine Tilgung, Verzerrung oder Generalisierung vornehmen, die Sie davon abhält, das Erwünschte zu erreichen?**

   Das ist die Hunderttausend-Euro-Frage!

6. **Achten Sie auch darauf, ob sich irgendwo einschränkende Glaubenssätze verstecken, die einen Einfluss auf Ihre Werte haben.**

Im tiefen Entspannungszustand erinnerte sich Jakob, wie seine Eltern, als er etwa sechs Jahre alt war, darüber redeten, dass der Vermieter ihres Hauses die Miete erhöhen wollte. Er konnte sich daran erinnern, wie besorgt sich seine Eltern anhörten. Er erkannte, dass er zu diesem Zeitpunkt den Glaubenssatz geformt hatte, dass reiche Menschen habgierig und schlecht seien.

Glaubenssätze

Glaubenssätze sind wirklich unheimlich. Sie können Sie auf den Gipfel des Erfolgs treiben oder in die Tiefen des Versagens stürzen – um es mit den Worten von Henry Ford zu sagen: »Ob Sie nun glauben, Sie können, oder ob Sie glauben, Sie können nicht … Sie haben recht.«

Ihre Glaubenssätze werden auf alle möglichen unbewussten Arten geformt. Sie erfahren von Ihren Eltern, dass Sie begabt sind, von Ihrem Lehrer, dass Sie nicht zeichnen können, Sie müssen Ihre Freunde den Gleichaltrigen vorziehen und so weiter. In manchen Fällen wie dem des Lehrers, der sagt: »Du kannst nicht zeichnen.«, können Sie alle Gelegenheiten abschreiben (tilgen), in denen Sie vielleicht zeichnen gelernt hätten. Alles nur, weil ein einziger Lehrer Ihnen gesagt hat, dass Sie nicht zeichnen können.

Glaubenssätze nehmen ihren Anfang häufig als »Gedankenschnipsel«, der Sie durch ständige Irritation und Nerverei auf Gelegenheiten aufmerksam macht, die den »Schnipsel« bestätigen, und nach einiger Zeit entwickeln Sie daraus einen konkreten Glaubenssatz.

Gehen Sie bei der Wahl Ihrer Glaubenssätze vorsichtig vor, weil sie dazu neigen, sich zu verselbstständigen.

Einstellungen

Ihre Einstellung – oder auch Haltung – wird dadurch bestimmt, wie Sie über ein Thema oder vielleicht eine Personengruppe denken. Ihre Einstellung zeigt anderen, wie Sie sich fühlen oder Ihre Geisteshaltung gegenüber etwas oder jemandem. Sie ist ein Filter, dem man sich stärker bewusst ist und der aus einer Sammlung von Werten, Glaubenssätzen und Meinungen zu einem bestimmten Thema geformt wird. Eine Einstellung zu verändern, ist wesentlich schwieriger, nachdem das Bewusstsein aktiv daran beteiligt ist, die Einstellung aufzubauen und zu erhalten.

Die Einstellung anderer erkennen Sie daran, was sie sagen und wie sie sich verhalten. Jemandem, der bei der Arbeit mehr als den üblichen Einsatz nicht scheut und insgesamt positiv eingestellt ist, würde man eine gute Einstellung zur Arbeit bescheinigen, wohingegen man einem Faulpelz oder Simulanten eine schlechte Arbeitsmoral nachsagen würde.

Nachdem Ihre Haltung auf Ihren Werten und Glaubenssätzen basiert, wirkt sie sich auch auf Ihre Fähigkeiten aus, indem Sie sie zu bestimmten Verhaltensweisen bringt. Jemand mit einer positiven Einstellung erwartet womöglich immer ein positives Ergebnis. Durch freundliches und hilfsbereites Verhalten beeinflussen solche Menschen andere, sich ähnlich zu verhalten.

 Versuchen Sie doch das nächste Mal, wenn Sie es mit einem Nörgler zu tun haben, ihn mit Ihrer positiven Einstellung anzustecken. Wenn Sie auf jemanden stoßen, der über den Regen meckert, erinnern Sie ihn an den Anblick des schönen Regenbogens, der folgt, wenn die Sonne wieder scheint. Oder falls jemand über einen anderen lästert, können Sie etwas Positives über das Opfer sagen. Zeigen Sie solchen Menschen, dass jemand mit einer positiven Einstellung zum Leben weniger Stress hat. Möglicherweise sehen Sie sogar Ihren Meckerbruder etwas Gutes tun und lassen sich zu einem Lob hinreißen!

Erinnerungen

Erinnerungen bestimmen Ihre Erwartungen und wie Sie mit anderen Menschen kommunizieren und sich ihnen gegenüber verhalten. Erinnerungen aus Ihrer Vergangenheit können Ihre Gegenwart und die Zukunft beeinflussen. Problematisch wird es, wenn Ihre Erinnerungen nicht in der Reihenfolge bleiben, in der sie aufgezeichnet wurden. Wenn Erinnerungen durcheinandergebracht werden, wecken sie all die Emotionen, die beim tatsächlichen Ereignis empfunden wurden. Damit ist gemeint, dass eine aktuelle Erfahrung alte Erinnerungen weckt, was dazu führt, dass Sie auf die Erinnerungen und Emotionen aus der Vergangenheit reagieren statt auf die Erfahrung, die Sie gerade machen.

 Meine (Kate) Freundin Tamara arbeitete mit Sheila zusammen. Die Beziehung zwischen Tamara und Sheila war nicht gerade gut, um es mal vorsichtig auszudrücken. Sheila war eine Mobbing-Spezialistin und richtete ihre ganze Energie auf Tamara. Selbst die Tatsache, dass Sheila Tamaras Vorgesetzte war, half nichts. Als Tamara zu ihrer großen Erleichterung einen neuen Job gefunden hatte, musste sie feststellen, dass sie wieder mit einer Kollegin namens Sheila in ähnlicher Konstellation zusammenarbeiten musste. Wegen des gleichen Namens und der höheren Position musste Tamara sich schon sehr stark bemühen, um festzustellen, dass die zweite Sheila in Wirklichkeit eine liebenswerte Person war; sie stand ihr ziemlich skeptisch gegenüber, bis sie zu dieser Erkenntnis kam. Wären ihre Erinnerungen in der richtigen Reihenfolge geblieben, hätte Tamara die negativen Erinnerungen und Erfahrungen aus der Vergangenheit nicht erneut erfahren müssen. Sie nahm aufgrund ihrer Erfahrungen mit der ersten Sheila Generalisierungen und Verzerrungen in Bezug auf die zweite Sheila vor.

Urteile

Ihre Urteile sind eng mit Ihren Erinnerungen verknüpft und beeinflussen alle Lebensbereiche. Das ist besonders wichtig, wenn es um Urteile geht, die tatsächlich die Alternativen einschränken, die Sie in Ihrem Leben zu haben glauben – was man im NLP *einschränkende Urteile* nennt. Beispiele für solche einschränkenden Urteile wären »Ich bin schlecht in Orthografie«, »Geld ist die Wurzel allen Übels – um ein guter Mensch zu sein, darf ich nicht reich werden« und »Wenn ich eine Diät mache, werde ich meine Mahlzeiten nicht mehr genießen können«.

Viele einschränkende Urteile werden unbewusst gefällt, einige bereits zu einer Zeit, als Sie noch jung waren, und die nun vielleicht vergessen sind. Während Sie heranwachsen und sich entwickeln, verändern sich wahrscheinlich Ihre Werte und Sie müssen alle Urteile, die Ihnen im Weg stehen, erkennen und neu bewerten.

 Als Jakob nach mehreren Jahren in Afrika wieder nach Hause zurückkehrte, war er noch ärmer als eine Kirchenmaus und musste nun ohne die Hilfe der Wohltätigkeitsorganisation, für die er gearbeitet hatte, für seine Familie aufkommen. Als er sich über die Umstände Gedanken machte, entwickelte er einen neuen Wertesatz, der in etwa folgendermaßen aussah:

Zufriedenheit

Lebensqualität anderer steigern

Zusammensein mit der Familie

Sicherheit

Finanzielle Unabhängigkeit

Abwechslung

Als er sich zu finanzieller Unabhängigkeit entschied, wurde ihm bewusst, dass ihn das Urteil aus seiner Kindheit (reiche Menschen = gierig = schlecht) daran hinderte, für seine Familie zu sorgen. Er überlegte, wie er reich sein, Menschen helfen und mit seiner Familie zusammen sein könnte. Heute ist Jakob ein sehr glücklicher, wohlhabender Mann, der das Leben anderer bereichert. Wie er das bewerkstelligte? Er machte zu seinem Abschluss in Wirtschaftsmanagement noch einen Doktor in Psychologie. Nun leitet er Workshops auf der ganzen Welt und reist mit seiner Frau.

Effektive Kommunikation ausprobieren

Wie die vorangegangenen Abschnitte gezeigt haben, ist viel von dem, wie man denkt und wie man sich verhält, unbewusst. Ihre Reaktionen werden durch Ihre Werte, Glaubenssätze und Erinnerungen geformt und beeinflusst. Zum Glück sind Sie Ihrem Unterbewussten aber nicht schutzlos ausgeliefert.

 Mit Bewusstsein können Sie tatsächlich steuern, wie Sie mit Menschen kommunizieren – ein wirklich befreiender und aufbauender Gedanke. Behalten Sie nur folgende Ratschläge im Hinterkopf:

✔ **Erst denken, dann reden.** Denken Sie bei der Interaktion mit Menschen an das Ergebnis, das Sie erzielen wollen, und sprechen und verhalten Sie sich entsprechend dem Resultat, das Sie im Hinterkopf haben.

✔ **Gelassen auftreten.** Ihr Wissen verleiht Ihnen Macht und wie wir alle wissen, kann Macht missbraucht werden. Andererseits kann Macht auch von Ängsten befreien. Sie kann es Ihnen ermöglichen, großzügig und freundlich mit anderen zusammenzuarbeiten, und mit dem Wissen um das Modell der Welt eines anderen Menschen zu einer Win-win-Situation führen.

Kapitel 6

Den Weg zu besserer Kommunikation sehen, hören und fühlen

Blicken Sie einen Moment zurück. Zu Beginn dieses Buches (falls Sie zu den disziplinierten Menschen gehören, die Bücher von vorn anfangen zu lesen, anstatt irgendwo mittendrin zu beginnen) haben wir Sie mit den vier Hauptsäulen des NLP vertraut gemacht. Eines dieser tragenden Elemente wird im NLP sensorische Wahrnehmung genannt: wie wir die Welt verstehen und mittels unserer Sinne eine eigene Realität schaffen.

Stellen Sie sich einen Moment ein besonderes Wesen vor, das mit einer hoch entwickelten Antenne ausgestattet ist. In Wirklichkeit sind Sie das. Sie stolpern als Neugeborenes mit erstaunlich weit entwickelten Sinnen in die Welt, die alle darauf ausgerichtet sind, die Geheimnisse des Universums zu erforschen. Auch wenn die individuellen Stärken variieren – Sie kommen als perfekte Mini-Lernmaschine mit Augen, Ohren, Geruchssinn, Tastsinn und der wichtigsten menschlichen Qualität auf die Welt – der Fähigkeit, eine emotionale Bindung zu anderen Personen zu erfahren.

Zunächst läuft der Lebensanfang ziemlich gut, doch etwa ab dem neunten oder zehnten Lebensjahr geht's langsam bergab. Kennen Sie die Redewendung »Wer rastet, der rostet«? Wir Menschen werden häufig mit der Zeit ein wenig lernfaul oder treten auf der Stelle. Haben wir erst einmal herausgefunden, dass wir mit einer Art und Weise, Dinge zu erledigen, gut klarkommen, gibt es auch keinen Grund, irgendetwas zu verändern. Wir ergreifen die einfache Möglichkeit und schränken unsere Chancen ein. Genau das kann auch mit unserer sensorischen Wahrnehmung passieren. Wir sind in einer bestimmten Art, zu denken und Informationen zu verarbeiten, besonders gut und lassen den Rest unserer Sinne im Dornröschenschlaf verkümmern.

Leonardo da Vinci amüsierte sich über den Durchschnittsmenschen, der »schaut, ohne zu sehen, zuhört, ohne zu hören, tastet, ohne zu fühlen, isst, ohne zu schmecken, sich bewegt, ohne Muskeln wahrzunehmen, einatmet, ohne zu riechen, und spricht, ohne zu denken.«

Was für ein Appell zur persönlichen Weiterentwicklung!

Bevor Sie weiterlesen, möchten wir Sie ermutigen, einige neue Wege im Umgang mit der Welt auszuprobieren, diese Sinne zu schärfen und zu sehen, was für einen Unterschied das machen kann. Und wissen Sie was? Sie können sich auf viel Spaß beim Lernen freuen.

Die Modalitäten ... VAK zwischen dir und mir

Das NLP-Modell beschreibt, wie Sie die externe Welt durch Ihre fünf Sinne sehen, hören, fühlen, riechen und schmecken – auch Modalitäten genannt.

Achten Sie einmal darauf, was in Ihrem Kopf und in Ihrem Körper vorgeht, wenn ich sage:»Denken Sie an eine besonders köstliche Mahlzeit, die Sie in letzter Zeit genossen haben.«. Möglicherweise sehen Sie ein Bild des Tisches, der mit buntem Geschirr gedeckt ist, und hören das Geklapper von Besteck, einen Ober, der die Spezialitäten des Hauses anpreist, oder einen Freund, der in der Küche klönt. Vielleicht nehmen Sie auch eine angenehme innere Vorfreude wahr, während die Essensdüfte in Ihre Richtung ziehen, hören das Entkorken einer Weinflasche oder fühlen ein kühles Glas Wasser in Ihrer Hand und dann kommt der Geschmack des ersten Bissens. Mhmmm ... eine multisensorische Erfahrung. Und all das, obwohl Sie nur in Ihrem bequemen Sessel sitzen und dran denken.

Bislang haben Sie sich vermutlich noch nicht besonders damit auseinandergesetzt, wie Sie denken (der Prozess), sondern nur, was Sie denken (Inhalte). Jedoch wird die Qualität Ihrer Erfahrungen von der Qualität Ihres Denkens beeinflusst. Das Wie ist also mindestens genauso wichtig, wenn nicht sogar wichtiger als das Was. Dieser Abschnitt führt Sie an einige Dimensionen Ihrer Denkprozesse heran, die Sie zuvor eventuell noch nicht bedacht haben. Sobald Sie sich darüber bewusst werden, wie Sie denken und der Welt einen Sinn abgewinnen, passieren einige interessante Dinge. Sie werden feststellen, dass Sie es steuern können, wie Sie über einen Menschen oder eine Situation denken. Außerdem werden Sie erkennen, dass nicht jeder so denkt wie Sie, selbst über die alltäglichsten Ereignisse, die so klar und offensichtlich erscheinen. Und Sie werden in diesem Prozess womöglich zu dem Schluss kommen, dass das Leben interessanter sein kann, wenn Sie anfangen, anders zu denken, indem Sie den verschiedenen Sinnen mehr Beachtung schenken.

Die Realität filtern

Während Sie die Realität erfahren, filtern Sie die Informationen aus Ihrer Umgebung in drei Kanälen, die man im NLP visuell, auditiv und kinästhetisch nennt (kurz VAK oder VAKOG, wenn man olfaktorisch (riechen) und gustatorisch (schmecken) hinzunimmt).

✔ Einige von Ihnen sehen *Bilder* und haben eine klare Vorstellung der *visuellen* Dimension.

✔ Andere *hören* und sind daher eher *auditiv* ausgerichtet.

✔ Eine dritte Gruppe greift nach dem *emotionalen* Aspekt oder *fühlt* und erfährt somit die *kinästhetische* Dimension als *Körperwahrnehmung*.

✔ Für einige Menschen spielen auch Gerüche – die olfaktorische Dimension – sowie Geschmäcker – die gustatorische Dimension – eine große Rolle.

Denken wir einmal darüber nach, wie Sie dieses »... für Dummies«-Buch erleben. Jeder, der es in die Hand nimmt, wird das Aussehen, den Stil und die Haptik unterschiedlich wahrnehmen. Stellen wir uns drei »... für Dummies«-Leser vor. Der erste wählt das Buch aufgrund der ansprechenden Bilder, des Layouts und der Cartoons. Der zweite mag den Stil, mit dem die Themen im Buch vermittelt werden. Der dritte mag das Gefühl und den Geruch des Papiers oder spürt aus dem Bauch heraus, dass es sich um ein interessantes Buch handelt, das man mal zur Hand nehmen sollte. Probieren Sie es selbst. Versuchen Sie herauszufinden, welche Informationskanäle Sie bei der Verwendung dieses Buches bevorzugen. Beachten Sie, welche Seiten Ihre Aufmerksamkeit erregen. Was funktioniert für Sie am besten? Werden Sie am stärksten von Wörtern, von Bildern oder von Emotionen beeinflusst?

Im Alltag greifen Sie auf all Ihre VAKOG-Sinne zu. Jedoch wird in jedem Zusammenhang immer einer der Sinne für Sie dominieren. Wir versprechen Ihnen, dass es sich auszahlt, wenn Sie hinsichtlich der fünf Gruppierungen visuell, auditiv, kinästhetisch, olfaktorisch und gustatorisch sowohl bei der Arbeit als auch in der Freizeit empfindsamer werden. Angenommen, Sie wollen ein Zimmer in Ihrer Wohnung verändern. Vielleicht haben Sie darüber zunächst in rein *visuellen* Begriffen nachgedacht – welche Wandfarben Sie wählen sollen oder welches Muster die Tapete haben soll. Mit der zusätzlichen *auditiven* Dimension würden Sie über die Geräusche der Objekte im Raum nachdenken: die knarrenden Bodendielen, wie man den Verkehrslärm dämpft oder das Vogelzwitschern hereinlässt, die Musik, die dort gehört werden soll, oder die Gespräche, die dort stattfinden sollen. Was würde passieren, wenn Sie sich den Raum hinsichtlich Oberflächenstruktur und Geruch vorstellen – also in Bezug auf die *kinästhetischen* und *olfaktorischen* Dimensionen? Dann würden Sie eventuell einen weichen, samtigen Teppichboden wählen oder aber einen rauen Sisalteppich. Vielleicht würden Sie einen Teil des Mauerwerks freilegen oder einen neuen glatten Verputz der Wände bevorzugen, je nachdem, welches Gefühl Ihnen mehr zusagt. Sie würden vielleicht darauf achten, dass die gewählten Materialien angenehm natürlich riechen.

In Lernzusammenhängen beginnen Sie vielleicht – wenn sie auf VAKOG Bezug nehmen –, mit unterschiedlichen Arten der Informationsaufnahme herumzuspielen. Wenn Sie in der Vergangenheit eine Sprache gelernt haben, haben Sie vielleicht Lernkassetten im Auto abgespielt. Unter Umständen fällt Ihnen das Lernen jedoch leichter, wenn Sie Filme in der

Originalsprache anschauen oder mit Muttersprachlern Sport treiben, essen gehen oder Tanzen lernen. Wenn Menschen lernen, die Fähigkeit zu entwickeln, auf Bilder, Wörter und Gefühle zuzugreifen, entdecken sie häufig Talente, denen sie sich zuvor noch nicht bewusst waren.

Im NLP-Fachjargon nennt man die verschiedenen Kanäle, durch die wir Informationen intern über unsere Sinne kodieren oder repräsentieren, *Repräsentationssysteme*. NLP-Fachleute sprechen auch von Rep-Systemen, VAKOG-Vorlieben oder bevorzugten Denkarten. Die wichtigsten Rep-Systeme sind das visuelle, das auditive und das kinästhetische System (VAK). Die entsprechenden wahrnehmungsspezifischen Begriffe, die wir verwenden (wie Bild, Wort, Gefühl, Geruch oder Geschmack), werden *Prädikate* genannt, und zwar unabhängig davon, ob es sich um ein Verb, ein Substantiv oder ein Adjektiv handelt. Weitere Beispiele hierzu finden Sie in Tabelle 6.1 im Abschnitt »Durch Wörter Rapport aufbauen« weiter hinten in diesem Kapitel.

Hören, wie andere denken

Als menschliche Wesen vermischen wir ganz selbstverständlich diese drei Hauptdimensionen, doch neigen wir dazu, einen dieser Modi zu bevorzugen.

Wie kann man herausfinden, ob man selbst oder ein anderer eine Vorliebe in Sachen visuelle, auditive und kinästhetische Dimension (VAK) hat? Hier ist ein Fragebogen dazu, den wir jedoch nicht unbedingt als wissenschaftlich bezeichnen würden. Probieren Sie es selbst und mit Freunden und Kollegen aus, um mehr über ihr primäres Repräsentationssystem herauszufinden. Es dauert nur ein paar Minuten.

Kreuzen Sie bei jedem der folgenden Statements die Aussage an, die am meisten auf Sie zutrifft.

1. **Ich treffe wichtige Entscheidungen auf der Grundlage …**

   a. meiner Gefühle aus dem Bauch heraus.

   b. der Möglichkeit, die am besten klingt.

   c. dessen, was für mich richtig aussieht.

2. **Eine Besprechung oder eine Präsentation ist für mich erfolgreich verlaufen, wenn die Leute …**

   a. die wichtigen Punkte klar skizziert haben.

   b. überzeugende Argumente vorgebracht haben.

   c. die wirklichen Probleme angepackt haben.

3. **Andere Menschen merken, dass ich einen schlechten oder guten Tag habe, anhand …**

   a. meines Aussehens und meiner Kleidung.

b. der Gedanken und Gefühle, die ich nicht verberge.

c. des Klangs meiner Stimme.

4. Bei einer Auseinandersetzung werde ich am stärksten beeinflusst durch …

a. den Klang der Stimme der anderen Person.

b. die Art, wie ich angeschaut werde.

c. das Einlassen auf die Gefühle der anderen Person.

5. Ich bin mir sehr stark bewusst über …

a. die Geräusche um mich herum.

b. das Gefühl der unterschiedlichen Kleidungsstücke an meinem Körper.

c. die Farben und Formen in meiner Umgebung.

Übertragen Sie die Ergebnisse der Fragen in das unten stehende Raster:

1a	K	2a	V	3a	V	4a	A	5a	A
1b	A	2b	A	3b	K	4b	V	5b	K
1c	V	2c	K	3c	A	4c	K	5c	V

Rechnen Sie die Anzahl der V, A und K zusammen.

Schauen Sie nach, wie Sie abgeschnitten haben!

Haben Sie hauptsächlich V, A oder K erhalten oder ist das Ergebnis eine gleichmäßige Verteilung? Im Folgenden können Sie etwas über Ihre Präferenzen nachlesen und überprüfen, ob das, was wir hier sagen, auf Sie zutrifft.

✔ **V – visuell:** Eine visuelle Präferenz könnte bedeuten, dass Sie Ihren Weg klar sehen können, die Dinge im Auge behalten und weit vorausschauen. Sie mögen wahrscheinlich bildliche Darstellungen, Symbole, Design, Sport anschauen, Physik, Mathematik und Chemie. Sie brauchen eventuell eine attraktiv gestaltete Umgebung.

✔ **A – auditiv:** Eine auditive Präferenz könnte bedeuten, dass Sie sich schnell in neue Sachverhalte einstimmen können und eine harmonische Beziehung führen. Sie mögen vermutlich Musik, Theater, Schreiben, Reden und Literatur. Sie müssen sich gegebenenfalls um den Geräuschpegel in Ihrer Umgebung kümmern.

✔ **K – kinästhetisch:** Eine kinästhetische Präferenz könnte bedeuten, dass Sie neue Trends schnell begreifen, ausgeglichen sind und sich fest an die Realität halten. Sie mögen wahrscheinlich Kontaktsportarten, Turnen, Bergsteigen und die Arbeit mit Materialien – Elektronik oder Handwerk. Sie brauchen wahrscheinlich eine behagliche Umgebung.

In England und Nordamerika geht man davon aus, dass das Visuelle bei etwa 60 Prozent der Bevölkerung dominiert. Das kann kaum überraschen, wenn man an die Bombardierung unserer visuellen Sinne denkt.

 Vermeiden Sie es, Personen als visuell, auditiv oder kinästhetisch einzuordnen – was einer unzulässigen Generalisierung gleichkäme. Sie müssen sich diese Attribute eher als Präferenzen oder Verhaltensweisen vorstellen, denn als Identitäten. Bedenken Sie auch, dass kein System besser oder schlechter ist als das andere. Es handelt sich hier einfach um unterschiedliche Methoden, Informationen aufzunehmen und zu speichern, während man die Umwelt wahrnimmt. Letztlich ist jeder Mensch einzigartig.

Der Welt der Worte lauschen

In den Anfängen des NLP waren die Gründer Richard Bandler und John Grinder davon fasziniert, wie unterschiedlich Menschen Sprache verwenden. Das NLP-Thema *Repräsentationssysteme* war ein Ergebnis der Seminare und Studiengruppen, in denen die beiden Sprachmuster identifizieren konnten, die mit den VAKOG-Sinnen verknüpft sind. Wir repräsentieren unsere Erfahrung durch unsere Sinne, weshalb diese Sinne im NLP Repräsentationssysteme genannt werden.

Die Alltagssprache, die Sie verwenden, lässt Rückschlüsse auf Ihr bevorzugtes Repräsentationssystem zu. Wenn Sie Ihre eigenen Kommunikationsfähigkeiten verbessern, können Sie auf die Wörter achten, die andere verwenden. Das wird Ihnen Hinweise darauf geben können, was im Kopf dieser Menschen vor sich geht und ob sie eher auf Bilder, Worte oder Geräusche reagieren.

Durch Wörter Rapport aufbauen

In unseren Trainingssitzungen beobachten wir, wie einfach es Gruppierungen mit der gleichen Präferenz fällt, in kurzer Zeit Rapport aufzubauen. Sie empfinden es als selbstverständlich und problemlos, sich mit Menschen zu unterhalten, die »ihre Sprache sprechen«.

Was können Sie also tun, wenn Sie das Gefühl haben, Sie würden eine andere Sprache sprechen und das Gespräch würde dadurch erschwert? Zunächst müssen Sie aufmerksamer zuhören und die Sprachpräferenz des anderen herausfinden. Dann sind Sie nämlich in der Lage, Ihre Sprachmuster anzupassen, damit sie mit denen Ihres Gegenübers übereinstimmen, um so Rapport über die Ähnlichkeit der Sprachmuster aufzubauen.

Tabelle 6.1 zeigt einige wahrnehmungsspezifische Wörter und Formulierungen – sogenannte *VAK-Prädikate* –, die Sie von anderen hören werden. Sie können eine eigene Liste anlegen und darauf achten, welche Wörter Sie selbst häufig sagen oder schreiben. Wenn es Ihnen schwerfällt, zu bestimmten Menschen durchzudringen, sollten Sie prüfen, ob Sie vielleicht an Ihrer eigenen Sprache festkleben.

Es gibt darüber hinaus auch einige olfaktorische und gustatorische Wörter, unter anderem: *bitter, duftend, frisch, saftig, stechend, riechen, salzig, rauchig, sauer, scharf, süß.*

Visuell	Auditiv	Kinästhetisch
Hell, klar, farbig, trüb, scharf, Grafiken, beleuchten, Einsicht, leuchtend, Perspektive, Vision	Streiten, fragen, taub, diskutieren, laut, Harmonie, Melodie, ausgesprochen, Frage, Resonanz, sagen, rufen, schrill, singen, erklären, Ton, murmeln, klingend, schreien	Kalt, Schwung, aufregend, Gefühl, fest, fließend, greifen, Bewegung, aufdringlich, massiv, einrasten, berühren, mit Füßen treten, Gewicht
Es scheint, dass …	Die wichtige Frage, um die es uns allen geht, lautet …	Ein Unternehmen führen …
Ein flüchtiger Blick	Sie sagen also	Wir haben die Strukturen umgestaltet
Wir verfolgen unsere Interessen	Ich habe es aus seinem eigenen Mund gehört	Sich vorwärtsbewegen
Das ist eine neue Betrachtungsweise der Dinge	Wer bestimmt die Tonart?	Etwas begriffen haben
Schauen Sie mal hier	Rein wie der Glockenklang	Ein Gefühl dafür bekommen
Das ist glasklar	Wort für Wort	Nervensäge
Eine Augenweide	Wir haben die gleiche Wellenlänge	Etwas erfassen
Zeigen Sie mir, was Sie meinen	Stimmen Sie sich darauf ein	Massiv wie ein Fels
Tunnelblick	Musik für meine Ohren	Ein Schritt nach dem anderen
	Den richtigen Ton treffen	

Tabelle 6.1: VAK-bezogene Wörter und Formulierungen

Viele Wörter aus unserem Vokabular haben eigentlich keine Verbindung zu unseren Sinnen. Sie sind nicht sensorisch und da sie neutral sind, geraten sie nicht mit Repräsentationssystemen anderer in Konflikt. Zu neutralen Wörtern zählt man: *analysieren, beantworten, wählen, kommunizieren, komplex, lehren, erfahren, bevorzugen, vorstellen, lernen, fragen, erinnern, transformieren, denken, verstehen, verwenden* und *staunen.*

Hilfe von Übersetzern

Manchmal fällt es zwei Menschen trotz ähnlicher Standpunkte schwer zu kommunizieren, da sie unterschiedliche Sprachstile verwenden. Der eine verwendet einen auditiven Stil, der andere einen visuellen oder kinästhetischen Stil. Um effektiv zu kommunizieren, sollten Sie zwei Dinge beherrschen: den eigenen präferierten Stil oder das bevorzugte Repräsentationssystem erkennen und die Verwendung anderer Stile üben.

Haben Sie schon einmal eine Auseinandersetzung zwischen einem Manager und einem seiner Teammitglieder mitbekommen, die sich ungefähr so anhörte wie im Folgenden beschrieben? Um die unterschiedlichen Sprachstile hervorzuheben, haben wir die Prädikate (die tatsächlich wahrnehmungsspezifischen Wörter und Formulierungen) kursiv gesetzt.

Manager (Lisa): »Die *Betrachtungsweise* Ihrer Beurteilung ist einfach nicht *anschaulich*.« (visuell)

Angestellter (Martin): »Können wir das vielleicht weiter *ausdiskutieren*?« (auditiv)

Lisa: »Für mich liegt der Fall vollkommen *klar* – wie *schwarz auf weiß*.« (visuell)

Martin: »Wenn Sie das mit mir *besprechen* würden, würde alles wesentlich *harmonischer* ablaufen.« (auditiv)

Lisa: »Sie müssen einfach nur genauer *hinschauen*. Ich bin sicher, Sie bekommen dann eine andere *Sichtweise*.« (visuell)

Martin: »Sie *hören* einfach nicht zu. Ende des *Gesprächs*.« (auditiv)

Haben Sie bemerkt, dass die Managerin Lisa sich an eine visuelle Sprache hält und der Angestellte Martin im auditiven Modus hängen bleibt? Sie finden einfach keine Verbindung und machen keinerlei Fortschritte.

Und so könnte eine dritte Person – vielleicht Harry aus der Personalabteilung – dabei helfen, den Disput beizulegen:

1. Harry fasst die Situation für Lisa im visuellen Modus und für Martin im auditiven Modus zusammen. Die Unterhaltung würde dann in etwa so verlaufen:

   »Tja Lisa, es hat den Anschein, dass du dir ein klares Bild von der Situation verschafft hast (visuell). Und Martin, du hast immer noch einige wichtige Fragen, die durchgesprochen werden müssen (auditiv).« (Kopfnicken auf beiden Seiten)

2. Dann verlagert sich Harry auf das dritte System (kinästhetisch), das für beide streitenden Parteien neutralen Boden darstellt:

   »Ihr wollt das Ganze doch beide endlich *in Gang bringen* und *vom Tisch bekommen*. Wie wäre es, wenn wir in der nächsten Stunde gemeinsam in meinem Büro die *Stolpersteine aus dem Weg räumen*, das Ganze neu *anpacken* und das Projekt endlich *eintüten*?«

 Helen, eine unserer Kolleginnen, stand, als sie das erste Mal auf NLP aufmerksam wurde, den Sprachunterschieden etwas skeptisch gegenüber. Doch hatte sie dann ein Aha-Erlebnis, als sie ihre eigenen Repräsentationssysteme entdeckte und beschloss, sie zunächst versuchsweise zu Hause anzuwenden, bevor sie sie im Beruf ausprobieren würde. Sie hatte bemerkt, dass ihr Ehemann Peter manchmal abschaltete und desinteressiert wirkte, wenn sie über wichtige familiäre Fragen sprechen wollte. Sie war neugierig, ob eine veränderte Wortwahl wohl irgendeine Wirkung erzielen würde.

»Ich wollte mich mit ihm über recht wichtige Themen unterhalten, wie die Wahl der Schule für unsere Töchter oder ob wir einen Haufen Geld für eine neue Küche ausgeben sollten, und alles, was ich zu hören bekam, war: ›Ja, schon gut‹ oder ›Nein, nicht jetzt‹. Ich habe festgestellt, dass ich wegen meiner starken kinästhetischen Vorliebe meine Gespräche oft mit ›Peter, was für ein *Gefühl* hast du bei

XYZ ...‹ begann. Außerdem stellte ich fest, dass Peter eine sehr visuelle Sprache bevorzugte. Also dachte ich mir, ich probier es einfach mal aus und fragte ihn: ›Peter, wie *siehst* du XYZ ...‹ Der Unterschied, den ich durch häufigere Verwendung visueller Wörter erzielte, war erstaunlich. Es war so einfach, diese Veränderung herbeizuführen – wie auf Fingerschnippen konnte ich seine Aufmerksamkeit erregen. Das war wie Zauberei.«

Vielfältig oder digital?

In allen möglichen Lebensbereichen entwickeln Menschen mit Kollegen, Freunden und Familienmitgliedern eigene vereinfachte Sprachstile. Wenn Sie einer Gruppe von Ärzten, Jugendlichen oder Bauarbeitern zuhören, werden Sie feststellen, dass jede Gruppe eine eigene Methode hat, Botschaften möglichst schnell und effizient zu übermitteln.

Aus Erfahrung heraus können wir uns die Generalisierung erlauben, dass viele Unternehmer, vor allem die aus dem IT-Bereich, sich sehr stark mit ihrer eigenen digitalen Sprechweise befassen. Da sie von auf Logik basierender Technologie umgeben sind, vergessen sie häufig, wie man überhaupt wahrnehmungsspezifische Sprache in Kommunikation einfließen lässt (bis sie NLP erlernen).

Kommunikationsprobleme treten bei allen Gruppen auf, wenn Menschen aus dem vertrauten Umfeld heraustreten. Allzu oft sind Vorträge in Unternehmen einschläfernd. Wenn Sie einmal ein durchschnittliches Skript einer Tod-durch-PowerPoint-Präsentation, wie man es in Unternehmen überall auf der Welt findet, mit der genialen »Ich habe einen Traum«-Rede von Martin Luther King vergleichen, werden Sie verstehen, warum so viele Manager nachmittags ein kleines Nickerchen hinter ihrem Laptop halten.

Es geht hier um Leidenschaft. Wenn Menschen ihrer Leidenschaft nachgehen und sie mit der Welt teilen wollen, setzen sie dazu selbstverständlich alle Sinne ein, was sich in ihrer Wortwahl widerspiegelt. Wenn Sie die Reden von Martin Luther King analysieren müssten oder die Fernsehsendungen berühmter Naturforscher wie David Attenborough oder David Bellamy, würden Ihnen die Vielfalt und die wahrnehmungsspezifischen Wörter in ihrer Sprache auffallen.

Die Augen machen den Unterschied

Körpersprache bietet sehr gute Möglichkeiten, Rückschlüsse auf das bevorzugte Repräsentationssystem von Menschen zu ziehen. Die Art, wie wir atmen, unsere Haltung, der Körpertyp und der Sprachklang und das Sprechtempo unterscheiden sich je nach visueller, auditiver oder kinästhetischer Ausrichtung. In den Anfängen des NLP beobachteten Bandler und Grinder, dass Menschen, je nachdem, auf welches Repräsentationssystem sie zurückgreifen, systematisch gerichtete Bewegungsmuster der Augen ausführen. Diese Bewegungen werden *eye accessing cues* (Zugangshinweise durch Augenbewegungen) genannt.

Das bedeutet, dass Sie anhand der Augenbewegungen Ihres Gesprächspartners als Reaktion auf Ihre Frage ziemlich gut erschließen können, ob er oder sie gerade auf Bilder, Geräusche oder Gefühle zurückgreift. Sie fragen sich vielleicht, warum das hilfreich sein soll. Weil Sie damit ganz einfach herausfinden können, welches System der Gesprächspartner verwenden wird, ohne dass er überhaupt schon ein Wort geäußert hat, und Sie dann so mit ihm sprechen können, dass es zu positiven Reaktionen führen wird. Tabelle 6.2 zeigt, welche Augenbewegungen auf welche Repräsentationssysteme hindeuten.

Muster	Augen bewegen sich von der Person aus gesehen	Was im Inneren vor sich geht	Sprachbeispiel
Visuell konstruiert	nach oben rechts	Betrachtung neuer oder andersartiger Bilder	Stellen Sie sich einen Elefanten mit rosa Zuckerguss vor.
Visuell erinnert	nach oben links	Betrachtung von Bildern, die man schon einmal gesehen hat	Denken Sie an das Gesicht Ihres Partners.
Visuell	starrer Blick geradeaus	Betrachtung neuer oder alter Bilder	Schau, was wichtig ist.
Auditiv konstruiert	zur Mitte rechts	Hören neuer oder andersartiger Geräusche	Hören Sie sich Ihren Namen rückwärts ausgesprochen an.
Auditiv erinnert	zur Mitte links	Erinnerung an Geräusche, die man schon einmal gehört hat	Hören Sie Ihre eigene Türglocke klingeln.
Auditiv interner Dialog	nach unten links	Selbstgespräch	Fragen Sie sich, was Sie eigentlich wollen.
Kinästhetisch	nach unten rechts	Gefühle, Emotionen, Tastsinn	Achten Sie auf die Temperatur Ihrer Füße.

Tabelle 6.2: Zugangshinweise

Abbildung 6.1. zeigt den Verarbeitungsvorgang, der in den meisten Menschen vor sich geht, wenn sie ihre Augen in eine bestimmte Richtung bewegen. Ein geringer Prozentsatz einschließlich etwa der Hälfte aller Linkshänder führen diese Bewegungen spiegelverkehrt aus.

Die Darstellung in Abbildung 6.1 ist so gezeichnet, als würden Sie Ihrem Gegenüber ins Gesicht schauen, zeigt also, wie Sie die Augenbewegungen sehen würden. Bewegen sich die Augen in der Darstellung nach oben rechts zur Position »visuell erinnert«, würden Ihre eigenen Augen bei einem Selbstversuch entsprechend gespiegelt nach oben links wandern.

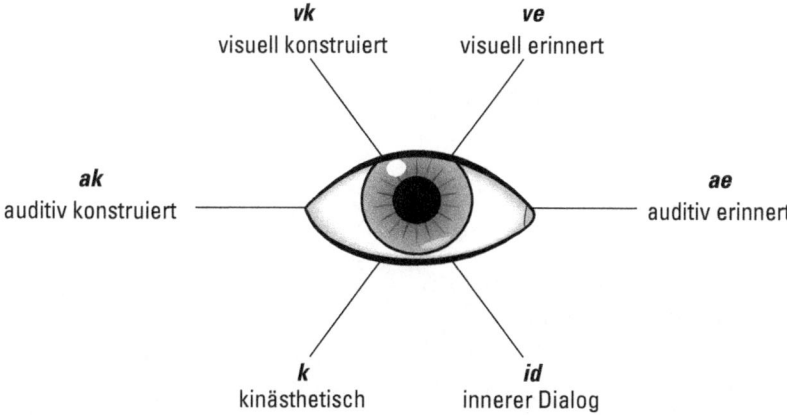

Abbildung 6.1: Muster der Augenbewegung

Wenn Sie Ihre sensorische Wahrnehmung schulen und auf Details achten, können Sie sich besser darauf einstellen, wie Menschen in unterschiedlichen Momenten möglicherweise denken. Sobald Sie über dieses Wissen verfügen, können Sie Ihre Worte so wählen, dass die betreffende Person Ihnen zuhört. Mit der folgenden Übung sollen Sie lernen, die Augenbewegungen anderer Menschen zu beobachten und zu beurteilen, um herauszufinden, ob sie in Bildern, Geräuschen oder Gefühlen denken. Suchen Sie sich einen Freund, der gern mitmacht, und verwenden Sie die Fragen und Grafiken aus dem Augenbewegungsmuster-Spiel, das in Abbildung 6.2 gezeigt wird. Jede Frage in diesem Spiel ist so gestellt, dass die Sinne angeregt werden – entweder in der Vergangenheit oder der Zukunft. Hier die Anleitung:

1. **Bringen Sie Ihren Freund dazu, über etwas Neutrales nachzudenken, damit Sie seine neutralen Gesichtszüge betrachten können.**

   Geschirr spülen oder Socken sortieren ist ein ziemlich sicheres, alltägliches Thema, das Sie vorschlagen können.

2. **Stellen Sie eine Frage nach der anderen aus der Augenbewegungsmuster-Liste. Richten Sie dabei Ihre Aufmerksamkeit auf die Augen Ihrer Versuchsperson.**

3. **Zeichnen Sie Pfeile in die Gesichtsgrafiken, um die Richtung festzuhalten, in die sich die Augen der Versuchsperson bewegen.**

   Ihre Markierungen sollten mit den Positionen in der Grafik von Abbildung 6.1 übereinstimmen, sich also nach oben, in die Mitte oder nach unten und nach links oder rechts bewegen. Wenn Sie die Augenbewegungen aufgezeichnet haben, prüfen Sie, ob sich die Augen Ihrer Versuchsperson in die Richtung bewegt haben, die Sie anhand der Informationen in Tabelle 6.2 erwartet hätten.

Das Augenbewegungsmuster-Spiel

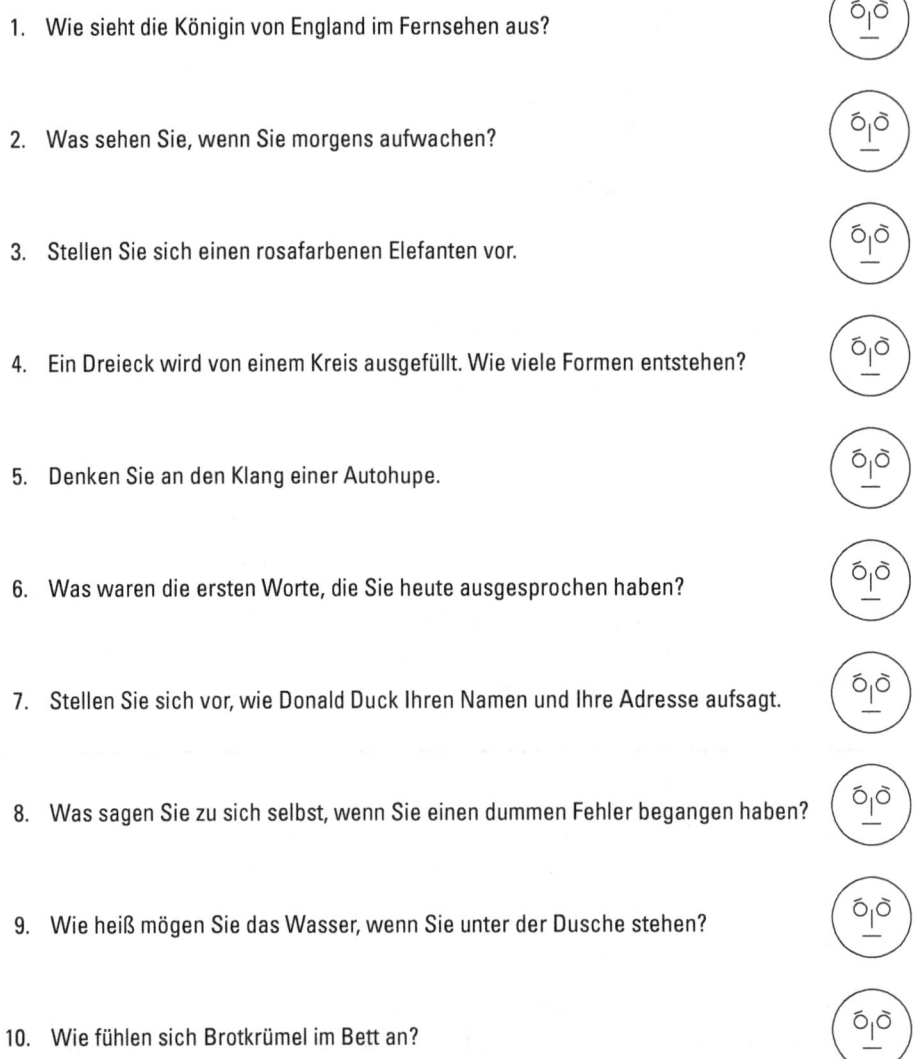

1. Wie sieht die Königin von England im Fernsehen aus?

2. Was sehen Sie, wenn Sie morgens aufwachen?

3. Stellen Sie sich einen rosafarbenen Elefanten vor.

4. Ein Dreieck wird von einem Kreis ausgefüllt. Wie viele Formen entstehen?

5. Denken Sie an den Klang einer Autohupe.

6. Was waren die ersten Worte, die Sie heute ausgesprochen haben?

7. Stellen Sie sich vor, wie Donald Duck Ihren Namen und Ihre Adresse aufsagt.

8. Was sagen Sie zu sich selbst, wenn Sie einen dummen Fehler begangen haben?

9. Wie heiß mögen Sie das Wasser, wenn Sie unter der Dusche stehen?

10. Wie fühlen sich Brotkrümel im Bett an?

Abbildung 6.2: Das Augenbewegungsmuster-Spiel

Die verräterischen Zeichen eines Lügners

Wie gut glauben Sie Lügner erkennen zu können? Sie gehen vielleicht davon aus, dass man Ihnen nichts vormachen kann und dass Sie instinktiv sehen, wenn jemand schummelt, doch zahlreiche Untersuchungen in den vergangenen Jahren belegen, dass die meisten von uns nur kleinere Notlügen bemerken. Wir können selbst von den haarsträubendsten Unwahrheiten an der Nase herumgeführt werden.

In jahrelanger Forschungsarbeit hat Paul Ekman, der international für seine Emotions-studien hoch angesehen wird, herausgefunden, dass das Geheimnis in unserer Mikro-Gesichtsmimik liegt. Etwa 42 unterschiedliche Muskeln sind im Gesicht dafür verant-wortlich, Tausende solcher Mikro-Gesichtsmimiken zu erzeugen, die sich zudem stets sehr subtil verändern. Sie sind so aufschlussreich, dass man über alle Informationen ver-fügt, um jeden Lügner zu entlarven, vorausgesetzt man lernt, sich darauf zu konzentrie-ren und sie zu erkennen.

Das Problem ist, dass sich der Mensch wie so oft schwer damit tut, die Abweichungen zu erkennen, die eine vorgetäuschte Emotion kennzeichnen – eine Lüge. Selbst die neu-esten Generationen von Maschinen bekommen das nicht jedes Mal richtig hin. Wer kann denn nun Lügner eindeutig entlarven? Ekmans Untersuchungen ergaben, dass der US-Geheimdienst, Gefängnisinsassen und ein tibetanischer Mönch an der Spitze der Top Ten stehen.

Es ist wahrscheinlich nicht weiter überraschend, dass Geheimagenten gründlich dar-auf trainiert sind, gefährliche Personen zu erkennen. Gefängnisinsassen leben umgeben von Menschen, die kriminelle Erfahrungen und Neigungen haben, und müssen daher wissen, wem sie trauen können, um zu überleben. Wohingegen Ekmans Buddhist keine dieser Lebenserfahrungen aufweisen kann, doch tausende Stunden mit Meditation ver-bracht hat und über die Sensibilität verfügt, die Gefühle anderer sehr präzise aus ihren flüchtigen Gesichtsausdrücken zu lesen.

Das VAK-System für sich arbeiten lassen

Wenn Sie sich VAK erst einmal bewusst sind, wird das Leben interessanter. Hier ein paar Vorschläge, wie Sie es zu Ihrem Vorteil einsetzen können.

✔ **Nehmen Sie auf Geschäftsbesprechungen, Trainingssitzungen oder Präsentatio-nen Einfluss.** Bedenken Sie bei Vorträgen vor vielen Menschen, dass jeder Ihrer Zu-hörer individuelle Präferenzen bei der Aufnahme von Informationen hat, von denen Sie nichts wissen können. Leider haben die Menschen keine Beschriftung auf der Stirn, die Sie darüber informieren würde, was sie wissen wollen und wie sie die Infor-mationen empfangen möchten – als Bild, in Worten oder indem Sie sie an Ihren Ge-fühlen hinsichtlich dieses Themas teilhaben lassen. Sie müssen also die Verbindung zu jeder einzelnen Person im Raum absichern, indem Sie Ihre Ideen mit mehreren Medi-en präsentieren. Gestalten Sie auch Ihre Präsentation und Ihre Hilfsmittel abwechs-lungsreich, um visuell orientierten Personen zu ermöglichen, das Thema in Bildern zu sehen, den auditiv orientierten zu ermöglichen, es laut und klar zu hören, und den Ki-nästheten zu ermöglichen, es gefühlsmäßig zu erfahren.

✔ **Machen Sie Heimwerkerprojekte für die ganze Familie zum Vergnügen.** Akzeptie-ren Sie, dass jedes Familienmitglied anders über ein größeres Projekt denkt. Vielleicht möchten Sie das Haus ausbauen, ein Zimmer renovieren oder den Garten umgestalten. Es liegt nicht jedem, das Thema stundenlang durchzusprechen und Diskussionen bis spät in die Nacht zu führen. Ihr Partner möchte sich vielleicht lieber in Zeichnungen vertiefen, während Ihre Kinder von der Aussicht auf Farbkleckse und dreckverschmierte Hände motiviert werden.

✔ **Entwickeln Sie Ziele so, dass sie realer für Sie sind.** Ziele, die Sie sich privat oder beruflich setzen, werden lebendig, wenn Sie all Ihre Sinne einsetzen. Stellen Sie sich vor, wie es aussehen, sich anhören und anfühlen wird, wenn Sie das Ziel erreicht haben, und wie Sie die einzelnen Schritte auf dem Weg erleben. NLPler werden geradezu Profis darin, sich ihre zukünftige Erfahrung detailliert vorzustellen. Sie werden die Redewendung »Es auf die Leinwand bringen« hören, wenn beschrieben wird, wie Menschen ihren eigenen Traum erzeugen. Wenn Sie jemanden motivieren wollen (oder sich selbst), aus einer bequemen Ecke hervorzukommen, helfen Sie ihm herauszufinden, wie es sein wird, wenn die Aufgabe erledigt und die Arbeit beendet ist.

✔ **Helfen Sie Kindern, besser zu lernen.** Zum Glück hat sich die Ausbildung seit unseren Schultagen deutlich verändert und viele Lehrer haben erkannt, dass Schüler unterschiedlich lernen. Sowohl Lehrer als auch Eltern müssen Kinder beim Lernen individuell so unterstützen, dass sie am schnellsten lernen, und dabei einsehen, dass diese Art sich womöglich von derjenigen unterscheidet, die ihnen beigebracht wurde oder die sie selbst bevorzugen. Visuelle Schüler können von Bildern, Tafelzeichnungen und grafischen Darstellungen profitieren. Auditiv veranlagte Schüler müssen den Lernstoff hören – in Gesprächen, Erzählungen und Musik. Kinästhetische Schüler profitieren von Praxisstunden und Rollenspielen. Sie mögen es, die Dinge anzufassen. Lehrer müssen einen multisensorischen Unterrichtsstil bieten, der all diese Kommunikationsarten abdeckt. Ansonsten könnten Kinder fälschlicherweise als »lernschwach« eingeordnet werden, nur weil der dominierende Lehrstil nicht mit ihrer bevorzugten Lernmethode übereinstimmt. All diese Prinzipien gelten selbstverständlich auch für die Erwachsenenbildung.

✔ **Steigern Sie die Wirkung des geschriebenen Wortes.** Wenn Sie etwas zu Papier (oder auf den Bildschirm) bringen wollen – sei es eine Projektbeschreibung, ein Angebot, ein Spendenaufruf, eine Produktwerbung oder ein Artikel für die Stadtteilzeitung –, müssen Sie Ihr Vokabular erweitern, um alle Modalitäten abzudecken. Um wirklich jeden Leser anzusprechen, sollten Sie Wörter wählen, die aus allen drei Modalitäten stammen.

✔ **Finden Sie am Telefon Zugang zu Kollegen und Kunden.** Ein großer Teil des Geschäftslebens wird über Telefon und E-Mail abgewickelt statt im Gespräch von Angesicht zu Angesicht. Manche Ihrer Kollegen und Kunden werden Sie vielleicht niemals zu Gesicht bekommen. Halten Sie in der Nähe des Telefons einen Schreibblock bereit und notieren Sie die Art der Sprache, die am anderen Ende verwendet wird. Können Sie visuelle, auditive oder kinästhetische Präferenzen ausmachen? Nachdem Sie das herausgefunden haben, formulieren Sie Ihre Antwort so, dass sie mit den Präferenzen Ihres Gesprächspartners übereinstimmt.

Eins pro Tag

Bei der Lektüre dieses Kapitels sind Sie vielleicht noch neugieriger auf sich selbst und die Menschen geworden, mit denen Sie Ihre Zeit verbringen – wie sie denken und das Leben um sich herum wahrnehmen. Sie können Ihre Fähigkeiten noch ausweiten, indem Sie Ihre Sinne unterschiedlich erforschen. Wählen Sie sich ein Sinnes-Thema pro Tag.

Das könnte ein *olfaktorischer* Tag sein, an dem Sie auf jeden Duft und jedes Aroma achten. Oder ein *visueller* Tag, an dem Sie die Musik ausschalten und sich auf Aussichten, Formen und Bilder konzentrieren, auf alles, was Sie um sich herum sehen. Ein Tast-Tag kann ziemlich lustig werden – Sie fühlen die Oberflächenstrukturen, die Sie umgeben, oder versuchen während des gesamten Tages in regelmäßigen Abständen mit Ihren Gefühlen in Kontakt zu treten.

Wenn Sie ein Gewohnheitsmensch sind, der jeden Morgen den Hund spazieren führt oder jeden Tag den gleichen Weg zur Arbeit fährt, sollten Sie darauf achten, was sich für Sie verändert, wenn Sie Ihre Aufmerksamkeit im gewohnten Ablauf ausschließlich auf einen Sinn legen.

IN DIESEM KAPITEL

Sich in heiklen Situationen Gehör verschaffen

Mit schwierigen Menschen weiterkommen

Ihre Fähigkeit, »Nein« zu sagen, verbessern

Die Wahlmöglichkeiten bezüglich Ihrer Reaktionen erweitern

Sich Einblicke verschaffen, wie es für die andere Person ist

Kapitel 7
Rapport erzeugen

Rapport verhält sich wie Geld. Man bemerkt erst, dass man ein Problem hat, wenn man nicht genug davon hat. Rapport ist keine Technik, die Sie nach Belieben ein- und ausschalten können. Es sollte sich vielmehr um einen stetigen Fluss zwischen den Menschen handeln. Erste Regel der Kommunikation: Bauen Sie Rapport auf, bevor Sie davon ausgehen, dass Ihnen irgendjemand zuhört. Das gilt für jeden in jeder Situation, egal ob Lehrer, Schüler, Ehepartner, Freund, Kellner, Taxifahrer, Trainer, Doktor, Therapeut oder Manager.

Rapport ist der Herzschlag des NLP und eine weitere zentrale Säule oder grundlegender Bestandteil, der zu erfolgreicher Kommunikation zwischen zwei Personen oder innerhalb von Personengruppen führt. Sie müssen die Person, mit der Sie Rapport aufbauen, nicht mögen. Es handelt sich vielmehr um einen respektvollen Umgang mit anderen und eine Möglichkeit, jederzeit ins Geschäft zu kommen.

Lassen Sie sich jedoch nicht zu der Annahme verleiten, Sie könnten Rapport in einer wichtigen Besprechung auf Kommando aus dem Hut zaubern. Echter Rapport basiert auf einer instinktiven Wahrnehmung von Vertrauen und Integrität. Dieses Kapitel wird Ihnen dabei helfen, Situationen zu erkennen, in denen Sie mit einer anderen Person Rapport haben, und solche, in denen Sie keinen Rapport haben. Wir werden Sie dazu ermutigen, Rapport zu Menschen aufzubauen, und wir werden Ihnen einige besondere NLP-Instrumente und -Vorstellungen mitgeben, die Ihnen den Aufbau von Rapport ermöglichen.

Warum Rapport wichtig ist

Das Wort Rapport stammt von dem französischen Verb *rapporter*, das auf Deutsch *zurückbringen* oder *zurücktragen* heißt; die Übersetzung des Begriffs *rapport* aus dem Englischen lautet *Übereinstimmung, Harmonie*. Es dreht sich dabei darum, eine »Zwei-Wege«-Beziehung aufzubauen. Sie werden eine solche Beziehung daran erkennen, dass Sie ein Gefühl des Respekts für und des Vertrauens zu einer anderen Person erleben, mit der Sie dann problemlos zurechtkommen – ganz unabhängig davon, wie unterschiedlich Sie sind – und dass Sie wissen, dass Sie zuhören und auch Ihnen zugehört wird.

Zwar verbringen Sie wahrscheinlich die meiste Zeit mit Menschen, die Ihnen ziemlich ähnlich sind, doch bietet die reale Welt eine Vielfalt unterschiedlicher Menschentypen mit ganz besonderen eigenen Fähigkeiten, Meinungen und Hintergründen. Rapport ist der Schlüssel zu Erfolg und Einfluss sowohl in Ihrem persönlichen als auch in Ihrem beruflichen Umfeld. Es geht darum, Unterschiede schätzen zu lernen und mit ihnen zu arbeiten. Es bedeutet, dass Sie sowohl guten Kundenservice für andere erbringen als auch die Rolle des Empfängers genießen können. Letztlich werden Sie Zeit, Geld und Energie damit sparen. Was für eine stressfreie Lebensweise.

Jemand zu Hause?

Passiert es Ihnen auch schon mal, dass Sie eine neue Gruppe von Leuten kennenlernen und die einzelnen Namen so gut wie sofort wieder vergessen? Eigentlich haben Sie den Vorsatz, sich zu konzentrieren, doch immer wieder verlieren Sie den Faden. Oder Sie sagen Ihren Kollegen guten Morgen und schauen sie dabei aber nicht einmal an.

Robert Dilts erzählt die Geschichte eines westafrikanischen Stammes und wie sich die Menschen dort begrüßen:

Person A sagt: »Ich sehe dich … (Name).«

Person B antwortet: »Ich bin hier. Ich sehe dich … (Name).«

Person A antwortet: »Ich bin hier.«

Probieren Sie das mal mit einem Freund aus, der Lust auf ein Spielchen hat. Es dauert nur ein paar Sekunden länger als »Hallo« oder »Guten Morgen«, aber es bewirkt, dass Sie sich auf die andere Person konzentrieren und tatsächlich eine Verbindung herstellen.

Rapport erkennen

Es gibt kein Zaubermittel, mit dem man Rapport lernen könnte. Rapport ist etwas, was man intuitiv lernt. Lassen Sie uns mit ein paar Vergleichen beginnen, um zu sehen, wie Sie persönlich Rapport aufbauen und was für Sie in den unterschiedlichen Beziehungen wichtig ist.

1. Denken Sie als Erstes an jemanden, mit dem Sie Rapport haben. Welche Signale senden Sie an diese Person und welche empfangen Sie, um festzustellen, dass Sie sich auf der gleichen Wellenlänge befinden? Wie erzeugen Sie den Rapport und wie erhalten Sie ihn aufrecht?

2. Denken Sie im Gegensatz dazu nun einen Moment an jemanden, mit dem Sie keinen Rapport haben, ihn jedoch gern aufbauen würden. Welche Signale senden Sie an diese Person und welche empfangen Sie, um festzustellen, dass Sie sich nicht auf der gleichen Wellenlänge befinden? Was steht der Erzeugung und Aufrechterhaltung des Rapports mit dieser Person im Weg?

3. Was könnten Sie auf der Grundlage der Erfahrungen mit der ersten Person im Verhalten gegenüber der zweiten Person verändern, um eine stärkere Beziehung aufzubauen?

Sie könnten nun meinen, dass die erste Person (mit der Sie Rapport haben) umgänglicher ist und die zweite (mit der Sie noch keinen Rapport haben) einfach ein schwieriger Mensch ist. Jedoch können Sie durch flexibleres Verhalten oder flexibleres Denken über die zweite Person unter Umständen mit ein paar einfachen Strategien Rapport aufbauen. Sie werden aber wahrscheinlich mehr Zeit investieren müssen, um die Person kennenzulernen und zu erkennen, was für sie wichtig ist, anstatt von ihr zu erwarten, dass sie sich an Sie und Ihren Stil anpasst. Mehr Tipps zu diesem Vorgehen finden Sie in diesem Kapitel.

Herausfinden, mit wem Sie Rapport aufbauen wollen

Mittlerweile sind Sie wahrscheinlich schon ziemlich gespannt auf die Menschen, die Sie umgeben – mit denen Sie arbeiten, zusammenwohnen oder Ihre Freizeit verbringen. Vermutlich gibt es ein paar wichtige Personen, die Sie gern näher kennenlernen würden. Das kann ein Projektmanager sein oder die Familie Ihres neuen Lebenspartners. Vielleicht ist aber auch der Sachbearbeiter bei Ihrer Bank ein Mensch, den Sie gern beeinflussen würden.

Im Folgenden finden Sie ein Formular, das Sie für jeden ausfüllen können, mit dem Sie einen besseren Rapport aufbauen möchten. Die Gründe, warum wir Sie darum bitten, das Formular auszufüllen, sind: Erstens, damit Sie eine Pause einlegen und nachdenken, und zweitens, damit Sie irgendwann in Zukunft noch einmal darin nachlesen können. In gute Beziehungen muss man ernsthaft investieren. Ihnen wird auffallen, dass die Fragen es erforderlich machen, über Ihre Ansprüche und über die andere Person nachzudenken. Rapport ist eine Straße mit zwei Fahrtrichtungen.

Name: _____

Firma/Personenkreis:

_____

Welche Beziehung haben Sie zu dieser Person?

_____

_____

_____

Wie würden Sie die Beziehung zu dieser Person verändern wollen?

_____

_____

_____

Welche Auswirkungen hätte das für Sie?

_____

_____

_____

Welche Auswirkungen hätte das für die andere Person?

_____

_____

_____

Lohnt sich der Zeit- und Energieaufwand?

_____

_____

Unter welchem Druck steht die Person?

_____

_____

_____

Was ist für die Person zurzeit am wichtigsten?

_____

_____

_____

Kennen Sie jemanden, der erfolgreich Rapport mit dieser Person aufgebaut hat und mit dem Sie sich unterhalten könnten? Was können Sie von demjenigen lernen?

_____

_____

_____

Welche anderen Hilfen können Sie in Anspruch nehmen, um Rapport aufzubauen?

_____

_____

_____

Welche Ideen haben Sie, um diese Beziehung weiterzuentwickeln?

_____

_____

_____

Worin besteht der erste Schritt?

_____

_____

Wenn es wirklich auf Rapport ankommt

Schnelllebige Unternehmungen bedeuten stressgeladene Arbeitssituationen. Nehmen wir die Welt der Werbung: konkurrierende, neue, junge Teams, Künstlertemperamente, riesige Budgets und irrwitzige Deadlines. Wenn Menschen regelmäßig bis spät in die Nacht arbeiten, überrascht es kaum, dass Fehler passieren.

Sie können sicher sein, dass in Werbeagenturen von Berlin bis New York zu jeder Zeit irgendwelche Kundenprobleme brodeln. Medien wie die »Financial Times« liegen auf den Tischen der Manager in aller Welt. Was passiert, wenn die Werbung Ihres Kunden von letzter Woche diese Woche an der Stelle erscheint, an der eine neue Werbebotschaft stehen sollte? Allzu oft gehen reihenweise Telefonanrufe ein, wenn die falsche Anzeige in den Zeitungen erscheint, Layouts schiefgehen oder Computer auf mysteriöse Weise abstürzen und die letzte Version eines wichtigen Entwurfs mit sich begraben.

Einer unserer Freunde aus der Werbebranche hat einmal ein Kundenmagazin für eine Firma produziert, in dem einige Fotos in Schwarz-Weiß abgedruckt wurden, statt wie gewünscht in Farbe. Vor lauter Stress hatte er es versäumt, die Andrucke sorgfältig zu prüfen. Als das Magazin ausgeliefert wurde, rief er den Kunden an, beichtete das Missgeschick, entschuldigte sich und übernahm die volle Verantwortung für diesen kostspieligen Fehler. Da es sich um seine eigene Agentur handelte, wusste er, dass ihn der Neudruck mehrere Tausend Euro kosten würde.

Am anderen Ende der Leitung war die erste Reaktion der jungen Marketingleiterin, dass der Auftrag wohl neu gedruckt werden müsse, was sie mit ihrem Chef besprechen würde; danach würde sie zurückrufen.

Nach einer Stunde rief die Marketingleiterin an und berichtete, dass der Chef den Fehler als einmaligen Ausrutscher sähe. Wegen der guten Arbeitsbeziehung würden sie das Ergebnis akzeptieren und so rausgehen lassen. Man hatte sich an Zeiten erinnert, in denen er weit über das übliche Maß hinaus gearbeitet und an Wochenenden oder spät abends auf Anfragen reagiert hatte, um einen engen Zeitplan einzuhalten. Außerdem spielte auch die Zeit eine wichtige Rolle, die er damit verbracht hatte, das Unternehmen zu verstehen, sowie die Beratung und Erfahrung, die er in die Beziehung einfließen lassen hatte, um die Budgets intelligent umzusetzen.

Und die Moral von der Geschichte? Es lohnt sich ganz einfach, neben der Ausführung eines Auftrags auch Zeit in den Aufbau der richtigen Beziehungen zu investieren.

Grundtechniken zum Aufbau von Rapport

Mit Rapport als Grundlage jeglicher Beziehung werden Sie bei der Diskussion ernster Probleme wesentlich einfacher Lösungen finden und vorankommen. Zum Glück können Sie lernen, wie man Rapport aufbaut. Rapport findet auf zahlreichen Ebenen statt und Sie können ihn jederzeit schaffen:

✔ an den Orten und mit den Menschen, mit denen Sie Ihre Zeit verbringen,

✔ durch die Art, wie Sie aussehen, klingen und sich verhalten,

✔ durch die Fähigkeiten, die Sie erlernt haben,

✔ durch die Werte, nach denen Sie leben,

✔ durch Ihre Glaubenssätze,

✔ durch Ihr Lebensziel,

✔ indem Sie Sie selbst sind.

Acht schnelle Methoden zur Verbesserung von Rapport

Anfänger finden hier einige praktische Methoden zum Aufbau von Rapport:

✔ Entwickeln Sie echtes Interesse dafür, was anderen Menschen wichtig ist. Fangen Sie damit an, die anderen zu verstehen, anstatt zu erwarten, dass die anderen zuerst Sie verstehen sollen.

✔ Sammeln Sie Schlüsselbegriffe, bevorzugte Formulierungen und Ausdrucksweisen, die jemand verwendet, und bauen Sie diese unterschwellig in Ihre Konversation ein.

✔ Achten Sie darauf, wie jemand mit Informationen umgeht. Bevorzugt die Person besonders detaillierte Angaben oder reichen ihr die wichtigsten Fakten? Füttern Sie die Person mit Informationen im entsprechenden Format.

✔ Prüfen Sie, wie die andere Person das Repräsentationssystem benutzt und visuelle, auditorische oder kinästhetische Sprache verwendet (mehr darüber erfahren Sie in Kapitel 6), und verwenden Sie in Ihrer Konversation ähnliche Wörter.

✔ Atmen Sie synchron zu der Person. Wie Ihr Gegenüber atmet, finden Sie ganz unauffällig heraus, indem Sie seinen Nacken und den Brustkorb beobachten und sehen, wann er ein- und wann er ausatmet. Versuchen Sie, im gleichen Rhythmus zu atmen.

✔ Versuchen Sie die Absichten der Person – das zugrunde liegende Ziel – zu erkennen, anstatt einfach nur darauf zu achten, was sie tut oder sagt. Sie bekommt vielleicht nicht immer alles richtig hin, doch sollten Sie davon ausgehen, dass sie es ernst meint.

✔ Nehmen Sie eine ähnliche Haltung in Körpersprache, Gestik, Stimmlage und Sprechgeschwindigkeit an.

✔ Respektieren Sie die Zeit, Energie, Freunde und Bekannte anderer Menschen sowie deren Geld. Es handelt sich hierbei um wichtige Ressourcen für Sie.

Der Aufbau von Rapport

Auf Basis einer authentischen Grundhaltung von Respekt und ehrlichem Interesse an Ihrem Gegenüber bauen Sie Rapport vor allem dadurch auf, dass Sie sich dem Gegenüber auf allen Ebenen der Kommunikation, das heißt sowohl der Körpersprache als auch dem Umgang mit Stimme und Sprache ähnlich machen.

Bei der Bildung von Rapport sind *Sie* selbst die Botschaft. Dazu müssen alle Elemente harmonisch zusammenarbeiten: Worte, Bilder und Klänge. Wenn Sie nicht selbstsicher wirken – als würden Sie an Ihre Botschaft glauben –, werden die Menschen Ihnen bei dem, was Sie zu sagen haben, nicht zuhören.

Rapport erfordert die Fähigkeit, anderen Menschen in die Augen sehen zu können und auf ihrer Wellenlänge Kontakt aufzunehmen. Ein Großteil dessen, was Ihr Gegenüber von Ihnen wahrnimmt, ist nicht das, was Sie sagen, sondern wie Sie es sagen und wie Sie den Gedanken und Gefühlen Verständnis entgegenbringen.

 Wenn Sie sich mit jemand in Rapport befinden, können Sie unterschiedlicher Meinung sein und dennoch eine respektvolle Beziehung beibehalten. Der wichtige Punkt, den Sie dabei nicht vergessen dürfen, ist, andere Menschen wegen ihrer Individualität anzuerkennen. Sie können mit Ihren Kollegen oder Kunden sehr wohl unterschiedlicher politischer oder religiöser Meinung sein, doch gibt es keinen Grund, sich deshalb zu überwerfen. Es ist auch recht wahrscheinlich, dass es mehrere Ansichten darüber gibt, was zu Mittag auf den Tisch kommen soll, und Sie können ohne Weiteres anderer Meinung sein als der Rest Ihrer Familie.

Halten Sie sich an die Tatsache, dass Sie ganz einfach nur eine andere Meinung haben und dies nichts über die Person aussagt. Wenn Sie zu Kapitel 11 weiterblättern, erfahren Sie etwas über logische Ebenen und wie im NLP zwischen Glaubenssätzen und Werten auf einer Ebene und Identität auf einer höheren Ebene unterschieden wird. Ein Mensch ist mehr als das, was er sagt, tut oder glaubt.

Wenn Rapport Ihnen hilft, Nein zu sagen

Vielleicht sind Sie die Gutmütigkeit in Person. Vielleicht gehören Sie zu den Menschen, die gern zu allem Ja sagen, um hilfsbereit und freundlich auf Arbeitgeber, Kunden und Familie zu wirken. Sie sind der Erste, der die Hand bei Vereinstreffen hebt, derjenige, der das Schulfest organisiert, der die Kinder herumfährt und an dem am Ende immer alles hängen bleibt. Es ist manchmal lebensnotwendig, Nein sagen gelernt zu haben, um sich selbst vor Überlastung zu schützen. Nehmen Sie die Geschichte von Michael.

Für Vorgesetzte ist es immer wieder eine Versuchung, willigen Angestellten noch mehr Aufgaben aufzubürden. Als Mathelehrer, der seinen Job mag, fielen Michael Äußerungen wie »Ich werde das nicht auch noch machen« ziemlich schwer. Er hatte das Gefühl, er würde die Menschen hängen lassen, wenn er Nein sagt, und schwebte in ernster Gefahr, durch ständige Überarbeitung krank zu werden. Er lernte dann, dass es ihm durch Anpassung seiner Körpersprache an die seines Chefs wesentlich einfacher fiel, zu lächeln und sehr höflich zu antworten: »Ich würde das gern tun, aber mein Terminkalender ist sehr voll. Wenn Sie möchten, dass ich diese zusätzliche Aufgabe übernehme, müssen Sie entscheiden, was ich liegen lassen soll, um Zeit dafür zu haben.« So konnte er sich gegen eine größere Belastung wehren, die er womöglich gar nicht hätte bewältigen können.

Pacing durch Matching und Spiegeln

Haben Sie schon einmal in einer Bar oder einem Restaurant oder der Kantine bemerkt, wie zwei Menschen aussehen, zwischen denen Rapport besteht? Sie können die Einzelheiten der Unterhaltung nicht hören, sehen jedoch eine Art Tanz. Die Menschen bewegen sich ganz natürlich im gleichen Rhythmus. Es besteht so etwas wie Einklang in ihrer Körpersprache und der Art, wie sie sprechen – eine elegante Übereinstimmung ihres Bewegungsablaufs und Sprachgebrauchs. Im NLP nennt man das *Pacing*. Beim Pacing gleicht man sich dem Gegenüber an durch matchen und spiegeln.

Beim Spiegeln passt man sich körperlich an Haltung, Gestik, Mimik, Atmung des Gegenübers an. Beim Matchen macht man sich hinsichtlich des Sprachgebrauchs (zum Beispiel VAK-Präferenz) oder der Metaprogramme (Kapitel 8) ähnlich.

Denken Sie im Vergleich dazu einmal an eine Situation zurück, in der Sie ungewollt in aller Öffentlichkeit einen Streit zwischen einem Paar oder zwischen Eltern und ihrem Kind auf der Straße oder im Supermarkt miterleben mussten. Nicht gerade eine Prügelei, aber vielleicht kurz davor. Selbst wenn Sie den Ton abschalten, bemerken Sie anhand der Körperhaltung und Gestik recht schnell, wann Menschen völlig asynchron zueinander agieren. Im NLP nennt man dies *Mismatching*.

Beim Pacing stimmt man sich sehr stark in die Art ein, wie jemand anderes denkt und die Welt wahrnimmt. Man horcht sozusagen mit dem gesamten Körper. Pacing tritt ganz natürlich auf, sobald Rapport besteht.

NLP empfiehlt, jemanden ganz bewusst zu pacen, um Rapport aufzubauen, bis der Rapport ganz natürlich wird. Um das zu erreichen, müssen Sie Folgendes angleichen:

✔ Sprachtonalität (wie Sie klingen) und Sprechgeschwindigkeit

✔ Atemrhythmus

✔ Bewegungsrhythmus und Dynamik

✔ Körperhaltung und Gestik

 Achten Sie auf den feinen Unterschied zwischen bloßem Nachäffen und rhythmischer Übereinstimmung mit einer Person. Menschen merken instinktiv, ob Sie sich über sie lustig machen oder unaufrichtig sind. Wenn Sie sich entschließen, Pacing selbst auszuprobieren, versuchen Sie es zunächst einmal ganz vorsichtig in sicheren Situationen oder mit fremden Menschen, die Sie nie wiedersehen werden. Seien Sie aber nicht überrascht, wenn es funktioniert und Fremde plötzlich Ihre Freunde werden wollen.

Vom Pacen zum Leaden

Der Aufbau ernsthafter Beziehungen erfordert es, dass Sie andere Menschen *pacen* (im gleichen Schritt gehen). Im NLP vergleicht man das Pacen von Menschen damit, neben einem fahrenden Zug herzulaufen. Wenn Sie versuchen würden, auf den fahrenden Zug aufzuspringen, würden Sie höchstwahrscheinlich herunterfallen. Sie müssen also zunächst Geschwindigkeit aufnehmen, indem Sie neben dem Zug herlaufen, und wenn Sie dann das gleiche Tempo erreicht haben, können Sie aufspringen. (Bitte versuchen Sie nie, auf einen fahrenden Zug aufzuspringen!)

Um jemanden zu *leaden* (führen), mit Ihren Ansichten zu beeinflussen, müssen Sie also zunächst sein Tempo aufnehmen, ihn pacen. Dazu ist es erforderlich, wirklich genau zuzuhören, die Person vollkommen anzuerkennen, ihre Wurzeln zu verstehen und insgesamt mit viel Geduld heranzugehen.

 Ein wichtiger Rat, den Ihnen das NLP mit auf den Weg geben kann, um Rapport aufzubauen, lautet: pacen, pacen, pacen und nochmals pacen, bevor man versucht zu führen. Pacing beschreibt im NLP Ihre Fähigkeit, Verhaltensweisen und das Vokabular anderer Menschen respektvoll aufzugreifen, während Sie aktiv zuhören. Leading oder Führen bedeutet, dass Sie versuchen, andere zu verändern, indem Sie sie geschickt in eine andere Richtung lenken.

Im Geschäftsleben wird in Unternehmen, die bei der Einführung größerer Veränderungsprogramme Erfolg haben, in wohlüberlegten Schritten vorgegangen, sodass die Angestellten die Änderungen leichter akzeptieren können. Menschen lassen sich nicht zu neuen Arbeitsmethoden führen, wenn sie nicht zuvor gepacet werden – und sie sich nicht verstanden und anerkannt fühlen. Die erfolgreichsten Führer sind diejenigen, die zunächst die Realität ihrer Zielpersonen pacen.

Wenn Sie erfolgreiche Verkäufer in Aktion beobachten, werden Sie feststellen, wie gut sie die Kunst des Kunden-Pacings beherrschen und aufrichtiges Interesse bekunden. (Mit erfolgreich meinen wir integre Menschen, die ein vernünftiges Produkt verkaufen, und nicht solche, die durch unlauteres Aufschwatzen punkten.) Sie hören zu, sind ganz Ohr und hören noch einmal hin, bevor sie überhaupt versuchen, irgendetwas zu verkaufen. Menschen widerstrebt es meist, etwas verkauft zu bekommen, doch mögen sie es, wenn man ihnen zuhört und sie über das reden können, was ihnen wichtig ist. Ein befreundeter Antiquitätenhändler hat das über die Jahre perfektioniert und leitet seine Kunden sanft mithilfe seiner ehrlichen Begeisterung für die Dinge, die er verkauft, und indem er sie an seinen Erfahrungen teilhaben lässt.

 Als ich (Kate) mein letztes Auto gekauft habe, bin ich zu sechs verschiedenen Autohäusern gegangen, wo die Verkäufer es nicht abwarten konnten, mir die Vorzüge ihrer Fahrzeuge zu präsentieren, ohne sich dafür zu interessieren, wie diese überhaupt zu meinem Lebensstil passen. Der Verkäufer, der schließlich Erfolg hatte, verfügte über hervorragende zwischenmenschliche Fähigkeiten und hatte außerdem das passende Auto da. Sein Pacing war ausgezeichnet – er hörte mir aufmerksam zu, behandelte mich respektvoll (im Gegensatz zu anderen, die annahmen, die Kaufentscheidung würde bei meinem Ehemann liegen) und brachte mir so viel Vertrauen entgegen, dass er mir die Schlüssel für eine Probefahrt ohne zu zögern aushändigte. Während der Fahrt sammelte er behutsam alle nötigen Informationen, um das meinen Kaufkriterien entsprechende Modell zu bestimmen, da er erkannt hatte, dass ich mir nicht einfach irgendetwas verkaufen lassen würde.

Rapport bei virtueller Kommunikation aufbauen

Es gab eine Zeit, da waren das Internet und E-Mail nur Forschungseinrichtungen und Computerfreaks zugänglich. Alltägliche Geschäftstransaktionen erforderten einen Haufen Briefe und Faxe, die größtenteils als Kopien archiviert wurden. Es war völlig normal, ins Auto zu springen, um für eine kurze Absprache zu Lieferanten und Kollegen in anderen Büros zu fahren. Heutzutage geht das anders. Selbstverständlich wird immer noch geschrieben und telefoniert, das papierlose Büro ist noch nicht in Sichtweite, doch der Anteil elektronischer Transaktionen ist explosionsartig gestiegen. Wenn der Computer mal abstürzt und wir eine Stunde lang keine E-Mails empfangen und senden können, fühlen wir uns schon ganz hilflos und verloren.

Virtuelle Teams, die virtuelle Besprechungen abhalten, haben die Arbeitswelt erobert. Außerdem gibt es das Phänomen des virtuellen Managements multikultureller Projektteams, die in globalen Netzwerken zusammengeschlossen sind und dank neuer Technologien wie Telefonkonferenzen, E-Mail und Videokonferenzen örtlich ungebunden arbeiten können.

In solchen Umgebungen mit eingeschränkten persönlichen Kontakten fehlen die Nuancen des Gesichtsausdrucks und der Körpersprache, um den Kollegen vom virtuellen Nachbartisch kennenlernen zu können. Der Vorteil virtueller Teams kann in Freiheit und Flexibilität der Arbeitspraktiken, Diversität und Qualifikationsreichtum bestehen. Die Nachteile können Einsamkeit, Isolation und Ineffizienz sein.

Die Herausforderung, Rapport in virtuellen Teams aufzubauen, ist für alle Beteiligten größer als zuvor. Wen wundert es also, dass Menschen nun eher nach ihren »Soft Skills« – ihren Fähigkeiten, Einfluss zu nehmen und zu verhandeln – beurteilt und eingestellt werden als nach technischer Kompetenz. Im Folgenden finden Sie zehn Methoden, bei Telefongesprächen oder Telekonferenzen Rapport aufzubauen:

✔ Vergewissern Sie sich, dass bei allen Beteiligten die Telefonverbindung aufgebaut ist und sich alle hören können. Stellen Sie alle Beteiligten vor und heißen Sie sie mit Namen willkommen.

✔ Arbeiten Sie nach einer klaren Tagesordnung. Legen Sie Zielsetzungen für das Gespräch fest und holen Sie sich von allen Gesprächsteilnehmern das Einverständnis für die Zielsetzungen.

✔ Achten Sie darauf, dass alle Teilnehmer am Gespräch beteiligt sind. Falls nötig, ermutigen Sie ruhigere Teilnehmer zum Mitwirken. Sagen Sie zum Beispiel: »Thomas, was halten Sie davon?«

✔ Unterbinden Sie Small Talk oder Gespräche zwischen einzelnen Teilnehmern. Es gibt nur eine Diskussion, eine Konferenz und eine Tagesordnung.

✔ Sprechen Sie langsamer und präziser als beim persönlichen Gespräch. Bedenken Sie, dass Sie keinerlei Rückschlüsse aus der Körpersprache ziehen können.

✔ Achten Sie auf Sprachstile – prüfen Sie, ob Teilnehmer visuell, auditiv oder kinästhetische Präferenzen haben, und passen Sie Ihren Sprachstil entsprechend an (mehr dazu finden Sie in Kapitel 6).

✔ Verschaffen Sie sich zunächst Aufmerksamkeit, bevor Sie zum Punkt kommen (sonst geht der erste Teil Ihrer Botschaft verloren). Beginnen Sie mit Formulierungen wie »Ich möchte noch erwähnen … es geht darum …«.

✔ Nennen Sie die Namen der Teilnehmer häufiger als in herkömmlichen Gesprächssituationen. Richten Sie Fragen durch Nennung des Namens an bestimmte Personen und bedanken Sie sich bei Gesprächsteilnehmern für ihren Beitrag mit Namensnennung.

✔ Stellen Sie sich während der Unterhaltung die Person am anderen Ende der Leitung vor Ihrem geistigen Auge vor (Sie können auch ein Foto der Person verwenden).

✔ Fassen Sie Problemstellungen und Entscheidungen immer wieder zusammen und prüfen Sie, ob sie jeder verstanden hat.

Wie und warum man Rapport unterbricht

Es gibt auch Situationen, in denen Sie Menschen vorübergehend »mismatchen« und den Rapport unterbrechen müssen. *Mismatching* ist das genaue Gegenteil vom Matching (auf das wir weiter oben im Abschnitt »Matching« näher eingehen). Um jemanden zu mismatchen, müssen Sie versuchen, sich möglichst anders als diese Person zu verhalten. Das kann sich in anderer Kleidung, anderem Sprachgestus oder anderer Sprechgeschwindigkeit oder anderer Körperhaltung und anderem Verhalten ausdrücken.

 Vor einiger Zeit haben wir ein Team von Ärzten beraten, die unter zunehmender Arbeitsbelastung litten, weil ein Kollege längere Zeit ausgefallen war. Bei einer ersten Analyse, die wir mit ihnen durchführten, stellten wir fest, dass sie die Patientengespräche der meisten Ärzte innerhalb der vorgegebenen Zeit von einer Stunde beendeten, dass es aber eine Ärztin gab, bei der die Gespräche fast doppelt so lange dauerten. Die betreffende Ärztin war dafür bekannt, dass sie zu ihren Patienten besonders freundlich und hilfsbereit war. Bei einer Patientenbefragung war sie mit Abstand die beliebteste Ärztin. Sie konnte sehr gut zuhören und das gefiel den Patienten. Doch um die ihr zugewiesenen Patienten innerhalb der normalen Sprechstunde behandeln zu können, musste sie lernen, wie sie die Zeit, die sie mit jedem einzelnen Patienten verbrachte, konsequent begrenzen konnte. Schließlich fand sie einen Weg, ein sensibles Mismatching einzuführen und so ihre Arbeitsbelastung einzudämmen.

Wie man sensibel Rapport unterbrechen kann

Drei Veränderungen im Verhalten ermöglichen eine rasche Unterbrechung des Rapports:

✔ **Mimik und Abstand** – Sie können sich von der Person wegbewegen, den Augenkontakt unterbrechen oder Ihre Botschaft über den Gesichtsausdruck vermitteln. Eine hochgezogene Augenbraue sagt viel. Noch wirkungsvoller ist es, der Person den Rücken zuzudrehen. Achten Sie deshalb darauf, dass Ihnen das nicht aus Versehen passiert.

✔ **Ihr Ton** – Verändern Sie die Stimmlage und Lautstärke. Sprechen Sie lauter oder leiser, höher oder tiefer. Vergessen Sie dabei nie die Wirkung von Stille.

✔ **Die Worte, die Sie sagen** – Erinnern Sie sich an das nützliche kleine »Nein, danke!«. In manchen Fällen ist es nicht gerade leicht, das zu sagen; üben Sie für den Fall der Fälle. In multikulturellen Situationen ist der Wechsel zu Ihrer Muttersprache, wenn ansonsten eine allen gemeinsame Sprache gesprochen wird, ein klares Signal dafür, dass Sie eine Unterbrechung benötigen.

Es gibt unzählige Situationen, in denen Sie wahrscheinlich gern »Danke und bis bald« sagen würden. Achten Sie darauf, welche davon Sie gut hinbekommen und bei welchen Sie noch etwas Übung benötigen.

✔ **Sie schließen einen Handel ab.** Verkäufer unterbrechen die Verbindung zum Kunden an dem Punkt, an dem der Vertrag unterschrieben wird. Sie gehen raus und lassen den Kunden allein die Papiere durchschauen, anstatt während der Unterschrift Augenkontakt mit dem Kunden zu halten. Dies hilft, Rapport auf lange Sicht zu erhalten.

✔ **Sie haben genügend Informationen.** Vielleicht ist Ihr Gehirn erst einmal versorgt und läuft Gefahr, überlastet zu werden. Sie brauchen Zeit zum Nachdenken und zum Verarbeiten des Gehörten, um anschließend in der nächsten Runde wieder einzusteigen.

✔ **Sie sehen jemand anders, mit dem Sie gern sprechen würden.** Sie befinden sich auf einer Party, sind beim langweiligsten Gast in der Runde hängen geblieben und entdecken am anderen Ende des Raums einen wesentlich attraktiveren Gesprächspartner.

✔ **Sie sind müde.** Alles hat einmal ein Ende und es ist gut zu wissen, wann der Zeitpunkt gekommen ist, die Party zu verlassen und nach Hause zu gehen.

✔ **Sie sind beschäftigt.** Zu jeder Zeit werden Anfragen an Ihre Energiereserven gestellt. Halten Sie sich an Ihre eigenen Ziele, anstatt die einer anderen Person zu verwirklichen.

✔ **Sie haben ein schwieriges Thema angeschnitten.** Sex, Politik und Religion sind Themen, die man in geschäftlichen Verhandlungen möglichst vermeiden sollte. Sie können auch zu lebhaften Diskussionen bei Partys führen, sodass Sie am liebsten abpfeifen und eine Auszeit nehmen möchten, um die hitzige Debatte zu beenden.

Es ist schon eine Herausforderung zu lernen, wie man Rapport unterbricht und ein Gespräch beendet, gerade wenn Ihr bester Freund oder Ihre Mutter ein Schwätzchen mit Ihnen halten möchte. Gehen Sie mit Bedacht vor. Geben Sie eine klare Rückmeldung darüber, dass Sie sich liebend gern unterhalten würden, wenn es nur zur richtigen Tageszeit, am richtigen Ort und genügend Zeit vorhanden ist. Sie sind gegenüber dieser Person verpflichtet, also versuchen Sie einen Zeitpunkt auszumachen, der Ihnen passt, wenn die Aufgaben des Tages erledigt sind.

Die Macht des Wörtchens »aber«

Es gibt Situationen, in denen ein winziges Wort den Unterschied zwischen dem Erhalt und dem Bruch von Rapport ausmachen kann. NLP achtet auf solche Details im Konversationsmuster und liefert einige nützliche Hinweise für Ihre einflussreiche Kommunikation. Die Arbeiten von NLP-Pionieren wie Robert Dilts haben gezeigt, dass einfache Wörter wie »und« und »aber« es ermöglichen, die Aufmerksamkeit in verschiedene Richtungen zu lenken. Wenn Sie das Wort »aber« verwenden, werden sich die Leute an das erinnern, was Sie danach gesagt haben. Wenn Sie das Wort »und« verwenden, werden sie sich daran erinnern, was Sie davor und danach gesagt haben. Wenn Sie das Wort »obwohl« verwenden, führt das dazu, dass die Aufmerksamkeit auf die erste Aussage gelenkt wird, wie in: »*Heute schneit es, obwohl die Wettervorhersage lautete, dass es trocken bleibt.*« Wenn man die Reihenfolge der Wörter in einem Satz verändert, kann man die Wahrnehmung von Menschen verändern.

Sie müssen sich darüber bewusst sein, dass eine Bemerkung, die Sie machen, von Ihrem Gesprächspartner unter Umständen nur zum Teil wahrgenommen wird. Nehmen wir folgendes Beispiel: »Das Unternehmen hat dieses Jahr fünf Millionen Euro Profit gemacht, aber die Zweigstelle in San Francisco wird geschlossen.« Wenn Sie das so sagen, erinnern sich die Zuhörer womöglich nur an das, was Sie nach dem »aber« gesagt haben. Nehmen Sie nun folgende Formulierung: »Das Unternehmen hat dieses Jahr fünf Millionen Euro Profit gemacht und die Zweigstelle in San Francisco wird geschlossen.« Wenn Sie es so formulieren, werden sich die Zuhörer an das erinnern, was Sie vor und nach dem Wort »und« gesagt haben.

Finden Sie anhand des »Ja-aber-Spiels« für drei oder mehr Spieler heraus, welchen Unterschied kleine Worte bei Ihrer alltäglichen Kommunikation machen können:

1. Stellen Sie Ihre Freunde im Kreis auf.

2. Person A beginnt *Runde eins* mit dem Vorschlag einer »guten Idee«. (Zum Beispiel: »Heute scheint die Sonne, wie wäre es, wenn wir uns heute Nachmittag freinehmen und ins Freibad gehen?«)

3. Person B antwortet: »Ja, aber ...« und schlägt eine eigene »gute Idee« vor.

4. Person C und alle anderen Mitspieler schlagen der Reihe nach ihre guten Ideen vor, wobei jeder mit »Ja, aber ...« beginnt.

5. Auch in *Runde zwei* fängt Person A mit dem Vorschlag einer guten Idee an.

6. Person B antwortet: »Ja, und ...« und schlägt eine eigene gute Idee vor.

7. Person C und alle anderen Mitspieler schlagen der Reihe nach ihre guten Ideen vor, wobei jeder mit »Ja, und ...« beginnt.

Merken Sie den Unterschied?

Genug ist genug

Ralph war ein äußerst kompetenter Ingenieur und erzählte gern Geschichten. Er kam viel herum, traf alle langjährigen Mitarbeitern des Unternehmens, in dem er arbeitete, während diese die Karriereleiter hinaufstiegen, und hatte interessante Aufgaben. Alle Neuen im Team hörten sich gern seine Anekdoten und Geschichten in der Kaffeeküche an – eine Zeit lang.

Leider bemerkte Ralph nicht die Zeichen, wenn seine Zuhörer genug gehört hatten. Wenn sich Kollegen höflich zu ihren Schreibtischen zurückzogen oder abends versuchten, das Gebäude zu verlassen, passte er sie ab und fuhr mit seinen Geschichten fort, wobei er gelangweilte Blicke oder Versuche, das Gespräch zu beenden, ignorierte. Je mehr man versuchte, von ihm wegzukommen, umso schneller hob er zur nächsten Episode an: »Lass mich noch kurz erzählen, wie ...« Man hatte das Gefühl, dass er, würde man weggehen und nach einem Jahr wiederkommen, an genau derselben Stelle weitermachen würde, an der man ihn zurückgelassen hatte.

Schließlich mieden ihn die Mitglieder des Teams. Sie machten hinter seinem Rücken Witze über ihn, weil er einfach nicht wahrhaben wollte, dass er es etwas übertrieb. Er wurde auch nicht mehr zu Meetings eingeladen, da man befürchtete, er würde die Besprechung dominieren. Seine Karriere trat auf der Stelle. Die Kollegen brachen absichtlich den Rapport, um sich abzuschirmen.

Je mehr er vom Team ausgeschlossen wurde, umso stärker wurde sein Verlangen, seine Geschichten zu erzählen und ein Publikum um sich zu versammeln.

Andere Standpunkte verstehen

Erfolgreiche Menschen zeichnen sich durch ihre Anpassungsfähigkeit aus, die Welt auf unterschiedliche Art und Weise betrachten zu können. Sie prüfen mehrere Perspektiven und können daher neue Ideen in Betracht ziehen. NLP bietet verschiedene Techniken, die Menschen helfen, Rapport in heiklen Beziehungen aufzubauen, vor allem wenn dort ein emotionaler Konflikt mitspielt. Diese Techniken werden auch verwendet, um neue Wege zum Aufbau von Rapport zu untersuchen, selbst in Beziehungen, die nur mäßig problematisch oder irritierend sind.

Wahrnehmungspositionen erforschen

Eine der Methoden, mit denen NLP Ihnen helfen kann, Rapport mit anderen aufzubauen, besteht darin, zwischen mindestens drei unterschiedlichen Sichtweisen oder Standpunkten zu unterscheiden. Im NLP nennt man das *Wahrnehmungspositionen*. Man kann sich das so vorstellen, als würde man sich ein Gebäude aus allen möglichen Blickwinkeln ansehen – der Eintritt durch den Haupteingang, die Rückseite mit der Hintertür und die Vogelperspektive aus einem Hubschrauber, der das Gebäude überfliegt.

✔ Die *erste Position* ist Ihre ursprüngliche Perspektive, bei der Sie sich über alles, was Sie denken und fühlen, bewusst sind, völlig unabhängig davon, wer Sie umgibt. Sie nehmen die Welt durch Ihre eigene Perspektive wahr. Das kann eine Position der Stärke sein, in der Sie sich über das, was Sie wollen, Ihre Glaubenssätze und Werte genau im Klaren sind. Sie kann jedoch genauso gut sehr egozentrisch sein, bis Ihnen bewusst wird, was andere Menschen wollen.

✔ Die *zweite Position* erfordert es, dass Sie in die Haut einer anderen Person schlüpfen und erleben, wie diese Person die Welt wahrnimmt. Womöglich können Sie ja schon recht gut die Bedürfnisse anderer Menschen einbeziehen. Mütter entwickeln diese Fähigkeit sehr rasch, wenn sie sich um ihr Neugeborenes kümmern müssen.

✔ Die *dritte Position* erfordert es, dass Sie eine unabhängige Position einnehmen, aus der Sie als passiver Beobachter fungieren, der wahrnimmt, was in der Beziehung passiert. Im besten Fall ist das eine überlegene Position, in der Sie die Situation beider Seiten würdigen können. Manchmal bedeutet das, dass Sie sich nicht in die Situation hineinziehen lassen dürfen – Sie sitzen vielmehr auf dem Zuschauerrang.

Wenn Sie alle drei Perspektiven perfekt beherrschen, können Sie das Leben in vollen Zügen genießen.

Der NLP-Meta-Mirror

Der Meta-Mirror ist eine Übung, die Robert Dilts 1988 entwickelt hat, um unterschiedliche Perspektiven oder Wahrnehmungspositionen zusammenzubringen. Grundlage des Meta-Mirrors ist die Vorstellung, dass das Problem, dem Sie sich gegenübersehen, eher eine Reflexion Ihrer selbst und Ihrer Beziehung zu sich selbst ist, als dass es etwas mit der anderen

Person zu tun hat. Diese Methode ermöglicht es Ihnen, zurückzutreten und das Problem, mit dem Sie konfrontiert sind, in einem anderen Licht zu betrachten – daher die Metapher des Spiegels (Englisch »mirror«).

Der Meta-Mirror kann Ihnen bei der Vorbereitung oder Rückschau auf Situationen helfen, mit denen Sie konfrontiert werden:

✔ eine schwierige Unterhaltung mit einem Teenager oder einem Familienmitglied,

✔ eine berufliche Präsentation,

✔ ein Meeting,

✔ eine Vertragsverhandlung,

✔ eine heikle Diskussion mit dem Partner oder einem Freund,

✔ das Verhalten gegenüber Ihrem Chef oder gegenüber Arbeitskollegen,

✔ der Umgang mit schwierigen Kunden.

Werner ließ gerade sein Haus renovieren und stellte fest, dass die Baufirma sich nicht an die Termine hielt, weil sie gleichzeitig noch auf weiteren Baustellen arbeitete. Karin merkte, dass Werner über diese schlechte Arbeit immer wütender wurde, und begleitete ihn durch die drei Wahrnehmungsphasen, um ein schwieriges Treffen mit dem Auftragnehmer zu planen, anstatt die Situation in einem scheinbar unvermeidlichen Showdown eskalieren zu lassen.

Werner erkannte, dass der Auftragnehmer finanzielle Probleme hatte und gerade eine schwierige Zeit mit seiner Familie durchlebte. »Diese Übung brachte mich dazu, nicht mehr davon auszugehen, dass er mich absichtlich ärgerte. Also lud ich ihn zu einem Bier ein, erklärte, wie unzufrieden ich war, und wir einigten uns auf kürzere Bauabschnitte, nach denen ich jeweils eine Abschlagsrechnung begleichen würde. Durch diese Regelung besserte sich die Situation für uns beide und wir landeten nicht vor Gericht.«

Die folgende Übung basiert auf vier Wahrnehmungspositionen. Sie sollten sie unter Umständen mit der Unterstützung eines Coaches oder eines Freundes durchführen, der Ihnen hilft, sich auf den Prozess zu konzentrieren, damit Sie sich ausschließlich mit Ihrem Problem befassen.

Als Erstes wählen Sie eine Beziehung, die Sie gern untersuchen möchten. Vielleicht möchten Sie etwas über eine vergangene oder eine bevorstehende schwierige Unterhaltung oder Konfrontation erfahren. Zeichnen Sie dazu auf dem Boden vier Positionen ein (siehe Abbildung 7.1); dazu reichen Papierbögen oder Haftnotizzettel völlig aus. Achten Sie darauf, dass es wichtig ist, zwischen den einzelnen Positionen jeweils einen sogenannten Separator einzulegen, indem Sie sich etwas bewegen. Lockern Sie Ihre Muskeln ein wenig!

1. Stellen Sie sich auf *Position 1* – Ihre Sichtweise – und stellen Sie sich vor, Sie würden auf die andere Person schauen, die auf Position 2 steht. Fragen Sie sich: »Was erfahre, denke und fühle ich, wenn ich diese Person anschaue?«

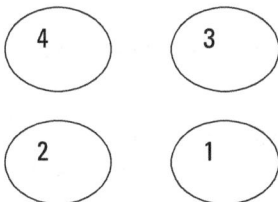

Abbildung 7.1: Die NLP-Meta-Mirror-Übung

2. Schütteln Sie das nun ab und wechseln Sie zu *Position 2* und stellen Sie sich vor, Sie wären die andere Person, die auf Sie selbst auf Position 1 zurückschaut. Fragen Sie sich: »Was erfahre, denke und fühle ich, während ich die Person anschaue?«

3. Schütteln Sie das nun ab und wechseln Sie zu *Position 3* des unabhängigen Beobachters, der beide Personen in dieser Beziehung unparteiisch beobachtet. Wenn Sie sich selbst auf Position 1 betrachten, wie reagieren Sie auf dieses »Ich« dort?

4. Schütteln Sie diese Position nun ab und stellen Sie sich auf eine noch weiter abgelegene Stelle, *Position 4*. Denken Sie über Ihre Gedanken auf der dritten Position im Vergleich zu den Reaktionen auf der ersten Position nach und schalten Sie sie um. An der ersten Position haben Sie sich vielleicht verwirrt gefühlt, während Sie auf der dritten Position Traurigkeit verspürt haben. Was auch immer Ihre Reaktionen waren, versuchen Sie sie vor Ihrem geistigen Auge in die entgegengesetzte Position umzuschalten.

5. Gehen Sie nun zurück und besuchen Sie erneut *Position 2*. Fragen Sie sich: »Wo liegen die Unterschiede? Hat sich etwas verändert?«

6. Beenden Sie das Ganze, indem Sie zurück zu Position 1 wechseln. Fragen Sie sich: »Wo liegen die Unterschiede? Was hat sich verändert?«

 Obwohl Ihnen diese Übung anfänglich vielleicht recht merkwürdig erscheint, halten Sie durch. Wenn Sie sich tatsächlich auch körperlich in einen anderen Raum begeben, ist es wichtig, diese neue Perspektive zu berücksichtigen. Indem Sie sich einfach an einen anderen Ort im Raum bewegen, öffnen Sie die Gedanken, die Sie an der vorherigen Position hatten. Sie können diese Übung auch durchführen, indem Sie sich auf unterschiedliche Stühle setzen.

 In NLP-Kreisen wird Widerstand häufig als fehlender Rapport bezeichnet, wenn etwa jemand Ihren Bemühungen, ihn besser kennenzulernen, widersteht, Sie links liegen lässt und von einer Unterhaltung ausschließt. Oder Sie weigern sich, sich die Mühe zu machen, eine Verbindung zu jemandem herzustellen, der anders zu sein scheint als Sie. Wenn Sie feststellen, dass Sie häufig in Situationen geraten, in denen Sie keinen Rapport mit den Menschen haben, obwohl das in diesen Situationen nützlich wäre, probieren Sie Folgendes aus:

✔ Erkennen Sie, dass Sie unbewusst Widerstand gegen eine Person oder eine Situation, in der Sie sich befinden, aufbauen oder dass jemand anderes Widerstand aufbaut.

✔ Überlegen Sie, was die Ursache dafür sein könnte, und denken Sie daran, dass Ihr Unterbewusstsein wie ein natürlicher Schutzmechanismus funktioniert (siehe Kapitel 3).

✔ Verbessern Sie Ihre Fähigkeit, Rapport herzustellen, indem Sie bewusst die andere Person matchen, spiegeln und pacen, bis sie bereit ist, eine Verbindung zu Ihnen herzustellen.

Es kann einige Zeit dauern, Rapport mit jemandem herzustellen, gegen den Sie Widerstände aufgebaut haben, weil Sie zunächst Ihre Vergangenheit daraufhin anschauen müssen, warum Sie dieses defensive Verhalten an den Tag legen. Vielleicht brauchen Sie dafür die Hilfe eines Coaches oder eines Freundes. Vielleicht gibt es ja auch ganz reale Gründe dafür, dass es Ihnen unangenehm ist, mit einer bestimmten Person enger in Kontakt zu treten. Wenn Sie die Gründe für Ihren eigenen Widerstand erkannt haben, können Sie sich die Erlaubnis erteilen, den gewünschten Rapport aufzubauen.

Kapitel 8
Verstehen, um verstanden zu werden: Metaprogramme

Untersuchungen von George Miller aus dem Jahre 1956 haben gezeigt, dass von den Millionen Informationen, die Ihre Sinne jede Sekunde bombardieren, das Bewusstsein jeweils nur zwischen fünf und neun Informationen verarbeiten kann. Das bedeutet, dass eine ungeheure Menge an Informationen ausgefiltert wird.

Metaprogramme gehören zu diesen unbewussten Filtern, die steuern, was Sie beachten, wie Sie die empfangenen Informationen verarbeiten und wie Sie sie dann kommunizieren.

Wenn Sie mit jemandem möglichst rasch Rapport aufbauen wollen und sich darauf vorbereiten können, sollten Sie sich vielleicht ähnlich kleiden, sich ähnlich benehmen oder zumindest ähnlich sprechen wie diese Person. Wir meinen damit nicht, dass Sie diese Person nachäffen sollen, sondern vielmehr, dass Sie ihr Vokabular verwenden sollen. Wenn Sie auf die Metaprogramme anderer horchen, haben Sie die Möglichkeit, die gleichen Worte und Formulierungen zu verwenden wie die Person, mit der Sie interagieren. Nachdem sich die Menschen größtenteils der Metaprogramme nicht bewusst sind, wird durch Angleichen der Metaprogramme dem, was sie sagen, eine weitere Dimension hinzugefügt. Es erfolgt zusätzlich zur Kommunikation mit dem Bewussten der Person noch die Kommunikation mit dem Unbewussten.

In diesem Kapitel werden wir Sie mit sechs Metaprogrammen bekannt machen, von denen wir hoffen, dass sie Ihnen dabei helfen können, effektiver und schneller zu kommunizieren, und … Sie durch das Erleben der Vorzüge besserer Kommunikation motiviert werden, mehr über andere Metaprogramme herauszufinden.

Grundlegendes zu Metaprogrammen

Als Kind nehmen Sie die Metaprogramme Ihrer Eltern, Lehrer und der Kultur auf, in der Sie aufwachsen. Im Laufe Ihres weiteren Lebens können Ihre Lebenserfahrungen diese gelernten Programme verändern. Wenn Sie in der Zeit Ihres Heranwachsens oft davor gewarnt werden, zu gefühlsbetont zu sein, beginnen Sie unter Umständen damit, sich zu distanzieren, und lernen, Ihre Gefühle zu unterdrücken. Es stellt sich womöglich heraus, dass das Auswirkungen auf die Wahl Ihres beruflichen Werdegangs hat. Anstatt einen sozialen Beruf einzuschlagen, entscheiden Sie sich eventuell für eine Karriere, bei der man eher seinen Intellekt einsetzt. Auch Ihr Lernstil kann davon beeinflusst sein, was dazu führt, dass Sie lernen, sich mehr auf Fakten und grafische Darstellungen zu konzentrieren. Wenn Sie dann als Lehrer arbeiten, würden Sie sich eher an trockenere Vortragssysteme halten, als Ihre Schüler mit praktischen Experimenten zum Anfassen zu unterrichten.

Aus den vielen Metaprogrammen, über die schon geschrieben wurde, haben wir sechs ausgewählt, von denen wir glauben, dass sie für den Einstieg am besten geeignet sind. Wir haben das Metaprogramm *Überblick/Detail* gewählt, weil wir der Ansicht sind, dass es sich gut bei Konflikten eignet und es Ihnen helfen kann, mögliche Probleme zu vermeiden, indem Sie erkennen, an welchem Ende der Überblick/Detail-Skala andere Menschen agieren. Die anderen fünf Metaprogramme sollen es Ihnen ermöglichen, nicht nur sich selbst, sondern auch andere Menschen, mit denen Sie in Kontakt treten, zu motivieren.

Erläuterungen zum *Introvertiert/Extrovertiert*-Metaprogramm finden Sie in Kapitel 5. Hier erläutern wir folgende Metaprogramme:

- ✔ Proaktiv/Reaktiv

- ✔ Optional/Prozedural

- ✔ Hin zu/Weg von

- ✔ Internal/External

- ✔ Überblick/Detail

- ✔ Ähnlichkeiten/Unterschiede

Behalten Sie bei der Beschäftigung mit Metaprogrammen bitte Folgendes im Hinterkopf:

- ✔ Metaprogramme stellen keine Entweder-oder-Option dar, sondern bewegen sich entlang einer variablen Skala, die sich von einer Präferenz zur anderen erstreckt.

- ✔ Metaprogramme sind nicht dazu da, andere Personen in Schubladen einzuordnen.

 Es gibt kein richtiges oder falsches Metaprogramm. Es geht einfach darum, dass Sie je nach Zusammenhang der Kommunikation und der Umgebung, in der Sie sich befinden, unterschiedliche Kombinationen von Metaprogrammen zum Einsatz bringen können.

Metaprogramme und Sprachmuster betrachten

Jeder Mensch hat Verhaltensmuster, die man aus seiner Sprache vorherbestimmen kann, lange bevor das Verhaltensmuster überhaupt zutage tritt. Leslie Cameron-Bandler hat sich unter anderem mit der weiteren Erforschung der Metaprogramme befasst, die von Richard Bandler entwickelt wurden. Sie und ihr Student Rodger Bailey behaupten, dass Menschen mit ähnlichen Sprachmustern auch ähnliche Verhaltensmuster an den Tag legen. Zum Beispiel haben Menschen, die unternehmerisch veranlagt sind, ähnliche Verhaltensmuster – Überzeugungskraft, starker Glauben an sich selbst und so weiter –, auch wenn sie vielleicht in völlig verschiedenen Bereichen tätig sind.

Stellen Sie sich eine Sitzung der Generalversammlung der Vereinten Nationen ohne Dolmetscher vor. Es gäbe wohl nur sehr wenig Kommunikation. Ein ähnlicher Kommunikationszusammenbruch kann auftreten, wenn Sie sich nicht über die Metaprogramme bewusst sind, nach denen die Person verfährt, mit der Sie kommunizieren wollen. Durch Ihr Wissen über Metaprogramme können Sie Profi im Übersetzen der mentalen Landkarten werden, die andere Menschen dazu verwenden, sich in ihrer Erfahrungswelt zurechtzufinden.

Bandler und Grinder erkannten, dass Menschen, die ähnliche Sprachmuster gebrauchen, schneller tieferen Rapport aufbauen als Menschen mit unterschiedlichen Sprachmustern. Sie haben sicher schon einmal von Englisch sprechenden Menschen ohne Französischkenntnisse gehört, die sich über die Unfreundlichkeit der Franzosen aufgeregt haben. Andere, die Französisch sprechen, weisen diesen Vorwurf zurück. Metaprogramme sind eine wirkungsvolle Methode, um verbal Rapport aufzubauen, indem man die Muster, nach denen eine Person vorgeht, erfasst und in einer Sprache antwortet, die für diese Person leicht verständlich ist.

Damit Sie die charakteristische Sprache der verschiedenen Metaprogramme leichter verstehen, enthalten die folgenden Abschnitte Formulierungen, wie Sie sie wahrscheinlich in den jeweiligen Metaprogrammen antreffen werden.

Metaprogramme und Verhalten erkunden

In der »Encyclopaedia of NLP and NLP New Coding« beschreiben Robert Dilts und Judith DeLozier Metaprogramme als zwei Menschen, die die gleichen Entscheidungsstrategien haben und trotz gleicher Informationen zu unterschiedlichen Ergebnissen kommen. Obwohl sich beispielsweise beide Personen ein Bild von den Informationen machen könnten, könnte die eine Person von der Informationsmenge völlig überfordert sein, während die andere aufgrund der Gefühle, die das Bild erzeugt, zu einer schnellen Entscheidung kommt. Der Unterschied liegt im Metaprogramm, das in den einzelnen Personen abläuft und die Entscheidungsstrategien beeinflusst.

Stellen Sie sich vor, Sie wollten in Richard Bransons (der Gründer der Unternehmensgruppe Virgin) Fußstapfen treten. Sie könnten das auf die harte Tour machen, indem Sie versuchen, die Verfahren nachzuvollziehen, die er Ihrer Meinung nach benutzt. Sie könnten es aber auch wesentlich schneller und einfacher mit seiner Hilfe hinbekommen, indem Sie ihn modellieren. Ein Teil dieses Modellierungsprozesses besteht darin, seine Metaprogramme zu verstehen und anzuwenden.

Die folgenden Abschnitte dieses Kapitels beschreiben die Verhaltensweisen und Präferenzen, die mit den unterschiedlichen Metaprogrammen einhergehen. Die Fähigkeit, erkennen zu können, nach welchem Metaprogramm ein anderer Mensch in einer bestimmten Situation wahrscheinlich vorgeht, ermöglicht es Ihnen, seine Metaprogramme zu übernehmen, sich auf diesem Wege an ihn anzugleichen und Ihre Botschaft somit besser vermitteln zu können. Außerdem können Sie beim Ausprobieren des Weltmodells eines anderen sogar eine andere Perspektive erhalten, die Ihnen womöglich zusätzliche Wahlmöglichkeiten liefert – ein weiterer Vorteil.

Eine kurze Geschichte der Metaprogramme

Seit Urzeiten wird versucht, Persönlichkeitstypen zu verstehen. Hippokrates definierte schon 400 v. Chr. vier »Temperamente« auf der Grundlage seiner Beobachtungen der Flüssigkeiten im menschlichen Körper. Er nannte diese Temperamente Choleriker, Melancholiker, Sanguiniker und Phlegmatiker. Zwar sind die Klassifizierungen durch Hippokrates mittlerweile überholt, doch werden andere sehr häufig genutzt.

Im Jahre 1921 veröffentlichte Carl Jung *Psychologische Typen*. Dieses Buch basiert auf seiner Arbeit mit mehreren Hundert Psychiatriepatienten und war ein Versuch, die Patienten in Kategorien einzuordnen, um ihr Verhalten anhand ihrer Persönlichkeit vorhersehen zu können. Jung definierte drei Kategorienpaare, in denen jeweils ein Bestandteil bevorzugt wird.

✔ Ein *extrovertierter* Mensch schöpft seine Energien aus der Interaktion mit der Außenwelt, wohingegen ein *introvertierter* Mensch seine Batterien beim Alleinsein auflädt.

✔ Der *Wahrnehmende* nimmt Informationen durch seine fünf Sinne auf, wohingegen der *Intuitive* sich stärker auf seine Instinkte und Intuition verlässt, um Informationen zu sammeln.

✔ Der *Denker* trifft seine Entscheidungen auf der Grundlage von Logik und objektivem Denken, wohingegen der *Fühlende* seine Entscheidungen nach subjektiven Werten trifft.

Jungs psychologische Typen bildeten die Basis für den *Myers-Briggs Typenindikator*, der heutzutage zu den meistverwendeten Instrumenten zur Erstellung von Persönlichkeitsprofilen gehört. In den frühen 1940er-Jahren fügte das Team aus Mutter (Katherine Briggs) und Tochter (Isabel Briggs Myers) noch eine vierte Kategorie hinzu: Der *Urteiler* versucht, seine Umgebung seinen Bedürfnissen anzupassen, während der *Wahrnehmer* die Außenwelt zu verstehen sucht und sich angleicht, um in diese Welt zu passen.

Wie George Bernard Shaw sagte: »Vernünftige Menschen passen sich der Welt an. Unvernünftige Menschen versuchen, die Welt an sich anzupassen. Aller Fortschritt hängt daher von unvernünftigen Menschen ab.«

Proaktiv/Reaktiv sein

Wenn Sie dazu tendieren, in Aktion zu treten und die Dinge in Gang zu bringen, bewegen Sie sich auf der proaktiven Seite der Skala. Falls Sie jedoch eher dazu neigen abzuwarten, bis irgendetwas passiert, haben Sie wahrscheinlich eher reaktive Verhaltenstendenzen. Hier einige weitere Erläuterungen dazu:

✔ **Proaktiv:** Wenn Sie eher proaktive Verhaltenstendenzen aufzeigen, übernehmen Sie Verantwortung und haben Durchsetzungsvermögen. Sie haben die Fähigkeit, Lösungen für Situationen zu finden, in denen ständige Alarmbereitschaft gefordert ist. Sie fühlen sich wahrscheinlich zu Berufen im Verkaufssektor hingezogen oder arbeiten selbstständig. Es kommt vor, dass sich – vor allem Menschen mit einer Präferenz für reaktive Verhaltensweisen über Sie aufregen und Sie mit einem Bulldozer vergleichen.

✔ **Reaktiv:** Wenn Sie eher zu reaktivem Verhalten neigen, sind Sie unter Umständen ziemlich fatalistisch. Sie warten darauf, dass andere die Führung übernehmen, oder treten erst dann in Aktion, wenn Sie meinen, dass der richtige Zeitpunkt gekommen ist. Sie müssen eventuell darauf achten, sich nicht selbst zu behindern.

Je nachdem, in welchem Zusammenhang Sie sich befinden, können Sie proaktive oder reaktive Tendenzen aufzeigen. Ich (Romilla) kenne jemanden, der zwar sehr gut in seinem Beruf ist, jedoch ziemlich reaktiv ist, wenn es darum geht, sich um Gehaltserhöhungen und sonstige Vergütungen zu bemühen. Er wartet, bis sein Chef etwas anbietet, anstatt danach zu fragen. Er bevorzugt es, auf Instruktionen zu warten, bevor er mit der Arbeit an Projekten beginnt, anstatt die Arbeit selbst in Gang zu bringen. Jedoch liebt er seine Urlaube und ist extrem proaktiv bei Besuchen von Reisebüros, in Gesprächen mit Leuten und beim Surfen im Web, wenn er auf der Suche nach der nächsten Reisemöglichkeit ist.

Die Unterschiede zwischen Menschen mit proaktiven und reaktiven Verhaltenstendenzen lassen sich anhand der Körpersprache erkennen. Proaktive Menschen bewegen sich meist schneller und zeigen Zeichen von Ungeduld. Meist halten sich diese Menschen sehr aufrecht in einer »Schultern nach hinten, Brust raus«-Stellung, bereit, die Welt aus den Angeln zu heben. Reaktive Menschen bewegen sich langsamer und halten den Kopf und die Schultern eher gesenkt.

Shelle Rose Charvet und ihrem Buch »Words That Change Minds« zufolge sollte man bei einer Stellenausschreibung für eine Person mit proaktiven Verhaltenstendenzen immer um einen Telefonanruf bitten, statt um die Zusendung einer schriftlichen Bewerbung. Menschen mit einer reaktiven Verhaltenstendenz rufen nämlich normalerweise nicht an.

Um herauszufinden, ob jemand proaktiv oder reaktiv ist, können Sie folgende Frage stellen: »Fällt es Ihnen leicht, in einer neuen Situation zu handeln, oder müssen Sie sie zunächst untersuchen und verstehen, was vor sich geht?«

✔ Eine Person mit proaktiven Verhaltenstendenzen verwendet Formulierungen wie »Mach es einfach«, »in den Griff kriegen«, »ins Rollen bringen« et cetera.

✔ Die folgenden Formulierungen werden Sie eher von reaktiven Personen zu hören bekommen: »noch mal überdenken«, »sich Zeit nehmen«, »die Daten untersuchen«, »das Für und Wider abwägen«, »lieber zweimal hinschauen«.

Proaktive Reaktion auf eine reaktive Abteilung

Die Abteilung Informationstechnologie (IT) einer Universität in Südost-England war ständig damit beschäftigt, Probleme zu bekämpfen, weil versucht wurde, sowohl für die Finanzabteilung als auch für das Archiv Dienstleistungen zu erbringen. Es gab keinerlei Kommunikation zwischen den beiden Abteilungen, die diese Systeme verwendeten, und die IT-Abteilung traute es den Anwendern wiederum nicht zu, die Systeme selbstständig zu pflegen. Es gab keine Dokumentationen darüber, welche Programme zu welchem Zweck eingesetzt werden mussten. Diese Situation bestand schon über sieben Jahre und wurde als normal angesehen. Raten Sie mal, welche Präferenz die Angestellten der IT-Abteilung hatten? Wenn Sie auf reaktiv getippt haben, liegen Sie richtig. Dann kam ein Neuer in die Abteilung, der eine eher proaktive Tendenz hatte, und leitete die folgenden drei Schritte ein:

✔ Erstellung und Pflege einer Aufgabenliste für Bedienungsanleitungen und deren Einsatzgebiete,

✔ Organisation regelmäßiger Treffen zwischen der Finanzabteilung und dem Archiv,

✔ Training des Führungspersonals zur selbstständigen Berichterstattung.

Auf diese Weise wurde der Stress, den alle drei Abteilungen gerade zu Spitzenzeiten erlebten, stark reduziert. Es öffneten sich Kommunikationskanäle zwischen den zwei Abteilungen, die die Computersysteme einsetzten. Das Selbstwertgefühl des Personals stieg enorm, als es die Verantwortung für den Betrieb der eigenen Systeme übertragen bekam.

Hin zu/Weg von

Menschen investieren Zeit, Energie und Ressourcen, um sich entweder zu etwas hin- oder von etwas wegzubewegen, das sie anziehend oder abstoßend finden. Dieses Etwas besteht aus den Werten, die sie für die Entscheidung einsetzen, ob eine Handlung gut oder schlecht ist.

Können Sie sich daran erinnern, als Sie das letzte Mal einen neuen Fitnessplan oder eine neue Diät angefangen haben? Waren Sie Feuer und Flamme und konnten es nicht erwarten, endlich loszulegen? Dementsprechend haben Sie unglaubliche Fortschritte gemacht. Ihr Gewicht begann sich zu reduzieren. Sie fühlten sich wegen der Übungen wesentlich besser. Plötzlich verloren Sie jedoch den Antrieb, das Gewicht ging nicht weiter herunter oder – was noch schlimmer ist – wieder nach oben. Ihre Besuche im Fitnessstudio wurden immer seltener.

Als alles den Bach runterzugehen drohte, entzündete sich das Feuer in Ihnen wieder, bis ... Sie waren auf einer Achterbahnfahrt zwischen Motiviertheit und Zielverlust gefangen. »Was ist passiert?«, fragen Sie sich verzweifelt. Es besteht die Wahrscheinlichkeit, dass Sie, was Ihre Gesundheit anbetrifft, nach einem *Weg-von*-Programm vorgehen. Das bedeutet, dass Ihre Handlungen davon motiviert werden, von irgendetwas wegzukommen – in diesem Fall wäre das vielleicht Übergewicht oder Lethargie. Abbildung 8.1 zeigt, wie jemand, dessen Motivation in Bezug auf Gesundheit vorrangig *weg von* ist, einem Jo-Jo-Effekt bei der Gewichtsreduktion unterliegt.

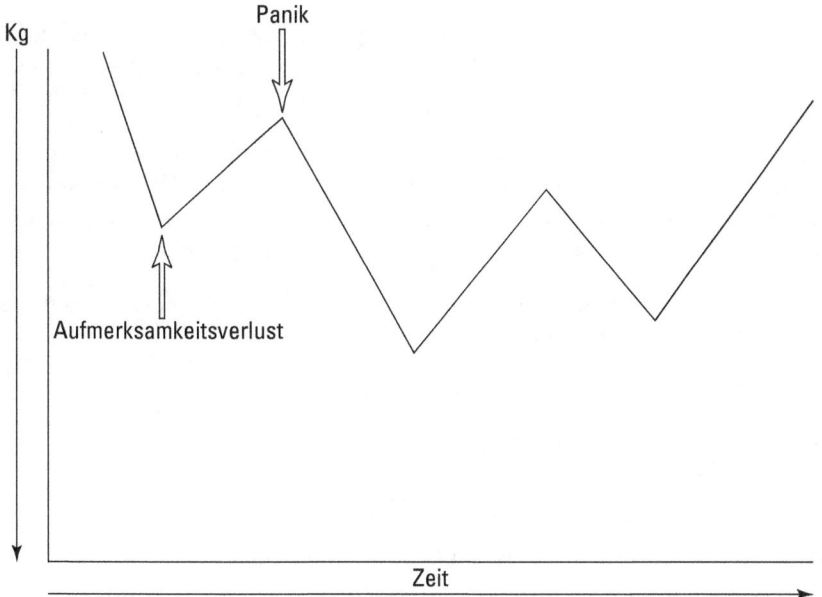

Abbildung 8.1: Ein Beispiel dafür, wie ein Weg-von-Metaprogramm in Bezug auf Gesundheit Ihre Pläne zur Gewichtsreduzierung beeinträchtigen kann

Wenn Sie andererseits in einem bestimmten Zusammenhang auf ein Ziel hinarbeiten und dieses unterwegs auch nicht aus den Augen verlieren, gehen Sie nach einem *Hin-zu*-Metaprogramm vor.

Normalerweise bewegen Sie sich entweder *auf irgendetwas zu* oder *von etwas weg*. Siegmund Freud zufolge bewegt sich Ihr *Es*, das das instinktive Verlangen (= Triebe) repräsentiert, entweder auf Freude zu oder von Schmerz weg.

In diesem Zusammenhang ist es auch interessant anzumerken, dass bestimmte Berufszweige und Kulturen entweder das Hin-zu- oder das Weg-von-Metaprogramm bevorzugen. Nehmen wir beispielsweise die Schulmedizin im Vergleich zu alternativen Behandlungsmethoden. Was glauben Sie, welche Präferenz die Ärzte der beiden Lager wohl haben? Als Hinweis sei gesagt, dass Schulmediziner die ganzheitliche Medizin als »Präventivmedizin« bezeichnen. Meiner (Romilla) Einschätzung nach neigt die Schulmedizin in Bezug auf Gesundheit eher zu einer Weg-von-Tendenz. Der Schwerpunkt liegt hier stärker auf der Heilung von Krankheiten, nachdem diese aufgetreten sind, anstatt darauf abzuzielen, Gesundheit zu erzeugen und zu erhalten.

Menschen mit Weg-von-Mustern erscheinen solchen, die nach Hin-zu-Mustern agieren, meist ziemlich negativ.

Weg-von-Menschen bemerken tendenziell besser, wenn irgendetwas schieflaufen könnte, und sind daher besonders gut für die Überwachung von Produktionsprozessen, die Wartung von Flugzeugen, das Krisenmanagement oder die Erstellung kritischer Analysen geeignet. Diese Menschen werden im klassischen Sinne mit der »Peitsche« motiviert. Weg-von-Personen lassen sich durch Androhung von Entlassungen und negativen Konsequenzen bei Nichteinhaltung von Kostenplänen motivieren.

Personen mit Hin-zu-Metaprogrammen werden von Weg-von-Menschen häufig für naiv gehalten, da sie auf dem Weg zu ihren Zielen oftmals nicht über mögliche Probleme nachdenken.

Hin-zu-Menschen motiviert man mit dem »Zuckerbrot«. Teilen Sie ihnen die Vorteile einer verbesserten Gewinnmarge mit und stellen Sie einen Bonus in Aussicht und beobachten Sie dann das Leuchten in ihren Augen. Das liegt nicht unbedingt daran, dass solche Menschen gierig sind, sondern eher daran, dass sie sich durch Vorteile begeistern lassen.

 Ob jemand Hin-zu-Tendenzen oder Weg-von-Tendenzen aufweist, können Sie mithilfe einer Reihe von Fragen wie folgt herausfinden:

Person A: »Was ist Ihnen an Ihrer Arbeit wichtig?«

Person B: »Persönliche Sicherheit.«

Person A: »Was ist Ihnen an Sicherheit wichtig?«

Person B: »Ich muss mir keine Sorgen um unbezahlte Rechnungen machen.«

Person A: »Und was ist für Sie am Bezahlen von Rechnungen so wichtig?«

Person B: »Es bedeutet, dass ich keine Schulden habe.«

Es ist hilfreich, mindestens drei Frageebenen durchzuexerzieren, da viele Menschen zunächst mit etwas Positivem antworten, das jedoch Weg-von-Muster verdeckt. Im obigen Beispiel war die erste Antwort »hin zu Sicherheit«, doch decken die nachfolgenden Fragen eine Weg-von-Tendenz auf.

 Untersuchen Sie bei Verkaufsgesprächen die Sprachmuster des Kunden. Sie werden dann herausfinden, ob der Kunde das Produkt kauft, um einen Vorteil zu erlangen, wie beispielsweise bei Investitionen, oder um ein Problem zu vermeiden, wie beispielsweise beim Abschluss einer Lebensversicherung. Modifizieren Sie Ihren Sprachgebrauch entsprechend, um Zeit zu sparen und Resultate zu erzielen.

Wir bewegen uns von unseren Werten weg oder zu ihnen hin. Wenn Ihnen Weg-von-Werte keine Vorteile bringen, sollten Sie sie vielleicht verändern. Wenn der Schulsport für Sie eine schmerzliche Erfahrung war und Sport deshalb abstoßend auf Sie wirkt, werden Sie wahrscheinlich Probleme haben, regelmäßige Fitnessübungen durchzuziehen. Die Emotionen, die Sie für negative Erinnerungen aufgewendet haben, lassen sich möglicherweise mittels der *Time Line Therapy*™ lösen.

Menschen, die eher zum Hin-zu-Metaprogramm tendieren, verwenden Wörter wie »erreichen«, »bekommen«, »erzielen«, »haben«, »leisten«, »gewinnen«, »vollbringen« und »erfassen«.

Menschen, die eher aus einem Weg-von-Metaprogramm heraus vorgehen, verwenden oft Wörter wie »vermeiden«, »zurücknehmen«, »vorbeugen«, »loswerden« und »Lösung«.

Option/Prozeduren entdecken

Wenn Sie eher in Richtung *Option* tendieren, probieren Sie gern neue Möglichkeiten beim Erledigen von Dingen aus. Mit Tendenz zu Prozeduren bevorzugen Sie das Befolgen feststehender Vorgehensweisen.

Der Mensch mit einer Tendenz zu optionalem Verhalten liebt die Vielfalt. Eine bildhafte Analogie ist der Gourmet, dem eine gemischte Platte serviert wird, aus der er die unzähligen Leckereien, die im Angebot sind, aussuchen und genießen kann.

Wenn Sie jemand mit Neigung zum Option-Metaprogramm sind, liegt Ihre Stärke darin, Projekte zu beginnen, auch wenn Sie sie nicht immer ganz durchschauen.

Sie sind außerdem gut darin, Vorschriften aufzustellen, solange Sie nicht derjenige sein müssen, der danach handeln soll.

Wegen Ihrer Vorliebe, neue Wege auszuprobieren, können Sie der Versuchung nicht widerstehen, selbst die bewährtesten Methoden zu hinterfragen oder Unternehmensregeln »großzügig« auszulegen.

 Lassen Sie eine Option-Person niemals ans Steuer, es sei denn, Sie möchten die Aussicht genießen. Sie wird jedes Mal einen anderen Weg fahren. Ich (Romilla) plane immer eine Menge Zeit ein, wenn ich an ein mir unbekanntes Ziel fahren möchte, nachdem ich mich meist verfahre. Als ich einmal an meinem Ziel ankam, ohne mich verfahren zu haben, habe ich mich irgendwie betrogen gefühlt.

 Wer einen Option-Mann oder eine Option-Frau heiraten möchte, dem steh der Himmel bei! Selbst wenn die Option-Person Sie abgöttisch liebt, werden Sie es schwer haben, eindeutige Zusagen von ihr zu bekommen, da sie Angst davor hat, gefangen zu sein, etwas zu verpassen und so weiter. Eine Möglichkeit, eine Option-Person zum Jawort zu bringen, besteht darin, ihr all die neuen Möglichkeiten aufzuzeigen, die sich durch eine Heirat eröffnen.

Wenn Sie eine Neigung für Prozeduren haben, mögen Sie es, festen Regeln und Verfahrensweisen zu folgen, die Sie möglichst von jemandem vorgesetzt bekommen, anstatt sie selbst zu gestalten.

Wenn Sie erst einmal ein funktionierendes Verfahren gefunden haben, werden Sie diesem immer wieder ohne irgendwelche Änderungen folgen. Sie fühlen sich berufen, jeden einzelnen Schritt eines Vorgangs zu Ende zu bringen, und fühlen sich betrogen, wenn die Umstände Sie davon abhalten.

Sie halten sich an Geschwindigkeitsbegrenzungen und geraten mit Fahrern aneinander, die beim Fahren telefonieren und nur eine Hand am Lenkrad haben.

Ich (Romilla) habe den Unterschied zwischen diesen zwei Präferenzen erst richtig verstanden, als ich auf Hawaii Huna gelernt habe. Zwei der drei weiteren Teilnehmer aus meiner Gruppe wollten sich zum Arbeiten an einer Übung unter die Bäume an einem großen Teich setzen, wo sie aufs Wasser blicken konnten. Ein Teilnehmer namens Richard regte sich darüber fürchterlich auf und zog wütend ab, um sich eine andere Gruppe zu suchen, mit der er arbeiten konnte, weil er genau die gleiche Umgebung benötigte, in der die Übung gezeigt wurde, und die Übung auch genau so durchführen musste, wie sie gezeigt worden war.

Welche der beiden Präferenzen jemand in einem bestimmten Zusammenhang hat, können Sie durch die folgenden Fragen herausfinden: »Warum haben Sie diesen Beruf gewählt?« oder »Warum haben Sie sich dazu entschieden, zu dieser Party zu kommen?« oder »Warum haben Sie gerade dieses Auto gewählt?«

Die Person mit einer Vorliebe zu optionalem Verhalten wird Ihnen eine Liste ihrer Werte präsentieren, die durch die Wahl des Berufs, den Besuch der Party oder den Kauf des Wagens befriedigt wurden. Sie erfahren wahrscheinlich auch die Gründe für die Wahl und die Möglichkeiten, die sich dadurch für die Person eröffnen.

Die Person mit einer Vorliebe zu prozeduralem Verhalten wird eine Geschichte erzählen oder die Schritte nennen, die sie zu diesem Beruf, auf diese Party oder zu diesem Auto geführt haben. Zum Beispiel: »Mein Ford Puma war schon sieben Jahre alt und ich musste ihn jetzt gegen ein neues Modell tauschen. Ich habe mir ein paar Monate lang Automagazine besorgt und die Vor- und Nachteile vergleichbarer Modelle abgewogen, doch am Ende war mir dann klar, dass ich mich für das Auto entscheiden musste, das nur alle 20.000 Kilometer eine Inspektion braucht, nämlich den …«

Falls Ihre Katze mal an einem Sonntag einen Insulinschock haben sollte und so schnell wie möglich zum Tierarzt muss, lassen Sie sich bloß nicht von einer Verfahren-Person dorthin fahren. Sie wird sich strikt an Geschwindigkeitsbeschränkungen halten, selbst wenn die Straßen leer sind und die arme Katze langsam verendet und Sie deshalb hysterisch werden.

Von Menschen, die eher nach einem Option-Metaprogramm vorgehen, hören Sie Formulierungen wie »nach Gehör spielen«, »die Vorschriften auslegen«, »Möglichkeiten«, »spielen wir mal damit« und »versuchen Sie es mal auf andere Weise«.

Menschen, die sich eher auf der Verfahren-Seite der Metaprogrammskala befinden, verwenden Ausdrücke wie »folgen Sie den Arbeitsschritten«, »Regeln einhalten«, »Schritt für Schritt« und Wörter wie »erstens«, »zweitens« und »abschließend«.

In Internal/External eintauchen

Wenn Sie Ihrem Urteilsvermögen vertrauen, um Entscheidungen zu treffen oder zu beurteilen, ob Sie Ihren Job gut gemacht haben, gehen Sie von der *internalen* Seite dieses Metaprogramms aus vor. Wenn Sie Feedback von anderen benötigen, um sicher zu sein, dass

Sie Ihren Job gut gemacht haben, haben Sie wahrscheinlich eher eine *externale* Präferenz. Der springende Punkt dieses Metaprogramms dreht sich darum, ob die eigene Motivation, die Beurteilung Ihres Handelns und das Fällen von Entscheidungen bei Ihnen liegt oder bei anderen.

Kinder haben eine externale Ausrichtung, da sie die bewussten und unbewussten Lehren ihrer Eltern und Lehrer quasi absorbieren. Beim Heranwachsen wird dieser Referenzpunkt jedoch meist weiter in Richtung *internal* verschoben, weil man sich selbst besser verstehen lernt und daher den eigenen Beurteilungen und Entscheidungen stärker vertraut.

Eine ähnliche Verschiebung kann auch beim Lernen von etwas Neuem auftreten. Sie haben dann vielleicht zunächst einen eher externalen Bezug, benötigen andere, die Ihnen mitteilen, wie gut Sie vorankommen. Erfahrung und Lernfortschritt kann diese Referenz dann in Richtung *internal* verschieben. Wenn Sie negatives Feedback infrage stellen, selbst wenn mehrere Menschen mehr oder weniger das Gleiche gesagt haben, liegt Ihre Präferenz in diesem bestimmten Zusammenhang auf der internalen Seite der Skala.

Sie müssen nicht erst für die Erfüllung Ihrer Aufgabe gelobt werden, denn Sie wissen ja schon, dass Sie sie gut gemacht haben. Sie eignen sich gut als Selbstständiger, da Sie nicht auf andere angewiesen sind, die Ihnen sagen müssen, was Sie zu tun haben oder wie gut Sie etwas gemacht haben.

 Chefs, Abteilungsleiter oder sonstiges Führungspersonal, das eine internale Ausrichtung hat, sollten nicht vergessen, ihren Mitarbeitern Feedback zu geben. Die haben nämlich womöglich eine externale Präferenz und sehnen sich nach Lob und möchten erfahren, wie sie sich machen.

Wenn Sie eine externale Neigung haben, benötigen Sie Feedback von anderen, um herauszufinden, wie gut Sie sind, und um Ihre Motivation aufrechtzuerhalten.

Wenn sie den Sinn der Resultate, die sie von einem Job erwarten, nicht genau erläutern, lassen sich internal ausgerichtete Angestellte häufig schwer leiten, vor allem wenn sie ohnehin zu Mikromanagement neigen. Sie wollen die Dinge nach eigenen Methoden erledigen und nach eigenen Standards verfahren. External motivierte Menschen sind andererseits einfacher zu führen, solange sie es verstehen, Anleitung zu geben und Lob zu verteilen.

Um herauszufinden, wo sich jemand auf der Skala befindet, können Sie folgende Frage stellen: »Woher wissen Sie, dass Sie einen guten Job gemacht, das richtige Auto gekauft oder die richtige Entscheidung gefällt haben …?« Ein internal ausgerichteter Mensch wird wahrscheinlich antworten: »Ich weiß eben, wann ich einen guten Job gemacht habe«, während ein external ausgerichteter Mensch möglicherweise so reagieren würde: »Meine Familie findet das Auto richtig toll.«

Wenn Sie mit einer Person sprechen, die von einem internalen Referenzrahmen aus vorgeht, werden Sie eine größere Wirkung erzielen, wenn Sie Formulierungen wie die folgenden verwenden: »das können nur Sie entscheiden«, »das liegt ganz bei Ihnen«, »schauen Sie selbst« oder »sehen Sie sich die Fakten an, um zu einer Entscheidung zu kommen«.

Wenn Sie mit jemandem sprechen, der eher external orientiert ist, erzielen Sie bessere Ergebnisse, wenn Sie Formulierungen wie die folgenden benutzen: »die Statistiken/Untersuchungen zeigen«, »Experten gehen davon aus«, »es hat sich immer gut verkauft ...«.

Überblick/Detail

Manchen Menschen fällt der Anfang eines Projekts oder das Setzen eines Ziels leichter, wenn sie ein großes Gesamtbild sehen. Andere finden es wiederum schwierig, eine allgemeine, überschauende Perspektive zu erlangen, und können sich viel leichter die einzelnen Schritte vor Augen führen, die zum Erreichen des Ziels nötig sind, und bevorzugen es, anhand kleinerer Details zu arbeiten.

 Wir nennen den Aufgabenumfang, den jemand am liebsten verarbeitet, eine *Portion*. Jemand mit Präferenz zum *Überblick* wird Aufgaben in größere Portionen zerlegen als ein *Detail*-Mensch. Der muss eine Aufgabe nämlich in kleinere, einfacher zu verarbeitende Schritte zerlegen. Die Größenordnung, in der Menschen arbeiten, wird deshalb *Portionsgröße* genannt.

Wenn Sie zu den Menschen gehören, die die Arbeit auf globalem oder konzeptionellem Niveau bevorzugen und Schwierigkeiten mit Details haben, brauchen Sie ein großes Gesamtbild, wenn Sie etwas Neues lernen. Falls man Ihnen direkt die Details eines Themas präsentiert, werden Sie wahrscheinlich Probleme haben, das neue Aufgabengebiet zu verstehen. Es fällt Ihnen leicht, den Wald zu sehen, doch werden Sie von der Masse der einzelnen Bäume verwirrt. Wenn Ihnen die Arbeit mit dem großen Gesamtbild liegt, werden Sie angesichts der Menge an Informationen, die Ihnen eine Detail-Person mitteilt, womöglich abschalten oder ungeduldig.

Falls Sie es jedoch bevorzugen, den Elefanten Häppchen für Häppchen zu verspeisen, dann tendieren Sie zur Verarbeitung von Details. Es fällt Ihnen unter Umständen schwer, die Vorstellungen einer im Überblick denkenden Person zu teilen. Detail-Menschen verarbeiten Informationen in aufeinanderfolgenden Schritten und haben manchmal Schwierigkeiten, Schwerpunkte zu setzen, nachdem sie nicht in der Lage sind, allgemeinere Verbindungen zu anderen Bereichen des Aufgabenfelds herzustellen. Solche Menschen sind besonders gut für Berufe geeignet, die sehr viel Aufmerksamkeit fürs Detail erfordern, vor allem über längere Zeiträume hinweg, wie zur Überwachung einer Produktionsstraße oder als Versuchsleiter in einem Labor.

 Detail-Menschen neigen dazu, sich bei einer neuen Aufgabe sofort in die Arbeit zu stürzen, ohne sich zuvor Gedanken über die Auswirkungen der Arbeitsschritte auf das gewünschte Resultat zu machen. Das kann dazu führen, dass sie das Ziel gar nicht erreichen oder das richtige Ziel erst dann erkennen, wenn eine Menge Zeit und Energie für den falschen Weg verschwendet wurde.

 In Trainings- und Ausbildungssituationen sollten Sie zunächst einen Überblick über den Kurs liefern, bevor Sie zu den Einzelheiten übergehen. Ansonsten werden Sie die Menschen, die ein großes Gesamtbild benötigen, verlieren, bevor Sie überhaupt angefangen haben.

Als ich (Romilla) noch im IT-Bereich bei einem internationalen Konzern arbeitete, waren die wöchentlichen Meetings ziemlich interessant. Der Abteilungsleiter war eine im Überblick denkende Person und einer der Programmierer berichtete seine Fortschritte jedes Mal in minutiösen Details. Der Rest des Teams hatte große Schwierigkeiten, ernst zu bleiben, wenn sich der Gesichtsausdruck des Abteilungsleiters von Unverständnis über Langeweile zu totaler Verwirrung wandelte, bis er endlich einen der Projektleiter anherrschte: »Erklären Sie mir, was er meint!« Zum Glück war der Projektleiter irgendwo in der Mitte der Skala angeordnet und konnte somit die Details für den Abteilungsleiter übersetzen. Der arme Programmierer hatte vor jedem Meeting Schweißausbrüche und war immer total gestresst.

Haben Sie schon einmal völlig unentschlossen vor einer Aufgabe gestanden und sie immer wieder vor sich hergeschoben? Vielleicht waren Sie ja vom Umfang der Aufgabe überwältigt. Verwenden Sie folgende Anleitung, um die Aufgabe in Einzelteile zu zerlegen, die zu bewältigen sind.

1. **Stopp!**

   Falls Sie nicht ohnehin schon in völliger Handlungsunfähigkeit erstarrt sind, halten Sie inne.

2. **Schnappen Sie sich ein Blatt Papier und einen Stift.**

3. **Setzen Sie sich hin und legen Sie eine Liste an.**

   Überlegen Sie, was für Sie wirklich wichtig ist, und schreiben Sie es auf.

4. **Ordnen Sie die Liste nach Dringlichkeit beziehungsweise Wichtigkeit.**

   Manche der Punkte müssen unter Umständen auf eine weitere Aufgabenliste übertragen werden.

5. **Legen Sie los!**

Um herauszufinden, an welchem Ende der Skala zwischen Überblick und Detail sich jemand befindet, fragen Sie ihn einfach nach einem Projekt, an dem er gearbeitet hat. Ein Detail-Mensch wird Ihnen Schritt für Schritt berichten:

»Ich habe mich mit Thomas am zweiten Dienstag im Juli zum Mittagessen getroffen. Ich weiß noch, dass ich Thomas eine Menge Fragen stellen musste, weil er ständig von einem Thema zum anderen gesprungen ist und ich ihn laufend auf die einzelnen Arbeitsschritte zurückbringen musste. Ich war zunächst nervös, doch habe ich mich wesentlich besser gefühlt, als wir es geschafft hatten, alle Informationen in einem Projektplan festzuhalten.«

Derjenige, der das große Gesamtbild bevorzugt, präsentiert die Dinge zufällig und fasst das Ergebnis zusammen:

»Ich habe mich letztes Jahr irgendwann mal mit Tom zum Mittagessen getroffen und habe mich dazu entschieden, beim Aufbau des Wildschutzgebiets mitzumachen. Es ist doch ziemlich wichtig, die Artenvielfalt zu schützen. Ich bin der Auffassung, dass die Menschen Hilfe brauchen, um die Lage in den Griff zu bekommen, findest du nicht auch?«

Jemand mit Tendenz zur überblickenden Perspektive kann viel mit Wörtern wie »Überblick«, »Gesamtbild«, »zusammengefasst«, »generell« und »essenziell« anfangen.

Jemand, der am Detail-Ende des Spektrums liegt, hört besser auf Sätze, in denen Wörter wie »planen«, »präzise«, »Zeitplan«, »spezifisch«, »erstens«, »zweitens« »als Nächstes« und »zuvor« vorkommen.

Kämpfen, flüchten, erstarren und zögern

Neben Kämpfen und Flüchten ist auch Erstarren ein Teil des Stressmechanismus. Eine Antilope, die ein Gepard zu fassen bekommt, verfällt in einen Zustand der Katatonie und erstarrt. Die Überlebensstrategie besteht hier darin, dem Gepard zu vermitteln, die Antilope sei tot, und ihr somit eine Fluchtchance zu ermöglichen, falls der Gepard sie für eine spätere Mahlzeit irgendwo ablegt. Der andere Grund für diese Strategie ist, dass die Antilope keine Schmerzen fühlt, wenn sich der Gepard zu einer sofortigen Mahlzeit entschließt und das Tier in Stücke reißt.

Zögern ist das menschliche Äquivalent zu der Erstarrungsreaktion. Sind Sie oft zögerlich? Das könnte daran liegen, dass Sie sich zu viel aufbürden und nicht wissen, wo Sie anfangen sollen.

Ähnlichkeiten/Ähnlichkeiten und Unterschiede/Unterschiede erkennen

Falls Sie beim Erlernen oder Erleben von etwas Neuem versuchen, die Informationen an das anzupassen, was Sie schon wissen, haben Sie eine Präferenz für *Ähnlichkeiten*.

Sie könnten jedoch auch zu den Menschen gehören, die in Situationen zunächst die Ähnlichkeiten entdecken und dann die Unterschiede wahrnehmen. In diesem Fall haben Sie eine *Ähnlichkeiten-und-Unterschiede*-Präferenz.

Sollten Sie andererseits danach Ausschau halten, was sich von dem, was Sie bisher wissen, unterscheidet, bevorzugen Sie die Einordnung nach *Unterschieden*.

Als Ähnlichkeiten-Mensch haben Sie es mit dem Thema Rapport ziemlich leicht, da sich dabei alles um die Anpassung an die Physiologie und Denkweise eines anderen Menschen dreht – wahrscheinlich tun Sie das schon automatisch. Sie neigen dazu, eine Menge der auf Sie einströmenden Informationen auszusortieren, solange Sie keine Ähnlichkeiten zu vorangegangenen Situationen erkennen können. Sie haben eventuell Probleme, Neues zu lernen, weil Sie nicht finden, woran Sie relevante eingehende Informationen festmachen könnten. Sie gehören zu den Menschen, die Veränderungen nicht besonders mögen, sich vielleicht sogar davor fürchten und sich auch nur schwer auf Veränderungen im beruflichen oder privaten Bereich einstellen können. Allgemein gilt, dass Sie nur alle 15 bis 25 Jahre einschneidende Veränderungen vornehmen. Das bedeutet, dass Sie wahrscheinlich nur selten umziehen oder die Arbeitsstelle wechseln.

Als Mensch mit Ähnlichkeiten-und-Unterschiede-Präferenz halten Sie in einer Situation zunächst nach Ähnlichkeiten Ausschau und verlegen sich dann auf die Unterschiede. Sie mögen die langsame, sich stufenweise vollziehende Entwicklung, pflegen alle fünf bis sieben Jahre einschneidende Veränderungen vorzunehmen, widersetzen sich jedoch plötzlichen Veränderungen.

Wenn Sie nach dem Unterschiede-Metaprogramm vorgehen, suchen Sie geradezu nach Veränderung. In Ihrem Leben muss mindestens alle 18 Monate eine Revolution stattfinden und Sie führen Veränderungen um der Veränderung willen durch. Wie Ähnlichkeiten-Menschen neigen Sie dazu, große Datenmengen auszufiltern, solange keine Informationen enthalten sind, in denen Sie Unterschiede ausmachen können. Manche Menschen finden Sie vielleicht schwierig, weil Sie dazu neigen, immer auch die andere Seite der Medaille zu betrachten.

Einer meiner (Romilla) nahen Verwandten sortiert nach Unterschieden. Bis ich NLP entdeckte, war die Kommunikation zwischen mir und diesem Familienmitglied gelinde gesagt schwierig. Mittlerweile schätze ich seinen Input jedoch sehr. Wenn ich an einem neuen Projekt arbeite, erledige ich das gesamte Brainstorming mit Freunden und Familienmitgliedern. Sobald ich eine einigermaßen tragfähige Idee entwickelt habe, wende ich mich an den erwähnten Verwandten, da er fähig ist, alle Denkfehler und Probleme aufzudecken, die der Rest des Brainstorming-Teams übersehen hat. Diese Vorgehensweise spart eine Menge Zeit, die ansonsten für Trial and Error verschwendet würde.

Um das bevorzugte Metaprogramm einer Person in einem bestimmten Kontext aufzudecken, können Sie folgende Frage stellen: »Worin besteht die Beziehung zwischen Ihrem jetzigen und Ihrem vorherigen Job?« Jemand mit Ähnlichkeiten-Metaprogramm antwortet möglicherweise: »Es gibt keinen Unterschied, ich schreibe noch immer Programme.« Jemand, der nach einem Ähnlichkeiten-und-Unterschiede-Metaprogramm vorgeht, antwortet vielleicht: »Ich schreibe immer noch Programme für die Buchhaltung, aber mir sind nun drei angehende Programmierer zugeordnet.« Die Unterschiede-Person könnte antworten: »Mir wurde die Verantwortung über drei angehende Programmierer übertragen und nun ist alles anders.«

Aus der Frage nach der Beziehung zwischen den Rechtecken, die in Abbildung 8.2 zu sehen sind, kann man ein nettes Partyspielchen machen. Alle Rechtecke haben die gleiche Größe, doch sollten Sie das natürlich nicht vorher verraten.

Jemand, der nach einem Ähnlichkeiten-Metaprogramm vorgeht, sagt vielleicht: »Das sind alles Rechtecke« oder »Die Rechtecke haben die gleiche Größe«. Jemand mit Präferenz für das Ähnlichkeiten-und-Unterschiede-Metaprogramm könnte antworten: »Das sind alles Rechtecke, doch eins davon ist vertikal ausgerichtet.« Jemand, der nach dem Unterschiede-Metaprogramm vorgeht, sagt wahrscheinlich: »Sie sind unterschiedlich ausgerichtet.«

Falls Sie gerade keine Rechtecke, Bierdeckel oder Ähnliches zur Hand haben, können Sie auch drei gleiche Münzen verwenden, von denen Sie zwei gleich herum und eine um 180 Grad gedreht auf den Tisch legen und nach der Beziehung zwischen den drei Münzen fragen.

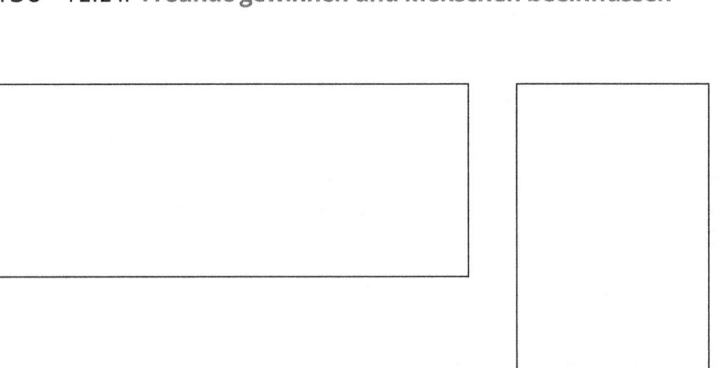

Abbildung 8.2: Das Ähnlichkeiten-/Unterschiede-Partyspielchen

Menschen mit einer Vorliebe für Ähnlichkeiten verwenden Wörter und Formulierungen wie »gleich«, »ähnlich«, »gemeinsam«, »wie immer«, »statisch«, »unverändert«, »so gut wie« und »identisch«. Menschen, die von einer Ähnlichkeiten-und-Unterschiede-Basis aus vorgehen, verwenden Wörter und Formulierungen wie »gleich, abgesehen von ...«, »besser«, »verbessern«, »sukzessiv«, »steigern«, »evolutionär«, »weniger«, »wenngleich«, »gleich, jedoch liegt der Unterschied ...«. Um den Rapport zu solchen Menschen zu verbessern, sollten Sie Dinge hervorheben, die Ähnlichkeiten haben, gefolgt von den Unterschieden – zum Beispiel: »Die Arbeit wird ziemlich ähnlich wie Ihre vorhergehende sein, jedoch werden Sie bei der Umsetzung neuer Lösungen eingebunden.«

Um jemanden zu beeinflussen, der vom Unterschiede-Metaprogramm aus vorgeht, sollten Sie Wörter und Formulierungen wie »Äpfel und Birnen vergleichen«, »verschieden«, »verändert«, »anders«, »komplett neu«, »ohne Vergleich« und »Ich weiß nicht, ob Sie damit einverstanden sind oder nicht ...« verwenden.

Metaprogrammkombinationen

Sie verfügen über eine Kombination von Metaprogrammen, deren Verwendung Sie in dem Bereich bevorzugen, in dem Sie sich sicher fühlen. Sie sollten jedoch nicht vergessen, dass sich diese Präferenzen mit den Umständen verändern. So könnte ein Projektmanager bei der Arbeit *Unterschiede, proaktiv, Detail* und *hin zu* kombinieren, zu Hause jedoch eher in Richtung *Gemeinsamkeit, reaktiv* und *Überblick* tendieren. Es ist darüber hinaus wichtig zu erkennen, dass bestimmte Kombinationen von Metaprogrammen besser auf bestimmte Berufsbilder passen als andere und dass es noch viele weitere Metaprogramme gibt, die für Sie nützlich sein könnten.

Wären Sie begeistert, wenn der Pilot Ihrer 747 stark in Richtung der Kombination *optional, Überblick* und *Unterschiede* tendieren würde? Ich für meinen Teil wäre ein wenig nervös, mich in die Hände von jemandem zu begeben, der vielleicht ein paar Startchecks auslässt, weil die Prozedur so langweilig ist, und es auch interessant und lustig findet herauszufinden, was passiert, wenn das rote Lämpchen da aufleuchtet. Würden Sie es gern sehen, wenn Ihr Apotheker nur mal so zum Testen ein paar zusätzliche Tropfen der hübschen blauen Flüssigkeit in Ihre Grippemedizin mischt? Diese Beispiele sollen zeigen, dass Berufe am besten funktionieren, wenn das Profil der Person in die Parameter des Jobs passt.

So werden Sie wahrscheinlich feststellen, dass die passendste Metaprogrammkombination für die Qualitätskontrolle Präferenzen für *Detail*, *weg von* und *prozedural* ist.

Ihre Metaprogramme entwickeln

Metaprogramme gehören zu den Themen, die in meinen (Romilla) Workshops das größte Interesse hervorrufen. Das liegt unter Umständen daran, dass die Teilnehmer hier die Wirkung der »richtigen« Sprache erkennen. Damit meine ich Wörter und Formulierungen, die für die Person, mit der Sie kommunizieren, die größte Bedeutung haben. Dies wird es Ihnen ermöglichen, besser Rapport aufzubauen und Ihrer Botschaft mehr Gehör zu verschaffen als jemandem, der in der Kunst der Metaprogramme nicht so bewandert ist.

Mit diesem Gedanken im Hinterkopf möchten wir Sie auffordern, Ihre Fähigkeiten weiterzuentwickeln, indem Sie sich Folgendes überlegen:

✔ Können Sie die Metaprogramme identifizieren, nach denen Sie in den unterschiedlichen Bereichen Ihres Lebens vorgehen? Das kann recht nützlich sein, wenn Sie den erfolgreichen Teil Ihres Lebens modellieren möchten, um einen anderen Aspekt Ihres Lebens zu verbessern, der nicht so läuft, wie Sie wünschen. Wenn Sie feststellen, dass Ihnen die Planung Ihres Urlaubs besser gelingt als das Vorantreiben Ihrer Karriere, liegt das vielleicht daran, dass Sie bei der Urlaubsplanung stärker in Richtung *proaktiv*, *hin zu* und *prozedural* vorgehen. Das würde bedeuten, dass Sie losziehen, Reiseziele recherchieren und planen, was Sie tun wollen. Unter Umständen sollten Sie sich, nachdem Sie das große Karriereziel festgelegt haben, stärker durch Verfahren treiben lassen, um die Schritte zu definieren und zu erreichen, die Sie dort hinbringen. Zudem müssen Sie sich auch auf das Ziel konzentrieren und proaktiver daran arbeiten, es zu erreichen.

✔ Haben Sie vielleicht deswegen Probleme mit einer anderen Person, weil Sie sich beide an entgegengesetzten Enden eines Metaprogramms befinden? Können Sie die Metaprogramme definieren, nach denen Sie und die andere Person vorgehen? Wie schon in der Erläuterung des Überblick-/Detail-Metaprogramms erwähnt, kann gerade das zu einer Menge Unstimmigkeiten führen. Wenn Sie über das große Gesamtbild sprechen und die Person, mit der Sie kommunizieren, ein Detail-Mensch ist, müssen Sie die bittere Pille schlucken und kleinere Häppchen servieren. Nicht zueinander passende Metaprogramme können zu einer Vielzahl von Konflikten und missglückter Kommunikation führen. Beziehen Sie also das, was Sie aus dem Sprachgebrauch eines anderen erfahren können, in Ihr Verhalten mit ein.

✔ Bei der Neubesetzung einer Arbeitsstelle sollten Sie die Eigenschaften des Idealkandidaten aufschreiben, sobald Sie die Funktionen und Verantwortlichkeiten bestimmt haben, die der Job mit sich bringt. Welche Fragen würden Sie stellen, um herauszufinden, wie gut ein Bewerber geeignet ist? Das Anstellen der »falschen« Person kann sich als ziemlich kostspielig herausstellen. Wenn Sie also beispielsweise einen Steuerberater einstellen möchten, sollte dieser gegebenenfalls die folgenden Präferenzen mitbringen:

- *proaktiv*, um bei den ständig wechselnden Steuergesetzen auf dem Laufenden zu bleiben,

- *prozedural* und *Detail*, um die gesetzlichen Regelungen im legalen Rahmen voll auszuschöpfen,

- *external*, damit er für die staatlichen Vorschriften empfänglich ist,

- *Unterschiede*, um jegliche Diskrepanzen in der steuerrelevanten Buchhaltung des Kunden aufzuspüren.

Teil III
Die Werkzeugkiste öffnen

Sie sind bei den Hauptinstrumenten und -techniken angekommen, mit denen Ihnen NLP hilft, schwierige Situationen zu meistern. Je geübter Sie im Umgang mit diesem Instrumentarium werden, desto besser werden Sie Ihre Gedanken und Handlungen anpassen können. Vom Einsatz der Ankertechnik bis hin zur Reise entlang Ihrer persönlichen Zeitlinie werden Sie hier alles Wichtige finden, was Ihnen den Aufbau und die Veränderung Ihres Verhaltensrepertoires ermöglicht. Nichts wie los in eine spannendere Zukunft!

Kapitel 9
Anker werfen

ch weiß einfach nicht, was über mich gekommen ist! Kommen Ihnen diese Worte bekannt vor? Hatten Sie schon einmal das Gefühl, dass Ihre Reaktion auf eine Situation völlig überzogen war? Ihre Gefühle haben das Ruder übernommen und Sie total überwältigt. Unter Umständen meinen Sie sogar, Sie wären nicht Sie selbst gewesen.

Normale Menschen wie Sie und ich reagieren ständig emotional. Manche dieser Gefühle sind wunderbar – Verliebtsein, Freude und Vergnügen. Andere sind nicht so toll – Liebeskummer, Trauer und Schmerz. Das ist es, was das Leben und die Arbeit interessant und amüsant macht, aber ebenso verwirrend und schwer einschätzbar. Bei unserer Arbeit sprechen wir immer wieder mit Managern, die stöhnen und wünschten, ihre Kollegen würden ihre Emotionen zu Hause lassen. Daheim würden es viele Leute lieber sehen, wenn ihre Partner ihren Arbeitsstress am Arbeitsplatz liegen lassen würden.

Vielleicht haben Sie schon einmal eine Situation miterlebt, in der jemandem unerwartet eine Sicherung durchgebrannt ist. Oft passiert dies bei einer – auf den ersten Blick – minimalen Provokation. Die meisten von uns können das Unbehagen und die Aufregung nachvollziehen, die solch ein Zustand mit sich bringt. Tatsächlich wird im NLP der *Zustand* zum Gegenstand von Untersuchungen, damit man sich jederzeit stärker dem augenblicklichen inneren Befinden bewusst wird.

In extremen Fällen können die Gefühle des Ausgeliefertseins und des Kontrollverlusts Menschen Angst einflößen. Sie können direkte Auswirkungen auf Ihre Karriere und Ihr Privatleben haben. Die Leute werden sich fragen, ob man sich auf solch eine Person in kritischen Situationen verlassen kann oder ob man sich vor ihr schützen muss.

Es wird Sie vielleicht freuen, zu hören, dass mit dem stabilisierenden Einfluss des NLP-Instrumentariums Hilfe zur Selbstkontrolle naht – für Ihren Zustand zu jeder Zeit und für die Wirkung, die Sie auf andere Menschen haben. Und wenn Sie erst einmal herausgefunden haben, wie es funktioniert, ist es einfach wunderbar.

NLP-Anker: Los geht's

Die NLP-Instrumente, die Ihnen helfen sollen, positive innere Zustände zu erzeugen, werden *Ankertechniken* genannt. Im NLP definiert man einen Anker als externen Reiz, der einen bestimmten inneren Zustand oder eine innere Reaktion auslöst. Menschen setzen und reagieren eigentlich ständig auf Anker. Sie wissen, dass Sie bei Rot nicht fahren dürfen. Sie merken, dass bestimmte Nahrungsmittel bei Ihnen Heißhunger auslösen.

Warum sind Anker so hilfreich? Weil Sie durch das Erlernen des Ankerns all Ihre positiven und schwierigen Erfahrungen und Erinnerungen nehmen und damit herumspielen können, um in Zukunft noch findiger zu sein.

Die Idee des Ankerns im NLP ergab sich aus der Modellierung der Techniken des Hypnotherapeuten Milton Erickson. Erickson verwendete häufig sogenannte *cues* als Auslöser, um Patienten zu helfen, ihren inneren Zustand auch außerhalb der therapeutischen Umgebung zu beeinflussen.

Menschen lernen Verhalten als Reaktion auf einen Reiz: Nicht nur Delfine lernen erstaunliche Tricks. Babys sind von ihrer Anlage her darauf programmiert, auf bestimmte Reize zu reagieren. Mit unglaublicher Verhaltensflexibilität verändern wir als Reaktion auf unsere Umgebung ständig unseren Zustand.

Einen Anker setzen und einen besonderen Zustand aufbauen

Unsere Erinnerungen werden mit Assoziationen unserer Sinne gespeichert. Gerüche sind besonders starke Anker für Momente und Ereignisse. So kann beispielsweise der Geruch eines bestimmten Parfums zu Ihrer ersten Verabredung zurückführen, für die Sie sich extra in Rasierwasser »gebadet« hatten. Oder falls Sie sich jemals so richtig mit Whiskey betrunken haben, kann unter Umständen schon allein der Geruch dazu führen, dass Ihnen übel wird. Wir legen ständig positive und negative Anker an.

Wie setzt man nun einen Anker? NLP-Lehrer schlagen unterschiedliche Techniken vor. Ian McDermott und Ian Shircore beschreiben die folgende einfache NLP-Technik, mit der Sie in drei Schritten die Kontrolle über Ihren inneren Zustand erlangen, indem Sie einen kreativen Anker setzen:

1. **Werden Sie sich über den positiven Zustand klar, den Sie sich idealerweise wünschen würden.**

Ihr ersehnter Zustand kann beispielsweise wagemutig oder geistreich, energisch, vorausschauend, enthusiastisch sein. Versuchen Sie, den Zustand klar und deutlich mit Ihren eigenen Worten zu beschreiben.

2. **Erinnern Sie sich an eine bestimmte Gelegenheit, in der Sie sich in diesem Zustand befanden.**

Sie suchen hier eine vergleichbare Erfahrung, es kann aber in einem völlig anderen Zusammenhang gewesen sein.

3. **Durchleben Sie die Erfahrung so anschaulich wie möglich.**

Lassen Sie sich voll auf die Erfahrung ein – die Bilder, Klänge, Gerüche, körperlichen Empfindungen und inneren Eindrücke.

Sobald Sie diese drei Schritte ausgeführt haben und sich im höchstmöglichen positiven Zustand befinden, ist der Moment gekommen, einen Anker zu setzen. Handbewegungen funktionieren sehr gut als physische (kinästhetische) Anker. Beobachten Sie einfach, was Ihre Hände tun, während Sie sich auf die Erfahrung einlassen, und behalten Sie eine bestimmte Bewegung – ballen Sie eine Faust oder bilden Sie mit Daumen und Zeigefinger einen Kreis. Alternativ können Sie für einen auditiven Anker auf Geräusche achten. Diejenigen, die eine visuelle Präferenz haben, sollten nach einem Bild Ausschau halten, das den positiven Zustand symbolisiert.

Wenn Sie wieder einmal in den positiven Zustand zurückwollen, werfen Sie einfach den Anker als Stimulus für sich ab, um Ihren Zustand zu verändern. Mehr Informationen über den Einsatz von Ankern zur Veränderung des inneren Zustands finden Sie im Abschnitt »Zustände mit Ankern verändern« weiter hinten in diesem Kapitel.

 Anker müssen …

✔ unverwechselbar sein – sich von alltäglichen Tätigkeiten, Geräuschen oder Bildern unterscheiden.

✔ einzigartig sein – ganz allein für Sie.

✔ intensiv sein – gesetzt, während Sie den Gipfel des Zustands absolut und anschaulich erfahren.

✔ rechtzeitig sein – den richtigen Moment erwischen, um die Assoziation herzustellen.

✔ gefestigt werden – wer rastet, der rostet; Ankern ist eine Fähigkeit, die sich durch ständiges Üben entwickelt.

 Es kann leicht passieren, dass man einen negativen Anker setzt, wenn man nicht genau auf diese Weise plant. Nehmen wir die Situation, in der ein hochgradig gestresster Manager spät abends von der Arbeit nach Hause fährt und auf der ganzen Fahrt geschäftlich problematische Telefongespräche vom Handy aus führt. In dem Moment, in dem er durch die Haustür tritt, befinden sich seine negativen Gefühle bezüglich seiner Arbeit auf dem Höhepunkt. Was, wenn ihm in genau diesem Moment seine Frau einen Begrüßungskuss gibt? Es könnte passieren, dass er unbeabsichtigt den Kuss seiner Frau mit seinen beruflichen Sorgen verbindet. Genau so werden Anker gesetzt. Was geschieht dann? Seine Frau küsst ihn – er spürt Sorge in sich aufsteigen und weiß nicht, warum.

Schon allein der gesunde Menschenverstand verbietet das bewusste Setzen eines negativen Ankers. Wie lässt sich das also vermeiden? Der Schlüssel liegt in der Erkenntnis, was in Ihnen eine negative Reaktion auslöst und dass Sie die Wahl haben, wie Sie reagieren. Wenn Sie die Angewohnheit haben, in einer bestimmten Situation negativ zu reagieren, sind Sie, sobald Sie sich dessen bewusst sind, in der Lage, zu entscheiden, ob das eine angemessene und hilfreiche Reaktion ist oder ob Sie besser ein paar Veränderungen vornehmen sollten.

Von Twitmeyer zu Pawlow oder wie alles begann

Was der russische Psychologe Pawlow bei seinen berühmten Experimenten mit Hunden herausfand, war ein frühes Beispiel für das Ankern. Setze einen Stimulus ein – Futter – und erlange dadurch eine gleichbleibende Reaktion – Speichelfluss. Verbindet man den Klang einer Glocke – der konditionierte Stimulus – mit der Fütterung, wird der Hund bald lernen, auf die Glocke zu reagieren.

Pawlows weniger bekannter Kollege Twitmeyer untersuchte 1902 den menschlichen Kniereflex, noch bevor Pawlow den Speichelfluss bei Hunden erforschte. Twitmeyer regte den Kniereflex mit einem Hämmerchen an und bei jedem Schlag ertönte eine Glocke. Wie bei so vielen Entdeckungen in der Wissenschaft führte eine unbeabsichtigte Veränderung des Experiments zum Durchbruch. Eines Tages ließ er die Glocke erklingen, ohne mit dem Hämmerchen zu klopfen. Raten Sie mal, was passierte: Das Knie der Versuchsperson reagierte allein auf den Klang der Glocke.

Leider war Twitmeyer seiner Zeit zu weit voraus und die damalige Medizin hatte für Verhaltensforschung nur ein müdes Lächeln übrig. (Oder vielleicht war auch sein Name schuld, dass ihn niemand wirklich ernst genommen hat.) Nur kurze Zeit später – im Jahr 1904 – konnte Pawlow mit seinen Untersuchungen an Hunden die Aufmerksamkeit der Wissenschaft erregen, was ihm den Nobelpreis für Physiologie einbrachte.

Seit damals ist die Erforschung tierischer Verhaltensweisen immer systematischer und differenzierter geworden. Jeden Tag können wir neue Forschungsergebnisse über das Gehirn lesen und unser Wissen über die menschliche Intelligenz und das menschliche Verhalten erweitern.

Zustände hervorrufen und kalibrieren

Können Sie erkennen, ob jemand anderes sich in einem glücklichen, positiven Zustand befindet oder nicht? Wenn man jemanden trifft und eine soziale oder geschäftliche Beziehung aufbauen möchte, ist es hilfreich, die Person zu *kalibrieren*.

 Mit *Kalibrieren* wird im NLP der Vorgang bezeichnet, bei dem man lernt, die Reaktionen einer anderen Person zu lesen. Gute Kommunikatoren beherrschen diese Beobachtungsgabe perfekt. Anstatt zu raten, wie eine andere Person wohl denkt, beobachten und erkennen sie subtile Hinweise und Gesichtsausdrücke bei den Menschen in ihrer Umgebung.

Wenn Sie wissen, dass Ihre Vorgesetzte jedes Mal, wenn sie einen engen Zeitplan einhalten muss, sehr leise geht und einen etwas verkrampften Gesichtsausdruck hat, sind Sie gut beraten, in solch einer Situation kein Schwätzchen mit ihr anfangen zu wollen. Oder falls Sie gerade einen Geschäftsabschluss vorhaben, sollten Sie sich die Zeit nehmen, die Leute kennenzulernen, mit denen Sie verhandeln. Unverfängliche Gespräche in der Kaffeeküche oder im Aufzug können dazu beitragen, die Körpersprache anderer zu kalibrieren und Ihr Bewusstsein für ihre Reaktionen zu schärfen.

 Probieren Sie einmal folgendes kleine Spiel mit einem Freund aus, um seinen Zustand zu kalibrieren. Beobachten Sie dabei Veränderungen in der Physiologie – was mit dem Gesichtsausdruck passiert, ob sich die Gesichtsfarbe oder die Körpersprache verändert. Achten Sie auf die Unterschiede.

1. **Beobachten Sie zunächst die Ausgangsposition und finden Sie heraus, wie Ihr Freund im neutralen Zustand aussieht.**

   Sie können Ihren Freund mit einer ganz gewöhnlichen Frage in einen neutralen Zustand versetzen, etwa »Welche Farbe haben die Socken, die du heute trägst?« oder »Wie viele Stifte hast du in deiner Schreibtischschublade?«

2. **Dann bitten Sie Ihren Freund, einen Moment an jemanden zu denken, den er wirklich gern mag und mit dem er gern zusammen ist. Bitten Sie ihn, auf alle Bilder, Geräusche und Gefühle zu achten, die dabei hervorgerufen werden.**

   (Geben Sie ihm etwas Zeit, um in die Erfahrung einzutauchen.)

3. **Bitten Sie Ihren Freund, aufzustehen und die Erinnerung abzuschütteln.**

   Dies nennt man im NLP den *Separator*.

4. **Bitten Sie Ihren Freund nun, einen Moment an jemanden zu denken, gegen den er eine starke Abneigung hegt und mit dem er überhaupt nicht zusammen sein mag. Bitten Sie ihn darum, auf alle Bilder, Geräusche und Gefühle zu achten, die dabei hervorgerufen werden.**

5. **Vergleichen Sie die Unterschiede in den Reaktionen Ihres Freundes auf das positive und auf das negative Erlebnis.**

Bei manchen Menschen lässt sich eine deutliche Veränderung in der Körpersprache feststellen. Bei anderen sind die Unterschiede so fein, dass man sie kaum wahrnehmen kann.

Eine NLP-Grundannahme lautet, dass es unmöglich ist, nicht zu kommunizieren. Ob es Ihnen passt oder nicht, Sie beeinflussen ununterbrochen andere Menschen. Sie haben die Fähigkeit, nur durch einen Blick oder ein Wort Zustände in anderen Personen oder sich selbst hervorzurufen. Es ist so einfach – man ist, wer man ist, und tut, was man tut, ohne dass man sich bewusst darum bemüht.

Das persönliche Anker-Repertoire aufbauen

Ein großer Vorteil, den man aus der Arbeit mit NLP ziehen kann, besteht darin, optimale Zustände für sich selbst zu finden – einfach die beste Methode zu finden, um ganz selbst zu sein. Man kann das in etwa damit vergleichen, unterschiedliche Tennis- oder Golfschläge beherrschen zu können. Fragen Sie sich selbst, welche Methode am besten für Sie ist, um …

✔ effektiv zu lernen.

✔ die beste Leistung zu erbringen.

✔ mit anderen Menschen umzugehen.

Achten Sie auf Momente, in denen Sie in der Vergangenheit besonders erfolgreich in diesen Bereichen waren. Was war zu diesen Zeiten bei Ihnen los? Wo waren Sie, mit wem und womit waren Sie zu der Zeit beschäftigt, was Ihnen damals hilfreich war? Was war für Sie wichtig?

Bauen Sie eine ganze Bandbreite visueller, auditiver und kinästhetischer Anker auf, die Ihnen ein gutes Gefühl sowohl sich selbst als auch anderen Menschen gegenüber geben. Vielleicht sollten Sie auch mit einem Freund gemeinsam daran arbeiten.

Persönliche Anker erkennen

Welche Auslöser, welche Reize beeinflussen Sie zu Hause oder bei der Arbeit am stärksten? Machen Sie sich in der Tabelle aus Abbildung 9.1 Notizen, damit Sie sich darüber bewusst werden, wann Sie sich gut und wann Sie sich weniger gut fühlen. Ihr Ziel ist, sich stärker auf die positiven Erfahrungen zu konzentrieren und die negativen zu verändern oder zu überwinden.

Nehmen Sie sich die Zeit, Details unterschiedlicher Erfahrungen aufzuzeichnen, die Ihnen ein gutes oder ein schlechtes Gefühl vermitteln. Das können scheinbar ganz belanglose, ganz persönliche alltägliche Ereignisse sein.

So fühlen Sie sich vielleicht zu Hause beim Anblick des Kaminfeuers oder einer Vase mit Tulpen auf dem Tisch, beim Hören Ihrer Lieblings-CD oder beim Duft einer auf dem Herd vor sich hin köchelnden Mahlzeit wohl. Entsprechend könnte Sie der Anblick des Computers auf einem aufgeräumten Schreibtisch, das Stimmengewirr im Großraumbüro oder der Duft einer frisch aufgebrühten Tasse Kaffee jeden Morgen bei der Arbeit angenehm empfangen.

	Zu Hause		Bei der Arbeit	
	gut	schlecht	gut	schlecht
visuell				
auditiv				
kinästhetisch				
olfaktorisch				
gustatorisch				

Abbildung 9.1: Eine persönliche Anker-Tabelle

Andererseits müssen Sie sich eventuell Strategien ausdenken, falls jemand den Fernseher laut aufdreht oder eine weitere E-Mail oder ein weiteres Schreiben in Ihrem Eingangskorb landet, um das Negative ins Positive umzukehren. Erst wenn Sie herausgefunden haben, was Sie mögen und was Sie nicht mögen, können Sie damit beginnen, die winzigen Details Ihrer alltäglichen Erfahrungen in die für Sie beste Richtung zu lenken.

Wir haben die Tabelle aus Abbildung 9.1 nach den unterschiedlichen VAKOG-Sinnen geordnet (mehr dazu in Kapitel 6). Die folgenden Anker sollten Sie beachten:

✔ **Visuell** – Bilder, Farben, Ausstattung

✔ **Auditiv** – Musik, Stimmen, Vogelgezwitscher, Geräusche

✔ **Kinästhetisch** – Oberflächenstrukturen, Empfinden der fassbaren Elemente und emotionaler Schwingungen

✔ **Olfaktorisch** – Gerüche, Chemikalien, Düfte

✔ **Gustatorisch** – Geschmack, Essen und Getränke

Kommen Sie alle paar Wochen auf dieses Grundgerüst zurück, um mehr darüber herauszufinden, was Ihnen Freude bereitet. Falls einer Ihrer Sinne dominiert – wenn zum Beispiel mehr visuelle Anker als auditive vorhanden sind –, sollten Sie prüfen, ob Sie Informationen unnötig stark filtern oder übergehen.

 Ihre Anker werden sich im Laufe der Zeit verändern. Während Sie sich mehr und mehr auf das konzentrieren, was Ihnen Freude bereitet, wird Ihnen auffallen, dass die Anker, die Sie anfangs auf die Palme gebracht haben, mit der Zeit immer unwichtiger erscheinen. Die folgende Übung sollten Sie sich vielleicht zur täglichen Gewohnheit machen.

Sie sollten jeden Tag fünf Ereignisse oder Erfahrungen heraussuchen, die Ihnen Freude gebracht haben. Führen Sie über diese Dinge ein privates Tagebuch. Oft sind es die kleinen

Dinge, die den Unterschied machen – eine angenehme Unterhaltung, eine nette Geste, der Duft frisch gebackener Brötchen oder Sonnenstrahlen, die durch die Wolkendecke brechen. Sobald Sie sich unter Druck fühlen, werfen Sie einen Blick in Ihr Tagebuch. Und achten Sie darauf, dass Sie wenigstens einen Teil des Tages wichtigen Dingen widmen, die Ihnen am Herzen liegen.

Ein Duft aus der Vergangenheit: Anker in Alltagssituationen

Erinnern Sie sich für einen Moment an Ihren ersten Schultag zurück. Horchen Sie aufmerksam auf alle Geräusche um Sie herum und achten Sie darauf, wie Sie sich in dieser neuen Umgebung gefühlt haben. Gerade Geräusche und Gerüche rufen sehr deutliche Erinnerungen an die Kindheit wach … und zwar sowohl angenehme als auch unangenehme. Unter Umständen gibt es ja heute einige Auslöser, die Sie augenblicklich an die Schule erinnern. Was löst bei Ihnen Erinnerungen an die Schulzeit aus? Vielleicht der Duft bestimmter Gerichte oder eines gewachsten Fußbodens, der Anblick einer Schulmedaille oder der Klang einer Pausenglocke.

Bei mir (Romilla) ist es der Duft von Kardamom, der mich unverzüglich in meine idyllischen und farbenfrohen Kindheitstage in Indien zurückversetzt. Für Kate jedoch bringt das Wort »Schulspeisung« die Bilder, Geräusche, den widerlichen Geschmack und die Angstgefühle der Schulmensa mit voller Wucht zurück.

Menschen, die sich mit der Ausbildung von Erwachsenen oder Kindern auseinandersetzen, sollte bewusst sein, dass es Menschen gibt, die in der Schule unschöne Lernerfahrungen gemacht haben, was einen gewissen Widerwillen verursachen kann. Zum Glück können die meisten dieser Menschen durch gute Lehrer oder Ausbilder entdecken, wie erfüllend und lustig das Lernen auch im Erwachsenenalter sein kann, selbst wenn man in der Kindheit anderes erlebt hat.

Gefühlszustände durchleben: »Sequencing States«

Denken Sie an den gestrigen Tag zurück. Gehen Sie die einzelnen Ereignisse des Tages durch und fragen Sie sich, wie Sie sich zu den jeweiligen Zeitpunkten gefühlt haben. Waren Sie den ganzen Tag im gleichen Zustand? Wahrscheinlich nicht. Ähnlich wie ein Thermometer haben Sie sich auf Höchst- oder auf Niedrigsttemperatur bewegt oder haben alle Zwischenwerte auf dieser Skala erfahren: kühl und ruhig, warm und interessiert, heiß und aufgeregt sowie eine Unzahl von Werten, die dazwischen lagen.

Wir Menschen sind mit Verhaltensflexibilität und der wundervollen Fähigkeit ausgestattet, unseren Zustand zu verändern. Wir brauchen die Veränderung sogar. Würden wir auf einem konstanten Hoch funktionieren, wären wir bald völlig erschöpft. Wer Spitzenleistung bringt, muss auch abschalten können und zur Regeneration fähig sein, um die Batterien wieder aufzuladen. Ansonsten droht nämlich ein »Burn-out«. Bei Präsentationen ist es beispielsweise wichtig, die Geschwindigkeit und den Rhythmus zu variieren, damit das Publikum nicht das Interesse verliert.

In Einzel-Coaching-Sitzungen weisen Kunden angesichts schwieriger Probleme regelmäßig eine ganze Bandbreite von Emotionen von extremer Wut, Frustration und Sorge bis hin zu Lachen auf, und zwar innerhalb einer äußerst kurzen Zeitspanne. Wenn es richtig hoch hergeht, schaukelt sich das Ganze bis zu dem Punkt auf, an dem jemand sagt: »Ich weiß nicht, ob ich lachen oder weinen soll.«

Humor ist eine unglaublich geniale Möglichkeit, den Zustand zu ändern. Comicfiguren verleihen uns oftmals die Fähigkeit, die entgegengesetzte Perspektive unserer Erfahrungen zu sehen; man kann hiermit ein ernstes Thema in einem anderen Licht betrachten. Jede Führungsperson – ob Eltern oder Manager – muss über die Fähigkeit verfügen, jemanden durch diese unterschiedlichen Zustände zu führen und zu einem positiven Resultat zu leiten.

Zustände mit Ankern verändern

Ihr Zustand ändert sich zwar ständig, doch sind Anker gerade deswegen wertvoll, weil Sie damit Ihren Zustand, wenn nötig, in einen wesentlich nützlicheren ändern können. Nehmen wir beispielsweise an, Sie müssen eine schwierige Entscheidung treffen, jemanden treffen oder es steht ein wichtiges Ereignis an – bei Hochzeiten und Beerdigungen überwältigen einen häufig die Emotionen, sodass man in solchen Zeiten besser seine Gefühle im Griff haben sollte. Wenn Sie sich im richtigen Zustand befinden, können Sie die besten Entscheidungen treffen und sich so verhalten, dass Sie das beste Resultat erzielen.

Als Analogie können Sie sich vorstellen, dass Sie eine Jolle durch den Sturm in einen sicheren Hafen bringen wollen. Wenn Sie die Fähigkeit entwickeln, Anker zu setzen, können Sie für sich selbst einen ruhigen Zustand ermöglichen oder in einen energiegeladenen, risikofreudigen Modus umschalten. Ein Anker ist per Definition an eine konstante Position gebunden: Er bietet Sicherheit und hält Sie davon ab, sich treiben zu lassen. Stärke und Konstanz sind hier die Schlüsselthemen.

Jedes Mal, wenn Sie bemerken, dass Sie sich nicht in einem »guten Zustand« befinden, haben Sie die Wahl. Entweder bleiben Sie bei diesem unbequemen Zustand, weil Sie aus irgendeinem Grund einen Nutzen daraus ziehen können. Oder Sie entscheiden sich für einen besseren Zustand, zu dem Sie gern wechseln möchten. Um den Zustand zu wechseln, können Sie einen Anker setzen, der in Ihnen einen positiveren Zustand auslöst. (Lesen Sie im Abschnitt »Einen Anker setzen und einen besonderen Zustand aufbauen« weiter vorn in diesem Kapitel nach, wie einfach man das in nur drei Schritten erzielt.)

 Wenn man ständig negative Anker mit positiven überdeckt, kann das zu Problemen führen. Negative Anker können eine Methode Ihres Unbewussten sein, Sie darauf hinzuweisen, dass es ein verdecktes Problem gibt, auf das Sie sich einlassen sollten. Müdigkeit kann ein Zeichen dafür sein, dass Ihre derzeitigen Arbeitsstrukturen ermüdend sind. Wenn Sie das ständig mittels eines energiegeladenen Ankers überdecken würden, würde dies zum Burn-out führen.

Gehirnwellen von Alpha bis Delta

Es gibt vier Arten von Gehirnwellen, die in Schwingungen pro Sekunde gemessen werden:

1. Alpha-Wellen – klar, ruhig und entspannt – 8 bis 12 Schwingungen pro Sekunde

2. Beta-Wellen – wachsam und problemlösend – 13 bis 30 Schwingungen pro Sekunde

3. Theta-Wellen – kreativ und fantasievoll – 4 bis 9 Schwingungen pro Sekunde

4. Delta-Wellen – Tiefschlaf – weniger als 6 Schwingungen pro Sekunde

Versuchen Sie's mal mit Barock-Beat

Was die alten Griechen wussten und Psychologen schon vor Urzeiten benutzten, wird von der modernen Wissenschaft bewiesen: Musik beeinflusst sowohl den Körper als auch den Geist. Musik nimmt auf die Gehirnwellen Einfluss, die die elektrische Aktivität im Gehirn anzeigen. Wenn wir entspannt sind, sind unsere Gehirnwellen langsamer und sie nehmen immer mehr Geschwindigkeit auf, je stärker wir angeregt werden. Musik mit etwa 60 Schlägen pro Minute scheint kulturübergreifend für das größte Wohlsein zu sorgen, da sie mit dem menschlichen Herzschlag im Ruhezustand übereinstimmt.

Barockmusik ist besonders gut dazu geeignet, einen Zustand entspannten Bewusstseins herzustellen, der auch *Alpha-Zustand* genannt wird. Wenn Sie diese Art von Musik einmal begutachten wollen, müssen Sie nach Largo- und Adagio-Passagen in Stücken suchen, die zwischen 1600 und 1750 komponiert wurden – Bach, Mozart, Händel und Vivaldi bieten jeweils einen guten Ausgangspunkt.

 Im Folgenden ein paar Gedanken zu Musik, um Sie ein wenig von Ihren eingefahrenen Hörgewohnheiten abzubringen:

✔ **Erweitern Sie die Bandbreite der Musik, die Sie hören.** Von Barock und Klassik, Jazz und Blues, Reggae, Pop und Rock bis Oper.

✔ **Verändern Sie den Rhythmus.** Vergleichen Sie klare Rhythmen mit variationsreichen und ungewöhnlichen Rhythmen, um Ihre Kreativität zu beflügeln. Worldmusic ist hier sehr gut geeignet.

✔ **Instrumental oder mit Gesang?** Worte können ablenken – Soloinstrumente führen eher zu Entspannung.

✔ **Intuition.** Vertrauen Sie auf Ihren Geschmack. Falls Sie ein Musikstück nicht mögen, schlagen Sie sich nicht damit herum. Schalten Sie es aus – es ist unwahrscheinlich, dass es Ihnen ein gutes Gefühl gibt.

✔ **Starten Sie anders in den Tag.** Wenn Sie sich morgens gut fühlen, dann sind Sie ganz beflügelt. Wechseln Sie den ernsten Nachrichtenkanal in Ihrem Radio gegen einen Sender mit anregender und schwungvoller Musik aus.

Die folgende Übung zeigt, wie man mithilfe von Musik ein Problem bearbeiten kann:

1. Denken Sie an eine Problemstellung oder eine Entscheidung, die Ihnen zu schaffen macht. Bewerten Sie dies auf einer Sorgenskala von 1 bis 10 und schreiben Sie die Note auf.

2. Wählen Sie drei Musikstücke unterschiedlicher Musikrichtungen aus. Versuchen Sie es beispielsweise mit Barock, Instrumentalmusik oder gefühlvollen Balladen.

3. Spielen Sie das erste Musikstück und denken Sie dabei über Ihr Problem nach. Bewerten Sie Ihre Gedanken auf einer Skala von 1 bis 10. Halten Sie kurz fest, was Sie fühlen und sehen.

4. Spielen Sie das zweite Musikstück und denken Sie dabei über Ihr Problem nach. Bewerten Sie Ihre Gedanken auf einer Skala von 1 bis 10. Halten Sie kurz fest, was Sie fühlen und sehen.

5. Spielen Sie das dritte Musikstück und denken Sie dabei über Ihr Problem nach. Bewerten Sie Ihre Gedanken auf einer Skala von 1 bis 10. Halten Sie kurz fest, was Sie fühlen und sehen.

Haben sich Ihre Gedanken verändert? Welche Musik hatte die stärkste Wirkung und führte zu einem erfreulicheren Zustand?

In jemandes Fußstapfen treten

Eine andere Möglichkeit, Ihre NLP-Fähigkeiten auszubauen, besteht darin, ein positives Vorbild zu suchen, jemand, der sich scheinbar so verhält, wie Sie sich gern verhalten würden. Probieren Sie doch mal die Körpersprache dieser Person aus. Sie können beispielsweise ihre Haltung kopieren – aufrecht oder schlaff, lächelnd oder ernst ... – und dann versuchen, auf die gleiche Weise zu gehen. Man nennt das auch *Mokassin-Gang* – stellen Sie sich vor, Sie tragen die Schuhe der anderen Person und versuchen, im Raum herumzugehen oder die Straße entlangzulaufen, so als würden Sie in die Fußstapfen des anderen treten.

Durch das Verändern der eigenen Physiologie ändern Sie auch Ihren inneren Zustand – wie Sie denken und reagieren.

Wenn Sie als kleine Frau einen großen Mann kopieren oder umgekehrt, kann Ihnen das neue Einsichten vermitteln, wie der Körperbau sich auf den Einfluss auf Menschen auswirkt. Gill – eine unserer Klientinnen mit vergleichsweise kleiner Körpergröße – hatte bei Vorstandssitzungen immer Schwierigkeiten, Aufmerksamkeit zu erhalten. Nachdem sie sich auf die physischen Ausmaße ihrer männlichen Gegenspieler einstellte, konnte sie ihren Präsentationsstil anpassen und raumgreifender wirken – sie bewegt sich nun entschlossen auf der Bühne, wenn sie das Wort hat. Außerdem breitet sie ihre Papiere aus und beansprucht mehr Platz auf dem Besprechungstisch. Beides Schritte, ihr Territorium und ihre Autorität nach außen sichtbar zu machen. Ebenso finden große Männer, die mit Kindern reden, eine sitzende Position näher am Boden besser, als wenn sie sich vor ihnen auftürmen.

Anker für Fortgeschrittene

Dieser Abschnitt zeigt, wie weitere NLP-Ankertechniken Ihnen helfen können, Herausforderungen und kritische Situationen zu meistern. Unter Umständen haben Sie gerade mit unerwünschten Verhaltensweisen zu kämpfen, etwa Rauchen oder ungesunde Ernährung. Oder Sie möchten Ihr Selbstvertrauen stärken, um im sportlichen Bereich bessere Leistungen zu bringen oder um eine öffentliche Rede zu halten.

Realistischerweise muss man aber auch sagen, dass NLP Sie nicht über Nacht in eine Opernsängerin oder einen Olympioniken verwandeln kann. NLP kann Ihnen keine Fähigkeiten verleihen, die Sie nicht besitzen. Jedoch können Ihnen Ankertechniken dabei helfen, auf Ihre eigenen Ressourcen zuzugreifen und so gut wie irgend möglich zu sein.

Negative Anker verändern

Gelegentlich muss man einen Weg finden, negative Anker zu ändern. Ein einfaches Beispiel wäre das Abgewöhnen einer destruktiven Angewohnheit. Jemand auf Diät, der bei einer Tasse Tee automatisch zur Keksdose greift, hat einen negativen Anker erzeugt – Getränk gleich Keks. Ein Büroangestellter, der jeden Tag besorgt zur Arbeit geht, weil er einmal Streit mit seinem Chef hatte, ist womöglich auf dem besten Weg zu einer stressbedingten Krankheit.

Desensibilisieren Sie sich

Eine der verbreitetsten NLP-Methoden zum Löschen eines Ankers ist die *Desensibilisierung*. Dazu müssen Sie sich zunächst in einen neutralen oder nicht assoziierten Zustand bringen, um sich das Problem dann in kleinen Dosen zu verabreichen. Beim Problem mit den Keksen aus dem vorangegangenen Abschnitt müsste man zunächst in einen willensstarken Zustand kommen, in dem man fähig ist, »Nein, danke« zu ungesunden Essgewohnheiten zu sagen. Dann übt man – während man sich immer noch im entschlossenen Zustand befindet –, sich in Versuchung zu bringen. Im Grunde geht es darum, neue Angewohnheiten zu lernen.

Anker verschmelzen

Eine andere Strategie besteht im Verschmelzen von Ankern, indem man zwei Anker gleichzeitig aktiviert – den unerwünschten negativen und einen stärkeren positiven.

Dadurch wird man in einen Zustand der Verwirrung versetzt und ein neuer, anderer Zustand entsteht. Das Verhaltensmuster bricht auf und es wird Platz für ein neues geschaffen.

Ich (Romilla) habe eine Klientin namens Jane, die sich vor Kurzem scheiden ließ und das Sorgerecht für die beiden kleinen Kinder des Paares zugesprochen bekam. Jane war jedes Mal ungeheuer aufgebracht am Telefon, wenn ihr Ex-Mann Termine für Besuche der Kinder ausmachen wollte. Das führte dazu, dass die Kinder den Wochenendbesuchen beim Vater und seiner neuen Partnerin ängstlich entgegensahen. Ich ermöglichte Jane, eine Auswahl verschiedener ruhiger und positiver Zustände zu ankern, sodass sie offen mit ihrem Ex-Mann sprechen konnte.

Die Ankerkette verlängern

Wir haben schon weiter vorn in diesem Kapitel erläutert, dass man sich im Verlauf des Tages durch verschiedene Gefühlszustände bewegt. Anker funktionieren oftmals in Reihe, wie eine Kette, bei der ein Auslöser zum nächsten führt. Manchmal ist es hilfreich, eine Kette aus Ankern zu bilden. Jedes Bindeglied in der Kette fungiert als Stimulus für den nächsten, wodurch eine Sequenz aus Zuständen entsteht. Sie können das mit einem Opernsänger vergleichen, der sich auf seinen Auftritt vorbereitet und dazu eine Sequenz von Zuständen durchläuft, bis er mental vorbereitet, konzentriert und bereit ist, auf die Bühne zu gehen.

Sie können aber auch eine Kette aus Ankern als Marschroute aufbauen, die in den gewünschten Zustand führt, wenn der Sprung vom aktuellen Zustand in den gewünschten positiven Zustand nicht in einem Schritt geschafft werden kann.

Beispielsweise könnte Ihr derzeitiger Problemzustand »Wut« sein und Sie möchten stattdessen lieber »entspannt« sein. Das ist schon ein ziemlicher Sprung, wenn man das in einem Schritt schaffen will. Doch wenn Sie zunächst von Wut zu Sorge gehen, gibt es noch eine Überschneidung zwischen diesen beiden Zuständen. Der zweite Schritt wäre dann von Sorge zu Neugier. Wieder gibt es Ähnlichkeiten zwischen den beiden Zuständen. Der letzte Schritt wäre dann von Neugier zu Entspannung. Um Schritt für Schritt vorwärtszukommen, müssen Sie jedes Mal einen neuen Anker setzen, wie weiter vorn in diesem Kapitel erläutert wird, bis Sie den gewünschten Zustand erreicht haben.

Verwirrung und Neugier sind besonders brauchbare Zwischenschritte, um eine Veränderung des Zustands bei sich selbst oder bei anderen zu bewirken. Emotional aufgeladene Situationen werden dadurch entschärft. Ich (Kate) habe einmal an einem Beratungsprojekt gearbeitet, bei dem einer der Senior-Manager höchst spannungsgeladene Telefonkonferenzen regelmäßig mit folgendem Satz unterbrach: »Jetzt bin ich ganz verwirrt; würden Sie mir das bitte noch einmal erklären?« Das hat sich jedes Mal als perfekte Strategie herausgestellt, um die Situation zu entschärfen und neue Ideen entstehen zu lassen. Wenn eine Person sagt, dass sie verwirrt ist, bremsen die anderen ihr Tempo ab und hinterfragen ihr eigenes Verständnis der Situation.

Bühnen-Anker

Für viele Menschen ist Reden in der Öffentlichkeit mit extremem Druck verbunden. Eine Reihe von Studien, die durch unsere Erfahrungen mit Klienten bestärkt werden, zeigen, dass manche Menschen lieber sterben würden, als in der Öffentlichkeit eine Rede zu halten! Zurzeit steht in den Vereinigten Staaten die Angst vor dem Reden in der Öffentlichkeit auf Platz eins; in Großbritannien liegt sie nach der Angst vor Spinnen auf Rang zwei.

Wir arbeiten häufig mit Klienten, die unter Leistungsängsten leiden, was sich in Schweißausbrüchen, Stimmverlust, Magenkrämpfen und Erregung ausdrückt. Wenn sie bei einem Abendessen eine Rede halten sollen, können sie meist die ganze Mahlzeit nicht genießen, weil sie ständig daran denken müssen, die Leute noch bei Kaffee und Brandy mit Witz und Charme unterhalten zu müssen.

Wenn es je einen Grund gegeben hat, Anker einzusetzen, um die Kontrolle zurückzuerlangen, dann diesen!

Der Circle of Excellence

Die NLP-Technik *Circle of Excellence* hilft Ihnen, sich zu trauen, eine bestimmte Tätigkeit auszuführen. Sie können sie deshalb unter anderem bei der Angst vor dem öffentlichen Reden einsetzen oder um Ihr Selbstvertrauen für sportliche Höchstleistungen zu stärken.

Der Circle of Excellence ist eine klassische NLP-Technik, die Sie mit einem Partner üben, falls Sie beispielsweise eine Tischrede halten müssen. Es funktioniert am besten, wenn Sie dazu einen engen Freund oder einen NLP-Practitioner hinzuziehen, der Sie einfühlsam durch diese Schritte leitet und gleichzeitig den Rapport mit Ihnen aufrechterhält und Sie nicht drängt.

✔ **Schritt 1: Bestimmen Sie eine Ressource.**

   Überlegen Sie sich zunächst, welchen Zustand oder welche Ressource Sie für die auszuführende Tätigkeit brauchen.

   Beispiel: »Ich möchte mehr Souveränität bei der anstehenden Tischrede erleben.«

✔ **Schritt 2: Erschaffen Sie Ihren »Circle of Excellence«.**

   Stellen Sie sich vor, vor Ihnen befindet sich ein Kreis auf dem Boden. Dieser Kreis symbolisiert Ihren »Exzellenzbereich«, in dem Sie Zugang zu den von Ihnen gewünschten Ressourcen haben.

   Visualisieren Sie den Kreis so klar wie möglich: Farbe, Größe, Helligkeit – alles, was Ihnen hilft, ihn greifbar zu machen.

✔ **Schritt 3: Verbinden Sie sich mit positiven Ressourcen.**

   Finden Sie eine Situation, in der Sie über die gewünschte Ressource verfügt haben. Teilen Sie Ihrem Partner mit, welche Situation das ist.

Ihr Partner sagt nun: »Denke an eine Zeit, in der du XXXX warst (er verwendet Ihre Worte) ... bring dich wieder dorthin ... sieh, was du dort gesehen hast, hör, was du gehört hast.«

✔ **Schritt 4: Treten Sie in den Kreis.**

Während Sie die positiven Gefühle und Ressourcen aufbauen, treten Sie in den Kreis ein. Sobald Sie im Kreis stehen, verstärken sich die positiven Emotionen noch weiter. Spüren Sie, wie die Ressource, die Sie sich wünschen, in Ihnen wächst und Sie ausfüllt.

Verweilen Sie in diesem Zustand und lassen Sie ihn sich in Ihnen verankern.

Atmen Sie tief ein und aus, während Sie die Ressource in Ihrem Körper wahrnehmen.

✔ **Schritt 5: Verankern Sie den Zustand.**

Bleiben Sie in Ihrem »Circle of Excellence«, bis Sie das Gefühl haben, dass der Zustand stark genug verankert ist. Sie können sich auch ein körperliches Signal überlegen (wie zum Beispiel das Drücken Ihrer Faust oder das Berühren Ihres Herzens), das Sie später verwenden können, um diesen Zustand leichter hervorzurufen.

✔ **Schritt 6: Verlassen Sie den Kreis.**

Wenn Sie das Gefühl haben, dass die Ressource vollständig verankert ist, treten Sie langsam aus dem Kreis heraus. Beobachten Sie, wie Sie die positive Ressource weiterhin in sich tragen, auch wenn Sie nicht mehr im Kreis stehen.

✔ **Schritt 7: Wiederholen Sie den Prozess und testen das Ergebnis.**

Wiederholen Sie Schritt 3 bis 6 mit weiteren Ressourcen, bis Sie zufrieden sind. Lassen Sie sich nun von Ihrem Partner in den Kontext führen, auf den Sie sich vorbereiten, zum Beispiel die Tischrede und aktivieren Sie Ihren Circle of Excellence. Falls erforderlich, nehmen Sie noch Anpassungen vor.

Räumliches Ankern

Beim *räumlichen Ankern* beeinflusst man sein Publikum mittels Anker. Wenn Sie auf der Bühne an bestimmten Stellen immer wieder das Gleiche tun, wird das Publikum mit der Zeit eine bestimmte Verhaltensweise von Ihnen erwarten, je nachdem, wo Sie sich auf der Bühne befinden. Ein Rednerpult ist ein definitiver Anker – wenn Sie am Rednerpult stehen, erwartet das Publikum, dass Sie reden.

In Präsentationen können Sie absichtlich andere Erwartungen beim Publikum für bestimmte Bereiche der Bühne erzeugen. Den Großteil erledigen Sie vielleicht vom Zentrum der Bühne aus, zum Erzählen von Anekdoten treten Sie aber ein Stück zur Seite und zum Darstellen von technischen Informationen bewegen Sie sich auf die andere Seite. Das Publikum lernt sehr schnell, bestimmte Themen zu erwarten, je nachdem, an welcher Position Sie stehen.

Ein letztes Wort zu Ankern

Anker funktionieren nicht immer gleich beim ersten Mal. Wie bei allen in diesem Buch erwähnten Instrumenten werden Sie am schnellsten zu Ergebnissen kommen, wenn Sie einen NLP-Kurs besuchen und mit einem erfahrenen Practitioner zusammenarbeiten. Doch unabhängig davon, wie Sie Ihre Fähigkeiten ausbauen wollen – allein oder gemeinsam mit anderen –, sollten Sie einfach loslegen. Wir möchten Sie dazu ermutigen weiterzumachen, auch wenn am Anfang alles noch ein wenig seltsam erscheint. Wenn Sie erst einmal die Kontrolle über Ihren inneren Zustand erlangt haben, erweitern Sie Ihre Wahlmöglichkeiten und das ist es auf jeden Fall wert.

Kapitel 10
Mit den Hebeln spielen

D enken Sie an ein sehr schönes Erlebnis. Sie müssen uns nicht mitteilen, um was es dabei gegangen ist, also keine Hemmungen – lassen Sie sich richtig darauf ein. Entsteht ein Bild vor Ihren Augen? Können Sie etwas spüren oder hören Sie etwas? Es ist fantastisch, wenn alle drei Dinge bei Ihnen auftreten, und völlig in Ordnung, wenn nur ein oder zwei davon gelingen. Wir werden daran arbeiten, dass Sie sowohl etwas sehen als auch etwas fühlen und auch etwas hören. Können Sie das Erlebnis verstärken? Gut! Können Sie es vielleicht noch etwas steigern?

Wie haben Sie das Erlebnis intensiviert, als Sie es erneut durchlebt haben? Haben Sie das Bild heller, größer, farbenfroher gestaltet oder es näher herangeholt? Vielleicht haben Sie die Lautstärke erhöht und haben das Gefühl, das Sie gespürt haben, auf Ihren gesamten Körper ausgeweitet. Sie haben soeben entdeckt, wie man mit *Submodalitäten* spielt.

Nachdem Submodalitäten die Grundbausteine dafür sind, wie Sie Ihre Welt erleben, kann eine geringfügige Änderung einer Submodalität eine entscheidende Auswirkung auf die Erfahrung haben. Das bedeutet, Sie haben die Kontrolle darüber, wie Sie Ihre Welt wahrnehmen wollen. Sie können sich entscheiden, ein angenehmes Erlebnis zu verstärken oder einem unangenehmen Erlebnis die negativen Emotionen zu nehmen. Sie können ebenso lernen, sich aus einem unerwünschten Zustand (zum Beispiel Verwirrung) heraus in einen besseren Zustand (zum Beispiel Begreifen) zu bewegen. Kurz gesagt, *Sie* können *entscheiden*, welche Bedeutung Sie dem geben, was in Ihrem Leben geschieht. In diesem Kapitel erfahren Sie, wie das geht.

Submodalitäten: Wie wir unsere Erfahrungen speichern

Sie haben in Kapitel 6 erfahren, dass Sie Ihre Welt durch Ihre fünf Sinne (eigentlich sechs, aber dazu an anderer Stelle mehr) erleben. Diese fünf Sinne werden im NLP *Modalitäten* genannt. Mithilfe der Submodalitäten können Sie an Ihren Modalitäten feilen und so ihre Eigenschaften ändern.

Die Submodalitäten für das Sehvermögen können zum Beispiel die Größe eines Bildes sein, seine Helligkeit oder Farbe und die Tatsache, ob es einen Rahmen hat oder nicht. Submodalitäten für das Hören können Lautstärke, Tempo oder die Klangfarbe einer Stimme sein und für das Fühlen könnten es Niedergeschlagenheit oder Schmetterlinge im Bauch sein. Verstehen Sie das Prinzip?

 *Kontrastive Analyse* findet statt, wenn Sie die Submodalitäten von zwei Erfahrungen vergleichen und gegenüberstellen. Wenn wir Sie zum Beispiel bitten, die Submodalitäten von etwas Realem (etwa einem Hund) mit einem Fantasieprodukt (etwa einem Einhorn) zu vergleichen, werden Sie feststellen, dass beide jeweils Unterschiede in ihren Submodalitäten aufweisen.

Grundlegende Informationen oder was Sie wissen müssen, bevor Sie anfangen

Mit Submodalitäten geben Sie Ihren Erfahrungen eine Bedeutung – etwas ist echt oder falsch, gut oder schlecht und so weiter. Sie können Submodalitäten verwenden, um die Intensität dieser Bedeutung zu ändern. In der Übung am Anfang des Kapitels haben Sie Ihrer Erfahrung eine Bedeutung gegeben – sie war schön. Durch die Veränderung der Submodalitäten Ihrer Erfahrung konnten Sie die Erfahrung verstärken und damit auch die Bedeutung der Erfahrung – sie wurde noch schöner.

Jetzt wissen Sie also, dass Sie Ihre Erinnerungen steuern können, indem Sie einfach die Submodalitäten des Bildes, Geräusches und Gefühls ändern. Ebenso wie sich Modalitäten in Submodalitäten unterteilen lassen, sind auch für Submodalitäten weitere Unterscheidungen möglich. Ein Bild kann in *Farbe* oder *Schwarz-Weiß* sein; es kann *gerahmt* oder als *Panorama* gezeigt werden. Was Panorama in diesem Zusammenhang bedeutet? Stellen Sie sich vor, Sie stehen auf dem Gipfel eines Berges und betrachten die Landschaft vor Ihnen, während Sie Ihren Kopf langsam um 180 Grad drehen. Was Sie sehen, ist ein Panorama. Weiter hinten in diesem Kapitel erfahren Sie, wie die Gefühle beeinflusst werden, je nachdem, ob Sie in einem Bild assoziiert oder dissoziiert sind. Geräusche können sich in Ihrem Kopf abspielen oder außerhalb. Gefühle können eine Beschaffenheit haben.

Sie können jede der Modalitäten ändern – um Ihnen bei den Änderungen behilflich zu sein, haben wir am Ende dieses Kapitels eine Modalitätenliste zusammengestellt. Wir empfehlen Ihnen, das Formular auszufüllen, bevor Sie mit den Änderungen beginnen. So können Sie immer zur ursprünglichen Beschaffenheit einer Modalität zurückkehren, wenn Ihnen danach ist.

Assoziieren oder Dissoziieren

In diesem Abschnitt erfahren Sie, wie Sie sich in eine Erinnerung hinein- und wieder herausbewegen. So erhalten Sie weitere Möglichkeiten, Ihre Gefühle zu verstärken oder abzuschwächen. Unserer Erfahrung nach handelt es sich dabei um eine wichtige Submodalität – eine, die näherer Erklärung bedarf.

Wenn Sie sich in einem Bild visualisieren, ist es, als betrachten Sie sich selbst in einem Fernsehfilm. Das nennt man *dissoziiert*. Wenn Sie sich tatsächlich im Bild befinden und es durch Ihre eigenen Augen betrachten, nennt man das *assoziiert*. Für Ihr Bild und Ihre daraus resultierenden Gefühle ist das Assoziiert- oder Dissoziiertsein eine außerordentlich wichtige Submodalität.

Normalerweise werden Gefühle verstärkt, wenn man im Bild assoziiert ist. Manchmal fällt es schwer, assoziiert oder dissoziiert zu sein. Wenn jemand einen schweren persönlichen Verlust erlitten hat oder traumatisiert wurde, ist es für ihn meist schwierig, assoziiert zu sein, und er muss dies möglicherweise erst lernen.

Um für das Assoziiert- und Dissoziiertsein ein Gefühl zu bekommen, stellen Sie sich einmal vor, wie Sie auf dem Vordersitz eines Autos sitzen. Wenn Sie dissoziiert sind, werden Sie ein Bild von sich selbst im Auto sehen, in etwa so, als ob Sie sich im Fernsehen oder auf einer Fotografie betrachten. Wenn Sie sich im Bild assoziieren wollen, stellen Sie sich vor, wie Sie die Autotür öffnen und sich in den Wagen setzen. Jetzt sehen Sie durch Ihre eigenen Augen. Das Armaturenbrett befindet sich vor Ihnen. Können Sie seine Beschaffenheit und Farbe erkennen? Sehen Sie jetzt hoch zur Windschutzscheibe. Ist sie mit den Überresten selbstmörderischer Insekten (oder Aliens, falls Sie *Men in Black* gesehen haben) übersät?

Finden Sie es schwierig, zu dissoziieren? Stellen Sie sich vor, wie Sie im Auto sitzen. Und nun stellen Sie sich vor, dass Sie aus dem Auto aussteigen und auf den Bürgersteig treten. Drehen Sie sich um und sehen Sie sich selbst auf dem Vordersitz. Falls Sie immer noch nicht dissoziieren können, tun Sie so, als ob Sie einen Film ansehen und sich auf der Leinwand da vorn im Auto betrachten.

Wenn Sie glauben, dass Sie hier oder bei irgendeiner anderen Übung den Dreh noch nicht raushaben, lassen Sie es für den Moment einfach gut sein. Sie können jederzeit auf die Übung zurückkommen und ihr eine weitere Chance geben, wenn Sie sich etwas mehr mit NLP befasst haben. Oder Sie finden einen NLP-Practitioner oder eine NLP-Übungsgruppe, mit dem beziehungsweise der Sie arbeiten können, um Ihre Fähigkeiten auszubauen.

Die Details Ihrer Erinnerungen definieren

Als Sie sich hingesetzt haben, um dieses Buch zu lesen, war Ihnen wahrscheinlich nicht bewusst, wie sich der Stuhl in Ihrem Rücken und unter Ihren Oberschenkeln anfühlt – Sie achten wohl erst jetzt darauf, nachdem wir Sie darauf aufmerksam gemacht haben. Genauso sind Sie sich nicht immer der Eigenschaften Ihrer Erinnerungen bewusst. Bis wir Sie bitten, sich an einen Zeitpunkt zu erinnern, als Sie Ihre Zähne geputzt, ein Spiel gespielt, ein Buch gelesen oder gekocht haben. Dann erkennen Sie, dass diese Erinnerungen eine ganze Reihe von Eigenschaften besitzen. Wenn Sie zum Beispiel ein Buch lesen – das Bild, das Sie sich von dem Buch, der Geschichte oder sich selbst machen, kann beispielsweise einen Rahmen haben, es kann schwarz-weiß sein, eventuell hören Sie den entfernten Straßenverkehr oder das Geräusch beim Umblättern der Seiten, vielleicht hat Sie das Buch zum Lachen gebracht und sich glücklich und unbeschwert fühlen lassen. Sie werden sich der Eigenschaften der Submodalitäten bewusst, wenn Sie darauf achten, was Sie beim Denken an ein Erlebnis sehen, hören oder fühlen. Die folgenden Abschnitte präsentieren Ihnen Fragen, mit deren Hilfe Sie die Beschaffenheit der visuellen, auditiven und kinästhetischen Submodalitäten erforschen können.

Hinweis: Wir haben uns in diesem Kapitel dafür entschieden, uns auf die visuellen, auditiven und kinästhetischen Submodalitäten zu konzentrieren und den Geschmacks- und den Geruchssinn hier beiseitezulassen. Und zwar deshalb, weil wir meinen, dass diese Sinne, kulturell betrachtet, nicht dasselbe Gewicht haben wie in anderen Kulturen – außer Sie sind Wein-, Tee- oder Kaffee-Tester. Wo wir gerade dabei sind … Geschmackserlebnisse und Düfte können unser emotionales Gedächtnis beeinflussen: So kann Sie der Duft von gerösteten Maronen ganz auf die Schnelle zu Schneeflocken und Weihnachtsliedern zurücktransportieren.

Visuelle Submodalitäten erforschen

Sie können die Eigenschaft eines Bildes definieren, indem Sie beschreiben, wo das Bild im Raum positioniert ist, wenn Sie es betrachten. Es kann sich beispielsweise direkt vor Ihnen, links oder rechts von Ihnen befinden oder leicht nach oben oder unten versetzt sein. Wenn es sich um ein Panorama handelt, wirkt es, als ob Sie stehen bleiben können und Ihren Kopf nur zu drehen brauchen, um die Aussicht vor Ihnen zu betrachten. Das Bild wird weitere Eigenschaften wie Helligkeit, Form und so weiter haben. Wenn Sie über die folgenden Eigenschaften nachdenken, werden Sie herausfinden, auf welche Weise Sie Bilder in Ihrem Kopf gestalten.

Visuelle Submodalitäten	Fragen, um sie aufzudecken
Position	Wo befindet sich das Bild im Raum?
	Zeigen Sie auf das Bild.
	Wie nah oder wie weit entfernt ist es?
Farbe/Schwarz-Weiß	Ist es in Farbe oder Schwarz-Weiß?
assoziiert oder dissoziiert	Ist das Bild assoziiert oder dissoziiert?
	Können Sie sich selbst im Bild sehen oder sehen Sie es durch Ihre eigenen Augen?

Visuelle Submodalitäten	Fragen, um sie aufzudecken
Größe	Ist das Bild groß oder klein?
	Welche Maße, glauben Sie, hat das Bild?
zwei- oder dreidimensional	Hat das Bild zwei oder drei Dimensionen?
Helligkeit	Ist das Bild hell oder dunkel?
unbewegt oder bewegt	Ist es eine Einzelaufnahme oder ist es ein Film?
	Falls es ein Film ist, wie schnell ist die Bewegung des Films?
Form	Ist das Bild quadratisch, rund oder rechteckig?
gerahmt oder Panorama	Hat das Bild eine Begrenzung oder ist es ein Panorama?
scharf oder unscharf	Ist das Bild klar oder ist es verschwommen?

Auditive Submodalitäten erforschen

Wie die Bilder, die in Ihrem Kopf entstehen, haben die zugehörigen Geräusche und Klänge, die Sie wahrnehmen, bestimmte Eigenschaften. Sie mögen sich der Merkmale nicht bewusst sein, bis Sie sich darauf konzentrieren, indem Sie die unten stehenden Fragen durcharbeiten.

Auditive Submodalitäten	Fragen, um sie zu aufzudecken
Position	Wo hören Sie den Klang?
	Ist der Klang in Ihrem Kopf oder außerhalb?
	Zeigen Sie, woher er kommt.
Wörter oder Geräusche	Können Sie Wörter oder Geräusche hören?
	Falls es Wörter sind, gehört die Stimme jemandem, den Sie kennen?
Lautstärke	Ist das Geräusch laut oder leise?
	Ist es ein Flüstern oder klar hörbar?
Ton	Wenn Sie eine Stimme hören, wie klingt sie?
	Ist sie tief, voll, nasal oder rau?
Tonlage	Ist der Ton hoch oder tief?
mono oder stereo	Können Sie den Klang auf beiden Seiten oder nur auf einer hören? Umgibt Sie der Klang?
konstant oder unterbrochen	Ist das Geräusch durchgängig oder unterbrochen?
Rhythmus	Hat der Klang einen Rhythmus?
Tempo	Ist das Geräusch langsam oder schnell?
Melodie	Hat der Klang eine Melodie?

Kinästhetische Submodalitäten erforschen

Und, wie zu erwarten, verfügen auch Submodalitäten, die mit Gefühlen zu tun haben, über Eigenschaften, mit deren Hilfe man sie definieren kann.

Kinästhetische Submodalitäten	Fragen, um sie aufzudecken
Position	Wo ist das Gefühl in Ihrem Körper?
	Zeigen Sie dorthin, wo Sie es spüren.
Form	Hat das Gefühl eine Form?
Druck	Übt das Gefühl einen Druck aus?
Größe	Hat das Gefühl eine Größe?
	Ist es klein oder groß?
Qualität	Ist es ein prickelndes Gefühl?
	Ist es großflächig oder an einen Ort gebunden?
Intensität	Ist das Gefühl stark oder schwach?
bewegungslos oder bewegt	Können Sie das Gefühl an einer Stelle fühlen oder bewegt es sich in Ihrem Körper?
Temperatur	Ist das Gefühl warm oder kalt?
konstant oder unterbrochen	Ist das Gefühl beständig oder tritt es zeitweilig auf?
Struktur	Hat das Gefühl eine (Oberflächen-)Beschaffenheit?

Bevor Sie damit beginnen, an den Submodalitäten einer Erinnerung herumzuspielen, ist es wichtig, zunächst eine Liste anzulegen. Sollten Sie sich beim Verändern irgendwann unbehaglich fühlen, können Sie Bild, Klänge und Gefühle wieder auf den ursprünglichen Stand zurücksetzen. Für diesen Zweck finden Sie am Ende des Kapitels ein Arbeitsblatt. Machen Sie davon so viele Kopien, wie Sie benötigen.

Fragen Sie sich immer, ob es in Ordnung ist, weitere Änderungen vorzunehmen. Wenn Sie Widerstand spüren, wenn Sie sich unwohl fühlen, nehmen Sie dieses Gefühl ernst und seien Sie Ihrem Unbewussten dankbar, dass es Sie auf einen möglichen inneren Konflikt hinweist. Als ich (Romilla) zum Beispiel mit einem Klienten daran arbeitete, seine Trauer zu überwinden, wollte er seinen Verlustschmerz nicht loslassen. Er glaubte, dass er seinen Vater vergessen würde, wenn er den Schmerz hinter sich ließe. Tatsächlich konnte er sich an seinen Vater viel lebhafter erinnern, nachdem er den Schmerz losgelassen hatte. Möglicherweise können Sie das Problem einfach mit sich selbst ausmachen; es kann aber auch sein, dass Sie jemanden brauchen, mit dem Sie sich darüber unterhalten können, beispielsweise einen NLP-Practitioner.

Ein wenig Übung

Stellen Sie sich vor, Sie haben eine Fernsteuerung mit drei Schiebereglern, die mit V für visuell, A für auditiv und K für kinästhetisch gekennzeichnet sind. Durch Verschieben der einzelnen Regler können Sie die Eigenschaften aller Bilder in Ihrem Kopf ändern, aller Klänge, die Sie in Ihrem Kopf hören, und aller Gefühle, die Sie in Ihrem Körper spüren, (mehr zu *VAK-Modalitäten* finden Sie in Kapitel 6).

Warum sollten Sie die Eigenschaften Ihrer Erinnerungen regulieren wollen? Angenommen, Sie haben als Schüler für eine Schulaufführung geprobt und Ihr völlig gestresster Lehrer hat Sie angebrüllt: »Du Dummkopf, du hast es schon wieder vermasselt!« Inzwischen haben Sie einen Beruf, in dem Sie überzeugende Präsentationen vor Ihren Kollegen und Kunden halten müssen. Sie fangen aber jedes Mal zu schwitzen und zu stammeln an, wenn Sie beginnen wollen, und die Stimme in Ihrem Kopf meint: »Du Dummkopf, du hast es schon wieder vermasselt!« Sie müssen wahrscheinlich die Eigenschaften Ihrer Erinnerungen anpassen, weil sie Ihnen und Ihren Zielen im Weg stehen. Stellen Sie sich vor, den Helligkeitsregler zu verschieben, bis das Bild des Lehrers dunkler wird. Dann verschieben Sie den Größenregler und der Lehrer wird klein und unbedeutend. Schließlich passen Sie den Lautstärkeregler an und sein Brüllen wird zum Flüstern. Sie werden dann feststellen, dass Sie Präsentationen so abhalten, wie Sie es im Grunde schon immer konnten.

 Um zu sehen, wie effektiv das Ändern von Submodalitäten sein kann, probieren Sie einmal die folgende Übung aus. Verwenden Sie dazu das Arbeitsblatt am Ende des Kapitels.

1. Denken Sie an jemanden, den Sie mögen.

2. Erinnern Sie sich an das letzte Mal, als Sie eine wirklich schöne Zeit mit dieser Person erlebt haben.

3. Halten Sie Eigenschaften des Bildes fest, das Sie sehen, aller Klänge, die Sie hören, und aller Gefühle, die Sie spüren.

4. Ändern Sie schrittweise das Bild, das Sie erzeugt haben, jedoch *immer nur eine visuelle Submodalität auf einmal*. Beachten Sie, wie jede Änderung die Erinnerung an Ihre gemeinsame Zeit beeinflusst.

5. Ändern Sie schrittweise die Klänge, die Sie hören, jedoch *immer nur eine auditive Submodalität auf einmal*. Beachten Sie, wie jede Änderung die Erinnerung beeinflusst.

6. Ändern Sie schrittweise die Gefühle, die Sie spüren, jedoch *immer nur eine kinästhetische Submodalität auf einmal*. Beachten Sie, welchen Einfluss jede Änderung auf die gesamte Erfahrung Ihrer gemeinsamen Zeit hat.

Ihre kritischen Submodalitäten erkennen

Einige Submodalitäten sind sehr bestimmend für die Reaktion einer Person. Ein Beispiel dafür kann die Größe oder Helligkeit eines mentalen Bildes sein. Sie stellen möglicherweise fest, dass Ihre Erfahrung verstärkt wird, wenn Sie das Bild größer oder heller machen. Oder Sie finden heraus, dass eine neue Positionierung des Bildes und sich im Bild zu assoziieren oder zu dissoziieren den Klang und das Gefühl der Erfahrung beeinflussen.

Bei einer *kritischen* Submodalität handelt es sich um eine, durch deren Änderungen sich andere Submodalitäten des Erlebnisses ebenfalls ändern. Sie beeinflusst auch die Submodalitäten anderer Repräsentationssysteme. Das bedeutet, dass zum Beispiel durch die Änderung der Helligkeit eines Bildes nicht nur andere Qualitäten des Bildes automatisch verändert werden, sondern die Eigenschaften von Klängen und Gefühlen, die im Zusammenhang mit dem Bild erfahren werden, sich ohne bewussten Eingriff ebenfalls ändern.

 Suzy, eine Klientin von mir (Romilla), hatte Probleme mit einem Ziel, das sie sich gesetzt hatte und das sie seit über sechs Monaten angestrengt zu erreichen versuchte. Ich bat Suzy, die Submodalitäten ihres Ziels zu untersuchen. Suzy sagte, es läge oben links (wenn Sie sich eine riesige Uhr vorstellen, lag es auf 11 Uhr und fast auf Dachhöhe). Anschließend bat ich Suzy, die Position des Bildes so zu verändern, dass es vor ihr und zwar in etwa einem Meter Entfernung liegt. Suzys Reaktion war unglaublich. Sie sprang so heftig von ihrem Stuhl auf, dass sie beinahe gestürzt wäre, lief knallrot an und konnte sich nicht halten vor Lachen. Die veränderte Position des Bildes hatte eine enorme Wirkung auf Suzy und führte ihr das Ziel so deutlich vor Augen, dass sie fühlen konnte, wie es sein würde, es zu erreichen. So wurde das Ziel viel konkreter. Mit weiteren Zielsetzungstechniken erreichte eine begeisterte Suzy ihr Ziel in vier Monaten.

Sie erfahren Ihre Welt durch fünf Sinne – visuell (sehen), auditiv (hören), kinästhetisch (fühlen und tasten), olfaktorisch (riechen) und gustatorisch (schmecken). Sie werden höchstwahrscheinlich einen dieser Sinne den anderen vorziehen, um Daten über Ihre Welt zu sammeln, insbesondere in stressigen Zeiten. Das nennt man dann Ihr *leitendes* oder *primäres Repräsentationssystem*. Es beeinflusst, wie Sie lernen, und die Art, wie Sie Ihre äußere Welt im Inneren Ihres Kopfes abbilden.

 Bei einer Sitzung mit Charles, eines weiteren Klienten von mir (Romilla), fand ich heraus, dass sein primäres Repräsentationssystem auditiv war. Er war stärker kinästhetisch veranlagt als visuell und erlebte Gefühle sehr intensiv. Charles arbeitete daran, die nörgelnde Stimme zu verändern, der er erlaubte, sein Selbstbewusstsein zu untergraben. Sobald er etwas Neues begann, hielt sie ihn mit ihrem Gebrabbel nachts wach. Als er die Eigenschaften der Stimme untersuchte, fand er heraus, dass es tatsächlich seine Mutter war, die mit ihm sprach und deren Stimme er in seinem Kopf hörte. Unglücklicherweise hatte sie eine ziemlich negative Einstellung. Immer wenn Charles diese Stimme hörte, fühlte er sich krank und es lag ihm wie Blei im Magen. Als ich Charles darum bat, die Stimme zu ändern, reduzierte er sie auf ein Flüstern und bewegte sie etwas unterhalb seines linken Ohrs, außerhalb seines Kopfs. Als er das getan hat, platzte er schockiert heraus: »Die Gefühle sind weg. Ich spüre nur noch ein warmes Glühen in meiner Mitte.« Charles war jedoch nicht bereit, die Stimme weiter zu verändern, da er glaubte, dass sie dazu diente, vor möglichen Problemen zu warnen. Er brauchte nur die Qualität zu ändern, damit sie ihm erlaubte, sein Leben weiterzuführen.

Änderungen in der Realität vornehmen

Wir hoffen, dass Sie durch die bisherigen Übungen einen Eindruck davon gewonnen haben, welche Submodalitäten den größten Einfluss auf Sie haben – Ihre kritischen Submodalitäten, die andere Submodalitäten verändern können – Ihre *Treiber-Submodalitäten*. Und wir hoffen, dass Sie jetzt überzeugt davon sind, dass Sie Ihre Erfahrungen steuern und ändern können, sodass Sie die Wahl haben, wie Sie sich fühlen. Auf der Grundlage dieser Erkenntnis laden wir Sie dazu ein, eine echte Änderung in Ihrem Leben zu erfahren, indem Sie die Übungen der folgenden Abschnitte durcharbeiten.

Denken Sie daran: Sie können überall Ihren Verstand programmieren, ob Sie nun im Zug, im Stau oder bei einem langweiligen Essen mit Ihren Schwiegereltern sitzen. Und nicht vergessen: Übung macht den Meister. Also bleiben Sie in Übung – Sie können ja nicht verhaftet werden, wenn Sie in der Öffentlichkeit mit Ihren Submodalitäten spielen.

Eine Erfahrung entschärfen

Können Sie sich an ein unangenehmes Erlebnis erinnern? Wir meinen nichts, was Ihr Leben erschüttert hat, sondern eher einen Zwischenfall, bei dem Sie sich unbehaglich fühlen, wenn Sie daran denken. Können Sie? Fein. Nehmen Sie jetzt die Liste vom Ende des Kapitels zur Hand, um die Submodalitäten dieser Erfahrung zu erforschen und zu notieren. Mit diesem Wissen beginnen Sie, das Bild, die Klänge und Gefühle zu ändern, die aufgetaucht sind, als Sie an die unerfreuliche Erfahrung gedacht haben. Und? Sie fühlen sich jetzt besser, nicht wahr? Nein? Dann finden Sie heraus, was geschieht, wenn Sie die Submodalitäten der unerfreulichen Erfahrung in die der schönen Erfahrung ändern, an die Sie sich am Anfang des Kapitels erinnern sollten.

Einschränkende Glaubenssätze ändern

Wie oft haben Sie sich selbst sagen hören: »Das kann ich nicht«, »Ich bin nicht gut in Mathe« oder »Ich sollte mal richtig kochen lernen«? Das sind alles Beispiele für *einschränkende Glaubenssätze*. In Kapitel 2 haben wir erklärt, dass Ihre Glaubenssätze Generalisierungen sind, die Sie sich von sich selbst und Ihrer Welt machen. Solche Verallgemeinerungen können Sie entweder lähmen, aufhalten oder bestärken. Glaubenssätze sind tatsächlich selbsterfüllende Prophezeiungen, die zunächst als Idee oder vage Vorstellung beginnen. Dann richten sich Ihre Filter (Metaprogramme, Werte, Überzeugungen, Ansichten, Erinnerungen und Entscheidungen, siehe Kapitel 5) wie Weichen darauf aus, nur die »Fakten« und Erfahrungen durchzulassen, die Ihren Glaubenssatz bekräftigen. Angenommen, Sie haben entschieden, dass Sie etwas molliger sind, als Sie sein wollen, und haben daher eine Diät begonnen. Vielleicht halten Sie sich ein paar Tage an die Diät, aber dann gewinnt die Versuchung die Oberhand. An diesem Punkt gewinnen Sie erstmals den Eindruck »Ich kann anscheinend keine Diät durchhalten«. Dann versuchen Sie es noch einmal und versagen nochmals, bis Sie zum einschränkenden Glaubenssatz »Ich kann keine Diät durchhalten« gelangen.

1. **Denken Sie an einen einschränkenden Glaubenssatz, an dem Sie zurzeit festhalten und den Sie gerne ändern möchten.**

2. **Denken Sie an einen Glaubenssatz, den Sie hatten, der aber nicht mehr für Sie zutrifft.**

   Das kann ein Glaubenssatz wie »Ich bin kein Teenager mehr« sein. Es muss kein einschränkender Glaubenssatz sein, den Sie überwunden haben.

3. **Identifizieren Sie anhand der Referenzseite am Ende des Kapitels die Submodalitäten des Glaubenssatzes, der nicht mehr für Sie zutrifft.**

   Wenn Sie beispielsweise an eine fiktive Person denken, etwa das Christkind oder den Weihnachtsmann, sehen Sie sie rechts von sich, in einiger Entfernung, in Farbe und sehr hell. Sie fühlen möglicherweise ein angenehmes Kribbeln im Bauch aufsteigen und Sie hören den Klang einer weichen Stimme.

4. **Denken Sie an Ihren einschränkenden Glaubenssatz und bewegen Sie ihn in die Submodalitäten des überholten Glaubenssatzes.**

   Wir nehmen an, dass die Submodalitäten Ihres einschränkenden Glaubenssatzes anders aussehen.

5. **Bewegen Sie das Bild Ihres einschränkenden Glaubenssatzes an dieselbe Position, in derselben Entfernung, wo Sie den Weihnachtsmann gesehen haben, und geben Sie ihm dieselbe Farbe und Helligkeit. Dann erzeugen Sie dieselben Gefühle in Ihrem Körper und horchen auf dieselbe Stimme.**

Beachten Sie, wie sich Ihre negative Überzeugung verändert hat, falls sie nicht sogar vollständig verschwunden ist.

Einen bestärkenden Glaubenssatz erzeugen

Da Glaubenssätze sich selbsterfüllende Prophezeiungen sind, ist es nützlich, sich daran zu erinnern, dass Sie die Kontrolle darüber haben, an welchen Sie festhalten wollen! In der vorhergehenden Übung haben Sie gelernt, wie man einen einschränkenden Glaubenssatz loswird. Wäre es nicht sehr nützlich zu lernen, wie Sie die Möglichkeiten in Ihrem Leben erweitern können, indem Sie eine ganze Fülle von Glaubenssätzen erschaffen, die ihnen Ihren eigenen Weg ebnen?

1. **Denken Sie an einen Glaubenssatz, der Ihnen wirklich nützlich wäre – bezeichnen wir ihn als erwünschten Glaubenssatz.**

   Das könnte zum Beispiel sein: »Ich verdiene es, erfolgreich zu sein.«

2. **Denken Sie an einen Glaubenssatz, der für Sie absolut zutrifft.**

   Zum Beispiel, dass die Sonne am Morgen aufgehen wird (ja, sogar hinter diesen Wolken).

3. **Identifizieren Sie anhand der Referenzseiten am Ende dieses Kapitels die Submodalitäten dieser absolut wahren Überzeugung.**

   Wenn Sie beispielsweise an die aufgehende Sonne denken, sehen Sie sie vielleicht etwa zwei Meter entfernt in zart schimmernden, rötlich gelben Farben und sehr hell vor sich. Sie fühlen sich ganz und gar warm und hören Vogelgezwitscher.

4. **Versetzen Sie den erwünschten Glaubenssatz exakt in dieselben Submodalitäten wie die des absolut zutreffenden Glaubenssatzes.**

   Bewegen Sie das Bild, das Sie erhalten, wenn Sie an Ihren erwünschten Glaubenssatz denken, an dieselbe Stelle und in dieselbe Entfernung wie das Bild der aufgehenden Sonne und geben Sie ihm dieselben Farbe und Helligkeit. Erzeugen Sie dann dieselben Gefühle von Wärme und lauschen Sie dem Vogelgezwitscher.

Rückenschmerzen loswerden

Diese Vorgehensweise lässt sich auch auf andere unangenehme Gefühle übertragen.

1. **Ordnen Sie Ihre Rückenschmerzen auf einer Skala von 1 bis 5 ein.**

2. **Erzeugen Sie ein Bild der Rückenschmerzen.**

3. **Notieren Sie die Submodalitäten der Rückenschmerzen anhand der Aufstellung am Ende des Kapitels.**

4. **Ändern Sie die einzelnen Eigenschaften der Rückenschmerzen nacheinander.**

   Falls sie eine Farbe haben, was passiert, wenn Sie ihnen eine andere Farbe geben, ein heilendes Blau zum Beispiel? Falls es ein stumpfer Schmerz ist, können Sie das Gefühl in ein Prickeln ändern? Wenn der Schmerz heiß ist, können Sie das Gefühl in das einer kühlen Brise verwandeln, die über den Bereich weht? Diese Änderungen sollten bereits die Rückenschmerzen reduziert haben, falls sie nicht sogar ganz verschwunden sind.

5. **Stellen Sie sich jetzt vor, dass Sie vor einer Kinoleinwand sitzen, die Rückenschmerzen aus Ihrem Körper lösen und das Bild der Rückenschmerzen auf die Leinwand projizieren.**

6. **Verkleinern Sie das Bild auf der Leinwand immer weiter, bis es die Größe eines Luftballons hat.**

7. **Beobachten Sie jetzt, wie der Ballon immer höher und höher in den Himmel steigt. Während Sie den Ballon wegschweben sehen, lassen Ihre Rückenschmerzen immer mehr nach.**

8. **Wenn der Ballon die Wolken erreicht, kalibrieren Sie Ihren Rückenschmerz, er ist jetzt nur noch eine 1.**

9. **Wenn der Ballon außer Sichtweite ist, verblasst der Schmerz zu einer weit entfernten Erinnerung.**

Den Swish verwenden

Der *Swish* ist eine effiziente Technik, mit der bleibende Änderungen in Gewohnheiten und Verhalten erreicht werden können. Der Swish basiert, wie viele Dinge des NLP, auf Verhaltenspsychologie. Angenommen, Sie haben gelernt, auf eine bestimmte Art zu reagieren und dadurch ein bestimmtes Verhalten an den Tag zu legen. Der Swish lehrt Sie, anstelle des unerwünschten Verhaltens auf eine andere Weise zu reagieren. Die Idee dabei ist, mit dem Swish die bekannten Muster des unerwünschten Verhaltens zu nutzen, um ein neues, erwünschtes Verhaltensmuster zu kreieren. Wenn Sie aufhören wollen, an den Nägeln zu kauen, sollten Sie daran denken, was das Nägelkauen auslöst, und sich ein Bild des Auslösers machen. Sie könnten beispielsweise mit der Fingerkuppe am Nagel entlangfahren und eine raue Kante finden oder es könnte eine Reaktion auf Nervosität sein. Das erwünschte Bild ist das, was Sie stattdessen lieber sehen oder haben wollen. In diesem Fall ist es eine Hand mit perfekten Nägeln.

Swish ist ein englisches, lautmalerisches Fantasiewort, das sich am besten mit »zischen« übersetzen lässt. Es beschreibt das Geräusch, das durch eine schnelle Bewegung erzeugt wird.

Identifizieren Sie das unerwünschte Verhalten:

1. Prüfen Sie, ob es für Sie in Ordnung ist, mit der Änderung fortzufahren. Fragen Sie sich einfach: Ist es okay?

2. Identifizieren Sie den Auslöser, der das unerwünschte Verhalten verursacht, und erzeugen Sie ein assoziiertes Bild. Das ist das Auslöserbild.

3. Separator.

Separator bedeutet, den Zustand oder den gedanklichen Rahmen, in dem Sie sich befinden, zu unterbrechen. Sie können dafür aufstehen und beispielsweise Ihre Arme und Beine ausschütteln, um die Muskeln zu lockern, oder im Raum hin- und hergehen. Legen Sie eine natürliche Pause von den Bildern und Gefühlen der ersten Übungsstufe ein.

1. Denken Sie an das erwünschte Bild. Erzeugen Sie ein dissoziiertes Bild von sich, wie Sie das bevorzugte Verhalten zeigen oder auf eine bestimmte Weise aussehen.

2. Separator.

3. Erinnern Sie sich an das Auslöserbild. Vergewissern Sie sich, dass Sie darin assoziiert sind, und geben Sie dem Bild einen Rahmen.

4. Erzeugen Sie ein Bild vom gewünschten Ergebnis (Zielbild).

5. Setzen Sie das Zielbild sehr klein und dunkel in die linke obere Ecke des Auslöserbildes.

6. Mit einem *Swishhhh*-Geräusch lassen Sie das kleine Zielbild groß und hell werden und zeitgleich das Auslöserbild klein und dunkel werden, bis es ganz hinter dem Zielbild verschwindet. Wichtig hierbei ist, dass Sie den Swish sehr schnell durchführen. Der Vorgang sollte nicht länger dauern als Sie »Swish« sagen können. Separator.

7. Wiederholen Sie diesen Vorgang mehrmals.

Sie haben jetzt eine Menge Erfahrung im Herumspielen mit Ihren Submodalitäten und Sie wissen, dass Sie sie ändern können, um die Möglichkeiten in Ihrem Leben zu erweitern. Sie können zum Beispiel »erschöpft« in die Submodalitäten von »entspannt« platzieren, wie Sie es in den obigen Übungen getan haben.

Arbeitsblatt: Submodalitäten

Visuelle Submodalitäten	Beschreiben Sie, was Sie sehen
Position	
Farbe/Schwarz-Weiß	
assoziiert oder dissoziiert	
Größe	
zwei- oder dreidimensional	
Helligkeit	
unbewegt oder bewegt	
Form	
gerahmt oder Panorama	
klar oder undeutlich	

Auditive Submodalitäten	Beschreiben Sie, was Sie hören
Position	
Wörter oder Geräusche	
Lautstärke	
Ton	
Tonhöhe	
mono oder stereo	
durchgängig oder unterbrochen	
Rhythmus	
Tempo	
Melodie	

Kinästhetische Submodalitäten	Beschreiben Sie, was Sie fühlen
Position	
Form	
Druck	
Größe	
Eigenschaften	
Intensität	
bewegungslos oder bewegt	
Temperatur	
durchgängig oder unterbrochen	
(Oberflächen-)Struktur	

IN DIESEM KAPITEL

So einfach kann Veränderung sein

Mit den wesentlichen NLP-Werkzeugen spielen,
um Veränderungen zu bewirken

Die eigene Zielsetzung entdecken

Die Mitte in Karriere, Leben und sich selbst
finden

Kapitel 11
Veränderung durch logische Ebenen

Eine der wichtigsten Annahmen des NLP ist »Die Landkarte ist nicht das Gebiet« (mehr dazu in Kapitel 2). Das heißt, Ihre Landkarte der Realität ist nur ein Teil des Ganzen – das Gebiet um Ihre Landkarte herum ist größer. Zudem ändert sich Ihr Erfahrungshorizont so schnell wie die Karte. Die Landschaft der Realität, die Sie erforschen, ändert sich ständig. Wenn Sie also die Tatsache akzeptieren, dass die Welt, in der Sie leben und arbeiten, dynamisch ist, wie kommen Sie damit zurecht?

Der NLP-Ansatz zum Thema Veränderung lautet, dass zu keiner Zeit auch nur eine einzige korrekte Karte des Wandels existiert. Wenn Sie fortbestehen und erfolgreich sein wollen, müssen Sie die Tatsache anerkennen und mit einbeziehen, dass Veränderung stattfindet. Entwickeln Sie Strategien, um damit und nicht dagegen zu arbeiten.

In diesem Kapitel stellen wir Ihnen ein beliebtes Modell des NLP vor, das größtenteils auf der Grundlage der Arbeit von *Robert Dilts* entwickelt wurde. Dieses Modell ist in zweierlei Hinsicht besonders hilfreich:

✔ um Veränderung für sich selbst als Individuum zu verstehen,

✔ um Veränderung für Unternehmen zu verstehen.

Der Blickwinkel zählt

Je nach Sichtweise kann Veränderung eine Chance und positive Kraft sein – das gilt aus persönlicher Sicht ebenso wie aus der Sicht als Unternehmer. Wie schade, dass Veränderungen immer mit Schwierigkeiten in Verbindung gebracht werden. Schwierigkeiten sind häufig hausgemacht. Eine Frage, die Sie beim Lesen dieses Kapitels im Hinterkopf behalten sollten, lautet: »Was wäre anders für Sie, wenn Sie das Gegenteil annehmen würden – nämlich, dass es einfach sein wird?«

Wir möchten Ihnen eine der besten Leitlinien des NLP vorstellen, die einen Einblick vermittelt, was Sie in Zeiten des Wandels erleben.

✔ Erfahren Sie, wie man Veränderungen in überschaubare Schritte unterteilt.

✔ Arbeiten Sie mit Zuversicht und kämpfen Sie nicht dagegen an, indem Sie den Kopf in den Sand stecken oder wie ein aufgeschrecktes Huhn herumlaufen.

Wenn Sie anfangen, sich mit den Veränderungen auseinanderzusetzen, die Sie erleben, können Ihnen in verwirrenden Zeiten die logischen Ebenen dabei helfen, den Blick nach vorn zu richten und den besten Weg zu finden.

Logische Ebenen

Die *logischen Ebenen* des NLP stellen eine wirkungsvolle Methode dar, mit Veränderungen zurechtzukommen, indem sie in verschiedene Informationskategorien unterteilt werden (siehe Abbildung 11.1). (In der NLP-Literatur werden diese Ebenen auch als *neurologische Ebenen* bezeichnet.)

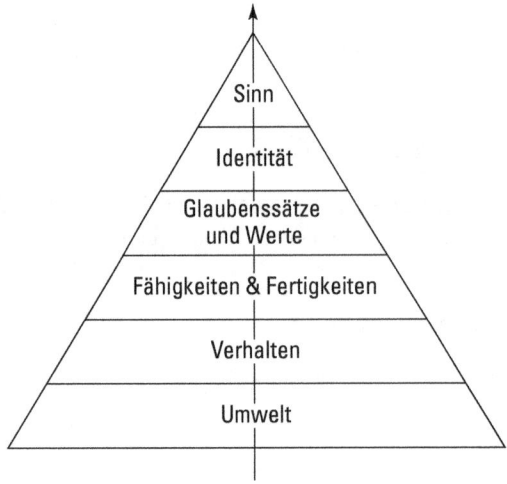

Abbildung 11.1: Die logischen Ebenen der Veränderung

Obwohl wir die Ebenen in der grafischen Darstellung als Hierarchie präsentieren, ist es nützlich, sie als Netzwerk wechselseitiger Beziehungen zu betrachten oder als eine Reihe von konzentrischen Kreisen. Alle Ebenen sind miteinander verbunden. Das Modell ist nur eine Strukturierung und soll einen Eindruck davon vermittelt, wie das Ganze funktioniert.

In vielen Fällen ist es einfacher, Änderungen auf den unteren Ebenen vorzunehmen als auf den höheren. So wird es für ein Unternehmen einfacher sein, Änderungen am Gebäude (Umwelt) vorzunehmen, etwa Wände in einer neuen Farbe zu streichen, als die Unternehmenskultur zu ändern oder eine neue Unternehmensidentität zu finden. Jede Ebene beeinflusst die darüber und die darunter; der Wert des Modells liegt darin, dass es einen strukturierten Ansatz bietet, zu verstehen, was geschieht.

 Sie kennen sicher den Ausdruck »sich in seiner eigenen Haut wohlfühlen«, wenn man mit sich zufrieden ist und alles glatt läuft – NLPler verwenden in diesem Zusammenhang den Begriff *Kongruenz*. Kongruenz bedeutet, dass man mit sich selbst im Einklang ist. Die logischen Ebenen des Verhaltens, Fähigkeiten, Glaubenssätze, Werte und Fertigkeiten stimmen überein. Achten Sie auf diese innere *Übereinstimmung* sowohl bei Unternehmen als auch bei Menschen. Wenn Zeiten des Wandels durchlaufen werden, ist eine fehlende Übereinstimmung wahrscheinlich. Menschen legen möglicherweise ein unberechenbares Verhalten an den Tag, das nicht ihre wahren Überzeugungen widerspiegelt.

Die richtigen Fragen stellen

Beim Nachdenken über Veränderungen, die Sie gern verwirklichen möchten, können Sie sich auf verschiedenen Ebenen Fragen stellen.

✔ **Umwelt** bezieht sich auf Faktoren wie externe Chancen und Einschränkungen – beantwortet die Fragen **Wo?** und **Wann?** und **Mit wem?**

✔ **Verhalten** besteht aus bestimmten Handlungen oder Reaktionen innerhalb der Umwelt – beantwortet die Frage **Was?**

✔ **Fähigkeiten** beziehen sich auf Wissen und Fertigkeiten, das Gewusst-wie, das das Verhalten steuert und richtungsweisend ist – beantwortet die Frage **Wie?**

✔ **Glaubenssätze und Werte** bieten Bestärkung (Motivation und Erlaubnis), unsere Fähigkeiten zu unterstützen oder zu verleugnen – beantwortet die Frage **Warum?**

✔ **Identität** bestimmt unser Selbstbild – beantwortet die Frage **Wer?**

✔ **Die Ebene Zugehörigkeit/Spiritualität/Vision/Mission** (»Sinn«) weist über das Selbst hinaus, um das große Ganze zu betrachten und zu fragen **Wofür oder für wen?**

Logische Ebenen systematisch angehen

Mithilfe der logischen Ebenen können Sie gezielt darüber nachdenken, was in der Welt um Sie herum geschieht. Wie Sie sehen werden, helfen sie Ihnen, sowohl Struktur und Muster als auch Inhalt verschiedener Probleme, Ereignisse, Beziehungen oder Unternehmen zu verstehen.

Sehen wir uns also an, wie Sie dieses Modell anwenden können, wenn Sie eine Entscheidung über eine Veränderung treffen müssen oder Umstände vorliegen, für die eine Lösung gefunden werden muss. Das Konzept der logischen Ebenen hilft Ihnen dabei, den besten Weg zu finden. Und so funktioniert der Prozess:

Warum ist »Warum« die schwierigste Frage?

Als Wirtschaftsautorin habe ich (Kate) viele Jahre meines Berufslebens damit verbracht, leitende Angestellte zu interviewen, ihre Visionen zu verstehen und ihre weisen Worte in leicht verdaulicher Form zu publizieren.

Die Fragen »Wer«, »Was«, »Wann«, »Wo«, »Warum« und »Wie« bilden das Rüstzeug eines Journalisten. Aber erst als ich den logischen Ebenen des NLP begegnete, begriff ich, warum einige Fragen Unverständnis oder gar Feindseligkeit auslösen, während andere außerordentlich willkommen sind. Wenn Sie etwas zu einem Thema wissen möchten, sollten Sie die logischen Ebenen durcharbeiten. Beginnen Sie mit der Umwelt – »Wo«, »Wann« und »Mit wem«. Das sind leicht zu beantwortende sachliche Fragen. Gehen Sie dann zum »Was« und »Wie« über. Bewahren Sie die »Warum«-Frage für den Schluss auf. Die Frage »Warum haben Sie das getan?« zielt geradewegs auf den Bereich der Glaubenssätze ab und ist viel schwieriger zu beantworten als »Wie haben Sie das gemacht?« – ein sehr viel sanfterer Ansatz – oder auch »Wie ist das passiert?«, denn so wird die Person von der Frage dissoziiert.

1. **Sie erkennen eine fehlende Übereinstimmung.**

    Sie wissen das, wenn Sie sich unwohl fühlen, und wollen, dass es anders läuft.

2. **Sie finden heraus, wo die Veränderung tatsächlich stattfinden muss.**

    Stellen Sie bestimmte Fragen, die Ihnen dabei helfen, herauszufinden, wo die Veränderungen stattfinden sollten. Für jede logische Ebene stehen bestimmte Fragetypen zur Verfügung. Hilfreiche Informationen finden Sie im Abschnitt »Den richtigen Ansatz für Veränderungen finden« weiter hinten in diesem Kapitel, wenn Sie die einzelnen logischen Ebenen durcharbeiten.

3. **Nachdem Sie die logische Ebene identifiziert haben, bringen Sie sie wieder mit den anderen in Übereinstimmung.**

    Auf den unteren Ebenen wie der Umwelt oder dem Verhalten sind es vielleicht nur ein paar einfache Änderungen oder Gewohnheiten, die Sie anpassen können. Ihre Fähigkeiten auszubilden kann mehr Zeit beanspruchen, und um an Ihren Glaubenssätzen und Werten zu arbeiten oder eine neue Identität zu entwickeln, müssen Sie wahrscheinlich mit einem eigenen Coach arbeiten (oder im Unternehmenskontext mit einem Unternehmensberater).

Thomas arbeitete als Trainee bei einer Hotelkette, die durch eine andere Hotelgruppe, einer der Hauptkonkurrenten, aufgekauft wurde. Als er den Schock dieser Nachricht überwunden hatte, musste er sich entscheiden, ob er das Unternehmen verlassen oder nach dem Zusammenschluss bleiben sollte. Nachdem er die Gemeinsamkeiten und Unterschiede der beiden Unternehmen untersucht hatte, traf Thomas schließlich die Entscheidung, zu bleiben. Ausschlaggebend war die Tatsache, dass die Kernwerte übereinstimmten – beide Unternehmen agierten unterschiedlich (Verhalten), gemeinsam waren ihnen jedoch das Engagement in der Kundenbetreuung und ein hohes Maß an Rücksichtnahme.

Um eine dauerhafte Veränderung vorzunehmen, ist es hilfreich, zu wissen, wo der Wandel wirklich stattfinden muss. Oft versuchen wir, Probleme zu lösen, indem wir die logischen Ebenen Umwelt oder Verhalten ändern, obwohl wir eigentlich die Ebene der Werte, Glaubenssätze oder Identität angehen müssten. Gleiches gilt, wenn Sie Probleme mit dem Verhalten einer anderen Person haben: Denken Sie daran, nicht ihre Identität anzugreifen, und respektieren Sie ihre Glaubenssätze.

Damit eine Veränderung mühelos vonstattengeht, benötigen Sie die richtigen *Ressourcen* zur richtigen Zeit und am richtigen Ort. Ressourcen sind Hilfsmittel – das können externe Dinge wie Ausrüstung oder andere Menschen sein oder interne Dinge wie Ihre eigenen Erfahrungen oder Einstellungen. NLP geht davon aus, dass Menschen immer die Ressourcen haben oder erhalten können, die sie benötigen, um das zu erreichen, was sie wollen.

Auf welcher logischen Ebene Sie auch arbeiten, es ist wichtig, dass die Ressourcen in der darüber angeordneten logischen Ebene vorhanden sind. Um eine dauerhafte Änderung auf der Umweltebene zu erreichen, müssen Sie die richtigen Dinge tun (Verhalten). Um Fähigkeiten auszubilden, müssen Sie nützliche Glaubenssätze parat haben.

Praktische Anwendungen für logische Ebenen

Sie können mit logischen Ebenen Schwung und Zielgerichtetheit in viele verschiedene Situation bringen. Hier nur einige Beispiele:

✔ **Informationen sammeln und strukturieren** – einen Bericht, ein Referat für die Schule oder irgendeine andere Art Schriftstück erstellen.

✔ **Familienbeziehungen aufbauen** – herausfinden, was die einzelnen Familienmitglieder für die Familie wollen. Das ist besonders nützlich, wenn eine bedeutende Änderung in der Familienstruktur ansteht, wie bei einer Scheidung oder erneuten Heirat.

✔ **Individuelle oder berufliche Leistung verbessern** – entscheiden, wo Veränderungen im Unternehmen stattfinden sollen, um in schwierigen Zeiten das Ruder herumzureißen oder eine Fusion oder Übernahme zu bewältigen.

✔ **Führungsqualitäten und Zuversicht entwickeln** – die Ebenen durchlaufen, um Übereinstimmung zu erreichen und mit Zuversicht ein Team oder Unternehmen zu führen.

Jeder hat seine Trickkiste, auf die er gern zurückgreift – ob eine Schachtel mit farbigen Markern, ein Malkasten, elektrische Bohrer oder ein Satz Schrauben- schlüssel, es gibt immer zuverlässige Lieblingswerkzeuge, auf die man sich mit gutem Gefühl verlassen kann. Sie werden sehen, dass das Modell der logischen Ebenen Ihnen das wertvolle Gut Zeit verschafft. Sie können jederzeit darauf zu- rückgreifen – ob Sie nun komplexe Informationen entschlüsseln müssen, sinn- volle Ordnung in ein Geschäftsprojekt bringen wollen oder ein schwieriges Ge- spräch entwirren müssen. Wenn Sie mit der Zeit eine Vorliebe für eines der Werkzeuge der NLP-Trickkiste entwickeln, ist es bestimmt dieses.

Den richtigen Ansatz für Veränderungen finden

Carl Jung, im 20. Jahrhundert einer der führenden Köpfe der Psychologie, prägte die Worte: »Wir können nichts ändern, bis wir es akzeptieren. Verurteilungen befreien nicht, sondern unterdrücken.« Recht hat er, denn der erste Schritt, um mit einer Veränderung zurechtzu- kommen, ist zu akzeptieren, dass sie stattfindet. Dann können Sie Initiative entwickeln und sich selbst Möglichkeiten schaffen, anstatt abzuwarten, was mit Ihnen passieren mag.

Drei Voraussetzungen müssen gegeben sein, damit sich ein Wandel vollziehen kann. Sie müssen …

✔ Veränderung wollen.

✔ wissen, wie Sie etwas ändern.

✔ die Möglichkeit für diese Veränderung bekommen oder sie sich selbst schaffen.

In den folgenden Abschnitten beschäftigen wir uns näher mit den logischen Ebenen. Behal- ten Sie dabei eine wichtige Frage im Hinterkopf: »Wie können Sie die Veränderung für sich einfach gestalten?«

Alle Fragen, die wir in den nächsten Abschnitten aufwerfen werden, haben wir an Sie als Individuum gerichtet. Sie können diese Fragen aber auch auf Ihr Un- ternehmen anwenden.

Umwelt

Die Umwelt hat mit Zeit, Ort und Menschen zu tun. Sie ist der physische Kontext, in dem Sie sich aufhalten. Es geht darum, die richtige Zeit und den richtigen Ort zu finden. Wenn Sie eine neue Sprache fließend beherrschen wollen, geht das am einfachsten, wenn Sie eine Weile in dem Land leben und völlig in die Kultur eintauchen, indem Sie beispielsweise bei Einheimischen leben. Sie wären dann am besten Ort, um zu lernen. Gleiches gilt, wenn Sie ein neues Computerprogramm erlernen möchten. Dann wäre es sinnvoll, gemeinsam mit einem anderen oder einem Team an einem Projekt zu arbeiten, bei dem die Software eingesetzt wird. Wieder wäre die Umwelt förderlich für den Lernprozess, der selbst auch eine Art Änderung darstellt. Das Timing wäre ebenfalls entscheidend – Sie können nicht lernen, wenn der Zeitpunkt für Sie nicht geeignet ist, möglicherweise sind Sie mit anderen Dingen beschäftigt.

Hier einige Fragen zur *Umwelt*, die Sie sich stellen können, wenn Sie merken, dass Sie nicht am richtigen Ort sind oder es nicht der richtige Zeitpunkt ist, um das zu erreichen, was Sie möchten:

✔ Wo arbeiten Sie am besten?

✔ Wo möchten Sie die Welt erkunden?

✔ Welche Art des häuslichen Umfelds ist richtig für Sie – modern, minimalistisch oder traditionell?

✔ Welche Art Menschen haben Sie gern um sich? Mit wem fühlen Sie sich gut, inspiriert und zufrieden? Mit wem fühlen Sie sich ausgelaugt? Oder ziehen Sie es vor, allein zu arbeiten?

✔ Zu welcher Tageszeit fühlen Sie sich gut – stehen Sie mit den Hühnern auf oder sind Sie eine Nachteule?

Fragen wie diese vermitteln Ihnen die richtigen Informationen, um entscheiden zu können, an welchen Umweltproblemen Sie arbeiten können.

Verhalten

Bei Ihrem Verhalten geht es um alles, was Sie tatsächlich sagen und tun und was Sie bewusst unternehmen. Im NLP bezieht sich das Verhalten sowohl auf das, was Sie denken, als auch auf Ihre Handlungen. Es betont, dass Ihr gesamtes Verhalten auf ein Ziel ausgerichtet ist und dass es eine positive Absicht für Sie hat. Veränderungen auf der Verhaltensebene sind einfach zu erreichen, wenn Sie ein echtes Gefühl für das Ziel haben, es mit dem übereinstimmt, was Sie unter Identität verstehen, und es Ihren Glaubenssätzen und Werten entspricht.

Folgende *Verhaltensfragen* können Sie sich stellen, wenn Sie meinen, dass Sie Ihr Verhalten ändern müssen, um das gewünschte Resultat zu erzielen:

✔ Unterstützt Ihr Verhalten Ihre Ziele? Entspricht es Ihrem Selbstverständnis?

✔ Was machen Sie, damit Ihr Leben interessant und amüsant ist?

✔ Welche Sätze oder Wörter verwenden Sie ständig? Können Sie irgendwelche Muster entdecken?

✔ Was fällt Ihnen an den Wörtern und Formulierungen anderer Menschen auf?

✔ Wie bewusst ist Ihnen das Verhalten anderer Menschen – wie sie gehen, der Klang ihrer Stimme und ihr Lächeln?

✔ Welche Veränderungen in der Gesichtsfarbe beobachten Sie bei anderen Leuten, wenn sie reden?

✔ Wie verändert sich Ihre Atmung und wann?

✔ Welche Körpersprache verwenden Sie in verschiedenen Situationen?

✔ Wie klingen Sie?

Effektives Verhalten maximieren

Um eine positive Veränderung zu erreichen, lohnt es sich, Verhaltensweisen und Gewohnheiten zu entwickeln, die Ihnen nützen. Kleine Veränderungen haben oft einen steigernden Effekt. Wenn Sie abnehmen, um in ein neues Outfit zu passen, würde es sich lohnen, es zur Gewohnheit werden zu lassen, täglich eine Schüssel gesunden Salat anstelle eines Sandwichs zu essen. Oder wenn Sie Ihre Arbeitsbesprechungen verbessern wollen, wäre es gut, dem Team klare Anfangs- und Schlusszeiten zu setzen.

Bei der Arbeit an diesem Buch hatten wir strikte Abgabetermine. Wir haben daher auf den Rat erfolgreicher Autoren gehört: Eine der wichtigsten Lehren, die wir dabei mitgenommen haben, lautet, täglich etwas zu schreiben – ob es nun 200 Wörter oder 2000 Wörter sind. (Wir haben von einem erfolgreichen Autor gehört, der angeblich jeden Tag genau 600 Wörter schreibt, selbst wenn das bedeutet, mitten im Satz aufhören zu müssen.) Eine einfache Verhaltensänderung bestand für uns darin, jeden Morgen früh aufzustehen und den Tag damit zu beginnen, ein paar Stunden zu schreiben. Dadurch, dass wir unsere Energie auf den Beginn des Tages konzentriert haben, haben wir eine echte Zielgerichtetheit empfunden und eine klare Identität als Dummies-Autorinnen.

Die richtige Verhaltensweise zu üben, bis sie zur Gewohnheit wird, steigert Ihre Fähigkeiten. Wie viele großartige Sportler oder Musiker können von Geburt an mit Tennisschläger beziehungsweise Violine umgehen? Nun gut, sie haben vielleicht eine natürliche Begabung, aber der Schlüssel liegt in den Stunden hingebungsvollen Übens und der Bereitschaft, mehr als das Übliche zu geben. Einer unserer Tennistrainer schwelgte gern in Erinnerungen daran, wie er den damals noch jungen britischen Tennisstar Tim Henman trainierte: Tim war daran gewöhnt, noch Bälle zu klopfen, nachdem die anderen längst genug hatten. Um an der Spitze mitzuspielen, ist ständiges hartes Üben nötig.

Unerwünschtes Verhalten ändern

Was ist mit dem unerwünschten Verhalten – Dingen, die Sie tun, die Sie aber eigentlich nicht tun möchten? Angewohnheiten wie Rauchen oder ungesunde Essgewohnheiten? Der Grund, warum solche Verhaltensweisen schwer zu ändern sind, ist, dass sie mit einer höheren logischen Ebene verbunden sind, wie den Glaubenssätzen oder der Identität.

»Ich bin Raucher« = eine Aussage auf Identitätsebene.

»Ich brauche eine Zigarette, wenn ich gestresst bin« = eine Aussage auf Glaubenssatzebene.

»Er ist ein großer, starker Kerl« = eine Aussage auf Identitätsebene.

»Er kann nicht nur von Salat und Früchten leben« = eine Aussage auf Glaubenssatzebene.

Um die Änderung einfacher zu machen, können Sie eine neue Identität für sich entwickeln wie »Ich bin ein gesundheitsbewusster Mensch« mit Glaubenssätzen wie »Ich kann die richtigen Gewohnheiten entwickeln, um für mich zu sorgen«.

Fähigkeiten

Fähigkeiten sind Talente und Fertigkeiten – wertvolle Bestandteile von Menschen und Unternehmen. Fähigkeiten sind Verhaltensweisen, die Sie so gut beherrschen, dass Sie sie ohne offensichtliche Anstrengung ständig ausüben können. Dinge wie Sprechen und Laufen haben Sie gelernt, ohne je zu verstehen, wie Sie das bewerkstelligt haben. Sie sind von Natur aus eine großartige Lernmaschine.

Andere Dinge haben Sie bewusster gelernt. Zum Beispiel können Sie einen Drachen steigen lassen, Fahrrad fahren, am Computer arbeiten, eine Sportart ausüben oder ein Instrument spielen. Das sind Fähigkeiten, die Sie willentlich erlernt haben. Vielleicht können Sie dem Leben sehr gut eine komische Seite abgewinnen, Freunden zuhören oder die Kinder rechtzeitig zur Schule bringen. Das sind alles wertvolle Talente, die Sie als selbstverständlich betrachten und die andere lernen müssen. Sie können sich wahrscheinlich an die Zeit erinnern, bevor Sie diese Dinge konnten. Sie werden sich jedoch wohl kaum an eine Zeit erinnern können, bevor Sie laufen und sprechen konnten. Unternehmen entwickeln Kernkompetenzen in ihren unternehmerischen Prozessen und legen unverzichtbare Fähigkeiten fest, die benötigt werden, damit das Unternehmen bestens funktioniert.

NLP schenkt der Ebene der Fähigkeiten sehr viel Beachtung und geht von der Voraussetzung aus, dass alle Fähigkeiten erlernbar sind. Es wird davon ausgegangen, dass alles möglich ist, wenn man es nur in mundgerechte Häppchen aufteilt. Der Personalchef einer der angesehensten britischen Handelsketten sagte uns vor Kurzem: »Wir werben Leute aufgrund ihrer Einstellung an. Wenn diese richtig ist, können wir ihnen die Fähigkeiten beibringen, die sie für den Job benötigen.«

Aber sogar eine innere Einstellung kann erlernt und verändert werden, wenn Sie das Bedürfnis, das Know-how und die Möglichkeit finden, zu lernen. Die Frage, an die Sie sich halten sollten, lautet: »Wie kann ich das tun?« Behalten Sie sie immer im Hinterkopf. Der NLP-Ansatz geht davon aus, dass Sie durch das Modellieren von anderen und sich selbst offen für Veränderungen werden und Ihre eigenen Fähigkeiten entwickeln. Wenn Sie etwas gut können wollen, dann sollten Sie zunächst jemanden finden, der es gut kann, und all seine logischen Ebenen aufmerksam beobachten.

Hier einige Fragen zum Bereich *Fähigkeiten und Fertigkeiten*, die Sie sich stellen sollten, wenn Sie Ihre Fähigkeiten einschätzen und sehen wollen, wo Sie noch dazulernen und sich verbessern können:

✔ Welche Fähigkeiten haben Sie erlernt, auf die Sie stolz sind – wie haben Sie das gemacht?

✔ Sind Sie Experte in etwas geworden, das Ihnen weniger nutzt – wie ist das geschehen?

✔ Kennen Sie jemanden, der eine wirklich positive Einstellung hat, von der Sie lernen könnten – wie könnten Sie von ihm lernen?

✔ Fragen Sie andere Leute, um herauszufinden, worin Sie gut sind.

✔ Was noch? Was würden Sie gern lernen?

Durch das Aneignen von Fähigkeiten öffnet sich Ihnen die Welt. Sie sind in der Lage, größere Herausforderungen zu meistern oder besser mit schwierigen Aufgaben zurechtzukommen.

Glaubenssätze und Werte

Glaubenssätze und Werte sind die Prinzipien, die Ihre Handlungen formen. In Kapitel 3 erfahren Sie, wie Glaubenssätze und Werte Ihr Leben steuern, obwohl Sie sich ihrer oftmals gar nicht bewusst sind. Was *Sie* als wahr ansehen, wird sich häufig von dem unterscheiden, was *ich* als wahr ansehe. Wir sprechen hier nicht von Glaubenssätzen im religiösen Sinne, sondern von Ihrer Wahrnehmung auf einer tieferen, oft unbewussten Ebene.

 Martin ist ein Amateur-Golfspieler mit dem Herzenswunsch, seine Karriere auf internationales Niveau zu steigern. Er glaubt, dass er dasselbe Potenzial hat wie Top-Golfer und dass er seinen Lebensunterhalt auch als professioneller Golfer bestreiten könnte. Solche Glaubenssätze treiben seine Fähigkeiten an – er ist ein sehr fachkundiger Spieler. Seine Glaubenssätze lenken auch sein Verhalten – man findet ihn voller Entschlossenheit jeden Tag, das ganze Jahr über auf dem Golfplatz und er arbeitet daran, Beziehungen zu Medien und Sponsoren aufzubauen. Seine Glaubenssätze bestimmen auch seine Umwelt, in der er die meiste Zeit verbringt – wenn es nicht der Golfplatz ist, trainiert er im Fitnessstudio.

Genauso sind es Ihre Werte, die Sie morgens aus dem Bett treiben oder nicht – Kriterien wie Gesundheit, Wohlstand oder Glück. Glaubenssätze und Werte und die Art, wie wir sie nach Wichtigkeit ordnen, sind für jeden von uns verschieden. Darum ist es so schwierig, ein ganzes Team mit demselben Ansatz zu motivieren. Die Einheitsgröße passt eben nicht jedem, wenn es um Werte und Glaubenssätze geht.

Werte sind auch Regeln, die uns in gesellschaftlich akzeptierten Bahnen halten. Ich mag Geld benötigen, aber meine Werte der Ehrlichkeit halten mich davon ab, es anderen Leuten zu stehlen. Manchmal gibt es einen Konflikt zwischen zwei wichtigen Werten – beispielsweise dem Familienleben und der Arbeit. Für Veränderungen ist das Verstehen von Werten und Glaubenssätzen von großer Bedeutung. Wenn Menschen etwas sehr schätzen oder etwas stark genug glauben, kann das eine treibende Kraft für Veränderungen sein. Sie können sich auf das konzentrieren, was ihnen tatsächlich wichtig ist, tun, was sie wirklich wollen, und dem näher kommen, wer sie sein wollen. Sie sind an einem Ort, der sich für sie richtig und natürlich anfühlt. Glaubenssätze und Werte treiben uns an und beeinflussen die unteren Ebenen von Fähigkeiten, Verhalten und Umwelt. Auf diese Weise befinden sich alle Ebenen in Übereinstimmung.

Wir arbeiten häufig mit Menschen, die mit wachsender Unzufriedenheit von einem Job zum nächsten wechseln. IT-Abteilungsleiter John ist so ein Fall. Etwa alle zwei Jahre hatte er die Nase voll und entschied sich, dass es Zeit für eine Veränderung sei, bewarb sich für einen ähnlichen Job mit mehr Gehalt, besseren Zusatzleistungen an einem neuen Ort und hoffte, dass woanders alles besser laufen würde. Er machte einfach nur Veränderungen auf der Umweltebene – neue Firma, neues Land, neue Leute. »Es wird besser sein, wenn ich in New York arbeite.« Als er anfing, seine eigenen Werte und Glaubenssätze zu untersuchen, erkannte er, dass einige wesentliche Inhalte fehlten. Er hatte Zeit und Energie investiert, um einen betriebswirtschaftlichen Abschluss zu machen, und schätzte Lernen und professionelle Entwicklung hoch ein. Dennoch endete er immer in Unternehmen, die zu beschäftigt waren, um in ihre Leute zu investieren oder strategisch zu arbeiten – Orte, die seine Energie auslaugten. Seine Glaubenssätze und Werte passten nicht zu den Unternehmen, für die er arbeitete. Nachdem er dies einmal begriffen hatte, verwendete er seine Talente für eine angesehene Wirtschaftsschule, die seinen Lernwillen schätzte und ihm die Gelegenheit gab, sich weiterzuentwickeln.

Hier einige Fragen zum Bereich *Glaubenssätze und Werte*, die Sie sich stellen sollten, wenn Sie spüren, dass ein Konflikt auf dieser logischen Ebene besteht, der Sie daran hindert zu bekommen, was Sie wollen:

✔ Warum haben Sie das getan? Warum haben die anderen das getan?

✔ Welche Faktoren sind für Sie wichtig in dieser Situation?

✔ Was ist für andere Menschen wichtig?

✔ Was ist für Sie richtig und was falsch?

✔ Was muss für Sie zutreffen, damit Sie bekommen, was Sie wollen?

✔ Wann sagen Sie »muss« und »sollte« und »muss nicht« und »sollte nicht«?

✔ Wie lauten Ihre Glaubenssätze in Bezug auf diese Person oder Situation? Sind sie hilfreich? Welche Glaubenssätze können Ihnen helfen, bessere Resultate zu erzielen?

✔ Was würde jemand anderes denken, wenn er in Ihrer Haut stecken würde?

Nachdem Sie sich die Antworten auf diese Fragen angesehen haben, möchten Sie vielleicht an Ihren Glaubenssätzen und Werten arbeiten, um sicherzustellen, dass diese Sie in schwierigen Zeiten unterstützen. Wenn Sie Ihre Glaubenssätze infrage stellen, entscheiden Sie sich möglicherweise dafür, einige zu verwerfen, die Ihnen nicht mehr dienlich sind.

 In Managementseminaren ist häufig zu hören, dass man »Herz und Verstand« der Leute erreichen soll. Das bedeutet, dass Sie die Glaubenssätze und Werte ansprechen müssen. Wenn die richtigen Glaubenssätze feststehen, geht NLP davon aus, dass die niedrigeren Ebenen – wie Fähigkeiten und Verhalten – automatisch zusammenpassen.

Identität

Identität beschreibt Ihre Selbstwahrnehmung. Sie drücken sich selbst durch Glaubenssätze, Werte, Fähigkeiten, Verhalten und Umwelt aus, aber Sie sind mehr als das. NLP geht davon aus, dass die *Identität* einer Person getrennt von ihrem Verhalten zu betrachten ist. Bleiben Sie sich dieses Unterschieds bewusst. Sie sind mehr als das, was Sie tun. NLP trennt die Intention, die hinter Ihren Handlungen steht, von der Handlung selbst. Darum vermeidet NLP auch, Menschen zu kategorisieren. »Männer benehmen sich schlecht« bedeutet zum Beispiel nicht, dass Männer an sich schlecht sind, sondern dass es einfach nur um schlechtes Benehmen geht.

Es gibt eine Redensart, die einer unserer Geschäftskunden gern zitiert: »Freundlich zur Person, hart beim Thema«. Das ist ein positiver Managementstil, der der NLP-Grundannahme entspricht, dass jeder nach seinen besten Möglichkeiten handelt.

 Wenn Sie Menschen durch Feedback ermutigen wollen, mehr zu lernen und zu leisten, sollten Sie immer sehr präzise Rückmeldungen zu dem geben, was jemand gesagt oder getan hat. Wichtig dabei ist, die *Verhaltensebene* und nicht die *Identitätsebene* anzusprechen. Anstatt also zu sagen: »John, tut mir leid, aber Sie waren einfach furchtbar«, versuchen Sie es mit: »John, es war schwierig, Sie bei der Präsentation zu verstehen, weil Sie die ganze Zeit auf den Computer geschaut haben und mit dem Rücken zum Publikum standen.«

Hier einige Fragen zur *Identität*, die Sie sich stellen sollten, wenn Sie den Eindruck haben, dass es ein Problem in Ihrem Identitätsbereich gibt:

✔ Inwiefern ist das, was Sie erleben, ein Ausdruck dessen, was Sie sind?

✔ Welche Art Mensch sind Sie?

✔ Wie beschreiben Sie sich selbst?

✔ Welche Etiketten verpassen Sie anderen?

✔ Wie würden andere Sie beschreiben?

✔ Denken andere so von Ihnen, wie Sie es möchten?

✔ Welche Bilder, Klänge oder Gefühle sind Ihnen bewusst, wenn Sie über sich selbst nachdenken?

Eine bessere Selbstwahrnehmung ist eine wertvolle Einsicht auf dem Weg persönlicher Veränderung. Menschen versuchen zu häufig, andere zu ändern, obwohl sich selbst zu ändern ein weit effektiverer Ausgangspunkt wäre.

Zugehörigkeit/Spiritualität/Vision/Mission

Diese Ebene »jenseits« der Identität bringt Ihnen das große Ganze näher, wenn Sie Ihre eigenen Ziele, Ihre Moralvorstellungen, Ihre Berufung oder den Sinn des Lebens infrage zu stellen beginnen. Diese Ebene bringt Menschen in den Bereich der Spiritualität und ihrer Beziehung zur größeren Ordnung der Dinge im Universum. Es führt Unternehmen dazu, ihren Zweck, ihre Vision und Mission zu definieren.

Das Überleben der Menschen in Zeiten unwahrscheinlichen Leids hängt von wahrem Selbstsponsoring ab, das über die Identität hinausgeht. Betrachten Sie die Widerstandsfähigkeit des aus Tibet vertriebenen Dalai Lama oder die Geschichte von Viktor Frankls Ausdauer während des Holocaust in seinem Buch *Trotzdem Ja zum Leben sagen.*

 Wenn wir im Zuge des Älterwerdens verschiedene Lebensabschnitte durchleben, ist es natürlich, dass wir hinterfragen, was wir mit unserem Leben anfangen. Manchmal gibt es einen Auslöser, der unser Handeln inspiriert und unsere Leidenschaft entfacht. Alan, ein Speditionskaufmann, reiste im Urlaub nach Kenia und erlebte hautnah den Bildungsbedarf des Landes. So begann eine große Ein-Mann-Kampagne, die von seinem Leben Besitz ergriff und ihn dazu brachte, eine internationale Wohltätigkeitsorganisation zu gründen, die Ausbildungsmaterial nach Afrika bringt. Und alles nur aufgrund seiner persönlichen Leidenschaft, etwas verändern zu wollen. Wenn man mit ihm darüber spricht, sagt er oft: »Warum ich? Ich weiß es nicht. Es ist verrückt, aber ich weiß einfach, dass ich das tun muss.« Seine Vision beeinflusste alle darunter liegenden Ebenen und ordnete diese neu.

Hier einige Zusammengehörigkeit/Spiritualität/Mission/Vision-Fragen, die Sie sich stellen sollten, wenn Sie prüfen wollen, ob Sie Ihr Leben in die für Sie richtige Richtung steuern:

✔ Aus welchem Grund sind Sie hier?

✔ Welchen Beitrag für andere möchten Sie leisten?

✔ Welche persönlichen Stärken besitzen Sie, mit denen Sie zu der Welt da draußen beitragen möchten?

✔ Wie wollen Sie in Erinnerung behalten werden, wenn Sie gestorben sind?

Der Management-Guru Charles Handy vermittelt in seinem Buch »The Elephant And The Flea« die Leidenschaft, die aus dem Sinn einer Mission und ihrem zugrunde liegenden Ziel erwächst. In seinem Buch »The New Alchemist«, das er mit seiner Frau, der Porträtfotografin Elizabeth Handy, geschrieben hat, stellt er Unternehmer vor. Er beschreibt sie als Menschen, die sich über die Logik hinauswagen und an ihrem Traum festhalten:

Leidenschaft trieb sie an, ein leidenschaftlicher Glaube an das, was sie tun, eine Leidenschaft, die sie in schwierigen Zeiten stärkte, die ihr Leben zu rechtfertigen schien. Leidenschaft ist ein viel stärkeres Wort als Mission oder Sinn, und ich merke, da ich davon spreche, dass ich auch von mir selbst rede.

Wenn Ihr Handeln einen tieferen Sinn hat, sind Sie nicht zu stoppen – Sie sind auf dem besten Wege, wahre Übereinstimmung auf allen logischen Ebenen zu erreichen.

Die Ebenen anderer Menschen verstehen: Sprache und logische Ebenen

Die Betonung in der Sprache eines Menschen, die Art, wie er spricht, kann Ihnen verraten, auf welcher Ebene er handelt. Nehmen Sie den einfachen Satz »Ich kann das hier nicht tun« und hören Sie, wo die Betonung liegt.

»*Ich* kann das hier nicht tun« = Aussage zur Identität

»Ich *kann* das hier *nicht* tun« = Aussage zum Glaubenssatz

»Ich kann *das* hier nicht tun« = Aussage zum Verhalten

»Ich kann das *hier* nicht tun« = Aussage zur Umwelt

»Ich kann das hier nicht *tun*« = Aussage zur Fähigkeit

Wenn Sie wissen, auf welcher Ebene jemand handelt, können Sie ihm helfen, auf dieser Ebene eine Veränderung zu erreichen. Wenn derjenige auf der Umweltebene agiert, lautet die Frage: »Wenn nicht hier, wo können Sie es dann?« Wenn er auf der Identitätsebene agiert, ist die Frage: »Wenn nicht Sie, wer kann es dann?«

Übung zu logischen Ebenen: Teambildung bei der Arbeit und in der Freizeit

Wir haben gesagt, dass NLP empirisch ist, auf Erfahrung beruht. Das bedeutet, dass Sie sich sowohl physisch als auch psychisch bewegen müssen, um aus manchen NLP-Übungen das Beste herauszuholen. NLP-Guru Robert Dilts formuliert das so: »Wissen ist nur ein Gerücht, bis Sie es verinnerlicht haben.« Sie können Papierblätter auf dem Boden auslegen und sich durch die verschiedenen Ebenen bewegen oder Stühle verwenden, um die folgende Übung auszuführen.

Diese Übung hilft Ihnen, die Stärken Ihres Teams mittels Brainstormings zu ergründen. Sie können dabei Barockmusik laufen lassen, um Ideen anzukurbeln, und die Geschwindigkeit erhöhen, wenn die Stühle gewechselt werden müssen. Eine Person kann auf einem Flipchart die Ideen festhalten.

1. **Legen Sie jemanden fest, der die Übung leitet, die Fragen stellt und die Antworten notiert.**

   Diese Person ist Ihr Spielleiter.

2. **Platzieren Sie sechs Stühle in einer Reihe, kennzeichnen Sie jeden Stuhl mit einem Schildchen als eine logische Ebene.**

3. **Setzen Sie je ein Teammitglied auf einen der Stühle.**

4. **Der Spielleiter stellt nun jedem Fragen, je nach Stuhl, auf dem er sitzt.**

Hier sind die Fragen, die dem Team auf den einzelnen Ebenen gestellt werden:

- **Umwelt-Stuhl** – »Wo, wann und mit wem arbeitet dieses Team am besten?«

- **Verhalten-Stuhl** – »Was macht dieses Team gut?«

- **Fähigkeiten-Stuhl** – »Wie machen wir das, was wir tun, wenn wir gut arbeiten?«

- **Glaubenssätze- und Werte-Stuhl** – »Warum ist dieses Team hier? Was ist uns wichtig?«

- **Identitäts-Stuhl** – »Wer ist dieses Team?«

- **Zughörigkeits-/Spiritualitäts-/Visions-/Mission-Stuhl** – »Wie trägt dieses Team etwas zum Gesamtbild bei? Was ist unsere Aufgabe in Bezug auf andere?«

5. **Wenn alle Teammitglieder ihre Fragen beantwortet haben, lassen Sie sie zu einem anderen Stuhl gehen und wiederholen Sie dann die Fragen.**

 Halten Sie die Leute immer in Bewegung. Sie können auch zweimal befragt werden. Nachdem Sie das Brainstorming festgehalten haben, besteht der nächste Schritt darin, die gesammelten Informationen durchzuarbeiten und zu sichten, um Muster und neue Ideen herauszufiltern und Ihre Stärken als Team auszubauen.

Kapitel 12
Fahrgewohnheiten: Die geheimen Programme durchschauen

Als Sie heute Morgen aufgestanden sind, haben Sie da zuerst Ihre Zähne geputzt oder zuerst geduscht? Als ich (Romilla) bei Swami Ambikananda Yoga gelernt habe, war eine der ersten Aufgaben im Kurs, die unbewussten Rituale, die wir im Alltag haben, besser zu begreifen. Swami Ambikananda schlug vor, dass wir unseren Tag damit anfangen, die Reihenfolge Anziehen, Frühstück und sich für die Arbeit fertig machen zu ändern. Meine Güte, hat das mein Denken umgekrempelt! Ich musste mich sehr konzentrieren, damit der Rest des Tages glatt lief. Ich hatte ständig das Gefühl, dass ich irgendetwas Wichtiges vergessen habe und dass mein Hirn versucht, sich zu erinnern, was. Das war eine sehr unangenehme Erfahrung.

Jeder hat für alles eine Strategie, aber nur die wenigsten sind sich dessen bewusst, dass sie Dinge per Autopilot erledigen. Wenn Sie jedoch erkennen, dass Sie eine ineffektive Strategie benutzen, haben Sie auch die Möglichkeit, diese Strategie zu ändern – wunderbar, oder? Sie lernen zudem, wie Sie effektive Strategien eines anderen Menschen erkennen und sie für sich modellieren können.

Sie wenden für jede Verhaltensweise Strategien an – um Ihren Partner, die Eltern, Kinder oder Haustiere zu lieben, sich selbst geliebt zu fühlen, gereizt auf Ihre Tochter zu reagieren, Ihr Lieblingsparfüm zu kaufen, Autofahren zu lernen, erfolgreich zu sein, zu scheitern, für Gesundheit, Wohlstand und Glück und so weiter. In diesem Kapitel werden Sie die Mechanismen Ihres Verhaltens aufdecken und damit das Steuer Ihres Lebens übernehmen.

Die Entwicklung von Strategien

Das NLP-Strategiemodell ist in einem längeren Prozess entstanden. Es begann mit Pawlow und seinen Hunden und wurde von den kognitiven Psychologen Miller, Galanter und Pribram weiterentwickelt, um schließlich von den NLP-Gründervätern Grinder und Bandler ausgebaut zu werden.

Das Reiz-Reaktions-Modell

Verhaltenspsychologen bauten ihre Arbeit auf Pawlow und seinen Hunden auf. Die Hunde hörten eine Glocke, die Futter ankündigte (Reiz, auch: Stimulus), und begannen zu sabbern (Reaktion). Verhaltenspsychologen glaubten, dass Menschen einfach auf einen Reiz reagieren. Zum Beispiel: »Er schlägt seine Frau (Reaktion), weil er als Kind geschlagen wurde (Reiz).« Oder: »Er gibt den Obdachlosen immer Geld (Reaktion), weil er aus sehr bescheidenen Verhältnissen stammt (Reiz).«

Das TOTE-Modell

Miller, Galanter und Pribram bauten auf dem Reiz-Reaktions-Modell der Verhaltensforschung auf und präsentierten das TOTE-Modell, das in Abbildung 12.1 dargestellt ist. Diese etwas gruselige Abkürzung steht für die Begriffe Test – Operation – Test – Exit, was in etwa bedeutet: prüfen, handeln, prüfen, aussteigen. Das TOTE-Modell geht davon aus, dass Sie ein Ziel vor Augen haben, wenn Sie ein bestimmtes Verhalten an den Tag legen. Der Zweck Ihres Verhaltens besteht darin, so dicht wie möglich an das gewünschte Ziel zu gelangen. Um zu beurteilen, ob Sie Ihr Ziel erreicht haben oder nicht, verfügen Sie über eine Testmethode. Wenn Ihr Ziel erreicht ist, beenden Sie Ihr Verhalten (Exit). Wenn es nicht erreicht wurde, passen Sie Ihr Verhalten an, wiederholen es, und richten so eine einfache Feedback-Reaktionsschleife ein. Wenn es Ihr Ziel ist, Wasser in einem Kessel zum Kochen zu bringen, prüfen Sie, ob das Wasser schon gekocht hat oder nicht (Test). Wenn nicht, warten Sie weiter darauf, dass es kocht, und prüfen weiter, ob es gekocht hat, und hören auf (Exit), sobald das der Fall ist.

NLP-Strategie = TOTE + Rep-System

 Sie erleben die Welt durch Ihre fünf Sinne – visuell (sehen), auditiv (hören), kinästhetisch (fühlen und tasten), olfaktorisch (riechen) und gustatorisch (schmecken). Das sind Ihre *Repräsentationssysteme (Rep)*, auch *Modalitäten* genannt. Modalitäten bestehen aus einer Kombination von *Submodalitäten*. Wenn Sie im Kopf ein Bild entstehen lassen, verwenden Sie Ihr visuelles Repräsentationssystem oder die visuelle Modalität. Sie können die Eigenschaften oder

Submodalitäten des Bildes anpassen, indem Sie es größer oder heller machen oder es näher zu sich heranholen. In Kapitel 10 erfahren Sie Details zu Submodalitäten und wie sie Ihre Wahrnehmung der Welt beeinflussen.

Bandler und Grinder haben die Rep-Systeme (Modalitäten) und Submodalitäten in die Test- und Operation-Phasen des TOTE-Modells integriert und es zum NLP-Strategiemodell ausgebaut. Das Ziel, das Sie haben, wenn Sie eine Strategie einsetzen, und die Mittel, mit denen Sie prüfen, ob es erreicht wurde, hängen laut Bandler und Grinder von den Kombinationen *Ihrer* Modalitäten ab. Sie machen sich ein Bild des Ziels und hören eine Stimme, die Ihnen sagt, was Sie tun sollen. Wenn Sie den Erfolg messen möchten, bekommen Sie möglicherweise ein bestimmtes Gefühl und hören einen Klang und machen sich dazu ein Bild – Sie beurteilen den Erfolg daran, ob Sie das fühlen, hören oder sehen, was Sie sich mittels der Submodalitäten vorgestellt haben.

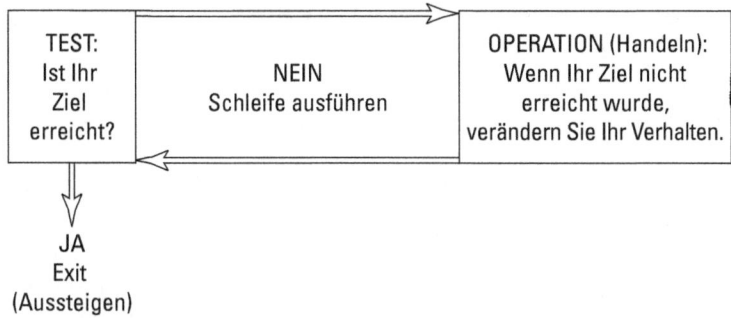

Abbildung 12.1: Das TOTE-Modell

Das NLP-Strategiemodell in Aktion

Dieser Abschnitt zeigt, wie das NLP-Strategiemodell für jemanden funktioniert, der eine einfache Strategie gegen Verkehrsrowdys verfolgt. Das TOTE-Modell (siehe Abbildung 12.1) wurde durch Modalitäten ergänzt und wird so zum NLP-Strategiemodell. Dieses Modell kann dazu verwendet werden, bestimmte Verhaltensmuster zu verstehen.

Abbildung 12.2 zeigt, wie das NLP-Strategiemodell abläuft.

✔ **Test A(uslöser)** – Das ist der ursprüngliche Auslöser, der die Strategie in Gang setzt. Mit diesem Test bewerten Sie, ob die Informationen, die Ihre Sinne liefern, den Daten entsprechen, die es erforderlich machen, nach einer bestimmten Strategie vorzugehen. Wenn Sie dazu neigen, im Straßenverkehr in Wut zu geraten, kann dafür jemand der Auslöser sein, der sie schneidet und sich kurz vor Ihnen in die Schlange drängelt (visuelle Bestätigung). Nachdem Sie aber guter Laune sind (keine kinästhetische Bestätigung), entscheiden Sie sich, die Strategie nicht zu fahren. Falls Sie jedoch schlechter Laune sind (kinästhetische Bestätigung), starten Sie Ihre »Verkehrswut«-Strategie, sobald Sie die visuelle Bestätigung erhalten, dass Sie jemand schneidet. Sie wollen zum einen sicherstellen, dass der Fahrer vor Ihnen genau weiß, was Sie von ihm halten, und außerdem möchten Sie sich lustvoll dem Gefühl der hemmungslosen Wut (kinästhetisch) hingeben.

✔ **Operation (Handeln)** – In diesem Prozess sammeln Sie die Daten, die Ihnen helfen, Ihre Strategie auszuführen. Im Fall der »Verkehrswut«-Strategie erinnern Sie sich daran, wo sich die Hupe und das Fernlicht befinden und welche eindeutige Geste Sie verwenden könnten. Sie setzen in diesem Beispiel die visuelle Modalität ein, wenn Sie sich Ihr Arsenal vorstellen, das Sie für den Ablauf Ihrer Strategie einsetzen. Zugleich rufen Sie auch die auditiv digitale Modalität auf, wenn Sie sich aller saftigen Schimpfwörter entsinnen, die Sie kennen. So haben Sie Ihre schönste Verkehrswut in Gang gesetzt.

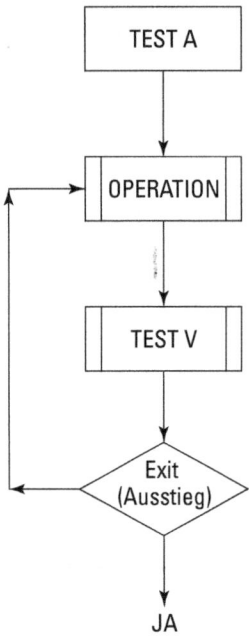

Abbildung 12.2: Das NLP-Strategiemodell

✔ **Test V(ergleichen)** – Hier vergleichen Sie die aktuellen Daten und die Situation, die zur Ausführung der Strategie geführt hat. Ja, Sie haben die Hupe betätigt (auditiv); ja, Sie haben Ihre schlimmsten Beschimpfungen hinausposaunt (für den Missetäter sichtbar) und die »angemessenen« Gesten gemacht (kinästhetisch für sich selbst und visuell für den anderen Fahrer). Ja, der rote Nebel der Wut fühlt sich guuuuuuuut an und hält Sie in seiner tödlichen Umarmung (kinästhetisch). Aber ... Oh nein! Sie haben die Lichthupe vergessen (visuell).

✔ **Exit (Ausstieg)** – Hier steigen Sie aus Ihrer Strategie aus. In diesem Beispiel würden Sie, weil Sie die Lichthupe vergessen hatten, die Schleife ausführen, um Ihre Strategie weiterzuverfolgen, und sie erst beenden, wenn Sie die Lichthupe betätigt haben.

 Als ich (Romilla) meine NLP-Master-Ausbildung absolvierte, musste ich im Rahmen der Modellierübung ein Brett zerschmettern. Es war ein ziemlich dickes Stück Holz und ich hatte Angst, zu versagen. Meine Strategie, um mich selbst aufzubauen, bestand darin, zu sehen, wie das Brett auseinanderbricht (visuell), die Energie in der Magengrube zu spüren, wie sie in meinem Brustkorb hochsteigt und in meinen Arm hineinfließt (kinästhetisch), und laut zu wiederholen: »Du kannst das« (auditiv digital). Das passt wie folgt in das TOTE-Modell:

1. Test 1 – Vorzutreten, um das Brett zu zerschmettern, ist der Auslöser, der diese Strategie in Gang setzt.

2. Operation (Handeln) – Ich fahre meine Strategie, um mich mithilfe von visuellen, kinästhetischen und auditiv digitalen Repräsentationssystemen (Modalitäten) aufzubauen.

3. Test 2 – Testen, ob ich genügend gepusht bin.

4. Exit/Ausstieg – Ich ließ diese Strategie in Dauerschleifen ablaufen und verstärkte meine Modalitäten, bis ich bereit war. Dann habe ich die Strategie verlassen und bin zur tatsächlichen »Brett zerschmettern«-Strategie übergegangen.

Schau mir in die Augen: Die Strategie des anderen erkennen

Eine Strategie läuft in ganz klar umrissenen Phasen ab. Diese Phasen können zum Beispiel Test A(uslöser), Operation (Handeln), Test V(ergleichen) und Exit (Ausstieg) sein (wie weiter vorn in diesem Kapitel erläutert). Betrachten wir ein Beispiel: Ben hat gerade mit dem Studium begonnen und wendet folgende Strategien an, wenn er zu Hause anrufen will:

✔ Gefühle lassen erkennen, dass er sein Zuhause vermisst – Test A (kinästhetisch).

✔ Er stellt sich ein Bild von seiner Familie vor – Operation (visuell).

✔ Er sagt die Telefonnummer vor sich hin – Operation (auditiv digital).

✔ Er ruft zu Hause an – Operation (kinästhetisch).

Zu Übungszwecken nehmen wir an, dass die Verbindung geklappt hat, Ben damit seinen Test V befriedigen konnte und daher die »Nach Hause telefonieren«-Strategie beendet hat.

Wenn eine Strategie erst einmal in Ihrem Nervensystem verankert ist, sind Sie sich der einzelnen Schritte kaum oder gar nicht bewusst. Wenn Sie jedoch wissen, wonach Sie suchen, können Sie die Strategie eines anderen Menschen herausfinden. Wonach Sie Ausschau halten müssen, ist die Augenbewegung. Wenn wir Ben gefragt hätten, was er macht, wenn er nach Hause telefoniert, wären seine Augen von ihm aus gesehen nach unten rechts gewandert (Heimweh), dann nach oben und nach links (visuelles Bild seiner Familie). Sie wären oben links geblieben (während er sich an die Telefonnummer erinnert), bevor er die Tasten drückt.

Sie erhalten einen ganz guten Eindruck davon, was jemand über ein Thema denkt (Bilder, Gefühle und so weiter), wenn Sie seine Augen beobachten (siehe Abbildung 12.3). Die Augen einer Person bewegen sich im Allgemeinen wie folgt (mehr zu den Geheimnissen, die Ihre Augen verraten, in Kapitel 6):

Wenn jemand Folgendes tut	machen seine Augen (von ihm aus gesehen) das
sich an ein Bild erinnern	nach oben links blicken
ein Bild erzeugen	nach oben rechts blicken
sich an ein Geräusch oder an ein Gespräch erinnern	waagerecht nach links blicken
sich vorstellen, wie ein Geräusch klingen könnte	waagerecht nach rechts blicken
Gefühle erleben	nach rechts unten blicken
mit sich selbst reden	nach unten links blicken

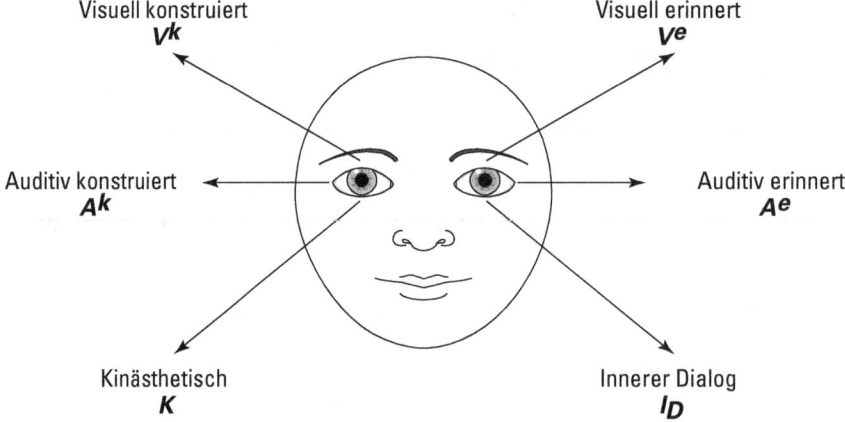

Abbildung 12.3: So bewegen sich Ihre Augen, wenn Sie jemanden ansehen

Die Augenbewegungen können davon abhängen, ob es sich um einen Linkshänder oder um einen Rechtshänder handelt. Abbildung 12.3 zeigt einen Rechtshänder. Ein Linkshänder könnte demnach von ihm aus gesehen nach rechts oben blicken, wenn er eine visuelle Erinnerung erzeugt. Wenn Sie die Strategie eines anderen Menschen herausfinden möchten, ist es am besten, die Reaktionen Ihres Gegenübers zu kalibrieren, indem Sie einige harmlose Fragen stellen, etwa »Auf welchem Weg sind Sie hergekommen?«. Das zwingt denjenigen, sich visuell zu erinnern, und liefert Ihnen einen Hinweis, welche Augenstrategie die Person verwendet.

Strategien verinnerlichen

Im Laufe Ihres Lebens entwickeln Sie ständig Strategien. Die meisten grundlegenden wie Gehen, Essen, Trinken und das Knüpfen von Freundschaften entstehen in der Jugend. Einige Strategien entwickeln Sie, wenn sich Ihre Lebensumstände ändern. Manchmal sind Ihre eigenen Strategien nicht so effektiv wie die eines anderen Menschen, der vielleicht einen besseren Lehrer oder eine bessere Ausgangsposition hatte. Es kann sehr nützlich sein, wenn Sie erkennen können, dass Ihre Strategie der Verbesserung bedarf. Wenn Ihre Kollegin für die gleiche Arbeit mehr Geld bekommt, könnte das eventuell daran liegen, dass sie dem Chef ihren Erfolg in einem besseren Licht darstellen kann.

Neue Fähigkeiten erwerben

In Kapitel 11 erläutern wir das Konzept der logischen Ebenen, das darauf basiert, dass wir auf unterschiedlichen Ebenen agieren: Zugehörigkeit/Spiritualität/Vision und Mission, Identität, Werte und Glaubenssätze, Fähigkeiten und Fertigkeiten, Verhalten, Umwelt. Ihre Strategien hängen mit der Ebene Ihrer Fähigkeiten und Fertigkeiten zusammen. Manchmal können Sie Ihre Strategien verbessern, indem Sie sich neue Fertigkeiten aneignen. Anhand des Beispiels der besser verdienenden Kollegin können Sie lernen, wie diese mit dem Chef Rapport aufgebaut hat. Vielleicht hat sie dafür gesorgt, dass ihr Chef über die Fortschritte ihres Projekts auf dem Laufenden gehalten wurde. Vielleicht können Sie versuchen, mit dem Chef über Ihre eigenen Fortschritte zu sprechen.

 Karen hatte immer in Büros gearbeitet, wo sie sich sicher fühlte und überzeugt von ihren Fähigkeiten war. Als Karen beschloss, sich selbstständig zu machen, entdeckte sie, dass sie viele neue Verhaltensweisen lernen musste. Sie erkannte, dass sie lernen musste, Kontakte zu knüpfen, um ihr Unternehmen bekannt zu machen. Bedauerlicherweise brachten aber all ihre diesbezüglichen Versuche nichts. Sie hatte keine genaue Vorstellung von ihrem Ziel und dachte, dass sie einfach ein paar neue Leute kennenlernen würde, die für ihr Geschäft nützlich sein könnten. Sie erkannte, dass sie neue Strategien lernen musste, um erfolgreich Kontakte zu knüpfen. Also beobachtete sie ihre Freundin Lisa, die sich erfolgreich vorstellen und neue Bekanntschaften schließen konnte. Sie begann, Lisas Strategien zu übernehmen (eine kurze Übersicht hierzu und wie Karen die einzelnen Schritte angewendet hat, finden Sie im Anschluss), und schloss erfolgreiche, neue Kontakte.

✔ **Denken Sie an das gewünschte Resultat einer Veranstaltung, die zu neuen Kontakten führen könnte.** Karen beschloss, dass sie mit mindestens sechs Personen, die für sie geschäftlich oder privat nützlich sein könnten oder für die sie nützlich sein könnte, Visitenkarten austauschen wollte.

✔ **Gehen Sie auf jemanden zu und stellen Sie sich vor:**

»Hallo, ich bin Karen und Sie sind …?«

✔ **Stellen Sie Fragen, um das Eis zu brechen.** Karens Fragen lauteten unter anderem:

»Ich bin zum ersten Mal hier. Sind Sie schon einmal hier gewesen?«

»Wie finden Sie diese Veranstaltung?«

»Von wo sind Sie angereist?«

»In welcher Branche sind Sie tätig?«

✔ **Konzentrieren Sie sich sowohl darauf, was die Person antwortet, als auch auf das gewünschte Ergebnis der Veranstaltung.** Karen bemerkte, dass sie so davon fasziniert war, was ihr Gegenüber erzählte, dass sie ganz vergaß, Visitenkarten auszutauschen, oder zu viel Zeit mit einer Person verbrachte und kaum weitere Leute kennenlernte. Um ihr Ziel nicht aus den Augen zu verlieren, entschied sie, ihre Karten in der linken Hand zu behalten, anstatt sie in ihrer Handtasche zu verstauen. So blieb ihre rechte Hand frei, um Hände zu schütteln, und sie wurde zugleich an ihr Ziel erinnert.

Die Programme neu kodieren

Strategien kann man ändern. Wessen Vorstellungen haben Sie im Verkehrsrowdy-Beispiel am Anfang des Kapitels erfüllt? Sicher nicht Ihre eigenen. Vor allem wenn Sie wissen, welche Schäden Ihr Körper durch Wut und Stress erleidet. Wie wäre es, eine andere Strategie zu entwickeln, die zum Beispiel so aussehen könnte:

✔ **Test (Auslöser):** Jemand schneidet Sie.

✔ **Operation (Handeln):** Anstatt auf die gemeinsten Schimpfwörter und Gesten zurückzugreifen, denken Sie daran, dass sich die Sonne in etwa fünf Milliarden Jahren in einen planetarischen Nebel auflöst und dann die ganze Aufregung sinnlos geworden ist – gönnen Sie sich ein Lächeln und genießen Sie Ihr Leben.

✔ **Test (Vergleichen):** Funktioniert das? Wenn ja, gehen Sie zum letzten Schritt über. Wenn nicht, kehren Sie zum vorherigen Schritt zurück und versuchen eine andere Strategie.

✔ **Exit (Ausstieg):** Folgen Sie Ihren eigenen Zielen und beenden Sie die Strategie.

 Qigong -Lehrer wissen, dass diese Technik des »inneren Lächelns« das Immunsystem stärkt, das Denken effizienter macht und Bluthochdruck, Sorgen und Depressionen reduziert.

Gewusst wie

NLP interessiert sich mehr für den Prozess – *wie* Sie etwas tun – als für den Inhalt Ihrer Erfahrung. Es geht also nicht darum, dass Sie wütend werden, wenn Sie beim Tennis verlieren (Inhalt), sondern »WIE werden Sie wütend, wenn Sie beim Tennis verlieren« (Prozess).

Weil sich NLP mit dem »Wie« befasst, ist es möglich, eine Strategie zu ändern, die nicht die gewünschten Ergebnisse erzielt. Anstatt Ihren Schläger zu zerschmettern, stellen Sie sich vor, wie Sie einen saftigen Scheck für einen weiteren teuren Schläger ausfüllen – stellen Sie sich das bildhaft vor. Und weil sich Strategien verändern lassen, können Sie die Methode, wie Sie etwas gut machen, modellieren und so einen Bereich Ihres Lebens verbessern, in dem Sie nicht so gut sind.

Im Büro war Tim besonders ordentlich und gut organisiert. Sein Zuhause war jedoch ein einziges Chaos. Tim fand einfach nicht raus, wie er sein Haus in Ordnung halten könnte. Ich (Romilla) habe Tim dabei geholfen, die Prozesse zu erkennen, die er im Büro anwendet, um seinen Arbeitsbereich aufgeräumt zu halten. Er überprüfte seine Strategie und entdeckte:

✔ **Test (Auslöser):** Er sieht Papiere und Ordner auf seinem Schreibtisch und entscheidet, dass er einen ordentlichen Schreibtisch vor sich haben möchte.

✔ **Operation (Handeln):** Tim unternimmt Folgendes:

- Er stellt sich vor, sein Chef kommt herein und kommentiert seine Unordnung. Interessanterweise klingt seine Stimme wie die von Tims Mutter in seiner Kindheit.

- Er bekommt ein unangenehmes Gefühl in der Magengrube.

- Er stellt sich vor, wohin die Akten verschwinden müssen.

- Er steht auf und räumt die Papiere und Ordner weg.

✔ **Test (Vergleichen):** Er sieht auf seinen Schreibtisch, sieht die freie Tischfläche und bekommt ein angenehmes Gefühl in der Magengrube.

✔ **Exit (Ausstieg):** Solange Tim nicht genügend freie Tischfläche sieht, bekommt er nicht das angenehme Gefühl und wird deshalb mit dem Aufräumen fortfahren, bevor er seine Strategie beendet.

Nachdem er seine Strategie des »ordentlichen Schreibtischs« begriffen hatte, konnte er auch sein Zuhause in Ordnung halten. Er organisierte seine Regale so, dass er Dinge wegräumen konnte. Wenn er nicht genügend freien Fußboden sehen kann, stellt er sich vor, dass sein Chef reinkommt. Dann übt er seine Strategie aus, um sein Zuhause aufzuräumen – eine sehr erfolgreiche Übertragung von Strategien.

NLP-Strategien für Liebe und Erfolg einsetzen

Was immer Sie tun, Sie tun es, weil Sie (meist unbewusst) eine entsprechende Strategie gelernt haben oder eine Strategie entwickelt haben, die eine bestimmte Funktion erfüllt. Wenn eines Ihrer Augen schwächer ist als das andere, haben Sie wahrscheinlich unbewusst gelernt, die Zeitung vor das stärkere Auge zu halten, indem Sie den Kopf bewegen. Fragen zu stellen – »Woher wissen Sie, wann Sie Sport treiben müssen« – kann sehr nützlich sein, um eine Strategie herauszufinden. Achten Sie auf die Augen Ihres Gegenübers, wenn es antwortet, denn hierdurch erhalten Sie einen ziemlich guten Hinweis auf seine Strategien. Wenn Sie Zweifel haben, sollten Sie Ihre Fragen verfeinern.

Strategie der innigen Liebe

Jeder hat eine bestimmte Strategie, um sich wirklich geliebt zu fühlen. Wir nennen das *Strategie der innigen Liebe*. Wenn man jemandem begegnet, der diese Strategie der innigen Liebe erfüllt, bingo! Schon sieht man das Leben durch die rosarote Brille und hört womöglich schon die Hochzeitsglocken läuten. Wenn Sie jemanden treffen, von dem Sie sich angezogen fühlen oder den Sie interessant finden, setzen Sie sämtliche Modalitäten in Gang:

✔ Visuell – Sie geben sich Mühe, gut auszusehen. Vielleicht tragen Sie die Farbe, die das Objekt Ihres Interesses mag. Sie blicken tief in seine/ihre wunderbaren blauen/grünen/braunen Augen.

✔ Auditiv – Sie sprechen in angenehmer Tonlage und sagen das, was Ihr Gegenüber Ihrer Meinung nach hören will.

✔ Kinästhetisch – Sie halten Händchen. Sie streicheln den anderen.

✔ Olfaktorisch – Mmmmm! Hoffentlich ist dieses Parfum nicht zu viel des Guten. Huch, Zähneputzen ganz vergessen!

✔ Gustatorisch – Abendessen bei Kerzenschein, Speisen mit Kräutern und Gewürzen beweisen, dass jemand etwas ganz Besonderes ist.

Die begehrte Person hat angebissen und Sie wandern Hand in Hand in den Sonnenuntergang. Aber dann … nach einiger Zeit … gibt es Anzeichen von Unzufriedenheit. »Was ist nur schiefgelaufen?«, jammern Sie. Eigentlich gar nichts. Vielleicht haben Sie und Ihr Partner nur auf die Modalität zurückgegriffen, nach der Sie normalerweise verfahren. Die Ehefrau sehnt sich vielleicht nach körperlichem Kontakt mit Umarmungen und Liebkosungen, um sich geliebt zu fühlen, während der Ehemann seine Liebe dadurch beweist, dass er alles für sie tut, was er kann, zum Beispiel das Haus instand hält und das Auto gewaschen und vollgetankt vor die Garage stellt.

Um herauszufinden, wie sich jemand geliebt fühlt, versuchen Sie es mit Aussagen wie »Du weißt, dass ich dich liebe, nicht wahr?« oder »Was würde dazu führen, dass du dich noch mehr geliebt fühlst?«. Achten Sie dabei auf die Augen und die Körpersprache. »Hm, ich bin nicht sicher«, während die Augen nach rechts unten (K) gehen, kann Ihnen einen Hinweis darauf geben, dass vielleicht mehr Liebkosungen gefragt sind. Verlassen Sie sich dabei auf Ihre Intuition. Wenn die Augen waagerecht nach links gehen (A^e), versuchen Sie es mit der Frage, was sie/er von Ihnen hören möchte oder welche Musik sie/er mag.

Fragen Sie nicht in stressigen Situationen, etwa im Stau – Sie werden dann garantiert eine Antwort bekommen, die Sie nicht mögen werden. Nutzen Sie lieber eine stille Stunde der Zweisamkeit.

Kalibrieren Sie die Reaktion, die Sie erhalten, wenn Sie etwas für den anderen tun. Gibt es diese besondere Reaktion, weil Sie einen Strauß Rosen mitgebracht haben?

Im NLP ist *Kalibrierung* der Prozess, mit dem Sie die Reaktion Ihres Gegenübers auf Ihre Kommunikation ablesen. Eine Ohrfeige ist eine ziemlich offensichtliche Reaktion und Sie werden hoffentlich nicht die Wörter oder das Benehmen wiederholen, die beziehungsweise das Ihnen die Ohrfeige eingebracht hat.

Die meisten Reaktionen sind jedoch subtiler: Starren, ein verwunderter Blick, gerötete Wangen, zusammengebissene Zähne. Ein Meister der Kommunikation muss diese Reaktionen einschätzen können, insbesondere wenn es mehrere Signale auf einmal gibt. Ein Lächeln mit einem verwunderten Blick kann darauf hinweisen, dass die Person etwas nicht versteht, aber zu höflich ist, es zu sagen.

Es geht nichts über positives Feedback, wenn Sie Ihre eigene Strategie erreichen wollen. Lassen Sie Ihren Partner wissen, wann er ins Schwarze getroffen hat, besonders wenn Sie wissen, wie die Strategie der innigen Liebe der geliebten Person aussieht. Ich (Romilla) habe ein Pärchen gekannt, das seit 27 Jahren sehr glücklich verheiratet war. Die Ehefrau mochte es sehr, wenn ihr Mann ihr das Gesicht streichelte. Dazu der besondere Blick in den Augen ihres Gatten und sie fühlte sich als Mittelpunkt seines Universums – man konnte sie fast schnurren hören.

Strategien zum Beeinflussen von Menschen

Durch die Anwendung Ihres Wissens und Ihrer Strategien machen Sie sich zu einem überzeugenden Kommunikator. Wenn Sie erst einmal die Strategie eines anderen herausgefunden haben, können Sie diese dazu verwenden, ihm Informationen zurückzugeben. Wenden Sie dazu die Stufen seiner Strategie an. So können Sie die Strategie eines Teenagers benutzen, um ihm bei seinen Hausaufgaben zu helfen.

Um einem Teenager mit seiner eigenen Strategie Informationen zu vermitteln, müssen Sie erst begreifen, wie seine Strategie aussieht. Stellen Sie daher eine Frage wie »Wie motivierst du dich zum Fußballspielen?« und beobachten Sie seine Augenbewegungen, wenn er antwortet. Angenommen, Ihre Frage löst die unten stehende verbale Reaktion mit den Augenbewegungen, die in Abbildung 12.4 dargestellt sind, aus.

V^e A^e I_D K

Abbildung 12.4: Die Augen enthüllen die Strategie.

»Ich sehe mich selbst im Trikot, mit dem übrigen Team (Augen bewegen sich von ihm aus gesehen nach links oben – V^e) und ich höre alle aufgeregt durcheinanderreden (Augen bewegen sich waagerecht nach links – A^e), und dann sage ich zu mir selbst: ›Wir werden gewinnen‹ (die Augen bewegen sich nach links unten – I_D) und ich fühle mich richtig gut (Augen bewegen sich nach rechts unten – K).«

Auf der Grundlage der Antwort und der Augenbewegungen des Jugendlichen können Sie Ihre Reaktion entsprechend gestalten. Sie wissen, dass er sich zur Motivation an ein Bild erinnert (V^e) und danach an das Durcheinanderreden der Mitspieler (A^e). Dann spricht er mit sich selbst (I_D) und fühlt (K) sich schließlich gut. Mit diesen Informationen im Hinterkopf können Sie Folgendes vorschlagen:

✔ »Kannst du dich an das Bild erinnern, als du letzte Woche deine Physik-Hausaufgaben rechtzeitig fertiggestellt hast?«

Sie bitten den Teenager, sich ein Bild von der Zeit zu machen, als er tatsächlich seine Hausaufgaben erledigt hatte, und zwingen ihn so zum Anfang seiner Strategie (V^e).

✔ »Kannst du dich erinnern, was dein Lehrer gesagt hat, als er dich so richtig gelobt hat?«

Sie bitten den Jugendlichen, sich auf die Worte zu besinnen, die verwendet wurden. So bringen Sie die nächste Stufe seiner Motivationsstrategie (A^e) in Gang.

✔ »Kannst du dich daran erinnern, wie du ganz erstaunt zu dir gesagt hast: ›Zum allerersten Mal habe ich Physik wirklich verstanden!‹?«

Mit der Bitte, seinen inneren Dialog zu wiederholen, führen Sie den Jugendlichen zur vorletzten Stufe seiner Motivationsstrategie (I_D).

✔ »Erinnerst du dich, wie begeistert du warst? Wäre es nicht wunderbar, wenn du deine Hausaufgaben jetzt fertig machst und dieses Glücksgefühl wieder hättest?«

In diesem letzten Schritt bringen Sie den Teenager dazu, sich selbst zu motivieren, indem Sie beim guten Gefühl (K) einhaken und darauf hinweisen, dass er dieses Gefühl wieder hervorrufen kann, wenn er seine Hausaufgaben fertigstellt.

 Sie können diese Technik immer dann anwenden, wenn Sie wirklich überzeugend sein müssen. Stellen Sie zuerst eine Frage und beobachten Sie die Augen, wenn die Person antwortet. Formulieren Sie dann Ihre Vorschläge in einer Sprache, von der Sie sich die beste Reaktion erhoffen.

Die NLP-Buchstabierstrategie

Wie bei allen anderen Strategien haben Menschen, die lesen und schreiben können, eine Strategie für das Buchstabieren. Gute Buchstabierer wenden eine wirksame Strategie an, schlechte Buchstabierer fahren eine ungeeignete Strategie.

Buchstabieren ist ein visueller Prozess. Wenn Sie sich als guten Buchstabierer einschätzen, werden Sie meist nach oben links sehen (visuell erinnert), wenn Sie sich das Wort vergegenwärtigen, das Sie buchstabieren. Das bedeutet, Sie haben bildliche Vorstellungen der Wörter in Ihrem Gedächtnis gespeichert und das Ganze als Bibliothek aufgebaut. Wenn Sie buchstabieren, greifen Sie auf diesen Wortvorrat zurück.

 Eine ungeeignete Buchstabierstrategie ist der Versuch, phonetisch zu buchstabieren. Vielleicht schauen Sie dabei nach unten und verlieren sich in Gefühlen (kinästhetisch) oder zur Seite, um sich daran zu erinnern, wie sich ein Wort anhört (auditorisch).

Eureka

Als Olive Hickmott in einem NLP-Kurs in London zum ersten Mal von der NLP-Buchstabierstrategie hörte, fing damit für sie eine spannende Entdeckungsreise an. In diesen 15 Minuten hatte sie ein unerwartetes »Eureka-Erlebnis«, denn sie entdeckte das Geheimnis des Buchstabierens, nach dem sie schon ihr Leben lang gesucht hatte.

Ihr Kampf mit der englischen Sprache hatte sich negativ auf ihre Ausbildung und berufliche Karriere ausgewirkt und dazu geführt, dass sie erst im Alter von 40 Jahren anfing, aus Vergnügen zu lesen. Sie sagt: »Warum hat mir nie jemand gesagt, dass wir so buchstabieren sollten? Das ist eines dieser Dinge, von denen ich nicht wusste, dass ich sie nicht kannte.« Zunächst lernte sie, ihre allgemeinen Visualisierungsfähigkeiten zu entwickeln und dann, wie man Worte visualisiert. Inzwischen benutzt sie die Methoden, die sie in ihrem Buch »Spelling Means Achieving« beschreibt, um Menschen zu helfen, zunächst ihre sprachlichen Probleme, wie tanzende Buchstaben, zu überwinden, bevor sie an dem arbeiten, was sie eigentlich erreichen wollen. Vom Buchstabieren hat sie ihre Arbeit inzwischen auch auf andere Lernschwierigkeiten ausgeweitet, wie Lese-Rechtschreib-Schwäche, Feinmotorik oder ADHD, und vermittelt jungen Menschen mit entsprechenden Problemen schon sehr früh Grundkenntnisse im Lesen und Schreiben, bevor sich die Betroffenen wenig hilfreiche Strategien aneignen, um das Problem zu umgehen.

 Wenn Sie phonetisch buchstabieren und es gern besser machen würden, versuchen Sie Folgendes:

1. **Denken Sie an ein Wort, das Sie gern buchstabieren können möchten, schreiben Sie es in großen Buchstaben auf und halten Sie es bereit.**

2. **Denken Sie an ein Wort, das Sie buchstabieren können.**

 Wir bitten Sie darum, ein Wort zu nehmen, das Sie buchstabieren können, um Ihnen ein gutes Gefühl zu vermitteln. Lehrer bringen den Schülern leider nur selten die Strategie bei, wie man gut buchstabiert. Die Folge davon ist, dass man als »nicht besonders cleverer Schüler« eingestuft wird. Wenn man gebeten wird, etwas zu buchstabieren, fühlt man sich also wahrscheinlich ziemlich mies. Im Laufe der Zeit wird Buchstabieren dann gleichbedeutend mit ungutem Gefühl. Vielleicht hat das sogar Auswirkungen auf Ihre Identität – »Ich bin ein schlechter Buchstabierer« oder noch schlimmer »Ich bin ein schlechter Schüler«. Nehmen Sie einfach die negativen Glaubenssätze hin, die auftauchen, und seien Sie nett zu sich selbst. Vielleicht sind Sie mit Ihrem Deutschlehrer nicht klargekommen und Buchstabieren fördert unangenehme Erinnerungen ans Licht – das ist in Ordnung. Sie stehen nun auf eigenen Füßen und Sie können sich erlauben, so gut im Buchstabieren zu sein, wie Sie nur können. Spielen Sie mit Wörtern und legen Sie los.

3. **Bewegen Sie Ihre Augen, um sich visuell zu erinnern (üblicherweise nach links oben), und machen Sie sich ein Bild von dem Wort, das Sie buchstabieren können.**

   Zu wissen, dass Sie ein Wort buchstabieren können, gibt Ihnen ein gutes Gefühl (Zufriedenheit, Zuversicht, Glück und so weiter).

4. **Bringen Sie dieses positive Gefühl wirklich in Ihr Bewusstsein. Konzentrieren Sie sich darauf und verstärken Sie es. Dann atmen Sie tief ein und verstärken es noch etwas mehr.**

5. **Jetzt werfen Sie einen kurzen Blick auf das Wort, das Sie buchstabieren lernen wollen.**

6. **Halten Sie das gute Gefühl fest, bewegen Sie Ihre Augen nach links oben und machen Sie sich ein Bild von dem neuen Wort.**

   Achten Sie darauf, ein klares, helles, großes Bild des Wortes zu erzeugen, und betrachten Sie es; *sehen Sie es sich richtig an*!

7. **Das nächste Mal, wenn Sie ein Wort buchstabieren wollen, bewegen Sie Ihre Augen zur visuellen Erinnerung und – voilà! – wie durch Zauberei wird es vor Ihrem inneren Auge erscheinen und Sie beginnen zu glauben, dass *Sie es buchstabieren können*, nicht wahr?**

Während wir über die erstaunliche Wirksamkeit dieser Buchstabierstrategie sprachen, entdeckte Kate, dass sie dieses visuelle Erinnerungsvermögen häufig verwendet, um sich Telefonnummern, Einkaufslisten und Verabredungen zu merken. Sie können diese Methode auch verwenden, um sich daran zu erinnern, wo Sie ihre Schlüssel hingelegt haben oder um sich das große Einmaleins zu merken.

Hier stimmt was nicht

George Bernhard Shaw hatte seinen Spaß an Phonetik. Er zeigte einmal, dass man im Englischen das Wort »Fish« auch genauso gut »GHOTI« buchstabieren könnte. »GH« nimmt man zum Beispiel aus »laugh«, in dem es wie »f« ausgesprochen wird, »O« so wie das »o« in »women« und »TI« wie »ti« in »nation«. Das ist natürlich ziemlicher Quatsch, weil »GH« niemals wie ein »F« am Anfang eines Wortes ausgesprochen wird und »TI« nicht am Ende eines Wortes benutzt werden kann, nachdem ihm ein Vokal folgen muss, um den »Sch«-Laut zu erzeugen.

Kapitel 13
Zeitreise

Zeit ist etwas seltsam Dehnbares. Sie vergeht unglaublich schnell, wenn man mit etwas Interessantem beschäftigt ist, und zieht sich, wenn man Langeweile zulässt. Sind Sie einer der Menschen, die immer alle Zeit der Welt haben, oder gehören Sie zu denen, deren Zeit immer knapp ist? Zeit zu haben, hängt vielleicht davon ab, worauf Sie Ihre Aufmerksamkeit richten – ähnlich wie beim Geld. Obwohl Tag und Nacht für alle – Reiche, Arme, Junge und Alte – 24 Stunden dauern, ist die Wahrnehmung von Zeit unterschiedlich. Manche Menschen sitzen in der Vergangenheit fest, andere richten ihren Blick fest in die Zukunft und wieder andere leben einfach für den Augenblick.

> *Zeit ist das zentrale System, bestehend aus kulturellem, sozialem und privatem Leben. Tatsächlich geschieht nichts außerhalb irgendeines Zeitrahmens.*
> *The Dance of Life (Edward T. Hall, Anchor, 1984)*

Die »amerikanisch-europäische« Zeit ist ein Ergebnis der industriellen Revolution, als Menschen zu einer bestimmten Zeit in Fabriken erscheinen mussten. Sie verläuft linear, ein Ereignis oder Vorgang folgt auf das beziehungsweise den nächsten. In Lateinamerika, den arabischen Ländern und anderen Länder der südlichen Hemisphäre hat Zeit eine vielschichtige Struktur, die es Menschen erlaubt, mehreren Ereignissen oder Vorgängen gleichzeitig zu folgen. Beide Varianten haben ihre Stärken und Schwächen und können zu Konflikten im interkulturellen Austausch führen.

Zeit verleiht auch Ihren Erinnerungen eine Bedeutung. Sie können die Bedeutung einer Erinnerung ändern, indem Sie ihre Eigenschaften und ihre zeitliche Einordnung ändern.

Auf diese Weise können Sie sich von negativen Emotionen und einschränkenden Entscheidungen frei machen. Stattdessen erhalten Sie die Möglichkeit, eine Zukunft ohne den Einfluss kräftezehrender Erinnerungen zu erschaffen.

Wie Ihre Erinnerungen aufgebaut sind

Denken Sie an etwas, was Sie regelmäßig tun. Das bedeutet, Sie können sich daran erinnern, diese Tätigkeit in der Vergangenheit ausgeführt zu haben, und sich vorstellen, sie in der Gegenwart und in der Zukunft auszuführen. Merken Sie, dass die Bilder je nach Zeit unterschiedlich positioniert sind? Sie haben soeben eine kleine Überlandreise durch die Zeit erlebt: Sie sind in die Vergangenheit gewandert und haben sich dann nach einem kleinen Zwischenstopp in der Gegenwart in die Zukunft bewegt. (Die Flugvariante dieser Reise können Sie in Kürze im Abschnitt »Ihre Zeitlinie ausfindig machen« erleben.)

Vielleicht haben Sie daran gedacht, wie Sie ein Buch lesen, einkaufen fahren, am Schreibtisch arbeiten, in einem Restaurant essen oder die Zähne putzen. Na ja, vielleicht haben Sie auch an etwas anderes gedacht. Haben Sie die Eigenschaften dieser drei Bilder wahrgenommen, beispielsweise Positionierung, hell oder dunkel, dreidimensional oder flach, Film oder Standbild, Farbe oder Schwarz-Weiß? Diese Eigenschaften oder Attribute werden *Submodalitäten* genannt. In Kapitel 10 können Sie eine Menge interessanter Anwendungsmöglichkeiten von Submodalitäten nachlesen.

Anhand dieser Attribute versuchen wir Ihnen zu vermitteln, dass Ihre Erinnerungen eine Struktur haben. Sie erkennen, ob eine Erinnerung in der Vergangenheit liegt oder ob Sie ein Bild Ihrer Zukunft erzeugen, wenn Sie das Aussehen des Bildes dieser Erinnerung untersuchen.

 Wenn wir Sie bitten, zu definieren, woraus Sie bestehen, werden Sie vielleicht »70 Prozent Wasser« oder »Haut, Haare und Blut« antworten. Aber … als Person insgesamt sind Sie mehr als nur die einzelnen Komponenten. Diese Tatsache wird mit dem Begriff *Gestalt* beschrieben. Gestalt wird als eine Struktur oder ein Muster definiert, die beziehungsweise das sich nicht allein aus den einzelnen Bestandteilen ableiten lässt. Auf Sie übertragen heißt das, dass man Sie nicht nur als die Summe Ihrer Komponenten betrachtet, sondern als ein Ganzes.

Ihre Erinnerungen sind als Gestalt aufgebaut. Verknüpfte Erinnerungen bilden eine Gestalt. Eine Gestalt kann sich jedoch schon früher ausbilden, wenn Sie ein Ereignis erleben, das eine bestimmte emotionale Reaktion zum ersten Mal auslöst: Im Englischen bezeichnet man dies als *Significant Emotional Event*, kurz *SEE*. Dieses prägende Ereignis wird auch *Auslösersituation* genannt. Wenn Sie ein ähnliches Ereignis erleben und eine ähnliche emotionale Reaktion erfolgt, verbinden Sie die beiden Ereignisse. Und so weiter und so fort und auf einmal entsteht eine Kette.

Einer der Gründerväter der Psychologie, William James, verglich Erinnerungen mit einer Perlenkette, bei der jede der miteinander in Beziehung stehenden Erinnerungen sowohl mit der vorhergehenden als auch mit der folgenden verbunden ist. Wenn Sie mit Ihrer Zeitlinie arbeiten und die Schnur vor dem ersten Auftreten durchtrennen, wird die Gestalt zerstört (siehe Abbildung 13.1).

Abbildung 13.1: Eine Memory-Gestalt

Ihre Zeitlinie ausfindig machen

Erinnerungen sind in einem Muster angeordnet. Wohin würden Sie zeigen, wenn man Sie bitten würde, in die Richtung zu deuten, aus der die Vergangenheitserinnerung kommt? Achten Sie auch darauf, wohin Sie zeigen, wenn Sie auf eine Vorstellung in der Zukunft deuten. Wenn Sie eine Linie zwischen der Erinnerung aus der Vergangenheit, der in der Gegenwart und der in der Zukunft zeichnen, erschaffen Sie Ihre persönliche *Zeitlinie (Time Line)*.

Manche Menschen finden ihre Vergangenheit hinter sich und ihre Zukunft vor sich. Andere ordnen Vergangenheit, Gegenwart und Zukunft auf einer V-förmigen Linie an. Manche empfinden ihre Vergangenheit links von sich und ihre Zukunft rechts von sich – das ist interessant, denn wie in Kapitel 6 zu erfahren ist, bewegen die meisten Menschen ihre Augen nach links, um sich an etwas zu erinnern, und nach rechts, um sich etwas vorzustellen, das (noch) nicht real ist. Interessanterweise bestimmen manche Menschen ihre Zeitlinie geografisch; ihre Vergangenheit liegt zum Beispiel in Cornwall, Los Angeles oder Timbuktu und ihre Gegenwart da, wo sie zurzeit leben. Ihre Zukunft liegt dort, wohin sie eventuell ziehen möchten.

Eine Teilnehmerin meines (Romilla) Workshops »Future Perfect« (in dem Menschen lernen, die Zukunft zu erschaffen, die sie leben wollen) war sehr verwirrt, als sie ihre Zeitlinie finden sollte. Wir fanden heraus, dass ihre Vergangenheit in Südafrika lag, ihre Gegenwart in England und sie konnte sich nicht entscheiden, wo ihre Zukunft liegt. Ich bat sie, ihrem Unbewussten dabei zu vertrauen, mit dem Finger in die Richtung zu zeigen, in der ihre Zukunft liegen könnte. Sie zeigte nach vorn und leicht nach rechts. Wir konnten dann ihre Zeitlinie festlegen, indem wir eine Linie zurück nach Südafrika gezogen haben.

Falls das einfacher für Sie ist, können Sie auch eine gedachte Linie auf den Boden zeichnen und auf Ihr Unbewusstes vertrauen: Gehen Sie von dort, wo Sie spüren, dass Ihre Vergangenheit liegt, der Linie entlang und zwar in die Richtung, von der Sie spüren, dass dort Ihre Zukunft liegt.

Es kann schwierig werden, sich auf der Zeitlinie zu bewegen, wenn es räumliche Beschränkungen gibt, etwa wenn Sie sich in einem kleinen Raum befinden. Die folgende Übung zeigt, wie Sie Ihre Zeitlinie im Kopf visualisieren können. Dabei »schweben« Sie von dort, wo Sie sich gerade entspannen, in die Höhe und erhalten so einen freien Blick auf der Zeitlinie, die sich unter Ihnen erstreckt.

1. Denken Sie an ein Ereignis, das Sie vor Kurzem erlebt haben.

2. Atmen Sie tief ein und entspannen Sie sich.

3. Stellen Sie sich vor, wie Sie in die Höhe schweben, hoch über Ihre Gegenwart, hoch über den Wolken in astronomische Höhen.

4. Stellen Sie sich nun Ihre Zeitlinie vor, weit unter Ihnen, wie ein Band. Sie können sich selbst auf der Zeitlinie sehen.

5. Schweben Sie jetzt zurück über Ihre Zeitlinie, bis Sie sich direkt über dem kürzlich erlebten Ereignis befinden.

6. Sie können dort bleiben, solange Sie wollen, bis Sie sich entscheiden, in die Gegenwart zurückzugleiten, hinunter in Ihren eigenen Körper.

Ich hoffe, Sie haben den Flug genossen. Behalten Sie den Vorgang in Erinnerung, denn Sie werden ihn häufig wiederholen.

Zeitlinien ändern

Wie beziehungsweise wo war Ihre Zeitlinie positioniert, als Sie sie erstellt haben? Verlief sie zum Beispiel durch Ihren Körper wie in den ersten beiden *In-Time*-Darstellungen (siehe Abbildung 13.2 und 13.3)? Oder befand sie sich vor Ihnen, sodass Sie Ihre gesamte Zeit vor sich ausgebreitet sehen konnten wie in der *Through-Time*-Darstellung (siehe Abbildung 13.4)?

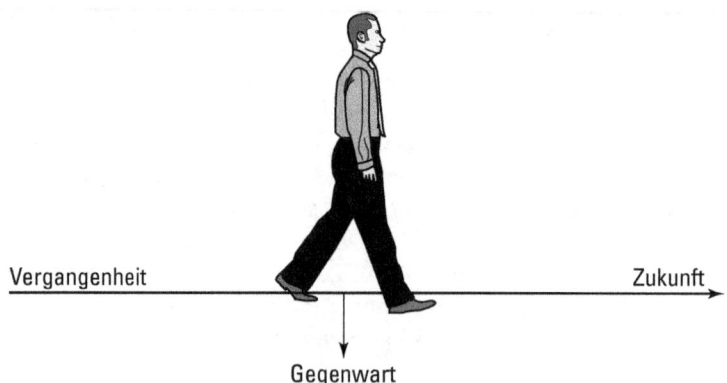

Vergangenheit　　　　　　　　　　　　　　　　　Zukunft

Gegenwart

Abbildung 13.2: In-Time-Person mit gerader Zeitlinie

Die Form Ihrer Zeitlinie kann viele persönliche Charaktereigenschaften beeinflussen. Wenn Sie eine Through-Time-Linie sehen, handelt es sich um ein amerikanisch-europäisches Zeitmodell, sodass Sie wahrscheinlich folgende Eigenschaften haben:

✔ starkes Bewusstsein für den Wert der Zeit,

✔ zielorientiert,

✔ bewusst pünktlich bei Verabredungen,

✔ gut bei der Planung von Aktivitäten,

✔ fähig, Gefühle von Ereignissen zu trennen,

✔ Schwierigkeiten, im Jetzt zu leben.

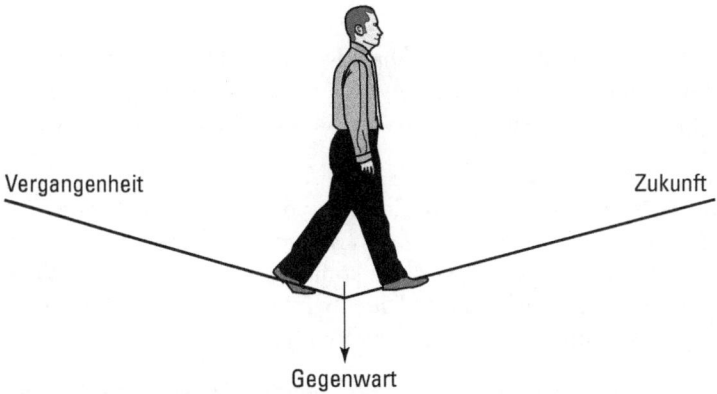

Abbildung 13.3: In-Time-Person mit V-förmiger Zeitlinie – auch »between time« genannt

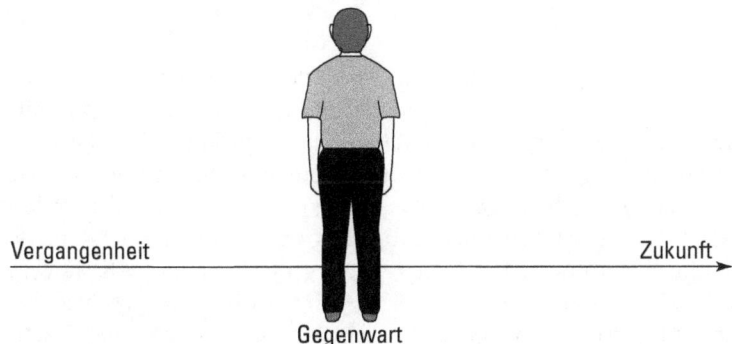

Abbildung 13.4: Through-Time-Person

Als Person mit einer In-Time-Linie haben Sie unter Umständen die folgenden Fähigkeiten und Eigenschaften:

✔ kreativ,

✔ multitaskingfähig,

✔ Sie empfinden Ihre Gefühle sehr stark,

✔ Sie lieben es, Optionen offenzuhalten,

✔ es fällt Ihnen leicht, im Augenblick zu leben.

Sie können die Ausrichtung Ihrer Zeitlinie ändern, sodass Sie das Ganze aus einer anderen Perspektive betrachten können, ohne die einzelnen Erinnerungen und Ereignisse, aus denen Ihre Zeitlinie besteht, zu verändern. Wenn Sie eine In-Time-Person sind und einen Terminplan einhalten müssen, kann es Ihnen helfen, Ihre Zeitlinie so zu ändern, dass Sie Through-Time sind und Ihre Zeitlinie vor Ihnen liegt. Wenn Sie ein Workaholic sind und wirklich gern mit Ihrem Partner am Abend ausspannen wollen, warum tun Sie nicht so, als ob Ihre Zeitlinie auf der anderen Seite Ihrer Haustüre liegt und Sie eine In-Time-Person werden, sobald Sie durch die Türe treten?

 Das Tauschen der Zeitlinie sollten Sie nur üben, wenn Sie sicher sitzen oder liegen, da es zu Desorientierung führen kann. Wenn das passiert, machen Sie erst einmal ganz langsam und bringen dann Ihre Zeitlinie wieder zu ihrer ursprünglichen Position zurück.

Wenn Sie eine Through-Time-Person sind und Ihre Zeitlinie vor Ihnen liegt, können Sie die Linie ändern, indem Sie sich auf sie draufstellen, sodass Sie sich umdrehen müssen, um die Vergangenheit oder die Zukunft sehen zu können. Sie können auch über Ihrer Zeitlinie schweben, sodass sie unter Ihnen ausgebreitet ist, und sich bei der Landung so platzieren, dass sie unter Ihren Füßen liegt oder durch Ihren Körper verläuft.

Wenn Sie In-Time sind, können Sie von Ihrer Zeitlinie heruntersteigen, sodass sie ausgestreckt vor Ihnen liegt und Sie Vergangenheit, Gegenwart und Zukunft als Kontinuum sehen, ohne sich umdrehen zu müssen. Wenn Sie wollen, können Sie auch über Ihrer Zeitlinie schweben und sich bei der Landung so positionieren, dass sich Ihre Zeitlinie vor Ihnen befindet.

 Ich (Romilla) bitte die Teilnehmer des »Future Perfect«-Seminars immer, die Ausrichtung ihrer Zeitlinien zu wechseln und die neue Ausrichtung über die Mittagspause aufrechtzuerhalten, *solange sie sich dabei wohlfühlen.* Eine der Teilnehmerinnen, eine sehr starke In-Time-Person, erlebte unmittelbar, nachdem sie ihre Zeitlinie vor sich gebracht hatte (Through-Time-Linie), starke Schwindelgefühle und Übelkeit. Sie wollte jedoch unbedingt durchhalten. Nachdem sie sich eine Weile hingesetzt und sich gefangen hatte, ging sie hinaus. Als sie vom Mittagessen zurückkam, stand ihr die Erleichterung ins Gesicht geschrieben, dass sie endlich zu ihrer ursprünglichen Ausrichtung der Zeitlinie zurückkehren konnte.

Neben dem Wechsel der Ausrichtung der Zeitlinie ist es auch recht nützlich zu erfahren, wie man seine Gegenwart und seine Zukunft darauf anordnet.

 John litt unter Stress. Er fühlte sich von allem unter Druck gesetzt und konnte einfach all die Arbeit nicht bewältigen. Als John in der Time Line Therapy™ (nach Tad James) seine Zeitlinie zurückverfolgte, erinnerte er sich, dass er als Schuljunge bei der Prüfung für ein Stipendium versagte. Seine Mutter hielt ihm das damals lange vor. John erkannte, dass er seit jener Zeit immer versucht hatte, ihr zu gefallen, und sich dabei zu viel vornahm. Bei der Prüfung der Verteilung auf seiner Zeitlinie entdeckte er, dass seine Gegenwart dicht vor seiner Nase liegt und seine Zukunft etwa 15 Zentimeter dahinter. Nachdem wir alle negativen Emotionen wegen seines »Versagens« (ein schreckliches Wort) beseitigt hatten, konnte John die Gegenwart in etwa 30 Zentimeter Abstand und seine Zukunft noch weiter dahinter, etwa drei Meter entfernt, positionieren. Er hatte seine Zeitlinie ausdehnen wollen und geriet dann in Panik, weil er sich fühlte, als ob er »nie wieder in seinem Leben etwas erreichen werde«. Nachdem er seine Zeitlinie verkürzt hatte, fühlte er sich wohl, weil er wusste, dass er planen und seine Ziele erreichen konnte.

Bei Simon ging es ums genaue Gegenteil. Er sagte, er könnte seine Terminvorgaben nie einhalten. Als Simon seine Zeitlinie untersuchte, entdeckte er, dass seine Zukunft so weit von ihm entfernt war, dass er nicht die erforderliche Dringlichkeit für seine Ziele erzeugen konnte. Simon komprimierte seine Zeitlinie und stellte sie sich als Transportband vor. Er platzierte seine Ziele in bestimmten Abständen entlang des Bandes. In Kapitel 4 haben wir vorgeschlagen, eine To-do-Liste für den nächsten Tag zu erstellen. Als Simon seine To-do-Liste machte, bewegte er das Transportband einen Tick näher. Das hatte starke Auswirkungen auf sein Engagement und die Erfüllung seiner Verpflichtungen.

Reise auf der persönlichen Zeitlinie zu einem glücklicheren Selbst

Ihre Zeitlinie besteht aus Erinnerungen, die eine Struktur haben. Bilder haben Farben, Geräusche können laut oder gedämpft sein und durch Gefühle können Sie sich beschwingt fühlen, sie können Sie aber auch bedrücken. Mehr Informationen dazu finden Sie in Kapitel 6. Ihre Erinnerungen werden von Ihrem Verstand erzeugt – wenn wir das gleiche Ereignis beobachten wie Sie, wird sich jeder von uns anders an das Ereignis erinnern. Die Reise auf Ihrer Zeitlinie, die Betrachtung Ihrer Erinnerungen und das, was Sie daraus lernen mussten, kann den Einfluss mindern, die Erinnerungen auf die Gegenwart haben. Sie können ihre Struktur ändern, indem Sie ihre Erinnerungen kleiner, weicher oder leichter machen. Ihre Vergangenheit muss nicht mehr Ihre Gegenwart überschatten – und noch wichtiger, Ihre Zukunft.

Negative Emotionen und einschränkende Entscheidungen abbauen

Negative Emotionen sind zum Beispiel Wut, Angst, Trauer, Kummer, Schuld, Bedauern und Sorge, um nur einige zu nennen. Solche Gefühle können nicht nur eine starke, unerwünschte körperliche Auswirkung haben, sie können auch einen verheerenden Einfluss auf Ihre Lebensführung haben. Ein einschränkender Glaubenssatz ist eine Entscheidung, die getroffen wurde, weil Sie eines Tages beschlossen haben, dass Sie etwas nicht können, weil Sie angeblich zu dumm, untauglich, schlecht oder was auch immer sind – zum Beispiel »Ich kann niemals dünn werden« oder »Ich bin schlecht im Addieren«.

Negative Emotionen und einschränkende Entscheidungen reichen weit zurück in Ihre Vergangenheit und beeinflussen Ihre Gegenwart. Wenn Sie auf Ihrer Zeitlinie in die Vergangenheit zurückkehren und sich klar darüber werden, wovor Ihr Unbewusstes Sie beschützen wollte, werden Sie sich einfacher von diesen Emotionen und Entscheidungen lösen können. Sich mit Emotionen auseinanderzusetzen kann – nun ja – mit Emotionen verbunden sein. Bevor Sie also die in diesem Abschnitt erwähnten Techniken einsetzen, um Ihre negativen Emotionen loszuwerden oder Ihre einschränkenden Entscheidungen zu verstehen, sollten Sie folgende Punkte beachten und im Hinterkopf behalten:

✔ Um wirklich schwerwiegende emotionale Themen zu klären (wie ein Trauma durch Kindesmisshandlung oder Scheidung), empfehlen wir Ihnen dringend, einen qualifizierten NLP-Practitioner oder einen Time-Line-Therapeuten aufzusuchen.

 Dieser Prozess ist *nicht* zur Trauma- oder Phobiebewältigung geeignet. Sie benötigen einen ausgebildeten Therapeuten, um sicherzugehen, dass Ihre Probleme professionell und sensibel behandelt werden und Sie mit der Klärung des Traumas zurechtkommen können.

✔ Es ist besser, mit einem anderen zusammenzuarbeiten, wenn Sie sich mit Ihrer Zeitlinie beschäftigen, weil der andere Sie wieder auf den Boden der Wirklichkeit zurückbringen kann, wenn Sie von Emotionen überrollt werden. Der andere kann auch prüfen, ob Sie die einzelnen Schritte der Übung korrekt durchführen.

Die Grafik in Abbildung 13.5 ist sehr wichtig für die folgenden Übungen. Sie verdeutlicht die Positionen auf Ihrer Zeitlinie, denen Sie sich bewusst sein müssen. Das ist besonders für diejenigen nützlich, die eher visuell orientiert sind und Bilder in ihrem Kopf erzeugen.

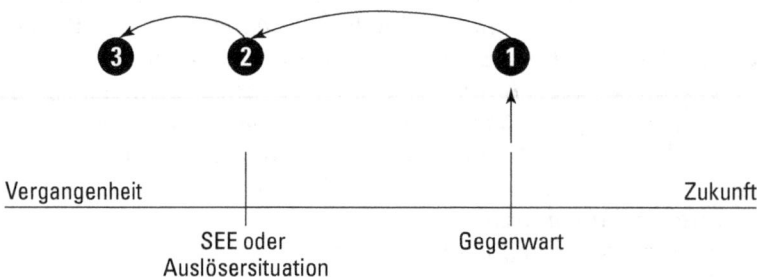

Abbildung 13.5: Positionen auf Ihrer Zeitlinie

✔ Position 1 kennzeichnet die Stelle, an die Sie schweben und die direkt über der Gegenwart auf Ihrer Zeitlinie liegt.

✔ Position 2 liegt direkt über dem SEE (Significant Emotional Event oder Auslösersituation).

✔ Position 3 liegt immer noch hoch über Ihrer Zeitlinie, aber 15 Minuten vor dem ursprünglichen Auslöser.

 In dieser Übung lernen Sie, wie Sie negative Emotionen, etwa die Neigung zum Jähzorn, abbauen können. Sobald Sie diese Technik beherrschen, können Sie damit negative Entscheidungen beseitigen, die Sie in der Vergangenheit getroffen haben – beispielsweise »Ich werde nie Erfolg haben«. Bitte denken Sie daran, offen für die Antworten zu sein, die Ihnen Ihr Unbewusstes präsentiert.

1. Begeben Sie sich an einen sicheren und ruhigen Ort, um zu entspannen, und denken Sie an ein geringfügig negatives Gefühl, das Sie in der Vergangenheit gehabt haben.

2. Prüfen Sie, ob es für Sie in Ordnung ist, aus diesem Ereignis zu lernen, und setzen Sie die Emotion frei. Wenn Sie entspannen, fragen Sie Ihr Unbewusstes: »Ist es okay für mich, die Wut loszulassen?«

3. Fragen Sie Ihr Unbewusstes: »Welche Auslösersituation gibt es für dieses Problem, die das Problem verschwinden lässt, wenn man es von ihr abkoppelt? Liegt die Ursache vor, während oder nach meiner Geburt?«

Wenn Sie Ihr Unbewusstes fragen, ob die Ursache vor, während oder nach Ihrer Geburt liegt, seien Sie offen für die Antworten, die Ihr Unbewusstes Ihnen liefert. Ihr Unbewusstes sammelt eine Menge Informationen und trifft viele Entscheidungen, ohne dass Sie es bewusst wahrnehmen. Romillas Klienten waren überrascht über die Antworten, die sie erhielten.

1. Wenn Sie die Ursache herausgefunden haben, schweben Sie nach oben über Ihre Zeitlinie, sodass Sie Ihre Vergangenheit und Ihre Zukunft unter sich sehen können.

   Sie befinden sich jetzt an der Position 1 aus Abbildung 13.5.

2. Schweben Sie an Ihrer Zeitlinie entlang, bis Sie sich über dem SEE befinden (Position 2 in Abbildung 13.5), und sehen Sie sich an, was Sie sahen, fühlten und hörten.

3. Bitten Sie Ihr Unbewusstes, aus dem Ereignis das zu lernen, was erforderlich ist, um die negativen Emotionen leicht und schnell loslassen zu können.

4. Schweben Sie zu Position 3 aus Abbildung 13.5, die sich über und 15 Minuten *vor* dem SEE befindet.

5. Wenn Sie über Ihrer Zeitlinie an Position 3 angekommen sind, drehen Sie sich um und blicken in Richtung Gegenwart, sodass Sie die Ursache vor und unter sich sehen.

6. Erteilen Sie sich die Erlaubnis, alle negativen Emotionen loszulassen, die mit dem Ereignis zusammenhängen, und beobachten Sie, wo die negative Emotion liegt.

   Sind alle anderen negativen Emotionen, die mit dem Ereignis zusammenhängen, ebenfalls verschwunden?

7. Wenn andere negative Emotionen zurückbleiben, verwenden Sie jeden einzelnen Atemzug beim Ausatmen, um sämtliche Emotionen loszulassen, die mit dem SEE verknüpft sind.

8. Bleiben Sie an Position 3, bis Sie fühlen oder wissen, dass alle negativen Emotionen abgebaut sind.

9. Wenn Sie bereit sind – das heißt, wenn Sie fühlen, dass Sie die negative Emotion losgelassen haben –, schweben Sie zurück zu Position 1.

   Bewegen Sie sich nur so schnell, wie Ihr Unbewusstes aus ähnlichen Ereignissen lernen und alle damit verbundenen Emotionen loslassen kann.

10. Kommen Sie wieder herunter in das Zimmer.

11. Probieren Sie es einfach aus – gehen Sie in die Zukunft zu einem Ereignis, das die Emotion ausgelöst hätte, und überzeugen Sie sich davon, dass das Gefühl verschwunden ist.

Diese Übung kann auch dazu verwendet werden, einschränkende Entscheidungen loszuwerden. Sie haben vielleicht beschlossen, arm zu bleiben oder ungesund zu leben oder haben eine andere selbstzerstörerische Entscheidung getroffen. Folgen Sie dem oben beschriebenen Vorgehen, aber verwenden Sie den einschränkenden Glaubenssatz statt der negativen Emotion.

Vergebung finden

Durch spätere Einsicht können Sie jemandem aus Ihrer Vergangenheit vergeben. Damit können Sie die ganze Energie freigeben, die Sie in Verbitterung, Ärger oder andere Emotionen gesteckt haben. Sie können sich dann weiterentwickeln und können all diese Energie darauf verwenden, kreativer, liebevoller oder irgendetwas anderes Wunderbares zu sein, was Sie sein wollen. Hierfür ist es nützlich, die Motive der Person, die Sie verletzt hat, zu verstehen und zu erkennen, dass sie aus ihrer eigenen Perspektive heraus kaum eine andere Wahl hatte.

Stellen Sie sich vor, Sie wären gern Schauspielerin geworden und Ihre Eltern wären damit nicht einverstanden gewesen. Vergegenwärtigen Sie sich nun, dass es sich dabei eigentlich nur um elterliche Fürsorge gehandelt hat. Ihre Eltern haben einfach ihr Bestes für Sie gegeben, mit den Ressourcen, die ihnen zur Verfügung standen. Gehen Sie auf Ihrer Zeitlinie zu einem Zeitpunkt zurück, an dem Sie mit Ihren Eltern wegen dieses Themas ernste Schwierigkeiten hatten. Sie können dann hoch über Ihrer Zeitlinie schweben, während Sie alles Wichtige erfahren, was Sie wissen sollten. Sie können in das Ereignis hinunterschweben und Ihre Eltern umarmen und sie wissen lassen, dass sie ihr Bestes für Sie getan haben. Wenn Ihnen das leichtfällt, können Sie sich einfach in den Gefühlen von Liebe, Mitgefühl und Vergebung sonnen.

Ihr jüngeres Selbst trösten

Wenn Sie sich auf Ihrer Zeitlinie zu Ereignissen zurückbewegen, können Sie Ihr jüngeres Selbst umarmen, es ermutigen und die alten Wunden heilen lassen. Stellen Sie sich nun vor, wie Sie all die Freude und Erleichterung entlang Ihrer Zeitlinie direkt in Ihre Gegenwart bringen.

Sorgen loswerden

Sorge ist einfach ein negatives Gefühl in Bezug auf ein zukünftiges Ereignis. Sie haben erfahren, dass Sie eine negative Emotion oder einschränkende Entscheidung loswerden, indem Sie sich *vor* das Ereignis begeben, das die Emotion erzeugt hat oder weswegen Sie die Entscheidung getroffen haben (siehe hierzu den Abschnitt »Negative Emotionen und einschränkende Entscheidungen abbauen« weiter vorn in diesem Kapitel). Sorgen können dadurch beseitigt werden, dass Sie sich in die Zukunft bewegen, an den Zeitpunkt *nach* dem erfolgreichen Ende des Ereignisses, über das Sie sich Sorgen gemacht haben.

 Stellen Sie sich vor, was Sie sehen, hören und fühlen würden, wenn das Ereignis, das Ihnen Sorgen bereitet, wirklich erfolgreich wäre. Wenn Sie sich über Ihrer Zeitlinie zu dem Punkt hinter dem erfolgreichen Ausgang des Ereignisses bewegen, werden Sie erkennen, dass die Sorge nicht mehr vorhanden ist. Führen Sie anhand von Abbildung 13.6 folgende Schritte aus:

1. Begeben Sie sich an einen sicheren und ruhigen Ort, um zu entspannen, und denken Sie an ein Ereignis, das Ihnen Sorgen bereitet. Klären Sie nun mit Ihrem Unbewussten, ob es für Sie okay ist, diese Sorge loszulassen.

2. Fliegen Sie nun hoch über Ihre Zeitlinie, sodass Sie Ihre Vergangenheit und Zukunft unter sich sehen können.

3. Schweben Sie über Ihrer Zeitlinie vorwärts, bis Sie über dem Ereignis angekommen sind, weswegen Sie sich Sorgen machen.

4. Bitten Sie Ihr Unbewusstes, das aus dem Ereignis zu lernen, was erforderlich ist, um die Sorge einfach und schnell loszulassen.

5. Wenn Sie die nötigen Informationen besitzen, schweben Sie weiter entlang Ihrer Zeitlinie in die Zukunft, bis Sie sich 15 Minuten hinter dem *erfolgreichen Ausgang* des Ereignisses befinden, über das Sie sich Sorgen gemacht haben.

6. Drehen Sie sich um und sehen Sie Richtung Gegenwart und beachten Sie, dass Sie ruhig und nicht mehr besorgt sind.

7. Wenn Sie bereit sind, schweben Sie zurück in Ihre Gegenwart.

8. Probieren Sie es einfach aus – gehen Sie in die Zukunft zu dem Ereignis, das Ihnen Sorge bereitet hat, und überzeugen Sie sich davon, dass die Sorge nicht mehr existiert.

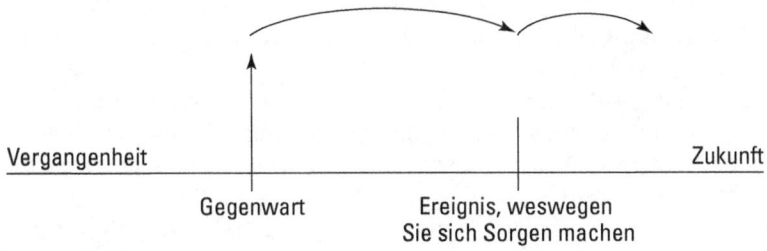

Abbildung 13.6: Zeitreise, um Sorgen zu überwinden

Eine bessere Zukunft gestalten

Nachdem Sie nun wissen, wie man sich auf der Zeitlinie bewegt, stellen Sie sich vor, wie wunderbar es sein würde, äußerst verlockende Ziele zu erreichen, und platzieren Sie diese in Ihrer Zukunft.

Prüfen Sie immer Ihre Motive, wenn Sie Ziele setzen, um sicherzugehen, dass sie in alle Bereiche Ihres Lebens passen, wie in Kapitel 4 im Abschnitt »Smarter als SMART: Wohlgeformte Ziele kreieren« beschrieben. Prüfen Sie Ihre Gründe sehr sorgfältig, um sicherzustellen, dass Sie nicht von verborgenen negativen Emotionen geleitet werden. Wenn Sie sich zum Beispiel darauf konzentrieren, eine Menge Geld zu machen, sollten Sie sich davon überzeugen, dass dieses Bedürfnis daher rührt, dass Sie sorgenfrei leben und Menschen helfen können möchten, die weniger glücklich dran sind als Sie, und nicht etwa, weil Sie einer von Armut überschatteten Kindheit entkommen wollen. Die Überprüfung Ihrer Motive wird Ihnen auch dabei helfen, alle lauernden, unbewussten Ängste zu erkennen, etwa »Wenn ich reich bin, werden Leute nur mit mir wegen meines Geldes befreundet sein wollen, und nicht, weil sie mich mögen«. Eine umfassende Analyse wird Ihnen helfen, Ihre tatsächlichen Beweggründe für das Verlangen herauszufinden, sodass Sie daran arbeiten können, alle unbewussten Probleme zu bewältigen.

Heilung entlang der Zeitlinie

Meine (Kates) Freundin Tara teilte eine wunderbare Erfahrung mit mir. Tara hatte seit ihrem achtzehnten Lebensjahr ernste Probleme mit ihren Stirnhöhlen. Das ging so weit, dass sie mindestens drei oder vier Mal im Jahr Antibiotika benötigte, um die Symptome zu lindern. Als Tara einen Time-Line-Therapy-Workshop besuchte, hatte sie bereits vier erfolglose Operationen hinter sich, um ihre Stirnhöhlen freizubekommen. Die Ärzte hatten ihr gesagt, dass sie entweder mit der Krankheit leben oder dauerhaft Medikamente nehmen müsse. Während des Workshops entdeckte Tara, dass die Symptome besonders schwerwiegend wurden, wenn sie Aufmerksamkeit von einer bestimmten Person benötigte, sich von Menschen oder Ereignissen überfordert fühlte oder wenn sie Zuwendung brauchte. Tara untersuchte die Möglichkeit, dass ihre körperlichen Reaktionen psychosomatisch bedingt sind. Durch die Prüfung aller einschränkenden Glaubenssätze und Vorteile, die ihr ihre Krankheit einbrachte, erkannte Tara, dass sie eine »Gestalt« um Krankheit herum aufgebaut hatte. Sie erinnerte sich, dass ihr Bruder wegen seines Asthmas sehr viel Zuwendung bekommen hatte. Tara erfuhr nur einmal diese Aufmerksamkeit, und zwar als sie eine Mandelentzündung hatte. Taras Vater litt auch an einer chronischen Stirnhöhlenvereiterung und Tara fand, dass ihre Krankheit eine Gemeinsamkeit mit ihrem Vater schuf. Sie glaubte auch, dass sie ihre Krankheit nicht allein bewältigen könne. Tara akzeptierte schließlich, dass sie Aufmerksamkeit von Menschen bekommen konnte, ohne krank zu werden, dass sie um

Liebe und Fürsorge bitten durfte und es in Ordnung ist, von Gefühlen überwältigt zu werden. Sie ging auf ihrer Zeitlinie zu der Stelle zurück, an der sie glaubte, dass das erste SEE geschah. Sie erkannte, dass es sich dabei um die erste Eifersucht gegenüber der Aufmerksamkeit handelte, die ihr Bruder erhielt. Sie konnte die Gestalt, die mit diesem Ereignis verknüpft war, loswerden, war nun frei von Stirnhöhlenproblemen und musste keine Medikamente mehr nehmen.

1. Begeben Sie sich an einen sicheren und ruhigen Ort, um zu entspannen, und legen Sie Ihr Ziel fest.

   Kapitel 4 beschreibt, was Sie zum Kreieren von Zielen wissen müssen.

2. Fliegen Sie hoch über Ihre Zeitlinie, sodass Sie Ihre Vergangenheit und Zukunft unter sich sehen.

3. Schweben Sie nun über Ihrer Zeitlinie vorwärts, bis zu dem Zeitpunkt, an dem Sie Ihr Ziel erreicht haben.

4. Drehen Sie sich um und sehen Sie zurück zum *Jetzt* und ermöglichen Sie allen Ereignissen in der Zeitlinie, in innere Übereinstimmung zu kommen, damit sie Ihr Ziel unterstützen. Merken Sie sich sämtliche Aktionen, die auf dem Weg vorgekommen sein mögen.

5. Wenn Sie bereit sind, schweben Sie zurück in Ihre Gegenwart und wieder hinunter ins Zimmer.

Kapitel 14
Alles klar unter Deck

H aben Sie schon einmal beim Tauziehen mitgemacht? Beide Seiten wenden dabei eine übermäßige Menge Energie auf, aber bewegen sich kaum einen Fußbreit. Konflikte – ob innere oder äußere – sind wie Tauziehen: Beide Seiten ziehen in entgegengesetzte Richtungen und erreichen nichts.

Innere Konflikte treten meist zwischen dem Bewussten und dem Unbewussten auf. »Ich weiß nicht, was über mich gekommen ist«, »Ich war einfach nicht ich selbst«, »Ich bin ganz hin- und hergerissen« – Sätze wie diese weisen auf Bereiche in Ihrem Unbewussten hin, denen Sie sich nicht bewusst sind. Nehmen wir das Beispiel eines Menschen, der auf der bewussten Ebene weiß, dass Rauchen schlecht für seine Gesundheit ist, und dennoch weiterraucht, weil er sich unbewusst nach der Gesellschaft seiner Freunde sehnt, von denen die meisten rauchen.

Die englischsprachige NLP-Enzyklopädie (die Sie unter www.nlpu.com finden und erwerben können) definiert Konflikte so: »Psychologisch gesehen ist ein Konflikt ein mentaler, manchmal unbewusster Kampf, der auftritt, wenn unterschiedliche Darstellungen der Welt als Gegensätze aufeinandertreffen oder sich gegenseitig ausschließen.« Mit anderen Worten, Konflikte treten auf, wenn zwei innere Landkarten der Welt aufeinanderstoßen. Durch Abgleichen der beiden unterschiedlichen Karten können Sie den Konflikt beseitigen. In diesem Kapitel erfahren Sie, wie das geht.

Hierarchie des Konflikts

Konflikte können auf sämtlichen Ebenen einer Hierarchie auftreten, die aus Zugehörigkeit/Spiritualität/Vision/Mission, Identität, Werten und Glaubenssätzen, Fähigkeiten und Fertigkeiten, Verhalten sowie Umwelt zusammengesetzt ist. Wenn Sie sich mit Konflikten beschäftigen, denen Sie gegenüberstehen, kann es hilfreich sein, zu wissen, mit welcher Ebene Sie es zu tun haben. Wenn Sie als Manager glauben, dass der Erfolg Ihrer Firma von den Menschen abhängt, Sie sich aber mehr auf die Entwicklung Ihrer Technologie konzentrieren anstatt sich um Ihre Leute zu kümmern, müssen Sie wohl Ihr Verhalten ändern, um es mit den Bedürfnissen Ihrer Angestellten und letztendlich Ihren Glaubenssätzen in Übereinstimmung zu bringen.

Diese hierarchisch angeordneten logischen Ebenen werden auch als *neurologische Ebenen* bezeichnet, weil sie mit Ihren Denkprozessen zusammenhängen und daher mit dem Gehirn und seiner Interaktion mit Ihrem Körper. (Mehr zu logischen Ebenen finden Sie in Kapitel 11.) In diesen neurologischen Ebenen gibt es ebenfalls eine Hierarchie – ähnlich wie die Sprossen einer Leiter –, wobei die Identität auf der oberen Leitersprosse angeordnet ist und die Umwelt auf der unteren. Wenn Sie die richtige logische Ebene identifizieren können, an der Sie arbeiten, können Sie Konflikte leichter lösen.

Hier einige Beispiele für die Konflikte, denen Sie auf unterschiedlichen *logischen Ebenen* begegnen können:

Zugehörigkeit/Spiritualität/Vision/Mission – Es kann sein, dass Ihr »Wozu« sich im Laufe des Lebens ändert und Ihre bisher verfolgte Vision in Konkurrenz tritt zu einer neuen Vision. Sie fühlen sich dann hin und hergerissen zwischen Ihren bisherigen Bestrebungen und den neu aufkeimenden Visionen.

✔ **Identität** – Sie müssen in Ihrem Leben und Ihrer Arbeit häufig verschiedene Rollen spielen, die sie in unterschiedliche Richtungen zerren. Sie möchten sowohl »gute Mutter / guter Vater« sein als auch ein(e) »engagierte(r) Angestellte(r)«. Sie möchten ein »netter, sympathischer Typ« sein und genauso ein »erfolgreicher Manager«. Vielleicht versuchen Sie, ein »liebevoller Sohn« oder eine »hilfsbereite Tochter« zu sein oder ein »engagiertes Gemeindemitglied« und zugleich ein »internationaler Jetsetter«.

✔ **Werte und Glaubenssätze** – Manchmal können Sie Glaubenssätze miteinander kombinieren, die nicht allzu gut zu Ihren Werten passen. Sie wollen glücklich sein, aber es gibt einen Teil in Ihnen, der glaubt, dass Sie kein Glück verdienen. Sie schätzen Gesundheit und Wohlstand, aber glauben nicht, dass man beides gleichzeitig bekommen kann. Sie schätzen Familienleben und allgemeinen Erfolg und plagen sich, diese Werte in Einklang zu bringen, weil es kein Rollenvorbild mit den beiden als gleichberechtigte Werte gibt.

✔ **Fähigkeiten und Fertigkeiten** – Es kann sein, dass Sie über eine Reihe wunderbarer Fähigkeiten und Fertigkeiten verfügen, aber keine Möglichkeit finden, sie so einzusetzen, dass es Sie zufriedenstellt. Sie tun sich vielleicht schwer, einen Job zu finden, in dem Sie Ihren Wunsch, Dinge mit eigenen Händen zu erschaffen, ausleben und zugleich Ihre Fähigkeiten als Manager eines Teams unter Beweis stellen können. Sie könnten ein großer Musiker sein und zugleich ein qualifizierter Mediziner und können sich nicht entscheiden, auf was Sie Ihre Energien konzentrieren sollen.

✔ **Verhalten** – Sie bemerken ein Verhalten bei sich, das für das Erreichen Ihrer Ziele offenbar nicht besonders hilfreich ist. Mussten Sie schon einmal eine wichtige Arbeit erledigen und haben stattdessen Stunden damit verschwendet, Ihren Schreibtisch oder Ihr Regal aufzuräumen? Oder Sie wollten eine Diät machen und merken plötzlich, dass ein Buttertoast in Ihrem Mund gelandet ist, ohne dass Sie wissen, wie das passiert ist.

✔ **Umwelt** – Manchmal befindet man sich in einem Dilemma aufgrund der Orte, an denen man sich aufhält, oder wegen der Menschen, mit denen man Zeit verbringt. Möglicherweise umgeben Sie sich mit den falschen Leuten, Menschen, die nicht Ihr Bestes im Sinn haben, oder solchen, die Ihre Familie ablehnt. Vielleicht möchte ein Teil von Ihnen von zu Hause wegziehen und auf eigenen Füßen stehen oder ein Teil von Ihnen möchte in Ihrer Heimat bleiben, während ein anderer Teil sich danach sehnt, die Welt zu erkunden. Sie wollen an zwei Orten gleichzeitig sein und können sich für keinen von beiden entscheiden.

Sobald Sie sich oder andere etwas wie »Nun, ein Teil von mir will ... und ein anderer Teil will ...« sagen hören, können Sie sicher sein, dass ein interner Konflikt vorliegt, der sich der Logik entzieht.

Sie sind in vollkommener Harmonie mit sich selbst, wenn all Ihre logischen Ebenen miteinander in Übereinstimmung sind. Persönliche Konflikte tauchen auf, wenn das, was Sie tun, glauben oder erreichen wollen, sich nicht mehr im Gleichgewicht mit den übrigen Ebenen der Hierarchie befindet. Wenn Sie das Ziel, ein hohes Gehalt zu bekommen, befriedigen möchten, kann das mit Ihrer Identität »Ich bin ein guter Ehemann und Vater« in Konflikt geraten, weil Sie keine Zeit für Ihre Lieben haben. Konflikte lassen sich durch Brainstorming lösen und indem Sie sich selbst und die von Ihren Entscheidungen betroffenen Menschen fragen, wie Sie neue Wege entwickeln können, die es Ihnen ermöglichen, Ihre Ziele zu erreichen und mit Ihren logischen Ebenen im Einklang zu bleiben.

Vom Ganzen zu Teilen

Ihre Erinnerungen sind in einer *Gestalt* angeordnet – einem Verbund ähnlicher Erinnerungen. Eine Gestalt beginnt, wenn Sie ein Ereignis erleben, das erstmalig eine emotionale Reaktion hervorruft, ein einschneidendes Erlebnis (*Significant Emotional Event = SEE*). Geht man davon aus, dass an einem bestimmten Punkt Ihr Unbewusstes ein geschlossenes Ganzes ist, werden durch SEE einzelne Teile gebildet. Als Resultat des SEE wird ein Teil Ihres Unbewussten abgegrenzt und vom Rest getrennt. Dieser Teil funktioniert wie ein »Mini-Ich«, mit eigener Persönlichkeit, Werten und Glaubenssätzen. Genau wie Ihr »bewusstes« Ich legt dieser Teil Verhaltensweisen mit Zielen und Absichten an den Tag. Leider können die Verhaltensweisen mit den tatsächlichen Absichten dieses Teils in Konflikt geraten. Jemand, der glaubt, dass er als Kind nie geliebt wurde, begeht möglicherweise eine Reihe von Ladendiebstählen, weil der unbewusste Teil sich nach Aufmerksamkeit sehnt. Wobei die Art Aufmerksamkeit, die er dadurch erreicht, nicht das ist, was dieser Mensch wirklich will.

Die Absichten der Teile

Eine der wichtigsten NLP-Grundannahmen ist, dass *jede Verhaltensweise eine positive Absicht hat*. Beispielsweise kann die positive Absicht hinter dem Rauchen einer Zigarette der

Wunsch nach Entspannung sein. (In Kapitel 2 finden Sie mehr zu den wichtigsten NLP-Grundannahmen.) Manchmal befriedigt das Verhalten, das Ihr unbewusster Teil bei Ihnen verursacht, aber nicht das ihm zugrunde liegende Bedürfnis. Ein Alkoholiker trinkt möglicherweise, um den Schmerz zu betäuben, dass er von seiner Frau verlassen wurde. Der unbewusste Teil schreit nach Liebe, aber das Verhalten, das sich offenbart – sich heftig zu betrinken –, stellt nicht das zugrunde liegende Bedürfnis zufrieden. Die Lösung besteht darin, herauszufinden, um welches Bedürfnis es tatsächlich geht, und es auf positive Weise zu erfüllen. Wenn sich der Alkoholiker aus seiner Stumpfheit befreien kann und erkennt, dass sein Bedürfnis nicht Alkohol, sondern Liebe ist, kann er trocken werden, Ordnung machen, Lehren aus der gescheiterten Ehe ziehen und losziehen, Liebe zu finden.

Zum Kern des Problems vordringen

Ihr Unbewusstes kann Ihnen Probleme bereiten. Die Gründe für diese Probleme kann man nur schlecht logisch greifen. Sie entwickeln zum Beispiel eine Angst vor einer alltäglichen Handlung wie zu reisen oder auf andere Menschen zu treffen. Sie können den wahren, verborgenen Grund hinter der Absicht des Teils ergründen, indem Sie jeden Anlass oder jede Absicht genau prüfen, wenn er beziehungsweise sie auftaucht. Wenn Sie erst einmal auf das wahre zugrunde liegende Ziel stoßen, können Sie es in das größere Ganze Ihres Unbewussten integrieren. Die folgende Anekdote zeigt, was geschieht, wenn das Unbewusste die Motivation eines Teils steuert. Im Abschnitt »Verhandlungs-Reframing« weiter hinten in diesem Kapitel erfahren Sie, wie man zwei Teile integriert, die in Konflikt miteinander stehen.

Oliver hatte die Wirtschaftsschule erfolgreich abgeschlossen und seine Karriere schon durchgeplant. Er kannte seine Ziele und wusste, in welchem Zeitrahmen er sie erreichen wollte. Er war begeistert, als er zum Vizepräsidenten für Strategieplanung eines großen, weltweit tätigen Unternehmens befördert wurde – sein Traumjob. Aber genau in dem Moment, als er seine Reise zu einigen europäischen Standorten antreten sollte, geschah die Katastrophe. Oliver wachte nachts mit heftigem Herzrasen auf, hatte Atemnot und war schweißgebadet. Sein Arzt versicherte Oliver, dass mit ihm körperlich alles in Ordnung sei.

Als Oliver die möglichen Gründe für seinen Zustand mit seinem NLP-Coach besprach, erkannte er mehrere Probleme, die mit seiner Beförderung zusammenhingen – er würde längere Zeit von zu Hause weg sein, er würde in Hotels leben und er würde weniger Sport treiben, etwas, das Oliver leidenschaftlich gern tat. Oliver und sein Coach untersuchten alle Ebenen seiner Bedenken, die auftauchten, und verwarfen sie als äußere Anlässe für seine gesundheitlichen Probleme.

Im Zustand der Tiefenentspannung erinnerte sich Oliver daran, als Junge in Mathe »versagt« zu haben. Olivers Lehrer und seine Eltern hatten hohe Erwartungen an ihn und er meinte, sie enttäuscht zu haben, als er nicht die strengen Standards erfüllte. Oliver erkannte, dass ihm die Beförderung zwar ermöglichte, in seinem Traumjob zu arbeiten, dieser aber ein sehr hohes Niveau hatte. Sein Unbewusstes versuchte, ihn vor der demütigenden Erfahrung eines weiteren Versagens zu beschützen. Das tat es, indem es körperliche Probleme erzeugte, die Oliver letztlich daran hindern würden, seinen Traumjob auszuüben.

In der Zusammenarbeit mit seinem NLP-Coach erkannte Oliver, dass seine Eltern und sein Lehrer zu viel von ihm verlangt und ihn so zum Versagen gedrängt hatten. Oliver machte sich klar, dass er den Erfolg seiner Karriere seinen Fähigkeiten verdankte und dass er sehr erfolgreich sein könnte. Er sah ein, dass er in Zukunft Fehler machen und versagen würde und dass dies auch in Ordnung wäre, solange er flexibel genug bleiben würde, aus den Rückschlägen zu lernen und die Lehren daraus positiv zu nutzen, um sich weiterzuentwickeln.

Hilfe, ich liege mit mir selbst im Streit

Selbstsabotage ist eines der Symptome, die Sie erleben, wenn Teile von Ihnen in Konflikt miteinander stehen und jeder Ihrer Versuche, ein Ziel zu erreichen, durch einen der Teile vereitelt wird. Zwei der bekanntesten Methoden der Selbstsabotage, nach denen Sie Ausschau halten sollten, werden im Folgenden näher beleuchtet.

Dem Unbewussten zuhören

Wenn Sie erkennen, dass Selbstsabotage nur ein Weg des Unbewussten ist, mit Ihnen zu kommunizieren, können Sie wie bei jeder Kommunikation die positive Absicht hinter dem Verhalten untersuchen, das Sie daran hindert, Ihr Ziel zu erreichen. Sie können das selbstzerstörerische Verhalten durch etwas Positiveres ersetzen, das die Absicht Ihres Unbewussten erfüllt. So könnte ein Raucher, der aufhören will, aber weiterraucht, weil er sich unbewusst nach der Gesellschaft seiner rauchenden Freunde sehnt, sein Bedürfnis nach Freundschaft befriedigen, indem er einen neuen Freundeskreis mit lauter Nichtrauchern aufbaut oder sich ein neues Hobby sucht, das ihm hilft, Freunde mit gesünderem Lebensstil zu finden.

Partei ergreifen

Aller Wahrscheinlichkeit nach entscheiden Sie sich für einen der beiden Teile, beschließen, dass einer der beiden schlecht ist, und unterdrücken diesen Teil durch pure Willenskraft. Das Ergebnis ist vergleichbar mit dem, was passiert, wenn Sie einen Luftballon drücken. Wenn der Ballon nicht voll aufgeblasen ist, wird die Luft, wenn Sie an einem Ende drücken, in die andere Richtung gequetscht. Wenn der Ballon vollständig aufgeblasen ist, gibt es einfach einen lauten Knall. Gleiches gilt, wenn Sie einen Teil von sich unterdrücken: Der unterdrückte Teil wird als verwirrendes Verhalten, körperliches Symptom (Ballonverzerrung) oder Zusammenbruch (der Knall) auftauchen.

 Jessica litt so stark unter Hautausschlag, dass sie ihren Körper immer gut bedeckt hielt. In der Therapie erkannte sie, dass die Symptome eine Folge davon waren, dass sie in der Schulzeit schikaniert worden war und sie sich damals einfach nur hatte verstecken wollen. Nun wurde ihr von ihrem Unbewussten ein guter Grund geliefert, sich zu verstecken.

Ganz werden: Ihre Teile integrieren

Mehrere Teile bedeuten mehr Potenzial für Konflikte, daher ist das Idealziel, Ganzheit zu erreichen. Das *Verhandlungs-Reframing* und das *Reframing* (Umdeuten) sind zwei der bekannteren Techniken, um im Konflikt stehende Teile zu integrieren. Nicht alle Teile des Unbewussten sind im Konflikt miteinander. Sie werden sich jedoch derjenigen bewusst, die sich in Konflikt befinden, wenn Sie auf Probleme stoßen, wie gesund leben zu wollen, aber sich nach Zigaretten zu sehnen, oder schlank sein zu wollen, aber sich nicht gegen Fressattacken wehren zu können. Sie können diese Teile in den Griff bekommen, wenn sie zutage treten. Wenn es mehr als zwei Teile sind, können Sie sie paarweise integrieren.

Verhandlungs-Reframing

Im Prinzip müssen Sie in diesem Prozess die Teile identifizieren, die miteinander in Konflikt stehen, und ihre allgemeine Absicht aufdecken, bevor Sie die Teile integrieren.

Wenn Sie an der Integration Ihrer Teile arbeiten, sollten Sie folgende Tipps im Hinterkopf behalten:

✔ Wenn Sie herausgefunden haben, was die einzelnen Teile wollen, können Sie eventuell eine negative Antwort erhalten. Wenn Sie zum Beispiel mehr trainieren wollen, kann eine negative Erwiderung »Ich will nicht zu viel Zeit mit Trainieren verbringen« lauten. Sie wollen jedoch ein positives Ergebnis erhalten, zum Beispiel »Ich will, dass mein Training sich in meinen Lebensstil einfügt«.

✔ Es ist am besten, wenn Sie mit einem qualifizierten NLP-Practitioner arbeiten oder einem Partner, der Ihre Antworten festhalten und Sie damit konfrontieren kann.

Ina wollte ihren Widerstand gegen sportliche Betätigung überwinden. Sie machte mit ihrem Freund Peter folgende Übung: Den Teil ihres Ichs, der noch ein kleines, unbeschwertes, verspieltes und spontanes Kind war, legte sie symbolisch in ihre rechte Hand. Für dieses Kind waren Dinge wie Freiheit, Spiel, Freude, Lachen und vor allem Spaß das Allerwichtigste. In ihre linke Hand legte sie den Teil ihres Ichs, der eine eher düstere, mürrische, ältere männliche Person war, der es vor allem um Sicherheit ging. Während der Übung hatte Ina keine Probleme, mit der Absichtshierarchie des Kindes zu arbeiten (siehe Punkt 7 in der folgenden Übung). Als es aber darum ging, mit dem männlichen Teil ihres Unbewussten zu arbeiten, vergaß sie immer wieder, was sie in dem Schritt davor gesagt hatte, und es half ihr sehr, dass Peter ihre Worte wiederholte. Da Ina sich zu dem männlichen Teil ihres Unbewussten überhaupt nicht hingezogen fühlte, baute sie Widerstände gegen seine »Antworten« auf und fand es sehr hilfreich, dass Peter dabei war.

Damit die folgende Übung erfolgreich ausgeführt werden kann, müssen Sie herausfinden, was die allgemeine Absicht der einzelnen Teile ist, bevor Sie versuchen, sie zu integrieren. Es ist sinnvoll, mit den Teilen zu sprechen. Machen Sie ihnen klar, dass jeder Teil positive Absichten hat und dass der Konflikt zwischen ihnen beide davon abhält, ihr allgemeines Ziel zu erreichen.

1. Identifizieren Sie in sich zwei Teile, die in Konflikt zueinanderstehen.

   Beispielsweise: Ein Teil von Ihnen möchte gesundheitlich fit sein, während ein anderer Teil in Ihnen sich mit Händen und Füßen wehrt, wenn das Training ansteht.

2. Ziehen Sie sich in ein ruhiges Eckchen zurück, wo Sie nicht gestört werden.

3. Bitten Sie den Teil, der Ihr Wunschverhalten immer wieder sabotiert, sich zu zeigen und sich auf eine Ihrer Hände zu stellen.

   Im vorliegenden Beispiel wäre das der Teil, der nicht trainieren mag.

4. Stellen Sie sich den Teil als Person vor und schauen Sie sich an, wie sie aussieht, wie sie klingt und welche Gefühle sie hat.

5. Bitten Sie den anderen Teil, sich zu zeigen und sich auf die andere Hand zu stellen.

   Im vorliegenden Beispiel wäre das der gesundheitsbewusste Teil.

6. Stellen Sie sich diesen Teil als Person vor und schauen Sie sich an, wie sie aussieht, wie sie klingt und welche Gefühle sie hat.

7. Beginnen Sie mit dem Teil, der Ihr Wunschverhalten immer wieder sabotiert und fragen Sie jeweils: »Was ist deine positive Absicht und Zielsetzung?« Wiederholen Sie diese Frage, bis beide Teile erkennen, dass sie die gleiche Absicht haben oder mindestens Akzeptanz für die positiven Absichten des anderen Teils haben.

   Der dem Training abgeneigte Teil sagt vielleicht Dinge wie: »Ich werde erschöpft sein«, »Es ist wichtiger, Energie zu sparen« oder »Ich will die Welt verbessern«. Im Gegensatz dazu wird der gesundheitsbewusste Teil sagen: »Ich mag die Energie, die ich bekomme«, »Ich habe mehr Energie« oder »Ich will die Welt verbessern«.

8. Fragen Sie beide Teile, über welche Ressourcen sie verfügen, die für den anderen Teil nützlich sein könnten, um das allgemeine, positive Ziel von beiden zu erreichen.

   Der dem Training abgeneigte Teil sagt vielleicht: »Ich habe Vorstellungskraft, um bessere Lösungen zu erschaffen« oder »Ich verstehe die Probleme, die andere haben«. Während der gesundheitsbewusste Teil sagt: »Ich habe die Energie, die zur Veränderung der Welt nötig ist« oder »Ich habe die Disziplin, um die Welt zu verbessern«.

9. Bringen Sie beide Hände zusammen und integrieren Sie die beiden Teile und ihre Ressourcen. Sehen Sie sich das so entstandene neue Ich an, hören Sie, was Ihr neues Ich sagt, und erkennen Sie die Gefühle, die Ihr neues Ich hat.

10. Bewegen Sie sich mit den Techniken, die Sie in Kapitel 13 gelernt haben, zu dem Zeitpunkt vor der Auslösersituation zurück und reisen Sie auf Ihrer Zeitlinie in das Jetzt mit einem neuen, integrierten Ich und verändern Sie die Geschichte entlang Ihrer Zeitlinie.

Denken Sie daran, dass Ihre Erinnerungen nur ein gedankliches Konstrukt sind. Wenn Sie in der Vergangenheit eine Entscheidung getroffen haben, wie »Training ist ermüdend«, basiert Ihre gesamte Zeitlinie auf dieser Entscheidung. Wenn Sie dann dieses Problem lösen, indem Sie es mit der Entscheidung integrieren, dass Sie gesund leben wollen, können Sie Ihre Zeitlinie ändern, um sie Ihrem neuen, gesünderen Ich anzupassen.

Reframing – so tun, als ob

Die Bedeutung einer Interaktion ist von dem Kontext abhängig, in dem sie stattfindet. Wenn Sie also dem Kontext der Erfahrung einen anderen Rahmen geben – *Reframing* –, können Sie ihre Bedeutung ändern. Wenn Ihnen jemand vorwirft, zu subjektiv zu sein, können Sie das positiv wenden, weil Sie wissen, dass das bedeuten kann, dass Sie gut mit anderen Leuten umgehen können oder gut darin sind, Ideen zu entwickeln.

Der *Als-ob-Rahmen* eignet sich gut, um einen Konflikt zu lösen, weil Sie damit Möglichkeiten entwerfen und prüfen können, an die Sie ansonsten nie gedacht hätten. So zu tun, als ob Ihnen die Ressourcen jetzt zur Verfügung stehen, hilft Ihnen, alle Glaubenssätze zu ändern, die Sie zurückhalten.

Wenn Sie sich in einem Konflikt befinden, ganz gleich, ob mit sich selbst oder mit jemand anders, verwenden Sie die folgenden Als-ob-Rahmen, um Ihr Problem zu lösen.

✔ **Zeitsprung** – Gehen Sie sechs Monate oder ein Jahr nach vorn in die Zukunft, sehen Sie dann zurück und fragen Sie sich, was Sie getan haben, um das Problem zu bewältigen.

Alan hatte einen gut bezahlten Job, in dem er sich wohlfühlte. Allerdings hatte sein Chef einige Lieblinge in der Abteilung und Alan wurde links liegen gelassen. Alan wollte eine Zeit lang für ein großes internationales Unternehmen arbeiten, aber er glaubte nicht, dass seine Fähigkeiten dafür ausreichen würden. Er wendete die wohlgeformte Zieldefinition an (siehe Kapitel 4), um seinen Traumjob zu entwerfen. Er versuchte es dann mit dem Zeitsprung, ging fünf Jahre in die Zukunft und tat so, als hätte er seinen Traumjob. Er erkannte, dass es notwendig war, für einen der Konkurrenten seiner Firma zu arbeiten, und zwei Jahre später hatte er tatsächlich seinen Traumjob in dem internationalen Unternehmen seiner Wahl.

✔ **Rollenwechsel** – Tun Sie so, als ob Sie jemand sind, den Sie respektieren, und fragen Sie sich, was Sie tun würden, wenn Sie mit dieser Person für einen Tag tauschen könnten.

Georgina war eine große Bewunderin von Amanda Tapping (Major Sam Cater in der Fernsehserie Stargate). Sie tat so, als ob sie mit Amanda getauscht hätte. Sie entdeckte, dass ihr Job als Betreuerin von Computersystemen zwar die Zahlung der Hypotheken sicherte, sie aber nicht glücklich machte. Als Amanda Tapping fand Georgina heraus, dass sie tatsächlich im Film arbeiten und Geschichten und Fantasien der Leute zum Leben erwecken wollte. Georgina war klar, dass das Leben in der Filmbranche sehr riskant ist, aber sie machte den ersten Schritt, indem sie sich bei einem Kurs für Drehbuchschreiben einschrieb.

✔ **Informationssprung** – Angenommen, Sie hätten alle nötigen Informationen, um eine Lösung zu finden, wie sähe dieses Wissen aus und wie würden sich die Umstände ändern?

Georgina verwendete den Informationssprung, um sich auszurechnen, was sie tun muss, um ihren Traum, Drehbuchautorin zu werden, leben zu können. Sie nahm an Abendkursen für Drehbuchschreiben teil und arbeitete an Wochenenden für ein College in der Umgebung an Projekten für Studenten. Sie befindet sich jetzt an dem Punkt, an dem sie plant, als Teilzeitkraft für eine Produktionsfirma zu arbeiten, um mehr Zeit in die Erfüllung ihres Traums zu investieren.

✔ **Funktionswechsel** – Bitten Sie Ihre gute Fee, ihren Zauberstab zu schwenken und einen Bestandteil in dem System zu ändern, in dem es nicht so läuft, wie Sie es gern hätten. Kommen Sie zum Beispiel bei der Arbeit nicht vorwärts oder ist Ihre Ehe nicht ganz im Lot? Was würden Sie ändern und wie würde es das Ergebnis beeinflussen?

Ralph hatte als Tierpfleger in einer gut gehenden Tierarztpraxis gearbeitet. Er mochte seine Arbeit, fühlte sich jedoch, als ob etwas in seinem Leben fehlen würde. Er bat seine gute Fee um Hilfe. Ralphs Unbewusstes – in diesem Fall seine gute Fee – offenbarte ihm, dass er Gutes tun wollte, wo er wirklich gebraucht wird: bei Menschen und Tieren, die sich keine teure Tierarztpraxis leisten können. Ralph arbeitet jetzt in einem Tierheim in Indien, mag immer noch, was er tut, und fühlt sich rundum wohl.

Größere Konflikte

Wenn Sie dieses Kapitel von Anfang an gelesen haben, sollten Sie nun eine ganz gute Vorstellung von *intrapersonellen* Konflikten haben (Konflikte innerhalb einer Person) und wie man beginnen kann, sie zu lösen. Sie fragen sich jetzt vielleicht, wie man dieses Modell intrapersoneller Konflikte auf andere Bereiche beziehungsweise Situationen übertragen kann. Sie können dieselben Prinzipien auf Beziehungen und Verhandlungen zwischen zwei Menschen, einem Team, einer Familie oder sozialen Gruppe anwenden, zwischen unterschiedlichen Unternehmen und Organisationen und sogar zwischen größeren internationalen Gebilden. Hier einige Beispiele für diese größeren Konflikte:

✔ **Interpersoneller Konflikt** – wenn zwei oder mehr Personen unterschiedliche Bedürfnisse haben, die nicht gleichzeitig befriedigt werden können.

✔ **Intra-Gruppenkonflikt** – zwischen zwei oder mehr Personen innerhalb einer Gruppe, zum Beispiel zwischen Mitgliedern eines Teams oder Angestellten einer Abteilung.

✔ **Inter-Gruppenkonflikt** – zwischen zwei oder mehr Gruppen von Menschen, wie bei Bandenkriegen oder zwischen Unternehmen, die um die Marktführung kämpfen.

✔ **Internationaler Konflikt** – wenn zwei oder mehr Nationen über ihre Bedürfnisse streiten.

✔ **Globaler Konflikt** – wenn menschliche Bedürfnisse nicht erfüllt werden können, obwohl die Menschen nicht zu einer bestimmten Gruppe gehören, wie im Fall von versiegenden Frischwasserquellen.

In all diesen Situationen können Sie den Prozess anwenden, der in der unten stehenden Übung skizziert wird, um ein erfolgreiches Ergebnis auszuhandeln.

 Die folgende Übung basiert auf dem NLP-Prozess zur Integration von im Widerstreit stehenden Teilen, wie es in den Abschnitten »Verhandlungs-Reframing« und »Reframing – so tun, als ob« weiter vorn in diesem Kapitel erläutert wird.

1. Stellen Sie sich vor, Sie befinden sich in der Rolle des Vermittlers, um einen Konflikt zwischen verschiedenen Parteien zu lösen.

2. Fragen Sie jede Partei: »Was ist Ihre positive Absicht?« Befragen Sie beide Seiten so lange, bis Sie einige grundlegende Kernbedürfnisse aufdecken, von der beide Parteien sagen können, dass sie sie beide haben. (Bitte beachten Sie hierzu den Abschnitt »Verhandlungs-Reframing« weiter vorn in diesem Kapitel.)

3. Bitten Sie beide Parteien, die gemeinsame Basis anzuerkennen und an ihr festzuhalten.

4. Verwenden Sie zum Beispiel den Als-ob-Rahmen, um alternative Lösungen für das Problem zu erforschen. (Bitte beachten Sie hierzu den Abschnitt »Reframing – so tun, als ob« weiter vorn in diesem Kapitel.)

5. Entscheiden Sie zwischen den Ressourcen, die jede Partei zum Lösen des Konflikts beisteuern kann.

6. Behalten Sie immer das allgemeine Ziel im Auge und versuchen Sie, ein Win-win-Ergebnis zu erzielen.

Und um es mit Einstein zu sagen: Es ist wichtiger, eine Vorstellung zu haben als Wissen, denn Wissen schränkt Sie auf den Bereich des Bekannten ein, wohingegen die Vorstellungskraft Ihnen erlaubt, neue Lösungen zu entdecken und zu entwickeln. *Verwenden Sie also Ihre Vorstellungskraft für unkonventionelles Denken, um neuartige Lösungen zu finden.*

Teil IV
Mit Worten bezaubern

Dieser Teil untersucht die Macht der Sprache und verrät Ihnen die Geheimnisse der großen Meister der Kommunikation. Sie werden entdecken, dass die Sprache, die Sie verwenden, nicht nur Ihre Erfahrungen beschreiben kann, sondern auch die Macht hat, sie zu erzeugen. Wenn Sie wissen wollen, wie man Geschichten wirkungsvoll einsetzt und ein Publikum in Trance versetzt (nicht in Tiefschlaf!), sind Sie hier ebenfalls richtig. Außerdem zeigen wir Ihnen in einem weiteren Kapitel, mit welchen wirkungsvollen Fragen Sie direkt zum Kern einer Sache vordringen können.

IN DIESEM KAPITEL

Hinter die Worte blicken, die Leute benutzen

Wie Worte einschränken können

Lernen Sie den NLP-Motor kennen:
das Meta-Modell

Unterricht bei einem Meister der Kommunikation

Kapitel 15
Der Kern der Sache: Das Meta-Modell

Haben Sie schon einmal jemanden – auch sich selbst – gebeten, »zu sagen, was man meint, und zu meinen, was man sagt«? Wenn Sprache nur so einfach wäre.

Sie gebrauchen Worte als wichtigstes Werkzeug, um Ihre Gedanken und Ideen zu vermitteln, Ihre Erfahrungen zu erklären und mit anderen zu teilen. In Kapitel 7 erklären wir im Abschnitt »Das Kommunikationsrad und der Aufbau von Rapport«, dass beim persönlichen Gespräch die gesprochenen Wörter nur einen Teil der Bedeutung vermitteln. Ihre Körpersprache – alle Bewegungen und Gesten – und der Tonfall Ihrer Stimme übertragen den Rest.

Worte sind nur ein Modell, ein Symbol Ihrer Erfahrung; sie können nie das Gesamtbild vollständig beschreiben. Denken Sie an einen Eisberg – die Spitze über der Oberfläche entspricht den Worten, die Sie sagen. NLP bezeichnet das als die *Oberflächenstruktur* unserer Sprache. Unter der Oberfläche liegt der Rest des Eisbergs – hier ist die gesamte Erfahrung beheimatet. NLP nennt dies die *Tiefenstruktur*.

Dieses Kapitel bringt Sie weg von der Oberflächenstruktur und führt Sie hin zur Tiefenstruktur, damit Sie über die vagen Worte der Alltagssprache hinauskommen und deutlicher wird, was Sie meinen. Sie lernen die Magie des Meta-Modells kennen, eine der wichtigsten Lehren des NLP, mit dem Sie die eigentliche Bedeutung dessen klären können, was Leute sagen. Niemand liefert eine komplette Beschreibung des gesamten Gedankenvorgangs, der hinter seinen Worten steht. Andernfalls würde er nicht aufhören zu reden. Das Meta-Modell ist ein Werkzeug, das Ihnen einen näheren Einblick in die in Sprache transformierte Erfahrung einer anderen Person ermöglicht.

Es war ein schwerer Arbeitstag

Das Gespräch beim Abendessen mit meiner (Kate) Familie verläuft meist so: »War es ein anstrengender Arbeitstag heute?« Dadurch dass wir die Höhepunkte des Tages erzählen, konzentriert sich unser Gespräch beständig auf das, was einen schweren Arbeitstag ausmacht. Zählt auch ein zwölfstündiger Aufenthalt in einem warmen, bequemen Büro dazu, umgeben von den neuesten Computern und Kaffeemaschinen?

Die Frage kam auf, nachdem wir eine Fernsehdokumentation über Männer gesehen hatten, die mitten in der Nacht auf der Autobahn Verkehrskegel aufstellen. Wir waren uns einig, dass dies wirklich Schwerstarbeit ist im Vergleich zu einem schweren Arbeitstag für uns und die meisten unserer Freunde und Mitarbeiter.

Was ist für Sie ein schwerer Arbeitstag? In nur einem Satz können Sie viele unterschiedliche Bedeutungen heraufbeschwören. Wenn Sie zu Hause oder im Büro arbeiten, unterscheidet sich die Qualität der Arbeitserfahrung deutlich von der eines Feuerwehrmanns, der Brände löscht, oder eines Bauarbeiters, der bei Wind und Wetter Häuser baut.

Eine Formulierung wie »ein schwerer Arbeitstag« wird unterschiedlich interpretiert. Um die genaue Bedeutung für einen bestimmten Sprecher zu erschließen, bedarf es weiterer Informationen – die Fakten, die ausgelassen wurden. Im weiteren Verlauf dieses Kapitels werden Sie sehen, wie man einfachen Zugriff auf wichtige Informationen erhält, die Sie daran hindern, den falschen Eindruck über die Erfahrung eines anderen zu gewinnen.

Mit dem Meta-Modell präzise Informationen sammeln

Richard Bandler und John Grinder, die Gründer des NLP, entdeckten, dass Menschen beim Sprechen automatisch drei wichtige Prozesse einsetzen. Diese bezeichneten sie als *Tilgung*, *Generalisierung* und *Verzerrung*. Durch diese Prozesse können wir anderen unsere Erfahrungen in Worten mitteilen, ohne langatmig ins Detail zu gehen und alle zu Tode zu langweilen. Diese Prozesse treten jederzeit bei normalen alltäglichen Begegnungen auf. Wir tilgen Informationen, indem wir nicht die gesamte Geschichte erzählen. Wir nehmen Generalisierungen vor, indem wir von einer Erfahrung auf die andere schließen, und wir verzerren die Realität, indem wir unserer Fantasie freien Lauf lassen.

Das NLP-Modell in Abbildung 15.1 zeigt, wie Sie die reale Welt durch Ihre Sinne wahrnehmen – visuell (sehen), auditiv (hören), kinästhetisch (tasten und fühlen), olfaktorisch (riechen) und gustatorisch (schmecken). Ihre Wahrnehmung der Realität ist durch die Prozesse der Generalisierung, Verzerrung und Tilgung gefiltert oder mit dem abgeglichen, was Sie bereits wissen. Auf diese Weise erstellen Sie Ihre persönliche Landkarte oder Ihr mentales Modell der realen Welt.

Bandler und Grinder beobachteten und analysierten zwei erfahrene Therapeuten bei der Arbeit mit ihren Patienten. So entwickelten sie das NLP-Meta-Modell, um den Zusammenhang zwischen Sprache und Erfahrung zu erklären.

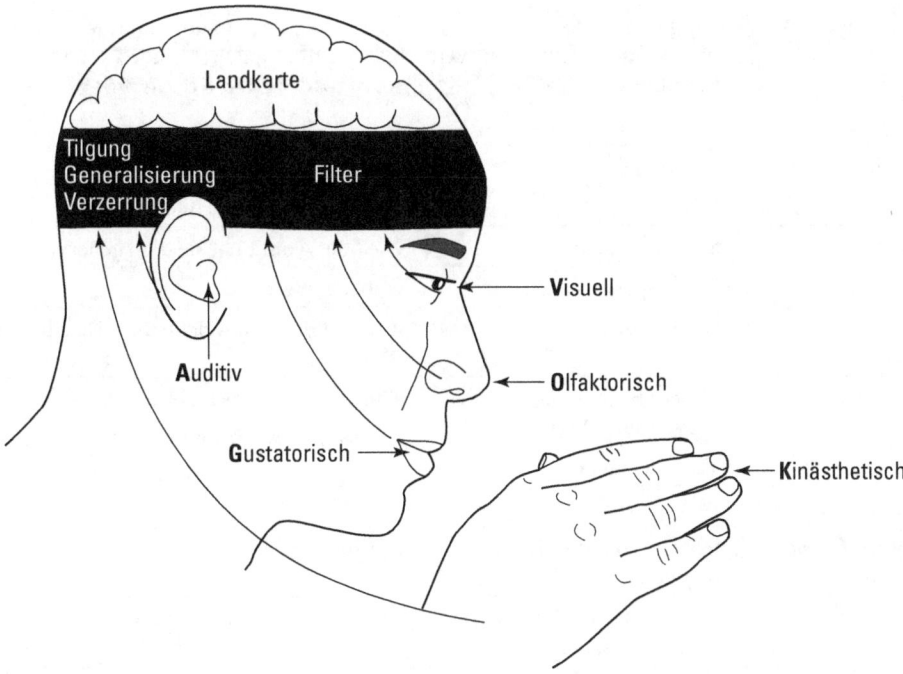

Abbildung 15.1: Das NLP-Modell zeigt, wie Sie die Welt um sich herum wahrnehmen.

Bandler und Grinder versuchten Regeln zu finden, die festlegen, wie Menschen Sprache verwenden, damit andere ähnliche Fähigkeiten erlernen können. Sie wurden von ihrem eigenen Wissen über Linguistik beeinflusst, dem Bereich der *Transformationsgrammatik* und der Idee, wie Menschen ihre Erfahrungen in Sprache fassen und festhalten. Sie veröffentlichten ihre Ergebnisse in *Die Struktur der Magie I.* Obwohl diese Arbeit aus dem Bereich der Psychotherapie stammte – es ging ihnen darum, die Fähigkeiten von »Menschen, die anderen helfen« auszubauen –, macht das Modell auch für Menschen wie Sie und ich in alltäglichen Situationen vieles klarer, wenn sie mit Freunden, der Familie oder Kollegen sprechen.

Das Meta-Modell bietet Fragen, mit deren Hilfe Sie die Tilgungen, Verzerrungen und Generalisierungen überwinden können, die Menschen vornehmen. Sie werden einige der Fragen wiedererkennen. Es sind Fragen, die Sie automatisch stellen, wenn Sie den Sinn klären möchten. Aber vielleicht haben Sie noch nicht bewusst über sie nachgedacht. Wenn Sie diese Fragen behutsam und mit Rapport stellen, können Sie zusätzliche Informationen sammeln, um sich ein klareres Bild davon zu machen, was wirklich gemeint ist.

In Tabelle 15.1 fassen wir einige der unterschiedlichen Methoden zusammen, wie wir Erfahrungen durch die Sprache, die wir verwenden, tilgen, verallgemeinern oder verzerren können. Machen Sie sich im Moment noch keine Gedanken über die einzelnen Bezeichnungen dieser NLP-Muster. Es ist wichtiger, dass Sie Ihre Ohren darauf trainieren, was Leute tatsächlich sagen. Wenn Sie die wichtigen Meta-Modell-Muster erkennen lernen, die Sie selbst bevorzugen und die andere vorziehen, sind Sie in der Lage, entsprechend reagieren zu können. Wir geben auch einige Hinweise, wie Sie reagieren können, um fehlende Informationen zu sammeln und sicherzustellen, dass Sie verstehen, was Ihr Gegenüber tatsächlich meint.

NLP-Meta-Modell-Muster	Beispiele für Sprachmuster, die Sie zu hören bekommen könnten	Fragen, die Ihnen beim Sammeln von Informationen helfen oder die Perspektive des anderen erweitern
Tilgung		
Einfache Tilgungen	Ich war aus.	Wo genau warst du?
	Hilfe!	Wobei brauchst du Hilfe?
Unbestimmte Verben	Sie hat mich genervt.	Wie oder womit hat sie dich genervt?
Vergleiche	Sie ist besser als ich.	Wobei besser?
Urteile	Du hast unrecht.	Wer sagt das und welche Beweise gibt es?
Nominalisierungen	Unsere Beziehung funktioniert nicht.	Warum passen wir nicht zusammen?
	Veränderung ist einfach.	Was ist einfach zu verändern?
Generalisierung		
Modaloperatoren der Möglichkeiten	Ich kann nicht ... es ist unmöglich.	Was hindert dich?
Modaloperatoren der Notwendigkeit	Wir müssen das tun, wir sollten, müssten.	Was wäre, wenn wir es nicht tun?
Universalquantoren	Er denkt nie an meine Gefühle.	Wirklich niemals?
	Wir machen das immer so.	Jedes Mal? Was würde passieren, wenn wir es anders machen?
Verzerrung		
Komplexe Äquivalenz	Er muss berühmt sein mit einem solchen Namen.	Warum bedeutet ein solcher Name, dass er berühmt ist?
Gedankenlesen	Du wirst das mögen.	Woher weißt du das? Wer sagt das?
Ursache und Wirkung	Seine Stimme macht mich wütend.	Wie macht seine Stimme dich wütend?
	Ich habe sie unglücklich gemacht.	Wie genau hast du das getan?

Tabelle 15.1: Meta-Modell-Muster

Tilgung – sich vage ausdrücken

Wenn Sie zuhören, ignorieren Sie automatisch viele Geräusche und sparen sich die Mühe, jedes einzelne Wort zu verarbeiten. Wenn Sie sprechen, sparen Sie sich all die Details, die Sie mitteilen könnten. Das nennt man Tilgung, denn es wird etwas weggelassen. Abbildung 15.2 zeigt einige der alltäglichen Beispiele für Tilgungen.

Stellen Sie sich vor, dass ihr zentrales Nervensystem mit zwei Millionen Informationsbrocken pro Sekunde gefüttert wird. Wenn jedes einzelne Informationsteilchen verarbeitet werden müsste – wie viel Zeit würden Sie dafür wohl benötigen? Ein unmögliches Unterfangen mit totaler Informationsüberflutung!

Abbildung 15.2: Die Sprache der Tilgung

Damit Sie effizient vorgehen können, bietet die Tilgung einen wertvollen, kritischen Filter-mechanismus. Selektive Wahrnehmung ist Tilgung. Die Tilgungen in unserer Sprache er-mutigen uns, die Lücken zu schließen – sich etwas vorzustellen und auszudenken. Wenn ich Ihnen erzähle »Ich habe ein neues Auto gekauft«, dann fangen Sie an, weitere Informa-tionen zu erraten. Wenn ich Ihnen nicht erzähle, welches Auto ich gekauft habe, werden Sie eigene Vorstellungen entwickeln, welche Marke, Farbe und Alter es hat.

Der Nachteil von Tilgung ist, dass sie unser Denken und Wissen einschränken kann. Wir können zum Beispiel die Angewohnheit entwickeln, bestimmte Informationen und Sig-nale von anderen zu tilgen. Komplimente und Kritik sind ein klassisches Beispiel. Einige Menschen sind Meister darin, an sie gerichtete Komplimente zu tilgen und nur die Kritik wahrzunehmen. Daher ignorieren sie auch Erfolg und bemerken nur Versagen. Wenn Ih-nen das bekannt vorkommt, dann ist es Zeit, diese Angewohnheit abzustellen.

 Um getilgte Informationen zu sammeln, stellen Sie die folgenden nützlichen Fragen:

Wer? Was? Wann? Wo? Wie?

Was genau?

Was konkret?

Generalisierungen – hüten Sie sich vor »immer«, »müsste« und »sollte«

Beobachten Sie ein kleines Kind, das zum ersten Mal auf ein Fahrrad steigt. Es konzentriert sich vollkommen darauf, das Gleichgewicht zu halten und zu lenken. Vielleicht braucht es noch eine Weile Stützräder, bis es richtig klappt. Einige Wochen oder Monate später jedoch beherrscht es das Radfahren und muss es nicht immer wieder neu erlernen – es hat von ei-ner Erfahrung zur nächsten generalisiert.

Ihre Fähigkeit, von einer vergangenen Erfahrung zur nächsten zu verallgemeinern, ist eine weitere wichtige Gabe, die Ihnen eine Menge Zeit und Energie spart, wenn Sie die Welt er-kunden. Diese generalisierten Erfahrungen werden durch Worte repräsentiert. Denken Sie an »Stuhl«. Sie wissen, wie einer aussieht, Sie haben ganz sicher schon auf vielen gesessen und haben sie in vielen Formen gesehen. Als Kind haben Sie das Wort gelernt, damit es einen bestimmten Stuhl repräsentiert. Dann haben Sie eine *Generalisierung* vorgenommen. Als Sie das nächste Mal einen Stuhl gesehen haben, konnten sie ihn benennen. Heute verstehen Sie die Funktion eines Stuhls, wann immer Sie einen sehen.

Die Fähigkeit zur Generalisierung kann in anderen Zusammenhängen auch unser Erleben von Möglichkeiten und Unterschieden einschränken. Wenn Sie eine schlechte Erfahrung gemacht haben, erwarten Sie wahrscheinlich, dass sie immer wieder eintritt. Ein Mann, der eine Reihe von unglücklichen Beziehungen erlebt hat, kommt möglicherweise zu dem Schluss, dass »alle Frauen nerven«, und beschließt, dass er niemals eine Frau treffen wird, mit der er glücklich zusammenleben kann.

 Romilla und ich (Kate) fuhren eines Nachmittags nach einem Termin über die Autobahn nach Hause, als sie gekonnt ihre natürliche Fähigkeit zur Generalisierung demonstrierte und sagte:»Mann, ist dir auch schon aufgefallen, dass wirklich *jeder* mein Auto fährt?« Überrascht fragte ich, wie das sein könne. Sie erklärte mir, dass sie in den letzten zehn Minuten 15 neue Mini Cooper gesehen habe. Das war das Auto, in das sie sich verliebt hatte und das sie eventuell kaufen wollte. Nun sah sie überall nur noch die möglichen Farbkombinationen für dieses neue Auto. Mir war keines davon aufgefallen – ich war nicht im Geringsten an einem neuen Auto interessiert – und hatte mich nur darauf konzentriert, so schnell wie möglich aus London rauszukommen.

Denken Sie einmal an die Generalisierungen, die Sie über bestimmte Kulturen oder Gruppen hören:

✔ Die Briten trinken Tee.

✔ Amerikaner reden laut.

✔ Schotten sind geizig.

✔ Italiener sind wilde Autofahrer.

✔ Schweizer sind gründlich.

✔ Politikern kann man nicht trauen.

Solch strenges Schwarz-Weiß-Denken, das keine Abstufungen zulässt, erzeugt nutzlose Generalisierungen über andere Menschen und Situationen. Legen Sie kurz eine Pause ein und hören Sie sich einmal selbst zu. Und wenn Sie die verbalen Hinweise auf Generalisierungen in Wörtern wie »alle«, »nie«, »jeder«, »immer« hören (Abbildung 15.3 zeigt einige Beispiele alltäglicher Generalisierungen), dann fragen Sie sich einmal selbst: Ist *jeder* so? Tun *alle* Kunden das? Müssen wir das *immer* so machen?

Wenn Sie jemanden (oder sich selbst) bei einer Generalisierung ertappen, stellen Sie folgende nützliche Fragen. Sie lassen Sie innehalten und nachdenken, ob Sie Ihre Möglichkeiten unnötig einschränken, und regen Sie dazu an, die Perspektive zu erweitern.

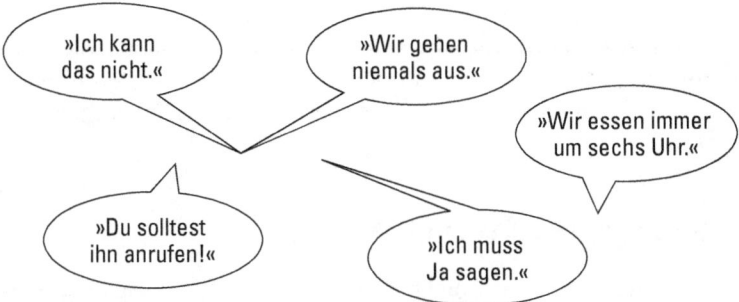

Abbildung 15.3: Die Sprache der Generalisierung

Was hindert dich?

Immer? Nie? Jedes?

Und was passiert, wenn du ... tust?

Stell dir vor, du könntest, was dann?

 Um Ihre Ansichten zu prüfen, kommt hier eine einfache Übung, die Sie in zehn Minuten durchspielen können. Achtung – sie kann Ihr Leben nachhaltig verändern!

1. Sehen Sie sich die folgenden Formulierungen an und notieren Sie einige der Äußerungen, die Sie in der letzten Woche gemacht haben (zu sich selbst und gegenüber anderen), die mit diesen Worten beginnen:

   »Immer mache ich ...«

   »Ich muss ...«

   »Ich sollte ...«

   »Nie mache ich ...«

   »Ich müsste ...«

2. Beenden Sie die Liste.

3. Sehen Sie sich Ihre Liste an und stellen Sie sich bei jeder Äußerung drei Fragen:

   »Was würde passieren, wenn ich nicht ...?«

   »Wann habe ich das entschieden?«

   »Ist diese Äußerung jetzt zutreffend und hilfreich für mich?«

4. Betrachten Sie Ihre Liste erneut im Hinblick auf die Fragen, die Sie gestellt haben.

5. Erstellen Sie eine überarbeitete Liste für sich und ersetzen Sie die Formulierungen »Immer mache ich ...«, »muss«, »sollte« und »müsste« durch »Ich ziehe es vor, ...«

Mit dieser Übung untersuchen Sie einige der Generalisierungen, die Sie vornehmen (NLP bezeichnet das als *Modaloperatoren* und *Universalquantoren*). In Schritt 3 stellen Sie dann die Meta-Modell-Fragen, um Ihre Möglichkeiten zu erforschen. Durch das Überarbeiten der Äußerungen in Schritt 5 übernehmen Sie wieder die Steuerung Ihrer eigenen Entscheidungen und Verhaltensweisen.

Verzerrung – dieses Quäntchen Fantasie

Der ehemalige britische Premierminister Benjamin Disraeli hatte recht, als er sagte: »Fantasie regiert die Welt.« Verzerrung, der Vorgang, mit dem Sie die Bedeutung einer Erfahrung anhand Ihrer eigenen Landkarte der Realität verändern, ist so ein Beispiel. Abbildung 15.4 zeigt einige alltägliche Beispiele von Verzerrung.

Das Problem mit Verzerrung ist jedoch, dass die meisten Menschen nicht erkennen, dass die Verzerrung nicht notwendigerweise die Wahrheit repräsentiert. Sie stellt hingegen nur ihre eigene Wahrnehmung dar. Sind Sie schon einmal aus einem Meeting mit vielen Leuten gekommen und jeder hatte eine andere Vorstellung davon, was geschehen ist? Oder waren Sie schon mal mit Freunden im Kino oder im Theater und haben dann die unterschiedlichsten Ansichten zur Aussage des Films oder des Stücks gehört, als Sie darüber sprachen? Verzerrung findet statt, wenn Sie einen Aspekt einer Erfahrung nehmen und ihn gemäß dem ändern, was für Sie passiert.

Kreativität basiert auf der Fähigkeit, die Realität so zu verzerren, dass neue und interessante Zusammenhänge entstehen. Science-Fiction und Zeichentrick verzerren zur Unterhaltung, ebenso wie Kunst, Poesie und Literatur. Ein Besuch im Kino oder Theater oder die Lektüre eines Buches ermöglicht Ihnen, einen eigenen Sinn und Zusammenhang zu erstellen. Verzerrung unterstützt Ihre Fähigkeit, Ihre eigene innere Welt und Ihre Träume zu erforschen, und lässt Ihrer Fantasie freien Lauf.

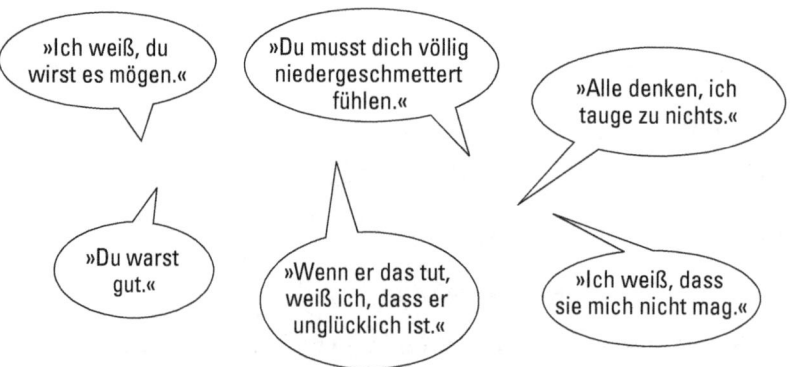

Abbildung 15.4: Die Sprache der Verzerrung

Abstrakte Nomen und der Schubkarrentest

Was wir besonders am Meta-Modell mögen, ist die Art, wie es Ihnen dabei hilft, vage Äußerungen zu klären. Wenn Sie zu mir sagen: »Liebe ist so schmerzhaft«, bräuchte ich weitere Informationen von Ihnen, um zu verstehen, was Ihnen zugestoßen ist.

Auf abstrakte Nomen – wie Liebe, Vertrauen, Ehrlichkeit, Beziehung, Wandel, Angst, Schmerz, Verpflichtung, Verantwortung, Eindruck – kann man besonders schwer reagieren. NLP nennt das *Nominalisierungen*. Das sind Wörter, bei denen ein Verb (lieben) in ein Nomen (Liebe) umgewandelt wurde, das sich kaum so definieren lässt, dass alle zustimmen können. Um aus Ihrer Äußerung mehr Bedeutung zu ziehen, müsste ich das Nomen in ein Verb umwandeln, um weitere Informationen zu erhalten und dann zu antworten. Meine Reaktion auf Ihre Äußerung oben wäre: »Auf welche Weise genau lieben Sie jemanden so schmerzlich?«

Stellen Sie sich eine Schubkarre vor. Wenn Sie an ein Nomen denken und es sich in der Schubkarre vorstellen können, dann ist es ein konkretes Nomen – eine Person, ein Blumentopf, ein Apfel, ein Schreibtisch sind hierfür Beispiele. Bei Nominalisierungen handelt es sich um Nomen, die den Schubkarrentest nicht bestehen. Sie können nicht Liebe, Angst, eine Beziehung oder Schmerz in Ihre Schubkarre legen. Wenn Sie die Wörter stattdessen als Verben formulieren, geben Sie ihnen wieder Aktion und Verantwortung zurück. Auf diese Weise kann man mehr Möglichkeiten erkunden.

Dabei hilft es nichts, Gedankenleser zu sein. Gedankenlesen ist ein weiteres Beispiel für Verzerrung. Sie können nie wissen, was jemand anderes wirklich denkt, selbst wenn er Ihnen interessante Hinweise liefert. Wenn negative Verzerrung mit Generalisierung kombiniert wird, kann sich das nachteilig auswirken. Ein Beispiel dafür ist ein Kind, das von der Schule nach Hause kommt und sagt: »Immer wenn ich in die Klasse komme, starren mich alle an und alle denken, ich bin dumm.«

 Hüten Sie sich davor, Urteile darüber zu fällen, was andere Leute denken, bis Sie tatsächlich genaue Informationen gesammelt und alle Fakten überdacht haben.

 Hier einige weitere nützliche Fragen, die Sie stellen können, um verzerrte Bedeutungen aufzuspüren:

>»Wer sagt das?«

>»Woher weißt du das?«

>»Wie führt x eigentlich zu y?«

Lust auf Tennis?

Es gibt Momente, in denen Menschen etwas so sehr wollen, dass sie glauben, es ist wahr, selbst wenn die Fakten dagegensprechen. Als Tennistrainer sind für John Woodward die frustrierendsten Menschen in der Junior-Tennisliga die ehrgeizigen Eltern. »Sie wollen so verzweifelt, dass ihre Kinder gewinnen, dass sie gegenüber den Fakten des Spiels blind sind. Sie sehen, was sie sehen wollen, selbst wenn es nicht wahr ist. Das geht so weit, dass sie falsche Linienentscheidungen ausrufen, wenn ihre Kinder ein Match spielen, nur um ihrem kleinen Tennisstar einen Vorteil zu verschaffen. Großeltern sind sogar noch schlimmer! Ich habe einmal gesehen, wie ein Großvater den Tennisgegner seines Enkels mit seinem Regenschirm angriff, weil er überzeugt war, dass sein Enkel einen Aufschlag gewonnen hatte, den alle anderen im Aus gesehen hatten.«

(Abdruck mit freundlicher Genehmigung von John Woodward)

Das Meta-Modell anwenden

Die Meta-Modell-Fragen liefern Ihnen wirkungsvolle verbale Werkzeuge für Beruf, Beratung, Erziehung, Therapie und das Leben. Mit ihrer Hilfe können Sie Sprache dazu verwenden, Klarheit zu gewinnen und sich an die Erfahrungen eines anderen anzunähern. Sie können das Meta-Modell anwenden, wenn Sie Folgendes erreichen möchten:

✔ **Mehr Informationen erhalten**, um die Zielsetzung und den Umfang eines neuen Projekts zu verstehen.

✔ **Die Meinung einer anderen Person abklären**, um herauszufinden, was sie genau meint. Liegen Sie auf derselben Wellenlänge oder glauben Sie nur, dass Sie sich tatsächlich verstehen?

✔ **Ihre eigenen Einschränkungen und die anderer Leute herausfinden**, um Glaubenssätze und gewohnte Handlungen durchzuarbeiten, die nicht hilfreich sind.

✔ **Mehr Möglichkeiten eröffnen**, um neue Methoden zu entdecken, etwas für sich und andere zu tun.

Zwei einfache Schritte

 Wenn Sie das Meta-Modell verwenden, stellen Sie zuerst die Verzerrungen infrage, dann die Generalisierungen und danach die Tilgungen. Wenn Sie mit den Tilgungen beginnen würden, würden Sie vielleicht mehr Informationen erhalten, als Sie verarbeiten können.

Um das Meta-Modell anzuwenden, führen Sie die folgenden einfachen Schritte durch:

1. Hören Sie auf die Worte und entdecken Sie das Muster (Verzerrung, Generalisierung oder Tilgung).

Blättern Sie zum Abschnitt »Mit dem Meta-Modell präzise Informationen sammeln« weiter vorn in diesem Kapitel zurück. Dort finden Sie eine Erklärung der sprachlichen Hinweise, die Ihnen helfen, das verwendete Muster zu erkennen.

2. Stellen Sie die richtigen Zwischenfragen.
Bei Verzerrung fragen Sie:

- »Woher wissen Sie das?«

- »Was ist der Beweis?«

Bei Generalisierung fragen Sie:

- »Ist das immer der Fall? Jedes Mal? Nie?«

- »Was wenn ...?«

Bei Tilgung fragen Sie:

- »Erzählen Sie mir mehr ...«

- »Was, wann, wo, wer, wie?«

Ein paar Warnungen

Man kann rücksichtsvoll und konstruktiv Fragen stellen. Aber man kann Fragen auch so stellen, dass sie wie ein Verhör der Spanischen Inquisition klingen. Im Folgenden also ein paar Dinge, an die Sie denken sollten. Wir möchten nicht, dass Sie sich mit Ihrem besten Freund verkrachen.

✔ Rapport steht an erster Stelle. Ohne Rapport wird Ihnen niemand zuhören. Mehr Informationen zum Aufbauen von Rapport finden Sie in Kapitel 7.

✔ Menschen müssen Vertrauen haben, bevor sie bereit sind, sich schwierigen Themen zu öffnen. Passen Sie sich ihrem Tempo an. Mehr zum Thema Angleichen und Führen von Menschen finden Sie ebenfalls in Kapitel 7.

✔ Sie sollten sich darüber klar sein, welches Ergebnis Sie erzielen wollen, wenn Sie Fragen stellen. Ansonsten werden Sie mit irrelevanten Informationen überschüttet und das ist nicht sehr hilfreich.

✔ Dämpfen Sie Ihre Stimme und gehen Sie bei Ihrer Befragung einfühlsam vor. Streuen Sie Ihre Fragen behutsam in die Unterhaltung oder das Meeting ein, anstatt sie wie ein Marktforscher auf der Straße runterzurasseln.

✔ Probieren Sie das Meta-Modell erst an sich selbst aus, bevor Sie sich ungefragt auf Ihre Familie und Freunde stürzen. Machen Sie langsam. Ansonsten werden sie sich wie Tom im folgenden Beispiel wundern, was los ist, und nicht froh über Ihr plötzliches Interesse sein.

Nach einer anstrengenden Arbeitswoche in der Stadt entspannt sich Mike freitagabends immer bei einem Bier in seiner Lieblingskneipe in der malerischen Ortschaft, in der er lebt. Nachdem er an einem NLP-Trainingskurs teilgenommen hatte, war er ganz versessen darauf, das Meta-Modell auszuprobieren. Sein Kumpel Tom, ein Architekt, erzählte ihm von seiner Woche und einer schweren Auseinandersetzung, die er mit einem Kollegen wegen eines wichtigen Projekts gehabt hatte.

Als Tom seine Geschichte mit dem Satz begann »Ich werde nie wieder mit ihm arbeiten«, stellte Mike diese Generalisierung mit »Was, nie wieder? Bist du sicher? Was würde passieren, wenn doch?« infrage. Tom sah ihn verwundert an und antwortete: »Unsere Zusammenarbeit wird nicht funktionieren, die Kommunikation klappt einfach nicht.« Beglückt, direkt zwei Nominalisierungen in einem Satz entdeckt zu haben, hakte Andrew nach: »Wie würdest du gern mit diesem Typen zusammenarbeiten? Und wie kannst du mit ihm kommunizieren?« Tom sah ihn daraufhin entgeistert an und sagte: »Hör mal, normalerweise bist du auf meiner Seite. Was ist denn los?«

Vor lauter Begeisterung, NLP ausprobieren zu können, hatte Mike vergessen, sich seinem Freund anzugleichen und zu pacen und langsam mit einer subtilen Anwendung des Meta-Modells einzusteigen. Alles, was Tom an diesem Abend wirklich wollte, war einem Freund, der zuhört und Mitleid haben würde, sein Leid klagen zu können.

Kapitel 16
Das Publikum hypnotisieren

S zenario 1: Sie fahren an einem ganz normalen Tag eine Straße entlang. Es ist eine vertraute Strecke, die Sie schon ein Dutzend Mal gefahren sind. Sie wissen, wo Sie hinwollen. Sie erreichen Ihr Ziel, parken das Auto und stellen fest, dass Sie sich an die letzten Kilometer der Fahrt nicht richtig erinnern können.

Szenario 2: Sie sitzen in einer Gruppe von Leuten. Vielleicht ist es ein Meeting. Vielleicht eine Art Kurs. Sie werden mit einem Ruck wach, als sich jemand an Sie wendet und Ihnen die Frage stellt: »Was denken Sie darüber?« Oje! Sie waren mit Ihren Gedanken ganz woanders. Sie haben wirklich keine Ahnung, worum sich die Diskussion dreht.

Was ist hier passiert? Sie befinden sich in einer Alltagstrance. Dabei ähnelt Ihr Gehirn einem Computer im Ruhezustand. Sie haben Tagträume – ein exzellentes Beispiel für Ihre Fähigkeit, die Details von dem zu tilgen, was um Sie herum geschieht, und in ein Entspannungsmuster der Trance zu fallen. Szenen wie diese passieren überall auf der Welt, jeden Augenblick.

In diesem Kapitel unternehmen wir einen Ausflug in die Welt der Trance und sprechen darüber, wie Sie sie zu Ihrem und anderer Leute Vorteil nutzen können. Wir gehen insbesondere auf Sprachmuster ein, die Sie sich aneignen können, um effektiver mit anderen zu kommunizieren, indem Sie zum unbewussten Teil ihres Verstands vordringen.

Die Sprache der Trance – das Milton-Modell

Als Menschen haben wir die erstaunliche Fähigkeit, den Sinn dessen zu erfassen, was andere Menschen sagen – selbst wenn es totales Kauderwelsch ist. Es gibt Augenblicke, in denen es sehr wertvoll sein kann, gekonnt vage zu sein – unbestimmte Aussagen zu machen –, sodass Ihr Gegenüber die Lücken selbst schließen kann. Wenn der sprachliche Aufbau gekonnt vage ist, können Menschen Ihren Worten das entnehmen, was sie benötigen, und zwar auf die Weise, die für sie geeignet ist.

Milton H. Erickson – ein Meister seines Fachs

Als Lehrer und Therapeut inspirierte Milton H. Erickson (1901–1980) diejenigen, die von ihm lernen oder geheilt werden wollten. Mit seinen therapeutischen Fähigkeiten erzielte er bei vielen Menschen positive Ergebnisse und so wurde er zu einem der bedeutendsten Hypnotherapeuten unserer Zeit.

Er hatte einen großen Einfluss auf John Grinder und Richard Bandler, die Gründer des NLP. Sie modellierten Erickson im Jahr 1974 und veröffentlichten mehrere Bücher, in denen sie die von ihnen erkannten Sprachmuster aufzeigten. Diese bilden die Basis des Milton-Modells im NLP, das bewusst eine Sprache mit unklarer Bedeutung einsetzt – im Gegensatz zum Meta-Modell (siehe Kapitel 15), dessen Ziel es ist, präzisere Informationen zu erhalten.

Erickson gelang es besonders gut, seine Patienten in Trance zu versetzen und echte Veränderungen herbeizuführen, die diese Menschen heilten. Er *pacete* die Realität der Menschen, beschrieb akribisch ihre Erfahrungen, bevor er Vorschläge machte und sie zu einer neuen Denkweise führte (*lead*). Sein therapeutischer Stil war sehr viel »toleranter« als der früherer Hypnotherapeuten. Damit meinen wir, dass er einen Ansatz verwendete, der mit der inneren Landkarte des Patienten arbeitet – dabei respektierte er immer ihre Realität und verwendete diese als Ausgangspunkt für seine Arbeit. Er versetzte seine Patienten behutsam in Trance, indem er allgemeine Anmerkungen machte, anstatt zu sagen: »Sie werden jetzt in Trance fallen.« Er glaubte, dass seine Patienten alle Ressourcen besäßen, die sie benötigen, und sah seine Rolle als Therapeut darin, seinen Patienten zu helfen, auf diese Ressourcen Zugriff zu erlangen.

 Das Milton-Modell ist ein Set von Sprachmustern, mit dessen Hilfe Sie jemanden in einen Trancezustand versetzen können. Die *Trance* ist ein veränderter Bewusstseinszustand, in dem man auf unbewusste Ressourcen zugreifen kann, Veränderungen vornehmen und persönliche Probleme lösen kann. Das Milton-Modell ist nach Milton H. Erickson benannt, der als einflussreichster Hypnotherapeut unserer Zeit gilt. Mehr zu ihm finden Sie im Kasten »Milton H. Erickson – ein Meister seines Fachs«.

Das Milton-Modell setzt die gleichen Muster ein wie das Meta-Modell, aber umgekehrt (in Kapitel 15 finden Sie mehr zum Meta-Modell). Das Milton-Modell *chunkt hoch*, das heißt, es setzt bewusst eine vage Sprache ein, die großen Interpretationsspielraum lässt. Während das Meta-Modell darauf abzielt, mehr Informationen zu sammeln, will das Milton-Modell sich über die Details erheben. Tabelle 16.1 beschreibt die Unterschiede zwischen den beiden Modellen.

Milton-Modell	Meta-Modell
verallgemeinert Sprache	präzisiert Sprache
bewegt sich von der Tiefenstruktur zur Oberflächenstruktur	bewegt sich von der Oberflächenstruktur zur Tiefenstruktur
sucht nach allgemeinem Verständnis	sucht nach präzisen Beispielen
will unbewusste Ressourcen erreichen	will Erfahrungen zur bewussten Erkenntnis bringen
richtet den Fokus der Aufmerksamkeit nach innen	richtet den Fokus der Aufmerksamkeit nach außen

Tabelle 16.1: Das Meta-Modell im Vergleich zum Milton-Modell

Sprachmuster und das Milton-Modell

In Tabelle 16.2 haben wir einige der Sprachmuster des Milton-Modells zusammengestellt. Genau wie im Meta-Modell – Bandlers und Grinders früheren Erklärung für Sprache – bestimmt das Milton-Modell drei wichtige Typen von Mustern. Sie werden dieselben Tilgungen, Verallgemeinerungen und Verzerrungen erkennen, die in normaler Sprache vorkommen (in Kapitel 15 werden diese im Detail erklärt). So erfassen wir den Sinn unserer Alltagserfahrungen und transformieren sie in Sprache.

Sie haben beim Vergleich der beiden Modelle in Tabelle 16.1 wahrscheinlich bemerkt, dass das Milton-Modell Aussagen trifft, die bewusst sehr allgemein gehalten sind. Dadurch soll die Person, mit der Sie sprechen, entspannen, während das Meta-Modell Fragen stellt, um bestimmte Details zu erfahren, die in allgemeinen Aussagen fehlen.

Muster	Beispiele der vagen Sprache, die Sie verwenden können, um mit Tilgungen, Verallgemeinerungen und Verzerrungen eine Person in einen aufnahmebereiten Zustand zu versetzen
Tilgung	
Einfache Tilgung	Sie sind bereit, zuzuhören.
Unbestimmte Verben	Es wird Ihnen zu gegebener Zeit einleuchten ...
Unbestimmter inhaltlicher Bezug	Es gibt sicher Menschen, die wichtig für Sie waren.
Steigerungen	Sie werden immer neugieriger.
Beurteilungen	Denken Sie daran, dass Sie harte Zeiten durchgemacht haben und sie gut überstanden haben.
Nominalisierung	Sie gewinnen neue Erkenntnisse, bauen neue Freundschaften auf.
Verallgemeinerung	
Modaloperatoren der Möglichkeit	Sie können erfolgreicher werden ... Sie können neue Wege entdecken.
Modaloperatoren der Notwendigkeit	Sie müssen die Sache bis zum beabsichtigten Ziel durchziehen.
Universalquantoren	Jedes Mal, wenn Sie sich so fühlen.
	Alle Fertigkeiten, die Sie brauchen, können Sie leicht erlernen.

Muster	Beispiele der vagen Sprache, die Sie verwenden können, um mit Tilgungen, Verallgemeinerungen und Verzerrungen eine Person in einen aufnahmebereiten Zustand zu versetzen
Verzerrung	
Komplexe Äquivalenz	Das heißt, Sie werden alle Hilfe erhalten, die Sie benötigen.
Gedankenlesen	Ich weiß, dass Sie immer interessierter werden.
Ursache und Wirkung	Mit jedem Atemzug können Sie mehr entspannen.

Tabelle 16.2: Muster des NLP-Milton-Modells

Andere Aspekte des Milton-Modells

Erickson verwendete weitere linguistische Mittel in der Kommunikation mit seinen Klienten. Hier einige davon:

Vergewisserungsfrage

Eine Vergewisserungsfrage wird am Ende einer Aussage platziert, um Zustimmung zu erbitten. Vergewisserungsfragen sind ein bedachtes und sehr effektives Mittel, das das Bewusste mit etwas ablenkt, dem es zustimmen kann. Dadurch kann die Aussage vor der Vergewisserungsfrage direkt in das Unbewusste gelangen und wirken:

✔ Das ist einfach, stimmt's?

✔ Ihre Gesundheit ist wichtig, wissen Sie?

✔ Sie können das, oder nicht?

✔ Es ist Zeit sich zu entspannen, wissen Sie das nicht?

 Selbst wenn Sie noch nie etwas über Hypnose gehört oder etwas darüber gelesen haben, hier zwei der wirkungsvollsten Wörter der deutschen Sprache, die ebenfalls ein Beispiel für Vergewisserungsfragen sind: »Nicht wahr?« Probieren Sie es einfach aus!

Eingebettete Befehle

Eingebettete Befehle oder Fragen sind Sätze, in denen das Ergebnis enthalten ist, das Erickson von seinen Klienten wünschte – so wie die kursiv hervorgehobenen Teile der unten stehenden Sätze. Der Sinn eines eingebetteten Befehls ist, Anordnungen direkt in das Unbewusste zu senden, während das Bewusste sie blockiert. Erickson hob die Anweisungen vom Rest des Satzes ab, indem er zum Beispiel eine tiefere Stimmlage für das Anweisungselement verwendete.

✔ »Ich bin gespannt, ob Sie gleich *lernen, sich zu entspannen und sich wohlzufühlen*.«

✔ »Es wäre interessant zu wissen, *wann Sie zuletzt so leicht gelernt haben*.«

Die Erzählung zählt

Ein Element von Ericksons Therapie bestand darin, Geschichten zu schaffen – lehrreiche Geschichten, die Menschen helfen, ihre eigene Situation auf neue Weise zu betrachten. Erickson war an den Rollstuhl gefesselt, übte seinen therapeutischen Beruf jedoch unermüdlich aus, reiste viel, lehrte und gab Seminare bis an sein Lebensende.

Es gibt natürlich schriftliche Dokumentationen von Ericksons Geschichten und Seminaren – eine faszinierende Lektüre. Doch betonen diejenigen, die das Glück hatten, Erickson persönlich zu treffen, dass das geschriebene Wort nur einen Teil der Faszination vermitteln kann, die von diesem Mann ausging. Wenn Sie an den Kommunikationsvergleich zurückdenken, den wir in Kapitel 7 vorgestellt haben, erinnern Sie vielleicht, dass Worte nur eine kleine Rolle in der Kommunikation spielen – sie machen nur etwa 7 Prozent der Wirkung aus. Ericksons Lächeln, Gesten, der Tonfall seiner Stimme, sein instinktiver Respekt vor seinen Klienten und seine Wissbegierde sind die fehlenden Bestandteile in den niedergeschriebenen Erzählungen.

Doppelbindungen

Doppelbindungen lassen eine Wahl, aber schränken die Möglichkeiten ein. Sie zeigen dabei die Möglichkeiten auf und setzen das von Ihnen gewünschte Ergebnis voraus.

✔ »Wann wirst du dein Chaos wegräumen, vor oder nach dem Mittagessen?« (Eine typische Frage im Umgang mit Teenagern oder Mitbewohnern)

✔ »Möchten Sie es in Blau oder in Grün bestellen?« (Wie wäre es mit dieser Frage in einer Verkaufssituation?)

 Wenn Sie Lehren von Kommunikatoren wie Erickson übernehmen, sollten Sie daran denken, dass es zwar wichtig ist, was Sie sagen, dass aber die Art, wie Sie mit jemandem umgehen, immer noch die größte Wirkung hat.

 Um den Unterschied zwischen dem Milton-Modell und dem Meta-Modell verstehen zu lernen, versuchen Sie es mit folgendem kleinen Rollenspiel. Sie benötigen dazu einen bereitwilligen Freund. Einer von Ihnen spielt den Verkäufer, der andere den Kunden.

✔ **Der Verkäufer** – Stellen Sie sich vor, Sie sind Verkäufer und Ihre Aufgabe besteht darin, ein Objekt oder eine Dienstleistung an Ihren Partner zu verkaufen. Ihr Auftrag ist, ihn vom Kauf zu überzeugen, *ohne ihm irgendein Detail davon zu verraten, was Sie eigentlich verkaufen* – mal sehen, wie sehr Sie Ihren Partner dafür interessieren können, während Sie im Sinne des Milton-Modells gekonnt vage bleiben.

✔ **Der Kunde** – Stellen Sie sich vor, Sie sind Kunde und Ihre Aufgabe besteht darin, genauere Angaben aus dem Verkäufer herauszuholen, der Ihnen etwas zu verkaufen versucht. Hinterfragen Sie seine vagen Angaben mithilfe der Tipps aus Kapitel 15, um mit den Mustern des Meta-Modells Details zu erfahren.

Fragen Sie sich hinterher, welche Rolle Sie als natürlicher empfunden haben. Ziehen Sie es vor, das große Ganze infrage zu stellen, oder fühlen Sie sich wohler, wenn Sie über Details sprechen?

Die Kunst der vagen Sprache und warum sie wichtig ist

Nachdem Sie mit dem Milton-Modell vertrauter geworden sind, können Sie tun, was andere vor Ihnen getan haben: Achten Sie darauf, welche Form der Sprache die Person verwendet, die Sie treffen. Sie werden bemerken, dass die meisten Menschen fähig sind, auf allgemeiner Ebene zu kommunizieren. Mit anderen Worten, die meisten Menschen beherrschen die Kunst der vagen Sprache, die ihnen einen einfachen Einstieg erlaubt, nicht wahr?

Man findet sie überall! Denken Sie nur an folgende Äußerungen:

✔ »Wir können es schaffen.«

✔ »Es kann nur besser werden.«

✔ »Das muss nicht so sein.«

✔ »Eines Tages werden wir alle frei sein.«

✔ »Jeder hat seine Probleme.«

Klingt das vertraut? Solche Formulierungen sind sowohl von Politikern als auch von Popstars, Hellsehern und Werbetextern zu hören. Man hört sie jeden Morgen im Radio und sie springen uns in Zeitungen aus Horoskopen und von Werbeseiten für die neuesten »unverzichtbaren« Produkte entgegen. Sie lassen uns entspannen. Man kann nicht anders, als stark verallgemeinerten Aussagen zuzustimmen.

Gute Gründe, vage zu sein

Die Macht der vagen Sprache liegt in der Tatsache, dass Sie Menschen damit in einen anderen Zustand versetzen. Sie lenkt von der Außenwelt ab. Danach ist es einfacher, mit jedem in der Gruppe Verbindung aufzunehmen oder Rapport mit jemandem aufzubauen, den Sie nicht gut kennen. Wenn Sie vage sind, passiert Folgendes:

✔ Ihre Zuhörer finden eigene Antworten, die überzeugender und von längerer Dauer für sie sind.

✔ Sie vermeiden, Ihre eigenen Vorstellungen einfließen zu lassen oder unpassende Vorschläge einzubringen.

✔ Ihre Klienten fühlen sich selbstständiger, weil ihnen freisteht, verschiedene Möglichkeiten zu erproben, an die sie nie gedacht hätten.

Hinzu kommt, dass die vage Sprache auch Ihre persönliche Landkarte erweitert. Beachten Sie, dass die Sprache, die Sie verwenden, sich auch auf Sie selbst auswirkt – nicht nur auf andere. Sehr häufig legen wir unsere eigenen Grenzen dadurch fest, wie wir über uns selbst sprechen – freche »Gedanken-Viren« wie »Ich bin nicht gut genug« oder »Das werde ich nie können« springen hervor und versperren unseren Weg zum Erfolg. Das Milton-Modell kann Ihnen dabei helfen, ...

✔ bestärkende Handlungsweisen zu entdecken.

✔ Ihre natürliche Wissbegierde zu wecken.

✔ klarer zu denken.

✔ Augenblicke persönlicher Höchstleistung zu finden und Sie in diesen produktiven Zustand zurückzubringen.

NLP hat die Idee des *Chunking* aus der IT-Welt übernommen. »Chunking« bedeutet, Dinge in kleine Brocken (Englisch »chunks«) zu unterteilen. Das in Abbildung 16.1 dargestellte NLP-Konzept zeigt, dass zur Verarbeitung von Informationen Chunks der richtigen Größe erforderlich sind – von kleinen Details zum großen Ganzen –, je nachdem, welches Maß für die Person, mit der Sie sprechen, angemessen ist. In Kapitel 15, im vorliegenden Kapitel und in Kapitel 17 beleuchten wir die verschiedenen Methoden, wie man Kommunikation durch das richtige Maß an Details oder die Chunk-Größe von Informationen unterstützen kann.

Das Milton-Modell ist ein Kommunikationsstil, der sich aufwärtsbewegt und Ideen auf einer extrem allgemeinen Ebene betrachtet. Das Meta-Modell hat eine Abwärtsrichtung und konzentriert sich auf sehr spezielle Details. Wenn Sie Geschichten und Metaphern verwenden, bewegen Sie sich einfach seitwärts – laterales Chunking –, um sich an dieselbe Detailebene anzupassen, aber mittels Geschichten und Metaphern Menschen dabei zu helfen, neue Verbindungen herzustellen.

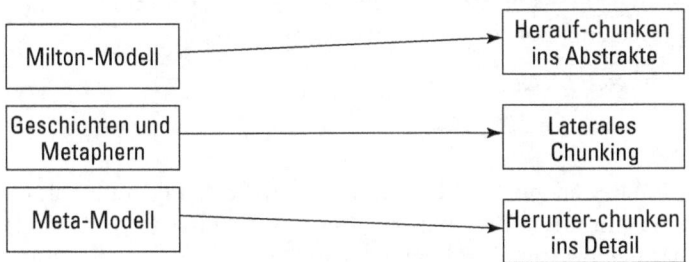

Abbildung 16.1: Herauf-chunken und Herunter-chunken in der Sprache

Tiefer und immer tiefer

Hypnose gibt es seit dem 18. Jahrhundert – Franz Anton Mesmer wird allgemein als ihr Gründer angesehen. Hypnose – oder Trance – ist ein natürlicher Zustand konzentrierter Aufmerksamkeit, so auch der Ausdruck »gebannt« oder »gefesselt«, wenn sich jemand in

Trance befindet. Es handelt sich um einen Zustand, in dem Ihr Hauptaugenmerk auf Ihr Inneres, Ihre Gedanken und Gefühle gerichtet ist, anstatt auf die Welt um Sie herum.

Wenn Schwieriges einfach wird

Tom McGuire, eingetragener Hypnotherapeut von Seven Colours Limited, setzt die Milton-Sprachmuster für unterschiedliche Anwendungen ein – sei es, um Ängste zu überwinden, Gewohnheiten zu durchbrechen, Schmerzen zu kontrollieren oder die Leistung im Sport oder bei öffentlichen Auftritten zu steigern.

»Manchmal schlagen wir uns mit Problemen herum, setzen all unsere bewussten Ressourcen ein und sehen uns doch nicht in der Lage, eine befriedigende Lösung zu finden«, sagt McGuire. Er führt das Beispiel der Gewichtskontrolle an: »Ich gebe zu, dass der Klient in der Vergangenheit wirklich stark daran gearbeitet hat, Gewicht zu verlieren. Ich betone absichtlich das Wort ›stark‹ und meine damit die Methoden, die er dabei verwendet hat. Ich erkläre dann, dass mit der Hilfe des Unbewussten Resultate einfach erzielt werden können, und er beginnt, Bilder in seinem Kopf zu aktivieren, wie er sich fühlen und aussehen wird.«

»Beim Milton-Ansatz geht man davon aus, dass das Unbewusste bereits weiß, wie man Gewicht verliert. Wir nehmen also die Hilfe des Unbewussten in Anspruch, um das zu erreichen. Es ist nicht nötig, es zur Mitarbeit zu zwingen. Da wir nicht ins Detail gehen, wie das möglich ist, wird der Patient neugierig. Die Neugierde ist die Triebfeder für das Unbewusste.«

»Viele Klienten erzählten mir, dass sie sich beim Einkaufen dabei ertappen, wie sie Lebensmittel wieder zurück ins Regal stellen, und diese Tatsache erst anschließend bemerken. Manchmal erzählen sie mir, dass sie sich nicht hungrig gefühlt hätten und so zwischen den Mahlzeiten das Essen völlig vergessen haben. Der Gedanke an Essen kommt ihnen manchmal in den Sinn, aber verschwindet auch genauso schnell wieder. Kein Kampf, nur Verwunderung. Dieser flexible, indirekte Ansatz verkörpert für mich das Milton-Modell und zeigt den äußersten Respekt vor dem Klienten.«

(Wiedergabe mit Erlaubnis von Tom McGuire)

Dank des Einflusses von Erickson betrachtet NLP die Hypnose und die Alltagstrance als einen sicheren und nützlichen Weg in unser Unbewusstes, der uns die Gedanken, Gefühle und Erfahrungen zeigt, die uns gegenwärtig nicht bewusst sind.

Erickson meinte, dass seine Patienten seine Patienten wären, weil sie keinen Rapport mit ihrem Unbewussten haben, was nahelegt, dass mentale Gesundheit Rapport zwischen den beiden erfordert. Sein Hypnosestil nimmt die Hilfe des Unbewussten in Anspruch, um Änderungen in Gedanken- und Verhaltensmustern zu erleichtern. Durch die Art, wie der Therapeut zum Patienten spricht, »geht dieser in sich«. In diesem veränderten oder traumähnlichen Zustand ist der Geist entspannt. Wenn das Unbewusste erst einmal zugänglicher geworden ist, hilft der Therapeut der Person, Änderungen durchzuführen, sei es, um mit dem Rauchen aufzuhören, eine Phobie loszuwerden oder andere positive Änderungen zur Steigerung der Gesundheit oder des Wohlbefindens durchzusetzen.

Wir haben schon mehrmals erklärt, dass das Bewusste nur sieben plus/minus zwei Informationshäppchen gleichzeitig verarbeiten kann. Die wirkliche Veränderung findet auf unbewusster Ebene statt. Das Milton-Modell erlaubt Veränderung durch das Pacen der Realität einer Person. Damit ist gemeint, die Qualität der Erfahrungen einer anderen Person tatsächlich anzuerkennen und zu respektieren, dass sie anders sind als unsere eigenen. Das Modell lenkt das Bewusstsein ab und macht das Unbewusste einer Person zugänglich.

Einige Menschen tauchen tief in diese Erfahrung ein, andere nicht ganz so tief. Ihr Gehirn wird weniger aktiv sein, Muskelbewegung, Blinzelrate und Schluckreflexe verlangsamen sich.

Sich mit der Vorstellung von Hypnose anfreunden

Worte sind mächtig – sie beschwören alle Arten von Erinnerungen und Empfindungen herauf. Sie setzen unser Vorstellungsvermögen in Gang. Wenn wir Ihnen ein Wort nennen, *Hypnose*, was spielt sich dann vor Ihrem geistigen Auge ab? Wenn wir Sie bitten würden, sich von uns hypnotisieren zu lassen, würden Sie dann eine Sekunde überlegen und »Gerne« antworten? Was geht in Ihnen vor?

Wenn Sie schon einmal in Hypnose versetzt wurden, werden Sie das als angenehmen und entspannten Bewusstseinszustand in Erinnerung haben. Falls Sie noch keine Erfahrung mit Hypnose haben, sind Sie vielleicht neugierig oder auch verängstigt. »Pfuschen Sie nicht an meinem Gedächtnis herum«, hören wir Sie sagen.

Einige Hypnotiseure, die vor Publikum auftreten, haben Hypnose in Verruf gebracht, weil sie Leute dazu ermuntert haben, alle möglichen peinlichen Dinge zu tun. So haben sie uns Angst vor der großen Macht eines Hypnotiseurs über den Verstand seiner Versuchsperson eingejagt. Kein Wunder, dass so viele Menschen skeptisch sind, wenn es um Hypnose geht. Falls das auf Sie zutrifft, sollten Sie die Sache einmal aus einem anderen Blickwinkel betrachten. Versuchen Sie, Hypnose einfach als traumähnlichen Zustand zu sehen, in dem die Möglichkeit zur Veränderung greifbarer wird. Das Collins English Dictionary definiert Hypnose als einen »künstlich hervorgerufenen Zustand der Entspannung und Konzentration, in dem tiefere Bereiche des Verstands leichter zugänglich werden«.

Tatsache ist jedoch, dass Hypnose nur funktioniert, wenn Sie es zulassen. Nur Sie haben die Kontrolle über Ihre Gedanken, Ihr Handeln und Ihre Worte. Begründung: Das Unbewusste ist ein Freund und kein Feind. Wie wir in Kapitel 2 zeigen, lautet eine der NLP-Grundannahmen, dass das Unbewusste wohlwollend ist. Mit anderen Worten, NLP geht davon aus, dass Ihr Unbewusstes auf Sie aufpasst. (Freud hingegen behandelte das Unbewusste als etwas Angst einflößendes, das gegen einen arbeitet, als Quelle aller unterdrückten Triebe, die außerhalb unserer Kontrolle liegen.)

 Entgegen weitverbreiteten Gerüchten haben Menschen in Hypnose die Situation vollständig unter Kontrolle. Der Hypnotherapeut dient lediglich als Moderator und der Klient wird jeden Vorschlag zurückweisen, der ihm unpassend erscheint.

Alltagstrancen

Im Laufe des Tages durchleben Sie Erfahrungen, die Trance-ähnlich sind. Sie bewegen sich mehrmals pro Minute hinein und heraus. Welch Schutzmechanismus wir Menschen doch haben, um mit dem Übermaß an Informationen zurechtzukommen.

Der Vorteil ist darin zu sehen, dass Ihre Trance Sie meditieren, planen, ausruhen und entspannen lässt. Mit Tagträumen öffnen Sie Ihren Geist für neue Ideen. Sie steigern auch Ihre natürliche Kreativität – zum Beispiel wenn Sie neue Verbindungen zwischen Ideen herstellen und Probleme für sich lösen. Der Nachteil zeigt sich, wenn Sie Angstgefühle wiederholen und nicht auf die Außenwelt reagieren. Sie brauchen eine Pause oder etwas Hilfe von außen, wenn Ihnen das passiert. Therapie hilft Menschen, negative Trancen zu durchbrechen. Häufig geht es in der Hypnose darum, Menschen aus einer Trance in die Wirklichkeit zurückzuholen.

Was tun Sie, um wirklich zu entspannen – um sich in diesen leichten Zustand zu bringen, in dem die Welt in Ordnung ist? Stellen Sie diese Frage auch Ihren Freunden, Ihrer Familie und Ihren Kollegen. Sie werden unterschiedliche Antworten erhalten. Entspannung ist eine leichte Alltagstrance, die Ihnen eine Auszeit als Ausgleich zu den Hochs bietet.

Hier eine einfache Methode, um eine Trance bei sich oder anderen hervorzurufen: Setzen Sie sich in einer Gruppe zusammen. Verbringen Sie 20 Minuten damit, sich gegenseitig zu erzählen, was sie tun, um sich zu entspannen. Sprechen Sie alles durch und entscheiden Sie, was Ihnen zusagt.

Unsere Bitte an Sie ist, sich zu fragen, ob Sie Zeit mit Entspannung verbringen und sich Tagträume erlauben. Bauen Sie Entspannungszeiten in Ihren täglichen Arbeitsablauf ein, als notwendiges, Leben spendendes Tonikum. Machen Sie sich Ihre eigenen Trancen bewusst und beschließen Sie, nicht in negative Trancen hineingezogen zu werden.

Als ich (Kate) einen jungen Freund, einen Teenager mit starker auditiver Vorliebe und einem Weg-von-Metaprogramm (mehr dazu in Kapitel 8), fragte, was er zur Entspannung tue, antwortete er: »Einfach ein gutes Buch nehmen und irgendwohin flüchten, wo es angenehm ist und ich ungestört bin. Wenn man von irgendetwas genervt ist, funktioniert das wunderbar, denn man wird durch das, was man liest, abgelenkt und von den Charakteren in Bann gezogen. Man vergisst, worüber man sich überhaupt geärgert hat.« Am gleichen Abend hatte ich noch einen Telefonanruf hinter mich gebracht und fühlte mich durch die negativen »Schwingungen« angespannt, die ich von einem besorgten Klienten vermittelt bekommen hatte. Ich wusste, dass ich nicht einschlafen würde, wenn ich nicht völlig entspannt bin. Also nahm ich den Rat meines jungen Freunds an, schnappte mir ein Buch, setzte mich aufs Sofa und war bald so vertieft, dass ich schnell alle Ängste hinter mir gelassen hatte – und eine herrlich durchschlafene Nacht folgte. Manchmal sind die einfachsten Lösungen die besten.

Es liegt echte Weisheit in dem Rat, dass man ein Problem »überschlafen« solle und sich ein Lösungsweg am nächsten Morgen von selbst zeigen wird. Wenn das Bewusste einmal die Chance hat, sich auszuruhen, wird dem Unbewussten die

Möglichkeit gegeben, Informationen zu verarbeiten oder zu erfassen. Dann kann das Gehirn positiv arbeiten. Wenn Sie sich mit einem Problem herumschlagen, bitten Sie Ihr Unbewusstes, Ihnen bei der Lösung zu helfen. Achten Sie dann darauf, was Ihnen am nächsten Morgen in den Sinn kommt, wenn Sie aufwachen.

Wenn Sie feststecken, beschleunigt Hypnose einfach die Lösung, damit Sie die Hilfe bekommen, die Sie brauchen.

Gruppendenken

Haben Sie schon einmal bemerkt, dass Gruppenreaktionen bei Veranstaltungen größer und gewaltiger sind als die Summe der Reaktionen der einzelnen Teilnehmer? Vielleicht waren Sie schon einmal bei einem Rockkonzert, einem großen Spiel oder steckten wegen einer Flugverspätung fest. Menschen haben die Fähigkeit, in eine Gruppentrance der Massenhysterie zu verfallen.

Gruppendenken ist ein Begriff, den Irving Janis prägte, um Situationen zu charakterisieren, bei denen Menschen durch Gruppenillusionen und -wahrnehmungen mitgerissen werden. Als Sozialpsychologe der Universität Yale war er fasziniert von der Frage, wie Expertengruppen, besonders im Weißen Haus, so furchtbare Entscheidungen treffen können.

Eines der bekanntesten Beispiele findet man in der gescheiterten Invasion auf Kuba in der Schweinebucht durch 1.200 Exil-Kubaner. Sie wurde am 17. April 1961 von der Kennedy-Regierung veranlasst und führte fast zum Krieg. »Wie konnten wir so dumm sein?«, fragte Präsident Kennedy später. Im Nachhinein wirkte der Plan völlig töricht. Damals jedoch wurde er nie ernsthaft infrage gestellt. Kennedy und seine Berater hatten unwissentlich gemeinsame Illusionen entwickelt, die sie daran hinderten, kritisch zu denken und sich mit der Realität zu befassen.

Janis war der Überzeugung, dass Führungskräfte oder ihre Berater nicht dumm, faul oder bösartig sind, wenn sie von Gruppendenken übermannt werden. Er sah sie eher als Opfer eines Denkmodus, den Menschen einschalten, wenn sie in einer geschlossenen Spitzengruppe involviert sind, wenn das Streben der Mitglieder nach Einstimmigkeit ihre Motivation außer Kraft setzt, alternative Handlungsabläufe realistisch einzuschätzen.

Wenn Menschen im Gruppendenken handeln, wenden sie automatisch den »Lasst uns die Gruppenharmonie um jeden Preis erhalten«-Test auf jede Entscheidung an, die sie treffen. Eine weitere Alltagstrance, die Sie vielleicht wiedererkennen.

Kapitel 17

Geschichten, Fabeln und Metaphern: Märchen erzählen, um das Unbewusste zu erreichen

Es gibt eine Geschichte über Nan-in, einen japanischen Meister der Meiji-Ära. Nan-in empfing einen Professor, der Zen lernen wollte. Der Meister goss Tee ein. Er füllte die Tasse seines Besuchers und hörte nicht auf einzugießen. Der Professor sah zu, bis er sich nicht mehr beherrschen konnte. »Es ist mehr als voll. Es geht nichts mehr rein«, sagte der Professor. »Wie diese Tasse«, sagte Nan-in, »sind Sie gefüllt mit Ihren Meinungen und Vermutungen. Wie kann ich Ihnen Zen beibringen, wenn Sie nicht zuerst Ihre Tasse leeren?«

Was ist in Ihnen vorgegangen, als Sie diese Worte gelesen haben? Was ist Ihnen in den Sinn gekommen? Ihre Reaktion auf diese Geschichte ist einzigartig für Sie. Wenn Sie mehrere Personen nach ihren Reaktionen auf eine Geschichte befragen würden, würden Sie jeweils andere Antworten erhalten. Geschichten dringen in Bereiche vor, die andere Worte nicht erreichen. Geschichten sprechen einen auf einer unbewussten Ebene an.

Durch Geschichten können Sie Ihre Botschaft auf eine viel effektivere Weise vermitteln als durch irgendein logisches Argument. Geschichten verbinden sich mit den persönlichen Erfahrungen der Menschen, mit ihren Erinnerungen und Gefühlen. In NLP-Begriffen:

Geschichten helfen, Rapport aufzubauen. Sie ermöglichen es Ihnen, Informationen indirekt zu vermitteln, die derzeitige Realität eines anderen zu pacen und ihn dann in eine neue zu führen, sich weg von Problemen hin zu unterschiedlichen Ergebnissen zu bewegen, neue Möglichkeiten zu eröffnen. Also, machen Sie es sich bequem und lassen Sie uns beginnen …

Geschichten, Metaphern und Sie

Ihr Gehirn ist eine natürliche Maschine, die Muster abgleicht (in Kapitel 3 finden Sie mehr Details dazu, was in Ihrem Kopf vorgeht). Sie tun die ganze Zeit nichts anderes als abzugleichen und zu sortieren. Wenn Sie etwas Neues hören, denken Sie: »Aha. Das ist wie *das*. Das erinnert mich an *jenes*.« Das Gehirn erkennt von Natur aus Muster. Geschichten und Metaphern entführen Sie an einen anderen Ort und versetzen Sie in Trance – einen außerordentlich entspannten Zustand, in dem Sie sehr aufnahmefähig sind und Ihr Gehirn von Natur aus Muster erkennt.

NLP definiert Metaphern als Geschichten oder Sprachfiguren, die einen Vergleich enthalten. Geschichten und Metaphern werden im NLP als nützliche Kommunikationswerkzeuge angesehen, weil sie das Bewusste ablenken und es mit zu verarbeitenden Informationen überladen. Unterdessen schaltet sich das Unbewusste ein, um die kreativen Lösungen und Ressourcen hervorzubringen, die Sie benötigen. So können Sie neue Bedeutungen erfassen und die Probleme lösen.

Die Geschichte Ihres Lebens

Wir leben in einer Welt voller Geschichten. Und auch Sie sind ein Geschichtenerzähler. Sie glauben uns nicht? Dann sollten Sie einmal über Folgendes nachdenken. Wenn Sie die Ereignisse des Tages einem Freund oder Ihrem Partner erzählen, erzählen Sie eine Geschichte. Wenn Sie am Telefon den neuesten Klatsch mit einer Freundin austauschen oder einem Kunden einen Geschäftsablauf erklären, erzählen Sie eine Geschichte. Ereignisse müssen nicht der Fantasie entspringen, um als Geschichte durchzugehen.

Grundlagen des Geschichtenerzählens

Gute Geschichten bestehen meist aus vier Zutaten – ganz gleich, ob sie sich auf tatsächliche oder auf imaginäre Ereignisse beziehen. Denken Sie an Märchen für Kinder, die seit Generationen weitergegeben werden, beispielsweise »Aschenputtel«, »Rotkäppchen« oder »Der gestiefelte Kater«, und schauen Sie, ob Sie die folgenden Elemente erkennen:

✔ Die Charaktere – Sie brauchen einen Helden und außerdem ein paar gute und böse Figuren,

✔ die Handlung – der Handlungsstrang der Reise, die der Held unternimmt,

✔ ein Konflikt – die Herausforderung, die der Held annimmt, oder die Schwierigkeiten, auf die er trifft,

✔ die Auflösung – das Ergebnis oder Ziel, das am Ende der Geschichte erreicht wird (und hoffentlich gibt es keine Tränen).

Geschichten beanspruchen die linke Gehirnhälfte, um Worte und den Ablauf der Handlung zu verarbeiten, und die rechte Gehirnhälfte für Vorstellungskraft, Visualisierung und Kreativität. Einige Geschichten werden allein aus Unterhaltungsgründen erzählt, aber man kann Geschichten zu vielen Zwecken einsetzen, etwa um …

✔ die Konzentration zu steigern.

✔ eine Sache zu illustrieren.

✔ etwas zu lehren, was die Menschen im Gedächtnis behalten.

✔ neue Ideen zu säen.

✔ Menschen dazu zu bringen, ihre Probleme zu erkennen.

✔ eine komplexe Idee zu vereinfachen.

✔ die Stimmung der Leute zu ändern.

✔ ein Verhalten zu hinterfragen.

✔ Spaß zu haben.

Der fahrende Märchenerzähler

Schon immer haben Menschen Geschichten, Mythen und Legenden erzählt und Metaphern verwendet, um eine Botschaft zu vermitteln. Die mündliche Tradition ging dem geschriebenen Wort und den Medien als entscheidende Form der Kommunikation voraus. Geschichtenerzähler waren normalerweise Reisende, die von Stadt zu Stadt zogen und wichtige Informationen mündlich weitergaben. Ohne den Luxus von E-Mail und PowerPoint verwendeten sie Rhythmus, Reime und Visualisierungen als Gedächtnisstütze. Je fantastischer und unerhörter die Geschichte, desto wahrscheinlicher blieb sie in Erinnerung.

Bei der Arbeit Geschichten erzählen

Geschichten und Metaphern funktionieren im beruflichen Alltag ebenso wie im Privatleben. Wir lernen aus den Erfahrungen anderer und interpretieren Metaphern. Unternehmen erzählen Geschichten, um …

✔ Informationen zu kommunizieren.

✔ Werte der Institution zu vermitteln.

✔ Menschen auszubilden.

✔ den Zuhörer an ihrer Erfahrung teilhaben zu lassen.

✔ Teams zu helfen, ihre Wahlmöglichkeiten zu bewerten und Entscheidungen zu treffen.

Geschichten haben größere Wirkung auf Menschen. Daher eignen sich Beispiele von Verbrauchern, Empfehlungsschreiben und Fallbeispiele so gut, um eine unternehmerische Idee zu verstärken. Sie sind so viel eindrucksvoller als eine reine Produktpromotion.

In vielen Unternehmen entwickeln sich Geschichten über den Ursprung der Firma. Sie sorgen dafür, dass Mitarbeiter einen Bezug zu den grundlegenden Werten behalten. Als wir bei Hewlett-Packard gearbeitet haben, verband jeder mit der Geschichte von Bill Hewletts und Dave Packards Anfang in der kalifornischen Garage den Überlebenskampf auf dem Weg zum Erfolg in Palo Alto und ihre Treue zu den Prinzipien, die als »The HP Way« schriftlich festgehalten und jedem der 100.000 Mitarbeiter vermittelt wurden. Solche Unternehmensgeschichten fördern das Engagement der Mitarbeiter und richten sie auf eine gemeinsame Zielsetzung aus. Sie helfen, den Teamwork- und Gemeinschaftssinn eines kleineren Unternehmens zu erhalten, selbst wenn sich dieses zu einem Konzerngiganten weiterentwickelt. Bei Hewlett-Packard respektierten die Mitarbeiter die Gründer, weil sie sich mit den beiden identifizieren konnten, die dank ihrer Fähigkeiten, ihres Mutes und ihrer Entschlossenheit Konzernchefs geworden waren. Sie spürten, dass Bill Hewlett und Dave Packard weiterhin Menschen genauso wie unternehmerische Leistungen auf eine Weise zu schätzen wussten, die in der allgemeinen »Hire-and-fire-Kultur« der Unternehmenswelt außergewöhnlich war.

Wir erinnern uns auch an den Ex-CEO Lew Platt, der bei einer HP-Frauenkonferenz sprach und die Geschichte erzählte, wie er nach dem Tod seiner Ehefrau als alleinerziehender Vater seine Kinder großgezogen hatte. Er sprach über die Sorge, ausgerechnet vor einer wichtigen Verhandlung einen Anruf zu erhalten, dass sein Kind krank sei. Lew Platt wusste, wie er Zugang zu den Herzen seiner Zuhörerinnen erlangt, als er von seinen eigenen Erfahrungen sprach.

Die Fähigkeit, Geschichten zu erzählen, ist nicht allein Führungspersönlichkeiten vorbehalten. An Ihrem Arbeitsplatz können Sie eigene Geschichten als Technik entwickeln, um Ihren Kollegen, Kunden und Vorgesetzten die gewünschten Inhalte zu vermitteln. Geschichten aus dem Berufsalltag sollten nicht besonders ausführlich oder unglaublich raffiniert sein. Fangen Sie damit an, einige Ihrer Erfolge oder Erfahrungen festzuhalten. Bauen Sie diese dann als Anekdote aus, die Sie im passenden Moment anbringen können.

Geschichten aus Ihrer Erfahrung können die Ausführungen zu einem trockenen Thema wie Kundenservice, Qualitätssicherung, Software oder Sicherheitsprozeduren beleben. Gleiches gilt, wenn Sie Kunden dazu bringen möchten, Ihr Produkt zu kaufen oder die richtige Entscheidung zu treffen. Sie werden Ihnen eher zuhören, wenn Sie ihnen erzählen, wie ein anderer Kunde ein ähnliches Problem behoben hat. Dieser zurückhaltendere Ansatz kann effektiver sein, als direkt zu äußern, was Sie von den Kunden erwarten.

Und wenn Sie Ihre Karriere positiv steuern wollen, warten Sie nicht, bis Ihr Chef im Jahresendgespräch erfährt, wie gut Sie arbeiten. Aus den Erfahrungen unserer Klienten wissen wir, dass es viel effektiver ist, zwischendurch immer wieder mal beim Mittagessen oder bei ähnlichen Gelegenheiten ein paar Geschichten einzuflechten, die Ihre Erfolge zeigen.

Verfolgen Sie Ihren Traum

Sahar Hashemi, Mitgründerin der britischen Coffeeshop-Kette Coffee Republic, erzählt ihre Geschichte von den Höhen und Tiefen, ein 30-Millionen-Pfund-Unternehmen aus dem Nichts aufzubauen. Sie spricht voller Leidenschaft davon, wie sie ihren hoch bezahlten, aber anstrengenden Job als internationale Anwältin aufgegeben hat, um einen Traum zu verwirklichen.

»Wenn man einen Job hat, den man hasst, verliert man den Optimismus. Wenn man beginnt, etwas zu tun, was man mag, stößt man auf einen Teil seines Selbst, von dem man gar nicht wusste, dass er existiert. Ich hatte den Traum, dass das, wer ich bin und was ich tue, dasselbe sei.«

Weil sie diese Idee verfolgte, wurde aus ihr eine Unternehmerin. Sie wollte den fettreduzierten Milchkaffee und die fettfreien Muffins, die sie in New York kennengelernt hatte, nach London bringen. Und sie betont, wie wichtig es ist, ahnungslos zu sein, sodass man die Dinge von außen betrachten kann. Obwohl sie das Geschäft mit ihrem Bruder Bobby aufgebaut hat, einem Ex-Banker, mussten sie Ablehnungen von 19 Banken hinnehmen, bevor sie eine fanden, die auf der Grundlage ihres Businessplans gewillt war, ihnen Geld zu geben.

Sie ermutigt andere, die es ihr nachmachen wollen, und empfiehlt dafür drei Techniken. Erstens: Hart arbeiten. Zweitens: Ein System, mit Fehlschlägen zurechtzukommen (erwarten Sie immer neun Nein, bevor Sie ein Ja bekommen). Drittens: Ausdauer – die ließ sie weitermachen, als in den ersten sechs Monaten kaum Kunden kamen.

Ein Geschenk für die nächste Generation

Die Erzähltradition bildet einen Teil unseres wundervollen Erbes, das die vergangene, gegenwärtige und zukünftige Generation verbindet. Wir haben griechische Mythen, Artus-Legenden, Aesops Fabeln bis hin zu heutigen Schriftstellern. Die Geschichten, die Sie über Ihr Leben erzählen (oder über das Leben anderer in Ihrer Familie hören), üben dieselbe Funktion aus – sie verbinden ebenfalls Generationen.

Gibt es Geschichten über Ihr Leben, die Sie gern hören oder die Sie gern erzählen? Vielleicht haben Sie Familiengeschichten über Ihre Geburt gehört, über Ihren ersten Schultag und andere wichtige Ereignisse und Menschen in Ihrer Kindheit. Die Wirklichkeit kann merkwürdiger und unterhaltsamer als Fiktion sein. Und die Geschichten werden ständig weitererzählt, jedes Mal mit neuen Ausschmückungen.

 Familiengeschichten, die mündlich weitergegeben werden, gehen verloren, wenn die Familie sich trennt und eine Generation stirbt. Ich (Kate) habe eine Nachbarin, Margaret, die sich in ihrem Ruhestand damit beschäftigt, ihre Vorfahren über den reinen Stammbaum hinaus zurückzuverfolgen. Ihr Vermächtnis an Ihre Familie ist eine faszinierende Sammlung von Geschichten. Sie sammelte Anekdoten von allen lebenden Mitgliedern der Familie und veröffentlichte sie für ihre Familie und spätere Generationen, damit sie ihre Herkunft verstehen und genießen können. Wenn Sie auch so etwas tun würden, welche Geschichten würden Sie für die Nachwelt festhalten?

 Hier ein Spiel mit Familienanekdoten. Nehmen Sie fünf Karten und schreiben Sie auf jede Karte einen der folgenden Begriffe: Farce, Thriller, Komödie, Tragödie, Seifenoper. Ziehen Sie eine Karte, denken Sie an eine Familienanekdote und erzählen Sie die Geschichte in dem betreffenden Stil.

Wirkungsvolle Metaphern

Ebenso wie Menschen täglich Geschichten erzählen, sind auch normale Gespräche reichlich mit Metaphern ausgeschmückt. Nehmen Sie folgende Beispiele:

- ✔ »Das Leben da draußen ist ein Dschungel!«
- ✔ »Er war Wachs in ihren Händen.«
- ✔ »Sie ist eine Nervensäge.«
- ✔ »Er brachte frischen Wind in die Sache.«
- ✔ »Man hätte die Luft da drinnen glatt mit dem Messer schneiden können.«

Man könnte sagen, dass wenn ein Bild mehr wert ist als tausend Worte, eine Metapher mehr wert ist als tausend Bilder.

Metaphern im NLP

Das Wort Metapher stammt aus dem Griechischen und bedeutet wörtlich »anderswo hintragen«. Eine Metapher zieht einen Vergleich, eine Parallele zwischen zwei manchmal nicht verwandten Begriffen. Sie kann eine wirkungsvolle Methode zur Beschreibung einer Situation darstellen. Sie kann dem Zuhörer helfen, über sich nachzudenken oder eine Situation in einem neuen Licht zu sehen, eine neue Möglichkeit bieten, sie zu klären.

Metaphern werden im NLP in einem weiteren Sinne verwendet, als sie die deutsche Grammatik definiert. Sie werden eingesetzt, um Menschen zu helfen, sich von einem Zusammenhang zum nächsten zu bewegen. NLP nennt diese Bewegung »seitwärts chunken« oder *laterales Chunking*. Wie wir in Kapitel 16 zeigen, geht es beim Chunking darum, sich auf verschiedenen Detailebenen auf und ab zu bewegen (aufwärts zum großen Ganzen und abwärts ins Detail), um mit jemanden auf der geeigneten Ebene zu kommunizieren. Nick Owen drückt es in seinem Buch »The Magic of Metaphor« so aus: »Metaphern sind nicht reine poetische oder rhetorische Ausschmückungen, sondern ein wirkungsvolles Mittel, um die Wahrnehmung und Erfahrung zu formen.«

 In meiner (Kate) Arbeit bei Watercress helfe ich Menschen dabei, Präsentationen vorzubereiten. In einem dieser Workshops suchte Janet, eine der Teilnehmerinnen, nach Methoden, eine Präsentation für eine Gruppe von Teenagern lebendiger zu gestalten. Als Berufsberaterin führte sie ihr Weg in Schulen, wo sie Jugendliche für unterschiedliche Ausbildungsmöglichkeiten begeistern sollte.

In ihrem ersten Präsentationsansatz erklärte sie schlicht die Möglichkeiten, die den Jugendlichen offenstehen, und hoffte, dass sie ihr aufgrund ihres großen Enthusiasmus und des großen Detailwissens zuhören würden. Als sie später daran dachte, ihre Präsentation mit Geschichten und Metaphern auszuschmücken, kam Janet auf die Idee, ein Handy als Metapher zu verwenden – etwas, womit sich wohl jeder Jugendliche identifizieren kann. Sie verglich die verschiedenen Berufswege und Möglichkeiten mit den raffinierten Funktionen des neuesten Handymodells. So überbrückte sie die Kluft zwischen Berater und Schüler und fand einen Weg, einen ansprechenderen Vortrag zu entwickeln. Mit der ausgefallenen Metapher entdeckte sie einen neuen Ansatz, um ihre Geschichte zu beleben und die Jugendlichen zu motivieren.

 Um die Entwicklung von Metaphern zu üben und gleichzeitig Spaß zu haben, versuchen Sie es einmal mit folgender Übung. Sie brauchen dazu drei Personen: Person A hat eine Aufgabe (beispielsweise soll sie ein Buch schreiben), die anders umschrieben werden soll. Gehen Sie wie folgt vor:

1. **Person A sagt: »<Aufgabe> ist wie ...«**

   Wenn wir das Beispiel des Bücherschreibens nehmen, würde Person A sagen: »Ein Buch zu schreiben ist wie ...«

2. **Person B denkt an ein Objekt ... irgendein Objekt, um den Satz »Ein Buch zu schreiben ist wie ...« zu vervollständigen.**

   Person B könnte zum Beispiel sagen »ein Apfel«.

3. **Person C stellt die Verbindung her.**

   Beispielsweise könnte sie »..., weil man sich daran die Zähne ausbeißen kann« sagen.

Diese Übung eignet sich gut als Spiel zur Abendbrotzeit, wenn alle bereits um den Tisch versammelt sind. Und Sie können es verwenden, um eine Metapher zu finden, die Ihnen hilft, eine Botschaft auf einprägsame Weise zu vermitteln.

Mit Metaphern neue Lösungen finden

Eine der Geschichten in Robert Dilts' Buch »Sleight of Mouth« handelt von einem jungen Mann in einer psychiatrischen Klinik, der in der Vorstellung lebt, Jesus Christus zu sein. Er verbringt seine Tage unproduktiv umherstreunend. Andere Patienten sind genervt von ihm oder ignorieren ihn. Jeder Versuch der Psychiater, den Mann von seinem Irrglauben zu befreien, scheitert. Eines Tages erscheint ein neuer Psychiater auf der Bildfläche. Nachdem er den Patienten eine Weile beobachtet hat, wendet er sich an den jungen Mann. »Ich habe gehört, dass Sie einige Erfahrung als Zimmermann haben«, sagt er. »Nun ... ja, ich glaub schon«, antwortet der Patient. Der Psychiater erklärt dem Patienten, dass man gerade einen neuen Entspannungsraum im Haus baue und man dort noch Hilfe von jemandem brauchen könnte, der Zimmermann ist. »Wir könnten Ihre Unterstützung gut gebrauchen«, sagt der Psychiater. »Das heißt, wenn Sie jemand sind, der anderen gern hilft.« Und so ging die Geschichte gut aus. Der Patient wird in ein Projekt integriert, fängt wieder an, mit anderen Menschen in Kontakt zu treten, und kann schließlich die Klinik verlassen und einer geregelten Arbeit nachgehen.

In seiner therapeutischen Geschichte baut der neue Psychiater eine Verbindung mit dem Patienten auf, indem er mit dessen Metaphern arbeitet. Wenn der Patient glaubt, er sei Jesus, akzeptiert der Psychiater das und widerspricht nicht. Stattdessen arbeitet er mit der Überzeugung des Patienten und übernimmt dieselbe Metapher – Jesus, der Zimmermann –, um die Heilung zu bewirken.

Therapeuten aller Disziplinen arbeiten häufig mit den Metaphern der Patienten, um Probleme auszuräumen. Ebenso können Sie mit den Metaphern anderer arbeiten, um die Kommunikation in Alltagsgesprächen zu fördern, zum Beispiel um …

✔ schlechte Nachrichten wie Projektverspätungen oder Jobveränderungen zu vermitteln.

✔ einen besorgten Teenager zu beruhigen, der kurz vor einer Prüfung steht.

✔ einer Gruppe von Leuten ein kompliziertes Thema zu erklären.

✔ Zuversicht und Selbstbewusstsein bei einem Kind zu fördern.

 Wortspiele mit Motiven wie Wetter und Natur – von Regen und Sturm zu Sonnenschein und Stille oder eine Herausforderung mit dem Ersteigen eines Berges oder Überqueren eines Flusses zu vergleichen – können Spannung abbauen. Eine Äußerung in der Sprache des Lieblingssports Ihres Freundes – etwa Golf, Tennis, Segeln oder Fußball – kann zu einer Meinungsänderung führen.

Wenn Ihnen ein Kollege erzählt, dass »dieses Projekt ein wahrer Albtraum« ist, können Sie vorsichtig Begriffe rund um Schlaf und Träumen in die Unterhaltung einfließen lassen, um weitere Informationen zu erhalten oder ihn zu einer positiveren Denkweise zu bringen. Sie könnten folgende Redensarten in die Diskussion einfließen lassen: »Welcher Aspekt des Projekts raubt Ihnen den Schlaf?«, »Gibt es etwas Beängstigendes?«, »Vielleicht müssen alle erst einmal darüber schlafen« und »Und was sehen Sie in Ihren wildesten Träumen kommen?«.

 Anthony ist ein Therapeut, der Klienten mit Suchtverhalten behandelt. Er erzählte uns: »Ich hatte eine Klientin, die mir erzählte, welches Vergnügen ihr das Trinken bereitet hatte, bis es außer Kontrolle geriet. Zunächst beschrieb sie den Genuss ihres Lieblingsgetränks – die Vorfreude und der Geruch des ersten Glases, wie reizvoll es in der Flasche aussah, schön verpackt und präsentiert. Aber als sie fortfuhr, das Gefühl der Hilflosigkeit zu beschreiben, das sie ergriff, wenn die Abhängigkeit sie übermannte, verwandelte sich der Alkohol in ein hässliches Monster, das sie verfolgte und verängstigte. Nach einer Weile konnten wir mit ihrer Geschichte arbeiten, die Handlung entwickeln und sie zu einem glücklicheren Ende umarbeiten. Sie konnte danach an eine Zukunft glauben, in der sie sich von der Abhängigkeit, die ihr Leben überschattete, lösen können würde.«

Direkte und indirekte Metaphern

NLP unterscheidet zwischen direkten und indirekten Metaphern.

✔ Eine *direkte* Metapher vergleicht eine Situation mit einer anderen, die eine offensichtliche inhaltliche Verbindung enthält. Ein Beispiel hierfür wäre der Vergleich des Erlernens einer neuen Software mit dem Autofahrenlernen. Beides dreht sich ums Lernen.

✔ Eine *indirekte* Metapher stellt Vergleiche an, die nicht so offensichtlich sind. Sie kann zum Beispiel das Erlernen einer Software mit dem Kochen einer Mahlzeit oder einer Urlaubsplanung vergleichen. Solche indirekten Metaphern bilden die Basis der meisten kreativen Werbekampagnen.

Als ich (Kate) mit meinen zwei Partnern ein Beratungsunternehmen gründete, haben sie ein Brainstorming veranstaltet, um einen Namen zu finden, der ungewöhnlich und einprägsamer ist als »ABC und Partner«. Sie wählten als indirekte Metapher den Namen »Watercress« (Brunnenkresse) wegen der Assoziation mit Soft Skills, frischer Herangehensweise und Vertrauen in verborgene Fähigkeiten.

Isomorphe Metaphern

Der Hypnotherapeut Milton Erickson erzielte erstaunliche Erfolge mit sehr kranken Menschen, indem er ihnen therapeutische Geschichten erzählte, während sie sich in einem sehr entspannten und aufnahmefähigen Trancezustand befanden. Die Patienten zogen ihre eigenen Schlüsse aus den Geschichten und wendeten sie auf ihre Situation an, um ihre Gesundheit zu verbessern.

Ericksons Technik dieser besonders aufgebauten Geschichten wird im NLP als *isomorphe Metapher* bezeichnet. Therapeuten bauen eine Geschichte zu einem anderen Thema auf, das der Struktur des Problems eines Klienten entspricht, und verwenden sie, um den Klienten zum gewünschten Ergebnis zu führen.

Eigene Geschichten entwickeln

Beim Geschichtenerzählen sind die spannendsten Geschichten die, die von Herzen kommen. Wir haben einige Ideen für Sie zusammengestellt, damit Sie Ihr eigenes Geschichtenrepertoire entwickeln und Ihre Fähigkeiten als mitreißender Geschichtenerzähler ausbauen können. Selbst wenn Sie sich bisher nie als Geschichtenerzähler vorstellen konnten, werden Sie bald lernen, wie man eigene Ideen für Geschichten festhält und seine Gedanken so ordnet, dass sie maximale Wirkung entfalten.

Bei der Entwicklung eigener Lieblingsgeschichten sollten Sie Folgendes bedenken:

✔ Wie wird die Geschichte *anfangen* und wie *aufhören*? Manche großartigen Anfänge (und ihre Leser) gehen lange vor dem Ziel verloren.

✔ Was geschieht in der *Mitte*, um dramatisches Interesse zu wecken – welche interessanten markanten Punkte, Kämpfe, Dilemmas oder Konflikte gibt es auf dem Weg?

✔ Wer sind die *Charaktere* – wer ist der Held und was ist mit den Begleitern? Wie macht man sie unvergesslich?

✔ Bauen Sie den Inhalt um ein solides Gerüst herum auf.

Das Notizbuch für persönliche Geschichten

Alltagserfahrungen können die Grundlage für Ihre eigenen fesselnden Geschichten sein. Und so halten Sie Handlungen fest, die Sie später verwenden können:

1. Denken Sie an eine *Situation*, die ein Gefühl erzeugt hat. Schreiben Sie das erzeugte Gefühl nieder.

   Beispielsweise Freude, Gelächter, Lachen, Wut, Überraschung, Verwirrung, Zweifel.

2. Nennen Sie die *Charaktere*.

   Welche Leute sind beteiligt?

3. Erzählen Sie, was passiert ist, indem Sie drei Punkte der *Handlung* nennen.

4. Nennen Sie das *Ergebnis*; mit anderen Worten, wie es ausgegangen ist.

5. Beschreiben Sie etwas Lustiges oder *Interessantes*, das kommuniziert wurde.

6. Erklären Sie, was Sie daraus *gelernt* haben.

7. Listen Sie Ihre Ideen auf, um die Geschichte zu *entwickeln*: Bestimmen Sie, wo, wann und wem Sie sie erzählen werden.

Geschichten entwickeln und verändern sich mit der Zeit. Kommen Sie in regelmäßigen Abständen auf Ihr Notizbuch zurück, um Ihr Repertoire zu erweitern. Hören Sie Rednern zu, die Sie begeistern oder unterhalten. Dabei können Sie feststellen, dass ihre Handlungen recht einfach sind. Notieren Sie sich ruhig interessante Geschichten, die Sie von anderen gehört haben, und versehen Sie sie dann mit Ihrer persönlichen Note, um sie sich anzueignen.

Weitere Methoden, Ihr Erzähltalent zu trainieren

Geschichten wirkungsvoll zu erzählen, ist eine Fähigkeit, die es lohnt zu lernen – eine gut erzählte Geschichte fesselt das Publikum und bleibt den Menschen noch im Gedächtnis, wenn die anderen Details des Ereignisses längst vergessen sind. Hier einige Vorschläge, wie Sie Ihre Technik verfeinern können:

✔ Fangen Sie mit einfachen Geschichten an und riskieren Sie mit wachsenden Fähigkeiten mehr.

✔ Wenden Sie sich für alle Arten von Sagen und Märchen an die Kinderbibliothek. Diese Geschichten lassen sich meist gut für alle möglichen Zusammenhänge anpassen. Einer unserer Kunden beschreibt »Alice im Wunderland« als das beste Business-Buch, das je geschrieben wurde.

✔ Denken Sie daran, dass sich die Aufmerksamkeit auf Sie konzentriert, wenn Sie eine Geschichte erzählen. Üben Sie Ihre Geschichte und füllen Sie sie mit Leben, damit Sie bei Ihrem Vortrag die Aufmerksamkeit des gesamten Publikums auf sich ziehen. Lernen Sie die ersten und letzten Zeilen auswendig und vereinfachen Sie die Struktur auf einige wenige wesentliche Punkte.

✔ Erzählen Sie eine lustige Geschichte mit einem todernsten Gesichtsausdruck und Sie werden eine sehr viel größere Wirkung erzielen, als wenn Sie die ganze Zeit einfältig grinsen. Der Überraschungseffekt ist nicht zu unterschätzen.

✔ Halten Sie sich an das, was Rapport ausmacht, um die Leute bei der Stange zu halten. (Blättern Sie zu Kapitel 7, um mehr zum Aufbauen von Rapport zu erfahren.)

✔ Bestimmen Sie die Zeit, den Ort und das Drumherum, wenn Sie eine Geschichte erzählen. Achten Sie darauf, dass die Leute entspannt sind und sich wohlfühlen. Eine Lagerfeuersituation eignet sich als perfekter Moment fürs Geschichtenerzählen – genau wie die Sitzgruppe unter Schatten spendenden Bäumen an einem trägen Sommertag.

✔ Stellen Sie sich Ihre Stimme als gut gestimmtes Musikinstrument vor. Verwenden Sie die ganze Bandbreite des Ausdrucks.

✔ Auswendig zu erzählen, ist eindrucksvoller, als aus einem Buch oder vom Zettel abzulesen – die Leute werden Ihnen verzeihen, wenn Sie die Geschichte nicht wortwörtlich wiedergeben.

✔ Stimulieren Sie die Sinne Ihres Publikums, sodass es lebhafte Bilder sieht, Geräusche hört, Gefühle spürt und die köstliche Geschichte sogar riechen und schmecken kann, die Sie zusammengebraut haben. Lecker!

✔ Fangen Sie großartig an. Beispiele unvergesslicher Einleitungen finden Sie im Kasten »Packende Einstiege«.

Das erinnert mich an ...: Schleifen in Ihre Geschichte einbauen

Ist Ihnen schon einmal aufgefallen, dass Autoren in ihren Romanen meist eine Reihe von »Schleifen« oder weiteren Handlungssträngen einführen, die sich parallel durch das Buch ziehen?

Eines der schönsten Märchenbücher der Welt, »Tausend und eine Nacht«, eine Sammlung von Tausenden Erzählungen, berichtet von König Scheherban, der ein unerfreuliches

Problem hatte. Er hatte sich angewöhnt, seine jungfräulichen Bräute nach der Hochzeits-nacht zu töten. In dem Maße, wie er die weibliche Bevölkerung vernichtete, schrumpfte die Zahl möglicher Bräute. Dank der Klugheit von Schehersad, der Tochter seines Wesirs und des Königs potenzielles nächstes Opfer, wurde das Muster unterbrochen. Es wird erzählt, dass Scheherazad tausend und ein Buch mit Geschichten und Gedichten gesammelt hätte, so fasziniert war sie von dem Leben der Könige und dem früherer Generationen.

In ihrer Hochzeitsnacht unterhielt sie den König mit einer Geschichte, die bei Tagesan-bruch unvollendet in der Luft hing. Die Neugier des Königs gewann die Oberhand: In Er-wartung der Vollendung der Geschichte verschonte er ihr Leben – wieder und wieder und wieder –, während sich die tausend und eine Geschichten offenbarten. Und so brach er mit der Gewohnheit, seine Bräute zu töten.

 Sie können sich ebenfalls Handlungsschleifen bedienen. Es handelt sich dabei um eine fortgeschrittene Methode, die Sie für Ihre Geschichten übernehmen können – sei es bei einer Präsentation, einer Beratung oder im sozialen Umfeld.

Gehen Sie dabei folgendermaßen vor: Bevor Sie eine Geschichte beenden, sagen Sie »Ah, das erinnert mich an ...«, »das führt mich zu ...« oder »habe ich euch schon davon erzählt ...«. Die Geschichten »hängen« unvollendet in der Luft, die Zuhörer bleiben im Ungewis-sen, fragen sich, was geschehen ist und wie es enden wird. Mit diesem Stilmittel halten Sie die Aufmerksamkeit und Konzentration des Publikums aufrecht, während der Verstand versucht, Ordnung in das Durcheinander zu bringen. Sie können sich auf diese Weise ganz selbstverständlich von Thema zu Thema bewegen. Achten Sie aber darauf, die Geschichten irgendwann abzuschließen, oder Sie werden Ihr Publikum verärgern.

Packende Einstiege

Es war einmal ... Denken Sie daran, dass jede fesselnde Geschichte die Leser mit dem Anfang neugierig macht. Überlegen Sie sich, wie Ihre Geschichte anfangen soll, damit sie Aufmerksamkeit erregt und das Interesse aufrechterhält. Hier einige Einleitungen als Anregung:

»Ob ich der Held meines eigenen Lebens werde oder ob dieser Platz von jemand an-ders eingenommen wird, müssen die folgenden Seiten zeigen.« Charles Dickens, *David Copperfield*

»Es hätte an jedem Ort passieren können, zu jeder Zeit und es hätte sicher weitaus schlimmer sein können.« Elizabeth Jane Howard, *The Sea Change*

»»Halte mein Kamel, Liebes‹, sagte meine Tante Dot, als sie nach ihrer Rückkehr von der heiligen Messe von dem Tier herunterstieg.« Rose Macaulay, *Tante Dot, das Kamel und ich*

»José Palacios, sein ältester Diener, fand ihn nackt, mit geöffneten Augen in den reini-genden Wassern seines Bads treiben und glaubte, er sei ertrunken.« Gabriel Garcia Mar-quez, *Der General in seinem Labyrinth*

»Am Anfang war ein Fluss. Der Fluss wurde zu einer Straße und die Straße verzweigte sich in die ganze Welt. Und weil die Straße einst ein Fluss gewesen war, war sie immer hungrig.« Ben Okri, *Die hungrige Straße*

»Ich bin verdammt, mich an einen Jungen mit kaputter Stimme zu erinnern, nicht wegen seiner Stimme oder weil er die kleinste Person war, die ich jemals kennengelernt habe, oder gar weil er das Werkzeug für den Tod meiner Mutter war, sondern weil er der Grund ist, warum ich an Gott glaube.« John Irving, *Owen Meaney*

Und zum guten Schluss: Lehnen Sie sich zurück, entspannen Sie sich und genießen Sie eine weitere Geschichte aus der Sufi-Tradition:

Es war einmal ein kleiner Junge, der den ganzen Tag lang auf eine Trommel einschlug und dabei jeden Moment genoss. Er wollte nicht still sein, ganz gleich, was alle anderen sagten oder taten. Einige Leute, die sich selbst als Sufis bezeichneten, und andere wohlwollende Menschen wurden von Nachbarn herbeigerufen und gebeten, etwas wegen des Kindes zu unternehmen.

Der erste sogenannte Sufi sagte dem Jungen, dass er sein Trommelfell zerstören würde, wenn er weiterhin so viel Lärm mache. Diese Argumentation war zu anspruchsvoll für das Kind, das weder Wissenschaftler noch Gelehrter war. Der zweite erzählte ihm, dass Trommelspielen eine heilige Tätigkeit sei und nur zu besonderen Gelegenheiten ausgeführt werden sollte. Der dritte bot den Nachbarn Ohrstöpsel an, der vierte gab dem Jungen ein Buch, der fünfte gab den Nachbarn ein Buch, das die Kontrolle von Wut durch Biofeedback beschreibt, der sechste verordnete dem Jungen Meditationsübungen, um ihn gelassener zu machen, und erklärte, dass die Realität nur Einbildung sei. Wie alle Placebos funktionierten all diese Heilmittel nur eine kurze Weile, aber keins hielt sehr lang vor.

Schließlich kam ein echter Sufi vorbei. Er sah sich die Situation an, gab dem Jungen einen Hammer und einen Meißel und sagte: »Ich frage mich, was *in* der Trommel ist«.

Kapitel 18
Die richtigen Fragen stellen

Wenn Sie die »richtigen« Fragen kennen, werden Sie die gewünschten Ergebnisse schneller erzielen. Wir haben beim Schreiben dieses Buches – ganz im Sinne des NLP – bewusst darauf geachtet, nicht wertend zu sein. Sie können also berechtigterweise sagen, es gibt keine »richtigen« oder »falschen«, sondern nur unterschiedliche Fragen.

Seien wir etwas präziser. Wenn wir von »richtigen« Fragen sprechen, suchen wir nach besonders prägnanten Fragen, die den Finger genau auf die Wunde eines Problems legen und in kürzester Zeit eine positive Wirkung erzielen. »Falsche« Fragen sind solche, die Sie vom Kurs abbringen, Sie ziellos in Sackgassen führen und interessante, aber irrelevante Informationen sammeln lassen.

Wir haben in diesem Buch erklärt und gezeigt, dass Sprache ein sehr mächtiges Instrument ist. Sie löst eine emotionale Reaktion in *Ihnen* und anderen aus. Das ist einer der Gründe, warum Sie etwas verändern können, wenn Sie Ihre Sprache bewusster benutzen. In diesem Kapitel haben wir einige der nützlichsten Fragen zusammengetragen, die Sie in verschiedenen Situationen stellen können, um Dinge für sich und andere in Gang zu bringen. Die richtigen Fragen zu kennen, kann wichtig für Sie sein, wenn Sie ...

✔ Ihren persönlichen Kompass in die richtige Richtung ausrichten möchten.

✔ die besten Entscheidungen treffen wollen.

✔ anderen helfen wollen, mehr Verantwortung zu übernehmen.

✔ Menschen auswählen und motivieren möchten.

Bevor Sie anfangen:
Tipps und Strategien zu Fragestellungen

Bevor wir zur entscheidenden Frage kommen, die Sie wahrscheinlich am meisten interessiert – »Wie lauten die magischen Fragen, die wirklich etwas verändern?« –, atmen Sie kurz durch und überlegen Sie sich, *wie* Sie Fragen stellen, wenn Sie es mit anderen Leuten zu tun haben. Denn das *Wie* Ihrer Frage ist genauso wichtig wie das *Was*.

In diesem Abschnitt ermutigen wir Sie, Ihren persönlichen Stil und Ihre Annahmen zu hinterfragen und Ihr eigenes Verhalten so anzupassen, dass es für Sie am besten funktioniert – sei es auf Kunden- oder auf Beraterseite.

Bei der Sprache aufräumen

Haben Sie schon einmal darüber nachgedacht, wie viele Fragen Sie stellen, die Vermutungen enthalten, die auf Ihrer Landkarte der Realität basieren und darauf, was Sie wollen, anstatt darauf, was die andere Person will? Es fällt uns schwer, unsere Vorstellungen, Bedürfnisse, Wünsche und Vorlieben nicht auf andere zu projizieren – besonders bei denjenigen, die uns nahestehen. Man beeinflusst ständig andere Menschen. Das lässt sich nicht verhindern. Daher sind die meisten Fragen nicht »sauber« – sie *unterstellen* etwas, wie die bekannte Frage »Wann haben Sie aufgehört, Ihre Frau zu schlagen?«.

 Sogar das eine kleine Wort *schlagen* hat für jeden von uns eine andere Bedeutung. Dachten Sie bei *schlagen* an körperliche Gewalt oder haben Sie es im Sinne eines Wettbewerbs verstanden, wie beim Sport oder einem Spiel zu gewinnen?

Therapeuten haben eine lange Ausbildung hinter sich, um für ihre Klienten als »sauberer« Spiegel zu funktionieren, der die Probleme des Klienten lediglich reflektiert, damit er sie überdenken kann. Einige schaffen das besser als andere. Schließlich wissen Sie bereits, wie stark Sie allein durch eine hochgezogene Augenbraue oder ein unterdrücktes Lächeln kommunizieren. (Darum hat Freud seine Klienten auch immer auf einer Couch platziert, während er als Therapeut außer Sichtweite hinter ihnen saß.)

Wenn Sie respektvoll mit den Ansichten anderer Leute umgehen wollen, beachten Sie, wie leicht Sie vermeiden können, das Ergebnis einer Diskussion zu beeinflussen. Geben Sie anderen Ratschläge, was sie tun sollen, basierend darauf, was Sie selbst tun würden?

Hüten Sie sich vor jeder Form von Generalisierungen oder einschränkenden Möglichkeiten, die wir in Kapitel 15 in Bezug auf das Meta-Modell vorgestellt haben. Achten Sie darauf, was Sie sagen, und wenn Sie hören, wie Sie Anweisungen erteilen, die mit Formulierungen wie »du musst«, »du solltest«, »du darfst nicht«, »du kannst nicht« beginnen – dann ist es Zeit, damit aufzuhören, den Ablauf zu dirigieren und Ihre Ansichten anderen überzustülpen.

Angenommen, Sie beraten jemanden; vielleicht einen Kollegen, einen Freund oder ein Familienmitglied. In einer Beratungssitzung ist es wichtig, mit einem klaren Ziel im Kopf zu beginnen. Daher fragen Sie: »Woran wollen wir heute arbeiten?« Die Frage ist einfach, direkt und lenkt die Aufmerksamkeit auf die Tatsache, dass Sie an etwas *arbeiten*.

Entscheidungsfindung mit Clean Language

Es gab einmal eine Kursteilnehmerin, der es sehr schwerfiel zu beschreiben, warum sie solche Probleme damit hatte, Entscheidungen zu treffen. Penny Tompkins veröffentlichte diesen Dialog, bei dem sie die Clean-Language-Fragen einsetzte:

»Und Entscheidungen zu treffen, fühlt sich für Sie wie an?«, fragte ich.

Sie dachte einen Augenblick nach und antwortete: »Wissen Sie, es ist, als müsste ich zum Zahnarzt. Als würde ich im Wartezimmer ängstlich darauf warten, dranzukommen.«

Nach ein paar weiteren Clean Questions konnte ich daran, wie viel Zeit sie sich mit den Antworten ließ, erkennen, dass sie schon ganz in dieser Metapher versunken war. Am Ende sagte sie: »Ich brauche wirklich Mut.«

»Und um was für eine Art Mut handelt es sich bei diesem Mut?«, war meine nächste Frage.

»Ein Mut, der mir hilft, die Sache hinter mich zu bringen, anstatt sie weiter hinauszuzögern.«

»Und wenn Ihnen Mut hilft, die Sache hinter sich zu bringen, wo befindet sich dieser Mut dann?«

Sie berührte mit der rechten Hand ihren Brustkorb und sagte: »In mir. In meinem Herzen.«

Ich stellte noch einige weitere Clean-Language-Fragen, mit deren Hilfe sie eine Metapher für Mut entwickeln konnte, auf die sie immer zurückgreifen konnte: »Eine starke Energie, die mein Herz erfüllt.«

Am Ende unserer Sitzung sagte sie: »Wenn Sie mir zu Beginn gesagt hätten, dass sich meine Äußerung ›als müsste ich zum Zahnarzt‹ so unmittelbar mit meinem Entscheidungsverhalten verbinden lassen könnte, hätte ich es nicht geglaubt. Und Sie hätten es mir auch nicht sagen können, ich musste es selbst herausfinden.«

Ich danke Penny Tompkins und James Lawley für dieses Fallbeispiel.

Beim Coaching geht es darum, Klienten herauszufordern und sie dahin zu führen, Verantwortung und Pflichtbewusstsein für Handlungen zu übernehmen. »Saubere« Fragen werden Ihnen dabei helfen. Es ist wichtig, Vorschläge so zu formulieren, dass die Leute eigenständig denken. Eine saubere Frage, die einen Klienten dazu bringt, sorgfältig und selbstständig zu denken, könnte wie folgt lauten: »Ich frage mich, woher das kommt«.

Neugier ist der Katze Tod, so das Sprichwort. Wir haben aber noch nie gehört, dass sie Menschen getötet hätte. Aus einem anderen Blickwinkel betrachtet könnte man es wie folgt formulieren: Neugierde ist der Weg zur Erkenntnis. Sie können entscheiden, welches Sprichwort Ihnen besser gefällt.

Clean-Language-Fragen

Der Berater und Therapeut David Grove entwickelte ein Modell, das man als Clean Language bezeichnet und in dem er die Kunst des Fragens mit Clean Questions perfektionierte. Seine Arbeit wird laufend weiterentwickelt und ist heutzutage Bestandteil einiger NLP-Seminarmodule. (Sie können in Kapitel 19 mehr über David Groves Arbeit sowie die Menschen, die ihn viele Jahre lang aufmerksam beobachteten und ihn modellierten, James Lawley und Penny Tompkins, nachlesen.)

Grove entwickelte eine Reihe von Fragen, die man in unterschiedlichen Situationen anwenden kann; natürlich in der Psychotherapie und beim Coaching, aber auch in den Bereichen Gesundheit, Business und Ausbildung. Es gibt drei verschiedene Arten von Fragen, die auf drei verschiedene Weisen funktionieren:

✔ **Fragen zur Wahrnehmung einer bestimmten Situation:** Dadurch soll das Verständnis des Klienten für eine bestimmte Situation verbessert werden.

✔ **Fragen zur zeitlichen Einschätzung:** Man arbeitet mit dem Zeitempfinden eines Klienten.

✔ **Fragen zur Absicht:** Hier konzentriert man sich darauf, was der Klient möchte.

Das Hauptziel der Clean Language besteht darin, den Einfluss, den der Fragende durch seine eigene Sprache nimmt, zu beseitigen, indem man das Bild von der Welt des Klienten aus seiner eigenen Perspektive betrachtet. Auch wenn die Fragen aus dem Kontext herausgelöst merkwürdig klingen, denken Sie einmal über den feinen Unterschied zwischen einer wirklichen Clean Question wie »Und gibt es da noch etwas?« im Vergleich zu »Was werden Sie jetzt tun?«. Die zweite Frage beinhaltet eindeutig die Erwartung des Fragenden, dass die Person jetzt etwas tun muss.

Mit dem Clean-Language-Prozess beginnen

Penny Tompkins und James Lawley schlagen als eine Möglichkeit, mit der Clean-Language-Befragung zu beginnen, vor, den Klienten in einen Zustand zu versetzen, in dem er seine inneren Ressourcen mobilisiert, indem er eine Ressourcen-Metapher entwickelt. Dies wiederum geschieht, indem man beispielsweise mit folgender Frage beginnt:

Und wenn Sie eine Sache am besten machen, wie ist das dann?

Sie können diese Frage ganz allgemein, wie oben formuliert, stellen oder sie konkreter formulieren, indem Sie die folgenden in Klammern stehenden beispielhaften Wörter einfügen:

Und wenn Sie am besten (arbeiten), wie ist das dann?

Und wenn Sie am besten (kooperieren), wie ist das dann?

Und wenn Sie am besten (konzentriert arbeiten), wie ist das dann?

Oder Sie versuchen, persönliche Eigenschaften hinzuzufügen:

> Und wenn Sie am (geduldigsten) sind, wie ist das dann?

> Und wenn Sie am (liebevollsten) sind, wie ist das dann?

> Und wenn Sie am (zufriedensten) sind, wie ist das dann?

Nachdem die betreffende Person eine Ressourcen-Metapher entwickelt hat, können Sie die folgenden Clean Questions stellen und so den Prozess starten, in dem eine Metapher für ein gewünschtes Ziel (oder Ergebnis) entsteht:

> Und das, was passieren soll, ist dann wie?

Wenn die betreffende Person als Antwort auf diese Fragen eine Metapher ausgesprochen, aufgeschrieben oder gezeichnet hat, können Sie die ersten fünf Entwicklungsfragen stellen, die im nächsten Abschnitt aufgeführt sind, um die Metapher so zum Leben zu erwecken. Wir möchten, dass die betreffende Person in ihrer eigenen metaphorischen Landschaft lebt (und mehrere Metaphern verwendet!).

Fragen zur Wahrnehmung einer Situation

Hier ein paar Beispiele dafür, wie man mit Clean Questions jemandem helfen kann, seine Situation besser zu verstehen:

✔ **Attribute:** Und gibt es noch etwas hinsichtlich ...«

  Und welche Art von ...?

✔ **Ort:** Und wo ist ...?

✔ **Beziehung:** Und gibt es eine Beziehung zwischen ... und ...?

  Und wann ... passiert, was passiert dann?

✔ **Metapher:** Und das ist dann wie?

Fragen zur zeitlichen Einschätzung

Diese Clean Questions eignen sich gut, wenn man mit dem Zeitempfinden einer Person arbeitet:

✔ **Bevor:** Und was passiert kurz bevor ...?

✔ **Danach:** Und was passiert dann / was passiert als Nächstes?

✔ **Ursache:** Und woher kommt ... / Woher könnte ... kommen?

Fragen zur Absicht

Folgende Clean Questions sind nützlich, um das gewünschte Ergebnis zu ermitteln:

✔ **Gewünschtes Ergebnis:** Und was sollte dann passiert sein?

✔ **Notwendige Bedingungen:** Und was muss passieren, um das gewünschte Ergebnis zu erzielen?

Und kann …?

 Damit Sie gut mit diesen Fragen arbeiten, ist es vielleicht nützlich, ein Clean-Language-Seminar zu absolvieren. Sie können aber auch schon selbst kleine Veränderungen vornehmen, damit Ihre Sprache »cleaner« wird. So können Sie als unvoreingenommener Moderator fungieren, anstatt unabsichtlich das Denken einer anderen Person zu beeinflussen.

 Stellen Sie sich vor, jemand beschreibt Ihnen ein Problem, zum Beispiel, dass er zu viel zu tun hat, und bittet Sie um Hilfe. Wenn Sie die Person fragen: »Und diese Arbeitsbelastung ist wie?«, fordern Sie sie damit auf, sich eine eigene Metapher zu erarbeiten. Die Person äußert dann vielleicht eine Metapher wie »Das fühlt sich an wie ein schwerer Stein auf meinen Schultern.«. Dann können Sie einfach fragen: »Und was sollte passieren, wenn Sie diesen schweren Stein auf den Schultern spüren?« Auf diese Weise pacen Sie die Erfahrung der Person und helfen ihr, selbst Lösungen zu entwickeln.

Wie bei allen Vorschlägen in diesem Kapitel: Probieren Sie sie einfach aus und schauen Sie, wie es funktioniert.

Es kommt darauf an, wie Sie sind

Geben Sie es ruhig zu … haben Sie schon einmal jemanden mit den Worten »Hör auf, mich anzuschreien!« angeschrien? Es ist unsinnig etwas von jemandem zu erwarten, was Sie selbst offensichtlich nicht durch eigenes Verhalten vermitteln können, nicht wahr? Trotzdem tun die Leute das ständig. Es ist leicht, bei jemand anders die negativen Eigenschaften zu sehen, die man bei sich selbst ändern möchte.

Die Kunst, jemand anders dazu zu bringen, sich zu ändern, besteht darin, das Verhalten selbst zu modellieren. Wenn jemand neugierig sein soll, dann seien Sie selbst neugierig. Wenn jemand aktiv und hilfreich sein soll, dann müssen Sie dieses Verhalten ebenfalls modellieren. Wenn Sie meinen, dass jemand aufgemuntert werden sollte, bringen Sie etwas Spaß in die Sache. Anstatt eine Veränderung von anderen Leuten zu erwarten, spielen Sie die Vorreiterrolle. Eine der besten Lehren, die wir weitergeben können, ist: »Die Art, wie Sie mit anderen umgehen, bestimmt die Art, wie Leute mit Ihnen umgehen.« Wenn Sie Fragen stellen, tun Sie das mit dem Bewusstsein, wie Sie sich verhalten.

Drücken Sie mal auf »Pause«

Schweigen ist Gold. Es ist wirklich hilfreich, einen Moment zu pausieren, wenn jemand zu sprechen aufgehört hat, und umgekehrt lassen Sie sich Zeit, bevor Sie sprechen.

Pausen geben anderen Menschen den entscheidenden Abstand, um zu verarbeiten, was Sie gesagt haben, und ihre Antwort zu bedenken. Menschen bei einer Fragestellung die

Möglichkeit zu geben, ohne Zeitdruck nachzudenken, ist im Berufsalltag und im Privatleben vorteilhaft. Anderen zuzuhören, ist ein großzügiger Akt und in den meisten Unternehmen eine unterentwickelte, unterschätzte Fähigkeit. In ihrem Buch »Time To Think« stellt Nancy Kline einen Rahmen vor, den sie als Denkumgebung beschreibt, in der das Zuhören produktivere Besprechungen ergibt, Geschäftsprobleme klärt und weitreichendere Beziehungen aufbaut.

Wer sich zum Nachdenken Zeit nimmt, gewinnt Zeit zum Leben. (Nancy Kline)

Nach Antworten fischen

Es war einmal ein Therapeut, dessen Klient ihm von einem Traum erzählte. Alles, woran sich der Klient erinnern konnte, war, dass es geregnet hatte und er in einem Restaurant gewesen war. Dann wachte er auf und fühlte sich erhitzt und beklommen.

Therapeut: Oh, Ihr Traum handelte also von Fisch, nicht wahr?

Klient: Ich weiß nicht.

Therapeut: Aber Sie wissen, dass Sie in einem Restaurant waren?

Klient: Das stimmt.

Therapeut: Und es ist wahrscheinlich, dass es auf der Speisekarte Fisch gab?

Klient: Ja, die meisten Restaurants haben Fisch auf der Karte.

Therapeut: Und es hat geregnet, das könnte also Wasser repräsentieren und einen Fisch, der im Wasser schwimmt?

Klient: Nun, ja, Sie haben recht.

Therapeut: Klingt, als ob wir der Sache näherkommen. Vielleicht fühlten Sie sich wie ein Fisch, der gefangen und sogar gekocht wurde? Was mag das bedeuten?

Das ist natürlich reine Erfindung. Die Realität ist anders. Dennoch, es kann so einfach sein, auf einen einzigen Punkt zu hören und jemanden in Ihre subjektive Interpretation der Fakten zu führen.

Testen Sie Ihre Fragen

Wenn Sie Zweifel haben, ob Ihre Frage geeignet ist, einer Person oder in einer Situation zu helfen, treten Sie ein wenig zurück, halten Sie inne und fragen Sie sich:

✔ »Wird meine nächste Frage nützlich für dieses Gespräch sein? Bringt sie uns näher dahin, wo wir hinwollen? Wird sie uns weiter wegbewegen?«

✔ »Nach welchem Ergebnis suche ich hier?«

Machen Sie positive Aussagen zur Regel

Wenn ich zu Ihnen sage: »Denken Sie nicht an einen rosa Elefanten!«, was passiert dann? Na klar, Sie denken sofort an einen rosa Elefanten, Sie können es nicht verhindern. Genauso wenn Sie zu einem Kind sagen: »Iss nicht diese Süßigkeiten vor dem Abendessen!« Was passiert? Das Kind ist gezwungen, die Süßigkeiten zu essen – Sie haben unbeabsichtigt diesen Befehl ausgesprochen. Das Gehirn erkennt keine Negationen – es ignoriert das »nicht« und denkt stattdessen »tu es«. Es ist besser, einem Kind zu sagen: »Das Abendbrot ist gleich fertig, spar dir deinen Appetit noch zwei Minuten.«

Herausfinden, was Sie wollen

Herauszufinden, was Sie wollen, kann die größte Herausforderung sein. Es kann vorkommen, dass Sie etwas bekommen, von dem Sie dachten, dass Sie es wollten, und Sie dennoch enttäuscht sind, weil sich herausstellt, dass es ganz und gar nicht das war, was Sie *wirklich* wollten! Um also herauszufinden, was Sie wirklich wollen, müssen Sie sich selbst zwei Fragen stellen: »Was will ich?« und »Was wird mir das bringen?«.

Was will ich?

Wenn es eine große Frage im NLP gibt, dann ist es diese.

Manchmal wissen Sie ganz genau, was Sie nicht wollen. Das ist schon mal ein guter Ausgangspunkt. Wenn Sie wissen, was Sie nicht.wollen, kehren Sie es um und fragen Sie sich: »Was ist das Gegenteil?« Und prüfen Sie dann noch einmal für sich: »Also, was ist es, was ich möchte?«

Wenn Sie anfangen, Ihre Antworten zu formulieren, prüfen Sie einige Details und erlauben Sie sich, etwas zu träumen. Stellen Sie sich selbst in der Zukunft vor. Spulen Sie Ihren persönlichen Film vorwärts zu einem Zeitpunkt, an dem Sie haben, was Sie wollen, und vielleicht noch etwas mehr. Benutzen Sie alle Sinne und fragen Sie sich, wie die Situation sich anfühlt, klingt und aussieht. Gibt es irgendwelche Gerüche oder Geschmäcke, die damit zusammenhängen, was Sie möchten? Gehen Sie in sich und prüfen Sie, ob es richtig ist. Gibt es Ihnen Auftrieb, versetzt es Sie in Begeisterung? Wenn Sie sich besorgt oder erschöpft fühlen, ist das ein Hinweis darauf, dass irgendetwas nicht stimmt.

Was wird mir das bringen?

Nachdem Sie darüber nachgedacht haben, was Sie wollen, und Ihnen ein paar Worte und Ideen eingefallen sind, lautet die nächste Frage: »Was wird mir das bringen?« Sie haben vielleicht ein Ziel vor Augen – es könnte um eine Bewerbung für ein neues Geschäftsprojekt oder um eine neue Sportart gehen oder vielleicht möchten Sie Ihren Job kündigen und zum Trekking nach Nepal gehen.

Stellen Sie sich folgende Frage: »Was wird mir das bringen?« Stellen Sie sich diese Fragen drei Mal – bohren Sie so lange, bis Sie auf einige wichtige Werte stoßen, die eine Bedeutung für Sie haben. Ansonsten werden Sie beschließen, Dinge zu tun, die Sie in die falsche Richtung führen, anstatt Sie auf dem Pfad zu halten, wo Sie hinwollen.

Karl war ein erfolgreicher, ehrgeiziger Geschäftsmann, der seine beruflichen Leistungen einschätzen wollte. Als er zum ersten Mal mit einem NLP-Coach arbeitete, ging es ihm hauptsächlich darum, sich auf die Entwicklung bestimmter Fähigkeiten zu konzentrieren, die er benötigte. Er war ganz darauf konzentriert, seine Beförderung zu beschleunigen, um Verkaufsleiter in seiner Firma zu werden.

Nach ein paar Sitzungen, in denen ihn sein Coach fragte, was er wolle und was ihm das bringen würde, konnte er dazu vordringen, was er – unter Berücksichtigung aller beruflichen und privaten Aspekte – wirklich wollte. Karl erkannte, dass er einen großen Teil seiner derzeitigen Freiheit und Flexibilität aufgeben müsste, wenn er sein Karriereziel erreichen würde. Er erkannte, dass die neue, angestrebte Rolle auch bedeutete, dass er zur Hauptverkehrszeit in die Stadt pendeln müsste, die meiste Zeit des Tages hinter dem Schreibtisch in der Geschäftsstelle festsitzen würde, um Pläne, Budgets und Konditionsmodelle abzustimmen. (»Ich wäre an den Schreibtisch gekettet wie ein Hund.«)

Tatsächlich genoss er es, mit Kunden zu arbeiten und Geschäfte abzuschließen. Die Beförderung würde ihm nicht das bringen, was er wirklich wollte. Auf der Grundlage dieser Erkenntnis beschloss er, seine Karriere neu auszurichten und seine Fähigkeiten in einen anderen Bereich des Unternehmens einzubringen. Von dort war er in der Lage, seinen Unternehmungsgeist dafür einzusetzen, neue internationale Geschäftsgebiete zu eröffnen.

Entscheidungen treffen

Sie treffen ständig Entscheidungen: ob Sie zur Arbeit gehen oder zu Hause bleiben, was Sie zu Mittag und zu Abend essen, ob Sie eine Einladung ins Kino annehmen, wie viel Sie für einen neuen Computer oder den nächsten Urlaub ausgeben sollen, ob Sie die Verwandtschaft zu Weihnachten einladen sollen oder nicht.

Stellen wir uns vor, dass Sie an einem sonnigen Tag glücklich mit Ihrer Arbeit beschäftigt sind, als ein Anruf von einem Headhunter kommt: Er hat einen neuen Job im Angebot und Sie sind die gewünschte Person – und übrigens müssten Sie Ihr Zuhause in eine Stadt am Meer, 300 Kilometer entfernt, verlegen. Sie haben eine Veränderung noch nicht einmal in Betracht gezogen, aber Sie fühlen sich geschmeichelt, deshalb gehen Sie hin und reden mit ihnen. Der Vertrag sieht ziemlich verlockend aus und – wow – wäre es nicht toll, am Meer zu wohnen, gerade bei so schönem Wetter? Aber es gibt da eine kleine nörgelnde Stimme in Ihnen, die fragt: »Ist das die richtige Entscheidung? Bist du sicher?« Sollen Sie sich dafür entscheiden oder sollen Sie bleiben und das tun, was Sie am besten können? Wie können Sie das entscheiden?

Hier die vier entscheidenden Fragen, die Sie sich oder jemand anders stellen können, um eine lebensverändernde oder auch eine kleinere Entscheidung zu treffen:

✔ Was wird geschehen, wenn Sie es tun?

✔ Was wird geschehen, wenn Sie es nicht tun?

✔ Was wird nicht geschehen, wenn Sie es tun?

✔ Was wird nicht geschehen, wenn Sie es nicht tun?

 Die vier Fragen basieren auf der kartesischen Logik, man bezeichnet sie auch als *kartesische Koordinaten*. Aber alles, was Sie im Hinterkopf behalten müssen, ist, dass die Fragen einige wirkungsvolle sprachliche Muster bieten, mit denen man ein Thema aus verschiedenen Blickwinkeln heraus beleuchten kann.

Wir sprechen diese Fragen oft mit unseren Klienten durch. Die Entscheidungen können schwerwiegend sein – soll ich meine Frau verlassen, soll ich umziehen, meine Karriere ändern, ein Kind bekommen? Die Fragen fokussieren Ihre Aufmerksamkeit und stellen Ihre Denkweise infrage. Wenn Sie die letzte Frage erreicht haben, halten Sie vielleicht inne und denken: »Ist das verwirrend!« Gut. Das bedeutet, dass Sie sich dem Durchbruch nähern.

Wenn Sie eine Veränderung in einem Bereich Ihres Lebens auf Kosten eines anderen Bereichs vornehmen, wird die Veränderung wahrscheinlich nicht von Dauer sein. Wenn Sie aus beruflichen Gründen umziehen sollen, aber wichtige Interessen und Freundschaften dort aufgeben müssten, wo Sie derzeit leben, wird Sie diese Veränderung auf lange Sicht nicht glücklich machen und Sie werden wahrscheinlich nicht dabeibleiben.

Nehmen Sie uns ruhig beim Wort: Probieren Sie einmal diese Fragen an etwas aus, das Sie gerade erwägen. Sie werden merken, dass die Fragen Sie dazu ermutigen, Ihre Entscheidung auf die Auswirkungen hin zu überprüfen, die sie auf Ihr gesamtes Umfeld, Ihre Umwelt hätte – wir nennen das einen Ökologie-Check.

Einschränkende Glaubenssätze infrage stellen

Die eigenen Ansichten halten viele Menschen davon ab, ihr Ziel zu erreichen. Es gibt jedoch drei einfache Fragen, die Sie stellen können, um eine solche Ansicht zu hinterfragen. Um anderen (oder sich selbst) zu helfen, einen einschränkenden Glaubenssatz zu überwinden, stellen Sie die drei Fragen, die in den nächsten Abschnitten erläutert werden.

Zunächst einmal gibt man seinem Gegenüber ausreichend Zeit, über sein Problem zu sprechen, und dann, wenn Sie spüren, dass er es sich »von der Seele geredet hat«, beginnen Sie mit Ihrer Befragung.

✔ **Frage 1: »Was vermuten oder glauben Sie hindert Sie daran, Ihr Ziel zu erreichen?«**

Stellen Sie diese Frage drei Mal, bis Sie sicher sind, dass Sie zum Kern der Sache vorgestoßen sind – nämlich das, was NLP als einschränkenden Glaubenssatz bezeichnet. Sie können zum Nachhaken beispielsweise folgende Formulierung verwenden: »In Ordnung und was schränkt Sie noch ein?«

Die Person denkt zum Beispiel: »Ich bin nicht gut genug«, »Niemand wird mich lassen«, »Ich weiß einfach nicht wie«. Wenn es um eine negative Haltung wie diese geht, hindert man sich selbst, das zu tun, was man braucht, um das zu erreichen, was man will.

✔ **Frage 2: »Was wäre ein bestärkender Glaubenssatz, einer, der das positive Gegenteil davon ist?«**

Diese Frage kehrt die Einschränkung in ihre positive Seite um. Beispielsweise würden die positiven Gegensätze der oben genannten Annahmen und Glaubenssätze positiv formuliert lauten: »Ich bin gut genug«, »Jemand wird mich lassen«, »Ich weiß wie«.

Auf diese zweite Frage wird Ihr Kollege oder Klient vielleicht verwirrt oder sogar verärgert reagieren, denn die Beantwortung ist eine echte Herausforderung. Dennoch ist es die entscheidende Frage, wenn man es schafft, einen Wechsel in der Perspektive zu erreichen und einen bestärkenden Glaubenssatz zu entwickeln, der jemandem hilft, sich vorwärtszubewegen. Also bleiben Sie hartnäckig!

✔ **Frage 3: »Wenn Sie wüssten, dass <neuer befreiender Glaubenssatz> ..., welche Ideen haben Sie jetzt, die Ihnen helfen, sich Ihrem Ziel zu nähern?«**

Diese Frage schließt den Prozess ab. An diesem Punkt entwickelt Ihr Klient eigene Ideen, wie er vorwärtskommen kann: »Nun gut, wenn ich wüsste, dass ich gut genug bin, dann würde ich XYZ machen.«

Die Methode dieser Befragung besteht darin, jemanden in eine »Als ob«-Denkweise zu bringen. Wenn Sie mit dem Glaubenssatz handeln, dass etwas geschehen kann, werden Sie die Verhaltensweisen finden, um dorthin zu gelangen.

Ich (Kate) habe einmal mit einer Geschäftsführerin gearbeitet, die in ihrem Berufsleben erfolgreich sein wollte, aber mit der Entscheidung kämpfte, ein Kind zu bekommen. Ihr einschränkender Glaubenssatz war: »Es ist unmöglich, gleichzeitig eine gute Mutter und eine erfolgreiche Geschäftsfrau zu sein.« Durch das Abarbeiten der drei Fragen entwickelte sie die neue gegenteilige Annahme: »Es ist möglich, eine gute Mutter und gleichzeitig eine erfolgreiche Geschäftsfrau zu sein.«

Mittels des Als-ob-Rahmens – das heißt, so tun, als ob es möglich sei, beides gut im Griff zu haben – eröffneten sich ihr viele Ideen, wie sie die Firma anders leiten könnte, um Mutter sein zu können und gleichzeitig erfolgreich im Geschäft zu sein. Sie bekam nicht nur zwei gesunde Kinder, sie brachte auch flexiblere Arbeitszeitmodelle auf den Weg, von der sowohl die Männer als auch die Frauen in der Firma profitierten.

Die richtige Person für den Job finden: Eine Frage der Motivation

Die richtigen Leute für den richtigen Job zur rechten Zeit zu finden, kann ganz schön schwierig sein. Die richtigen Fragen können Ihnen helfen, den passenden Menschen für die Anforderung des Jobs zu finden.

Um jemanden im richtigen Job unterzubringen, ist es wichtig, sich zunächst zu fragen, welche persönlichen Qualitäten neben den technischen Fähigkeiten erforderlich sind, um den Job gut erledigen zu können. Wie wird sich die Person verhalten? Diese Fragerunde beginnt noch vor dem Einstellungsgespräch.

✔ Welche Kriterien gibt es für denjenigen, der diesen Job gut erfüllt? Lassen Sie sich fünf Schlagwörter einfallen. (Das können Dinge sein wie Teamwork, Eigenständigkeit, klare Prozesse, Kreativität, Kundendienst, lernen, Vielfalt, Stabilität, Flexibilität, gut organisiert, intellektuelle Herausforderung, gutes Produkt, attraktive Umgebung, reisen.)

✔ Muss er motiviert werden, um Ergebnisse zu erzielen oder Probleme zu bewältigen?

✔ Muss er hauptsächlich eigenmotiviert sein oder benötigt er das Miteinander mit dem Kunden oder einem Team?

✔ Müssen genaue Arbeitsabläufe eingehalten werden oder kann er frei entscheiden, wie er die Arbeit erledigt?

Wenn Sie die Fragen im Einstellungsgespräch stellen, können Sie genaue Informationen darüber sammeln, wie sich die Person wahrscheinlich in einem bestimmten Zusammenhang verhalten wird und wie ihre technischen Fähigkeiten aussehen. Die Fragen basieren auf den NLP-Metaprogrammen, über die Sie in Kapitel 8 mehr erfahren. Diese Fragen eignen sich auch, um in einer Teambesprechung herauszufinden, wie es läuft und was Sie tun können, damit die Leute weiterhin motiviert sind.

Was wollen Sie in Ihrer Arbeit?

Mit dieser Frage können Sie die Kriterien, nach denen Sie suchen, mit denen abgleichen, die für einen einzelnen wichtig sind. Wenn Sie hören, dass jemand viel Freiheit und Flexibilität bevorzugt, wird er gut in ein kreatives Arbeitsumfeld passen, er wird aber nicht geeignet sein, ein straffes Projektmanagement für die Umsetzung eines neuen Systems zu übernehmen. Wenn er nach Veränderung strebt, ist er für einen Kurzzeitvertrag geeignet, aber es ist unwahrscheinlich, dass er länger als ein oder zwei Jahre bleibt, es sei denn, Sie können ihm neue Funktionen anbieten.

Warum ist das wichtig?

Fragen Sie bei jedem einzelnen Kriterium: »Warum ist das wichtig?« Diese Frage ermöglicht es, die Richtung zu erkennen, in die die Person motiviert ist – entweder *weg von* einem

Problem oder *hin zu* einer Lösung. Jemand mit einer Weg-von-Präferenz könnte sagen: »Bezahlung ist wichtig, damit ich mir keine Sorgen machen muss, wie ich meine Hypotheken bezahle.« Jemand mit einer Hin-zu-Präferenz könnte sagen: »Gehalt ist wichtig, damit ich mir einfacher ein eigenes Haus kaufen kann.«

Der Sprachstil eines Menschen liefert Hinweise, beispielsweise:

✔ Wenn jemand *hin zu* motiviert ist, hören Sie wahrscheinlich folgende Wörter: *erreichen, gewinnen, erzielen, erlangen, beinhalten.*

✔ Wenn jemand *weg von* motiviert ist, hören Sie wahrscheinlich Wörter: *vermeiden, ausschließen, Probleme erkennen.*

Woher wissen Sie, ob Sie gute Arbeit geleistet haben?

Mit dieser Frage können Sie die *Quelle* der Motivation einer Person erfahren. Wenn sie *innenorientiert* ist – sie es also von sich aus weiß –, können Sie sie mit Formulierungen wie den folgenden motivieren: »Das können nur Sie entscheiden«, »Sie könnten sich vielleicht überlegen«, »Was denken Sie?«.

Wenn sie *außenorientiert* ist – sie also von anderen Leuten oder durch Sammeln von Zahlen und Fakten überzeugt werden muss –, können Sie sie wahrscheinlich mit Formulierungen wie den folgenden motivieren: »Andere werden bemerken«, »Das Feedback, das Sie bekommen werden«, »Herr Soundso sagt das«.

Wenn Sie jemanden im Kundenservice einstellen, wäre es wichtig, dass er externe Zustimmung schätzt, anstatt innenorientiert zu sein. Wenn Sie allerdings jemandem ein eigenständiges Projekt übertragen wollen, wird sich jemand mit starker externer Ausrichtung ohne regelmäßige Anerkennung von anderen wahrscheinlich sehr schwertun.

Warum haben Sie Ihre jetzige Arbeit gewählt?

Das ist eine gute Methode, um herauszufinden, ob jemand dadurch motiviert ist, dass er Wahlmöglichkeiten hat, oder dadurch, dass er gesagt bekommt, was er zu tun hat. Wenn jemand einen *optional geprägten* Stil hat, werden Sie Wörter wie »Chance«, »Kriterien«, »Gelegenheit«, »unbeschränkte Möglichkeiten« und »Vielfalt« hören. Auf der anderen Seite wird Ihnen jemand, der einen stark prozedural geprägten Stil hat, in allen Einzelheiten erzählen, wie er seinen Job bekommen hat. Er wird wahrscheinlich über Prozesse sprechen und Formulierungen wie »der richtige Weg«, »versucht und sich bewahrheitet« verwenden.

In einem Team können ohne Weiteres beide Stile vorhanden sein. Um Ihre optional orientierten Teammitglieder zu motivieren, geben Sie ihnen so viele Wahlmöglichkeiten, wie Sie können. Lassen Sie sie mit Brainstorming neue Methoden zum Erledigen der anstehenden Dinge finden. Um Ihre prozedural orientierten Teammitglieder zu motivieren, lassen Sie diese sich auf die nötigen Systeme und Prozesse konzentrieren, um mehr Struktur und Kontrolle ins Team zu bringen.

Sich selbst überprüfen

Um auf dem Laufenden zu bleiben, wohin Sie wollen – kurzfristig oder auf lange Sicht –, kann es hilfreich sein, sich selbst zu befragen. Hier eine Liste mit Fragen, die Sie sich jeden Tag stellen können:

✔ Was will ich?

✔ Was werde ich davon haben?

✔ Was hindert mich?

✔ Was ist mir hier wichtig?

✔ Was funktioniert gut?

✔ Was könnte besser sein?

✔ Welche Ressourcen werden mich unterstützen?

 Wenn Sie die NLP-Grundannahme akzeptieren, dass es so etwas wie Scheitern nicht gibt, sondern nur Feedback, dann werden Sie keine Angst davor haben, diese Fragen zu stellen und Antworten zu bekommen, die Sie nicht gern hören. Stellen Sie sich auf das Feedback ein, das Sie für sich und andere erhalten, wenn Sie die richtigen Fragen stellen.

Teil V
Ihre NLP-Kenntnisse umsetzen

fassen wir alle Ihre NLP-Kenntnisse in zwei Kapiteln über Modellieren und Veränderungen zusammen. Haben Sie sich schon einmal gefragt, wie jemand so gut auf einem Gebiet sein kann, in dem Sie es auch zu etwas bringen wollen? Hier erfahren Sie, wie Sie mit Ihren NLP-Techniken jeden modellieren können, der auf einem bestimmten Gebiet außergewöhnlich gut ist, von Reden halten vor Publikum über Hausarbeit bis hin zum Aufbau von Beziehungen.

Sie erfahren außerdem, wie Sie die Macht des NLP an bestimmten Wendepunkten in Ihrem Leben nutzen können. In dem Kapitel über Veränderungen lernen Sie, wie Sie schwierige Zeiten meistern.

IN DIESEM KAPITEL

Herausfinden, wie man Erfolgsmuster
reproduziert

Das neue NLP-Wissen zusammenfügen

Die Struktur des Erlebens erkennen

Die unerwarteten Vorteile des Modeling
entdecken

Kapitel 19
Schnupperkurs Modeling

H ier eine bekannte NLP-Geschichte: Einige NLP-Spezialisten reisten in eine entlegene
Region, um einen Schamanen bei der Arbeit zu beobachten. Dieser Heiler war für
die guten Ergebnisse bekannt, die er auch unter sehr schwierigen Bedingungen erzielte. Die NLP-Spezialisten wollten herausfinden, worin der Unterschied zu anderen Hei-
lern bestand, worin genau das Talent des Heilers lag. Also beobachteten sie sein Verhalten
bei der Arbeit mit einem Patienten.

Die Arbeit eines Schamanen ist bekanntermaßen von viel Tamtam begleitet: Gesänge, dra-
matische Körperbewegungen und diverse Zaubertränke sind die sichtbaren Bestandteile
der Arbeit des Schamanen mit seinem Patienten. Nachdem die NLP-Spezialisten den Schamanen beobachtet hatten, befragten sie ihn. »Wann genau setzte die Heilung ein?«, wollte
einer wissen und er erwartete eine Antwort wie »Als ich meine Hand auf die Wunde legte.«
Doch stattdessen antwortete der Schamane: »Vor einigen Tagen gingen wir auf einen Berg
und legten meine Absicht und Ziele fest.«

Sie können aus dieser Geschichte mehrere Botschaften entnehmen. Unter anderem zeigt
die Geschichte, wie wichtig es ist, sich in jeder Situation über die Absicht im Klaren zu sein,
sich Ziele zu setzen, und zu erkennen, welche Wirkung diese Ziele auf die Ergebnisse haben. Eine andere Botschaft lautet, dass das, was man an der Oberfläche sieht, nicht immer
die ganze Wahrheit ist. Wenn Sie dieses Kapitel lesen, schlagen wir vor, dass Sie sich das Ziel
setzen, jemanden zu finden, der Höchstleistungen auf seinem Gebiet erzielt, der Sie interessiert und auf dessen Gebiet Sie noch keine Höchstleistungen erzielen. Modellieren Sie diese
Person, indem Sie sie auch über die offensichtlichen, äußerlich leicht erkennbaren Verhaltensweisen hinaus beobachten. Wir zeigen Ihnen, wie Sie das anstellen.

Wir erwarten nicht, dass Sie gleich zu einem Experten im NLP-Modellieren werden, nur
weil Sie dieses Kapitel lesen – dazu sind viele Jahre geduldigen Beobachtens erforderlich.

Vielmehr möchten wir, dass Sie Spaß daran finden, ihre Leistungen zu verbessern, indem Sie Ihre Sinne mithilfe des NLP schärfen. Man weiß nie, wohin Sie das Modellieren führen wird. Das konnten viele der Modeling-Spezialisten, die wir in diesem Kapitel erwähnen, schon feststellen. Sie profitieren am besten von der Modellbildung, wenn Sie sich in den Grundideen des NLP, die wir in Teil I erläutern, bereits recht sicher fühlen. Und Sie werden feststellen, dass es außerdem hilfreich ist, das Modell der logischen Ebenen zu kennen, das wir in Kapitel 11 erklären.

Durch Modellbildung neue Fähigkeiten entwickeln

Am Ende der meisten NLP-Kurse werden die Teilnehmer aufgefordert, sich an einem Modeling-Projekt zu beteiligen, bei dem alle in den vergangenen Monaten oder Jahren erworbenen NLP-Kenntnisse genutzt werden können. Die Projekte unterscheiden sich in ihrer Komplexität und reichen von der Modellbildung einer Person, die es geschafft hat, sich in einer Onlinepartnerbörse zu registrieren bis zu einer Person, die bei der Moderation eines Vertriebsmeetings Spitzenleistungen vollbringt.

NLP-Modeling oder auch Modellbildung nennt man die Fähigkeit, eine erstrebenswerte Fähigkeit einer anderen Person vollständig zu reproduzieren, indem man die unbewussten Verhaltensweisen erkennt, die hinter dieser Fähigkeit stecken und sie in ein Modell überträgt, das man anderen Menschen beibringen kann, um die überdurchschnittlichen Ergebnisse dieser Person zu reproduzieren.

Neue Fähigkeiten erwirbt man, indem man einen Kurs besucht, Bücher liest, sich CDs oder Podcasts anhört oder Videos ansieht. Das braucht seine Zeit. Man muss das Material finden, es ausprobieren, es anpassen und in sein Leben integrieren. Mit der Modellbildung können Sie Ihre Fähigkeiten viel schneller entwickeln. Im Kern geht es beim NLP darum zu verstehen, was es ausmacht, ein Mensch zu sein – wie Menschen tun, was sie tun –, und von Beginn an verwendeten die Entwickler des NLP Techniken, um menschliches Verhalten zu kopieren, es besser verstehen und dieses Wissen mit anderen teilen zu können.

NLP zieht Menschen in seinen Bann, die mehr über ihre Mitmenschen herausfinden möchten. Ihre eigene Modellbildung von anderen Menschen beginnt mit dem Wunsch, zu lernen, und mit dem Interesse daran, wie andere Menschen funktionieren und ihre Ziele erreichen. Richard Bandler und John Grinder entwickelten aufgrund ihres Interesses an der Kommunikationsfähigkeit von Therapeuten die ersten Milton- und Meta-Modelle. Andere führende NLP-Vertreter wie Robert Dilts, Judith DeLozier, Todd Epstein, David Gordon, Stephen Gilligan, Tim Hallbom, Leslie Cameron-Bandler, Suzi Smith und viele andere wandten die Grundtechniken der Modellbildung in Bereichen wie Führung, Organisationsentwicklung, Kreativität, Gesundheit, materieller Wohlstand und Beziehungen an.

Für die Modellbildung sind ein *Modellvorbild* – jemand der auf einem bestimmten Gebiet besonders kompetent ist – und ein *Modeler* – jemand der das Exemplar studiert – erforderlich. In einem Prozess von genauer Analyse und Beobachtung erstellt der Modeler ein *Modell*: einen Erklärungsrahmen, wie das Modellvorbild funktioniert.

 Robert Dilts analysierte zahlreiche Modellvorbilder, von denen viele bereits verstorben waren – wie Mozart oder Leonardo da Vinci. Aus seiner Analyse von Walt Disney entwickelte er ein Kreativitätsmodell (das im NLP als die Disney-Strategie bekannt ist), das Disneys Fähigkeit erklärt, Träume in reale Projekte zu verwandeln.

Wenn Sie mit dem Modeling beginnen, versuchen Sie, auffällige Verhaltensmuster Ihres Modellvorbilds zu identifizieren. Sie versuchen, herauszufinden, woran es glaubt, welche Wertvorstellungen es hat, und sind gespannt darauf, zu erfahren, wie Menschen denken und handeln. Am Ende muss das Modell isoliert betrachtet werden können, damit Sie es jemand anders vermitteln können und diese Person dann die Ergebnisse reproduzieren kann, die das Modellvorbild erzielt hat.

 Wie bei jeder Analyse steht hinter dem Modeling der Wunsch, ein Problem zu lösen, eine Antwort auf eine Frage zu finden, etwas Neues zu entdecken und die Informationen zusammenzustellen, die notwendig sind, um eine fundierte und angemessene Hypothese aufstellen zu können. Es gibt eine Fülle von NLP-Literatur mit interessanten Untersuchungen zum Thema Modellbildung, deren Informationsgehalt weit über das hinausgeht, was Sie in diesem Kapitel erfahren. Die Modellbildung ist die Crux des NLP.

 Haben Sie schon einmal jemanden mit einer gewissen Bewunderung beobachtet und sich gefragt: »Wie macht der das nur?«, »Wie schafft er es, so ein schönes Leben zu leben?« oder »Ich wünschte, ich könnte auch …«.

Wenn ja, ist das gut, denn man kann wirklich von anderen lernen. Doch um die Dinge für sich selbst einfach zu gestalten, nehmen Sie sich zunächst nur einen ganz kleinen Teil oder Aspekt der Fähigkeit vor, von der Sie ein Modell bilden möchten. Anstatt sich das ganze Leben einer Person vorzunehmen, suchen Sie sich einen Bereich heraus, in dem diese Person Höchstleistungen vollbringt, zum Beispiel wie sie für eine Gehaltserhöhung kämpft oder mit ihren Kindern spricht, ohne sich aufzuregen. Beginnen Sie, indem Sie sich einen Bereich in Ihrem eigenen Leben vornehmen, in dem Sie Ihre Fähigkeiten verbessern oder Ihre Erfahrung nutzen möchten, und stellen Sie sich folgende Fragen:

✔ **Wovon hätte ich in meinem Leben und am Arbeitsplatz gern mehr?** Möchten Sie mehr Spaß, mehr Herausforderungen oder wünschen Sie sich einen Lebenspartner? Möchten Sie mehr Urlaub oder einen besser bezahlten Job?

✔ **Wovon hätte ich gern weniger?** Vielleicht möchten Sie sich nicht mehr so in die Büroquerelen hineinziehen lassen, nicht mehr so viel an Ihren pubertierenden Kindern herumnörgeln, damit sie ihre Schularbeiten machen oder einen Teil Ihrer Hausarbeit übernehmen. Oder möchten Sie vielleicht weniger Zeit mit Geschäftsreisen verbringen?

✔ **Wen kenne ich, der eine bestimmte Fähigkeit hat, die ich gern lernen möchte?** Wenn Sie sich umschauen, finden Sie sicher in Ihrem näheren Umfeld jemanden, der eine Fähigkeit besitzt, die Sie einfach noch nicht entwickelt haben.

Behalten Sie diese Informationen im Hinterkopf, wenn Sie die Vorbilder für Ihre persönliche Modellbildung auswählen. Idealerweise sollten Sie sich drei verschiedene Vorbilder aussuchen, sodass Sie ein solides Modell entwickeln können.

Die Methode der Modellbildung erinnert Sie daran, dass Sie in Ihrem Umfeld viele Vorbilder haben, die Ihnen in allen möglichen Bereichen vormachen, wie es geht. Kate besuchte seit vielen Jahren Yoga-Kurse, hatte unterschiedliche Lehrer und ging davon aus, dass sie einfach nicht in der Lage war, auf dem Kopf zu stehen oder andere merkwürdige Körperhaltungen einzunehmen, weil sie nicht so gelenkig war wie ihre besser trainierten Lehrer. Als sie ihre Yoga-Matte neben Yvonne platzierte, einer Dame im gleichen Alter, hatte Kate ein besseres Vorbild für sich gefunden. Indem sie beobachtete, wie Yvonne langsam und anmutig schwierige Körperhaltungen einnahm, übernahm Kate Yvonnes Einstellung zu einer gesunden Lebensweise (sowohl innerhalb als auch außerhalb des Kurses), stellte fest, dass Yvonne eine andere Einstellung hatte und sich damit abfand, dass es mehrere Jahre dauern konnte, bis sie ihre Fähigkeiten perfektionieren würde, und fand heraus, dass auch sie, Kate, den Kopfstand schaffen und sich dabei entspannen können würde.

Dieser kleine Erfolg veränderte Kates Einstellung dazu, was ihr Körper zu lernen in der Lage war. Sie widmete den feinen Details der anderen Bewegungen mehr Aufmerksamkeit, entspannte sich, entwickelte ihre eigene Methode und verabschiedete sich von der Vorstellung, mit den anderen in Wettbewerb treten zu müssen.

Wenn Sie sich in einem relativ einfachen Bereich der Verhaltensweisen eine neue Kompetenz aneignen möchten, wie eine einfache Folge von Tanzschritten erlernen, suchen Sie sich als Modellvorbild jemanden, der vor kurzer Zeit genau diese Kompetenz erlernt hat. Eine solche Person eignet sich hervorragend als erste Übung, da sie *bewusst kompetent* ist, das heißt, sie ist sich des Lernprozesses, den sie durchlaufen hat, noch relativ bewusst und kann Ihnen praktische Tipps geben.

Modellbildung ist ein angeborenes Talent

Modellbildung muss nicht zwangsläufig kompliziert sein. Wir sind von Natur aus gewohnt, uns an Vorbildern zu orientieren. Das beginnt mit dem ersten Blick in die Augen der Mutter und der Erkenntnis, welche Macht ein Lächeln oder ein freundliches Wort hat. Das setzt sich im Teenageralter fort, wenn man Freunde nachahmt, indem man die gleiche Kleidung trägt, und später im Erwachsenenalter, wenn man sich die gleichen neuesten technischen Spielereien anschafft, die der Kollege besitzt.

In der Sprache der Metaprogramme ausgedrückt (in Kapitel 8 finden Sie hierzu weitere Informationen), suchen wir bei den Menschen, mit denen wir zu tun haben, ständig nach Ähnlichkeiten und Unterschieden. Das führt dazu, dass wir uns zu einigen Verhaltensweisen hinbewegen und von anderen weg. Wir probieren verschiedene Möglichkeiten aus und suchen nach Abläufen, nach denen wir uns richten können. Wir haben außergewöhnliche Talente. Wir können auf zwei Beinen gehen, essen, sprechen, dieses Buch lesen und diese Alltagsverhaltensweisen meistern, die aus einer unvorstellbar großen Zahl von unbewussten allerkleinsten Abläufen bestehen. Wenn Sie ein Vorbild nachahmen, legen Sie all diese kleinen Details, aus denen das menschliche Verhalten, das Denken und das Fühlen besteht, frei, identifizieren sie und ahmen sie nach.

Erinnern Sie sich daran, wie es war, als sie eine neue Fähigkeit erlernt haben: als Sie das Alphabet, Fahrradfahren, Autofahren oder eine Sportart erlernt haben, als Sie gelernt haben, wie man eine Sitzung moderiert, ein Menü kocht, passende Kleidung auswählt oder seine Finanzen verwaltet. Sehr wahrscheinlich war beim Erlernen jeder Fähigkeit, die Sie jetzt beherrschen, ein Vorbild im Spiel, das Ihnen gezeigt hat, wie es geht. Vielleicht haben Sie sich Ihre Fähigkeiten nicht alle bewusst angeeignet, doch man nimmt Wissen auch unbewusst auf, indem man mit jemandem zusammen ist, der eine bestimmte Sache bereits kann, wie zum Beispiel ein großer Bruder und seine Freunde, die schon ohne Stützräder um die Häuserblocks fuhren, als Sie ihnen noch mit Stützrädern folgten.

Manchmal sind die offensichtlichsten Vorbilder wie Eltern, Freunde oder andere Menschen, mit denen wir viel Zeit verbringen, weniger kompetent als wir früher einmal geglaubt haben. Was Sie lernen, wenn Sie mit ihnen zusammen sind, fördert Ihre Kompetenzen möglicherweise nicht. Also müssen Sie sich passende Vorbilder suchen, die jene Kompetenzen und Fähigkeiten haben, die Sie gern hätten. Wenn Ihr Vater der Meinung war, dass er kein Essen kochen kann, ohne es anbrennen zu lassen, haben Sie diese Gewohnheit vielleicht übernommen und sich immer Fertigmahlzeiten gekauft, die Sie dann in die Mikrowelle gestellt haben. Oder wenn Ihre Mutter mit Geld nicht umgehen konnte und immer bis auf den letzten Cent alles ausgegeben hat, haben Sie diese Gewohnheit vielleicht übernommen und überziehen ständig Ihr Bankkonto. Das Nachahmen der Verhaltensweisen Ihrer Eltern war vielleicht alles andere als hilfreich und Sie müssen neue Vorbilder finden, damit Sie deren Fehler nicht wiederholen. Wenn Sie sich Ihre eigenen Vorbilder suchen, wählen Sie die besten aus, die Sie bekommen können.

In Kapitel 4 beschäftigen wir uns mit wohlgeformten Zielen und den Ressourcen, die man benötigt, um seine Ziele zu erreichen. Wenn Sie die für Sie passenden Vorbilder finden, die Sie nachahmen können, können Sie Ihre Fähigkeit, Ihre Ziele zu erreichen, erheblich verbessern. Wenn Ihr Ziel darin besteht, zu lernen, wie man Drachen fliegt, Sie aber durch Ihre Höhenangst davon abgehalten werden, es zu lernen, suchen Sie sich drei Personen, die das Drachenfliegen trotz Höhenangst beherrschen. Wenn Sie diese Vorbilder nachahmen, können auch Sie Ihre Angst überwinden und Selbstvertrauen gewinnen.

In eine tiefere Struktur eindringen

Durch das NLP-Modeling sollen unsichtbare Dinge an die Oberfläche gebracht werden. Das Modell, das Sie von einer anderen Person erstellen, soll die wichtigsten Denkprozesse und Strategien in einem bestimmten Kontext extrahieren. Doch es wird sich immer lediglich um eine Teilbeschreibung dessen handeln, was die Komplexität dieses menschlichen Wesens ausmacht. So als wenn Sie eine Ruine besuchen und ein Modell erklärt, wozu all die Säulen und staubigen Mauerreste und Mosaiken vor Ihnen dienten, so soll ein NLP-Modell ins Innere eines Menschen vordringen, der in einem bestimmten Bereich Höchstleistungen vollbringt, und freilegen, was hinter den Kulissen vor sich geht.

In Kapitel 2 erklären wir die wichtige NLP-Grundannahme »Die Landkarte ist nicht das Gebiet«. Wie alle Menschen besitzen auch Sie mentale Landkarten und bei der Modellbildung geht es darum, diese Landkarten zu verstehen. Durch die NLP-Modellbildung wird es Ihnen möglich, die Tiefenstruktur zu finden, die hinter dem erfolgreichen Verhalten einer Person liegt, sodass Sie Ihr Vorgehen auch anderen Menschen zur Verfügung stellen können und es ihnen ermöglichen, die Erfolge des Vorbilds zu reproduzieren. Mit der Modellbildung soll bewusst gemacht werden, was auf einer tieferen, unbewussten Ebene abläuft.

Durch NLP wird die Tiefenstruktur des Erlebten von der Oberflächenstruktur der Sprache getrennt. Mehr darüber erfahren Sie in Kapitel 15.

Selbst innerhalb des NLP gibt es keine einheitliche optimale Vorgehensweise, um mithilfe der Modellbildung in die tieferen Strukturen einzudringen und je tiefer Sie in die Methode der Modellbildung eindringen, desto mehr Methoden werden Sie kennenlernen, denn jeder, der mit der Modellbildung arbeitet, hat seine eigenen Vorlieben. So gesehen läuft ein Großteil der Modellbildung eher intuitiv und weniger nach einer festgelegten, logischen Vorgehensweise ab.

Natürlich bekommen Sie viele Informationen, wenn Sie Ihr Vorbild in Aktion beobachten und genau zuhören, doch wenn der Zugang zu Ihrem Vorbild schwierig ist, können Sie auch viel aus Aufzeichnungen und Dokumenten erfahren.

Gehen Sie immer davon aus, dass das, was Sie an der Oberfläche sehen und hören, nur ein kleiner Bestandteil dessen ist, was das Verhalten einer Person ausmacht. Haben Sie Geduld und beobachten Sie, welche Annahmen, Glaubenssätze und Wertvorstellungen das Verhalten der betreffenden Person mitprägen könnten.

Wenn Sie einen Unternehmer nachahmen, werden Sie vielleicht ein gewisses leidenschaftliches Temperament erkennen. Vielleicht verstehen Sie nicht gleich, wie dieser Antrieb entsteht, aus nichts etwas Bedeutsames zu schaffen, wie diese anhaltende Motivation entsteht oder welche mentalen Strategien dazu führen, erfolgreich zu verhandeln und ein Geschäft zum Abschluss zu bringen. Wenn Sie sich noch zwei weitere erfolgreiche Unternehmer als Vorbilder suchen und sich anschauen, wie sie arbeiten, können Sie entscheiden, ob leidenschaftliches Temperament ein unverzichtbarer Erfolgsfaktor ist oder nur eine individuelle Eigenschaft dieses einen Vorbilds.

Aus Fallbeispielen lernen, Modelle zu bilden

Einige Modeling-Prozesse führender NLP-Spezialisten erforderten viel Geduld, um die Fähigkeiten zu verstehen, aus denen die detaillierten Verhaltensmuster bestehen, von denen andere lernen sollen. Viele Fähigkeiten bestehen wiederum aus Untergruppen von Fähigkeiten. Ein erfahrener Therapeut kann in besonders brisanten und sensiblen Situationen richtig reagieren und ein Manager kann sogar unter großem Druck Entscheidungen treffen und dabei sogar noch den Rapport mit einem Netzwerk von Beteiligten aufrechterhalten. Besonders erfolgreiche Vertriebsleute tun viel mehr als nur die Unterschrift unter einen Vertrag zu bekommen. In diesem Abschnitt schauen wir uns einige Fallbeispiele genauer an.

Vorbild wider Willen

Die größte Herausforderung beim Nachahmen eines Modells besteht darin, dass die Vorbilder sich der Dinge, die den Erfolg ausmachen, nicht bewusst sind: Sie sind unbewusst kompetent und somit müssen Sie einfach möglichst viel Zeit mit ihnen verbringen. Das Problem wird aber dann fast unlösbar, wenn Ihr Vorbild nicht daran interessiert ist, als Vorbild zu dienen oder nicht bei seiner Arbeit gestört werden möchte. Penny Tompkins und James Lawley standen vor diesem Dilemma, als sie versuchten, David Grove, den erfolgreichen Therapeuten und Erfinder der Clean Language (siehe Kapitel 18) als Vorbild für die Modellbildung heranzuziehen.

Grove arbeitete zunächst vor allem auf dem Gebiet der Traumata. Er hatte Erfolge in der Arbeit mit Vietnam-Veteranen und Erwachsenen, die in ihrer Kindheit missbraucht worden waren. Seit den 1980er-Jahren bis zu seinem Tod im Jahre 2008 erfuhr seine Arbeit eine Reihe von Innovationen der vier Konzepte: Clean Language, Metaphern, Clean Space und Emergent Knowledge.

Penny Tompkins berichtet: »Wir erkannten, wie wertvoll David Groves Erkenntnisse auch außerhalb der Psychotherapie wären, doch wir fanden darüber nichts Schriftliches. Und er wollte auf keinen Fall als Vorbild dienen.«

Als Tompkins ihm die Idee vorstellte, als Vorbild zu dienen, sagte er nur: »Es ist mir egal, was ihr macht, aber ich möchte nicht, dass ihr mir Fragen stellt, und ich möchte, dass man gar nicht merkt, dass ihr überhaupt im Zimmer seid.« Glücklicherweise änderte diese Einschränkung nichts an der Entschlossenheit von Tompkins und Lawley, dieses Projekt umzusetzen. Die einzige Frage war, wie dabei vorzugehen wäre.

Eines der Geheimnisse im NLP ist das Fehlen einer Beschreibung, wie die Gründer, Bandler und Grinder, die erste Modellbildung vornahmen, aus der dann später das NLP entstand. Um diese Frage zu klären, nahmen sich Tompkins und Lawley die ersten fünf Bücher vor, die aus dem Modeling von Bandler, Grinder und anderen entstanden waren, und analysierten, was diese Experten wahrscheinlich getan hatten, um zu diesen Modellen zu kommen. Durch Versuch und Irrtum erstellten Tompkins und Lawley ihr eigenes Modell für das Modeling und David Grove sollte ihr erstes Vorbild sein.

Nun begann eine aufreibende Zeit, in der sie, immer wenn er sich in Großbritannien aufhielt, versuchten herauszufinden, wie man David Grove als Modell analysieren könnte. Das Projekt dauerte vier Jahre. Sie nahmen unter anderem an Sitzungen teil, beschafften sich Aufzeichnungen seiner frühen Arbeiten und mussten viele Stunden damit verbringen, Tonbandaufzeichnungen abzuschreiben. Das Ergebnis dieses Modellbildungsprozesses war das *Symbolische Modeling*, eine Methode, die es NLP-Fachleuten leichter möglich macht, auf symbolischer Ebene und mit Metaphern zu arbeiten. (In Kapitel 18 finden Sie weitere Informationen über Clean Language und die Arbeit von Tompkins und Lawley.)

Das Ergebnis ihrer Arbeit war das Buch *Metaphors in Mind*. Im Laufe der Jahre änderte sich David Groves Einstellung und er schrieb sogar das Vorwort zu diesem Buch und lobte »Pennys Unnachgiebigkeit, die kein Nein akzeptierte«. Er schrieb weiter: »Mein Leben wird durch die Kommunikation mit euch bereichert.«

Den perfekten Partner beim Rudern gefunden

Gillian Burn ist eine ehrgeizige Hobbyruderin und so ging es ihr in ihrem Modeling-Projekt darum, zu verstehen, wie man eine positive innere Einstellung erlangt, um effektiv rudern und so optimale Leistungen erzielen zu können. Sie wählte drei Vorbilder aus: die Rudertrainerin ihres Clubs, die Ruderin, die die größten Fortschritte erzielt hatte, und den Olympia-Ruderer Greg Searle. Als Höhepunkt wollte sie ihre Analyseergebnisse ihren NLP-Kollegen in ihrem Master-Kurs präsentieren.

Ihre Präsentation begann damit, dass sie Gruppen so aufstellte, als würden sie ein Boot rudern. Sie zeigte ihnen dann eine Kombination aus mehreren Strategien, mit denen die Teilnehmer sich vorstellen konnten, wie man sich fühlt, wenn man in optimaler Wettkampfform ist. Dazu gehört, was man sieht, fühlt und hört, wie man atmet und welche Körperhaltung man einnimmt. Sie integrierte das TOTE-Modell (Test, Operation, Test, Exit) aus Kapitel 12 in den Lernprozess. Bei dem Test ging es dann um die Frage, ob die Ruderer noch immer mit jeder Faser ihres Körpers auf Leistung eingestellt waren und ob sie dabei noch immer voller Überzeugung lächeln konnten. Wenn ja, war der Prozess abgeschlossen. Wenn nicht, mussten sie sich noch einmal konzentrieren und eine visuelle, auditive und kinästhetische Strategie wiederholen.

Durch die Modellbildung bei den Ruderern konnte Gillian Burn einige übertragbare Themen für ihren Alltag identifizieren und lernen, wie man zu der richtigen inneren Einstellung zu einer Sache gelangen kann, wie man ein positives Gefühl bekommt und daran glauben lernt, dass man mit der richtigen Vorbereitung, der richtigen Einstellung und Selbstbewusstsein alles erreichen kann, was man sich wünscht.

Darüber hinaus entdeckte Burn aber noch einen weiteren, völlig unerwarteten Nutzen, den die eingehende Befragung des Trainers und den Einblick, den sie dadurch in seine Persönlichkeit erhielt, mit sich brachte. »Durch diesen Prozess der Modellbildung und die sich daraus ergebenden Gespräche wurden wir außergewöhnlich gute Freunde, leben inzwischen zusammen und erfreuen uns daran, unsere kleine Tochter aufwachsen zu sehen«, berichtet Burn. »Wer weiß, welche Möglichkeiten sich bieten, wenn man sich die Zeit nimmt, ohne Vorurteil und ohne jede Hemmung oder einen Gedanken daran, dass man vielleicht auf Partnersuche ist, zuzuhören und mehr über einen anderen Menschen herauszufinden. Es lag daran, dass wir gerade nicht nach einem Partner suchten, dass wir zusammengekommen sind. Es war das Ergebnis tiefgründiger Gespräche über gemeinsame Interessen.«

Der Tanz des Regenmachers

Rob Biggin, ein Mann mit 24 Jahren Berufserfahrung im Vertrieb, war fasziniert, als er erfahrene Vertriebsleiter kennenlernte, die hervorragende Ergebnisse erzielten, ohne je eine Ausbildung im Vertrieb absolviert zu haben: Menschen, die wir »Regenmacher« nennen wollen. Er bat mehrere von ihnen, ihm beizubringen, wie sie verkaufen, und er lernte dabei so viel, dass er inzwischen selbst als Trainer für Vertriebsmethoden in Dienstleistungsunternehmen tätig ist.

Besonders faszinierte ihn, was sein erstes Vorbild sagte:

Er erzählte, dass er sich vor einem Verkaufsgespräch immer vorstellte, dass er mit dem potenziellen Kunden vielleicht mal in den Urlaub fahren würde. (Tatsächlich wollte er demnächst mit einem Kunden in den Urlaub fahren.) Das umreißt ungefähr, wie er sich in einem solchen Meeting verhält und dass er seinem Gegenüber das größtmögliche Interesse entgegenbringt, weil er ihn möglichst gut kennenlernen möchte. Das hätte ich niemals für möglich gehalten, aber ich musste doch feststellen, dass diese Methode einen riesigen Unterschied in seiner Einstellung zu einem potenziellen Kunden machte.

In dem siebenstufigen Modell, das Rob Biggin nun unterrichtet, schlägt er vor, dass die Teilnehmer in jedes Meeting mit der festen Einstellung hineingehen, sich sehr für den Kunden zu interessieren, und er erzählt ihnen die Geschichte von dem erfolgreichen Vertriebsleiter, der sich vorstellt, er würde mit der betreffenden Person in den Urlaub fahren.

Rob Biggin probierte außerdem eine einfache und lustige Übung aus, die auf dem Metaprogramm Ähnlichkeiten/Unterschiede basiert, und stellte fest, dass alle von ihm gewählten Vorbilder Dinge möglichst nach Ähnlichkeiten sortierten und sich im Beruf genauso verhielten – sie identifizierten die Dinge, die sie mit ihren potenziellen Kunden gemeinsam hatten. (In Kapitel 8 erfahren Sie mehr über Metaprogramme.) Sehr schnell suchten sie nach Bereichen, in denen sie eine Verbindung herstellen und Rapport aufbauen konnten, wie »Wir haben beide zwei Söhne« oder »Ich lese auch gerne die Financial Times«.

Ein Ergebnis seiner Arbeiten auf dem Gebiet der Modellbildung war, dass Biggin auch seine Unterrichtsmethoden weiterentwickelte und inzwischen Vertriebsprofis darin unterrichtet, noch höhere Umsätze zu erzielen.

Die wichtigsten Schritte im Modeling

Wir sind sicher, dass es jemanden in Ihrem Umfeld gibt, der bestimmte herausragende Fähigkeiten hat, die Sie auch gern hätten. In diesem Abschnitt erklären wir Ihnen Schritt für Schritt die grundlegende Vorgehensweise beim Modeling anhand eines einfachen Prozesses, sodass Sie diese Vorgehensweise auf Ihr Vorbild übertragen können.

Die wichtigsten Schritte sind:

1. **Wissen, welches Ziel man erreichen möchte**

2. **Das Vorbild identifizieren**

3. **Eine Modeling-Methode finden, mit der man arbeiten kann**

4. **Daten sammeln**

5. **Das Modell erstellen**

6. **Den Prototyp testen**

7. **Vereinfachen**

In den folgenden Abschnitten gehen wir näher auf diese Phasen ein und geben Ihnen Tipps, wie Sie Ihr eigenes Modeling-Projekt durchführen können.

Wissen, was man erreichen will

NLP hilft Ihnen aus vermeintlich aussichtslosen Problemsituationen zu der Erreichung der gewünschten Ziele. Wenn Sie wissen, was Sie in einer bestimmten Situation erreichen möchten, konzentrieren Sie Ihre Aufmerksamkeit auf das, was Sie erreichen wollen, zum Beispiel »Ich möchte ein besserer Vater werden« oder »Ich möchte selbstbewusst wirken, wenn ich zu einer Speed-Dating-Veranstaltung gehe«. Dabei ist es hilfreich, so konkret wie möglich die Fähigkeit zu identifizieren, die Sie gern hätten; zum Beispiel »Mit meinen Kindern spielen, wenn ich nach Hause komme« oder »Ehrliches Interesse an jemand zeigen, den ich das erste Mal treffe«. Diese Fokussierung ist beim Modeling deshalb so wichtig, damit man weiß, wann man aufhören kann, weil man sein Ziel erreicht hat. Sie werden immer noch mehr lernen, je mehr Sie über und von Ihrem Vorbild erfahren. Zu diesem Zeitpunkt Ihres Lernprozesses ist die Konzentration auf das gewünschte Ergebnis viel wichtiger, als dass Sie jetzt für sich schon die perfekte Methode finden, wie Sie Ihr Modell bilden.

 Definieren Sie ein wohlgeformtes Ziel, indem Sie alle Schritte durchlaufen, die wir in Kapitel 4 beschrieben haben. Vielleicht beschäftigen Sie sich im Rahmen eines NLP-Lehrgangs mit dem Modeling oder Sie bilden sich eigenständig in NLP weiter, um sich beruflich zu verbessern, um eine neue Fähigkeit zu erwerben, ähnlich wie eine neue Fremdsprache, oder um in Ihrem Unternehmen erfolgreicher zu sein.

Das Vorbild identifizieren

Wenn Sie nach einem Vorbild suchen, sollten Sie sich einen oder mehrere Menschen suchen, die genau das, was Sie gut können möchten, in dem gleichen oder einem ähnlichen Kontext besonders gut können. Ihre Vorbilder befinden sich möglicherweise schon in dem Stadium, dass sie in dem, was sie so gut können, unbewusst kompetent sind. Das heißt, ihre außergewöhnliche Fähigkeit ist für sie so selbstverständlich, dass es ihnen schwerfällt, einem anderen diese Fähigkeit detailliert aufzuschlüsseln, wenn jemand sie um Rat fragt. Oft sagen sie dann: »Ich mach das einfach«, also müssen Sie ein bisschen Detektivarbeit leisten, um die gewünschten Informationen herauszubekommen. Vielleicht nehmen Sie sich als Vorbild jemanden, der in einem dieser Bereiche erfolgreich ist:

✔ ein aktives soziales Netzwerk aufbauen,

✔ Klienten in einem Scheidungsprozess coachen,

✔ ein herzliches und gastfreundliches häusliches Umfeld schaffen,

✔ die Fähigkeit, schnell Fremdsprachen zu erlernen,

✔ ein besonders erfolgreicher Heimwerker sein,

✔ Dokumente sauber formatieren können,

✔ erfolgreich Unternehmensgründungen begleiten,

✔ Spenden für einen wohltätigen Zweck sammeln,

✔ für andere Menschen sorgen und dabei selbst gesund bleiben.

 Erstellen Sie zunächst ein möglichst einfaches Modell: Je deutlicher Sie die Fähigkeit, die Sie kopieren möchten, definieren und je einfacher Ihr Vorbild zugänglich ist, desto einfacher wird es sein, Ihre Aufgabenstellung zu formulieren. Zu versuchen, Picasso oder eine berühmte Persönlichkeit als Vorbild zu nutzen, ist sehr schwierig, auch wenn es einigen NLP-Fachleuten gelungen ist, berühmte Persönlichkeiten als Vorbilder für die Modellbildung zu nutzen.

Konzentrieren Sie sich auf eine bestimmte Verhaltensweise oder Fähigkeit, die Sie erlernen möchten. Versuchen Sie nicht, alle Verhaltensweisen dieser Person nachzuahmen.

 Sie sind ständig von Menschen umgeben, die Dinge können, die Sie nicht so gut können. Häufig gibt es in Ihrem engeren Umfeld Menschen, die Kenntnisse und Fähigkeiten haben, die Sie sich aneignen können – vielleicht sogar in Ihrer Familie. Im Rahmen ihres NLP-Master-Practitioner-Kurses wurde Rachel in fünf verschiedenen Modellbildungsprojekten von unterschiedlichen Kursteilnehmern als Vorbild ausgewählt, die unterschiedliche Aspekte ihres Verhaltens im Bereich Beruf und Gesundheit gerne erlernen wollten. Sie waren fasziniert, wie sie ein erfolgreiches Unternehmen gegründet hatte, aber auch welche beruflichen Veränderungen sie durchgemacht hatte, von der Küchenchefin über die Eventmanagerin bis hin zur selbstständigen Gesundheits- und Fitness-Beraterin und Autorin mit Individualität und ungewöhnlicher Persönlichkeit. Einige der Kursteilnehmer interessierten sich besonders für bestimmte Verhaltensänderungen, die sie durchgemacht hatte, zum Beispiel dass sie das Rauchen aufgegeben und stark abgenommen hatte.

»Die Tatsache, von den anderen Teilnehmern als Vorbild ausgewählt zu werden, hat mich bescheiden werden lassen. Schon die Tatsache, dass ich als Vorbild diente, führte dazu, dass ich der Art und Weise, wie ich mein Unternehmen führe, mehr Aufmerksamkeit widme, während ich es früher als selbstverständlich hingenommen habe«, sagte sie. Der Vorgang der Modellbildung bringt vielleicht auch für das Vorbild Vorteile, nicht nur für diejenigen, die das Vorbild gewählt haben. Dadurch, dass man als Vorbild ausgewählt wird, wird man sich seiner Erfahrung und der Veränderungen, die man durchgemacht hat, bewusster.

Eine Modeling-Methode finden, mit der man gut arbeiten kann

Beim Modeling geht es darum, auf einer tiefen Ebene herauszufinden, wie ein Vorbild seine Welt erlebt und wodurch es so erfolgreich wird. Es geht auch darum, zu verstehen, was es denkt, fühlt und warum es sich in verschiedenen Situationen so und nicht anders verhält. Man versucht, in den Kopf eines Menschen hineinzuschauen, und dafür benötigt man ein möglichst geeignetes Werkzeug. Somit ist die Qualität des Werkzeugs zur Informationssammlung, für das man sich entscheidet, entscheidend für den Erfolg dieses Prozesses.

Diese Tatsache bringt uns zur typischen Huhn-Ei-Problematik beim Modeling: Bildet man zuerst die Struktur für das Modell oder entwickelt sich diese Struktur später von allein? Unserer Meinung nach hilft es gerade dem Anfänger, eine Art Rahmen oder Hypothese vorzugeben und sich dann, wenn es sinnvoll erscheint, für ein anderes Modell zu entscheiden. Aus diesem Grund ist die übersichtliche Struktur der logischen Ebenen, die Robert Dilts entwickelt hat (die wir in Kapitel 11 näher erläutern), ein beliebter Ausgangspunkt sowohl für das Sammeln von Informationen als auch für die Analyse eines Vorbilds.

Hier ein paar Punkte, die Sie für jedes Ihrer Vorbilder auf den unterschiedlichen Ebenen analysieren sollten:

✔ **Umfeld:** Wo, wann und mit wem verbringen sie ihre Zeit?

✔ **Verhalten:** Was tun sie? Welche Gewohnheiten und Strategien haben sie?

✔ **Fähigkeiten und Fertigkeiten:** Welche Talente und Fähigkeiten haben sie?

✔ **Glaubenssätze und Werte:** Woran glauben sie? Was ist ihnen wichtig?

✔ **Identität:** Wie ist ihre Selbstwahrnehmung? Welche Rolle haben sie in diesem Kontext?

✔ **Zugehörigkeit/Spiritualität/Vision/Mission (Sinn):** Was ist ihre übergeordnete Vision und wie fügen sie sich in das große Ganze ein?

 Sie sind auch nur ein Mensch. Das bedeutet, auch bei der Modellbildung bringen Sie Ihr eigenes Wissen und ihre vorgefertigten Meinungen mit ein. Ihr Vorbild selbst fungiert als Filter für die Informationen, die Sie beobachten und sammeln.

Informationen sammeln

Damit Sie sich mit all den Daten nicht überfordern, schlagen wir vor, dass Sie zwei verschiedene Methoden zum Informationensammeln kombinieren:

✔ **Unbewusste Informationsaufnahme:** Bei dieser Methode verbringen Sie so viel Zeit wie möglich mit Ihrem Vorbild, sodass Sie intuitiv einen Eindruck davon erhalten, wie die Person funktioniert. Gehen Sie nicht mit einem vorgefertigten Plan an die Sache heran, außer dass Sie sich vornehmen sollten, die Atmung und Physiologie Ihres Vorbilds nachzuahmen und ein Gefühl dafür zu bekommen, wie es ist, sich als diese Person zu fühlen. Idealerweise fangen Sie ganz ohne vorgefertigtes Modell an. Erst in einem zweiten Schritt versuchen Sie, einen intensiven Rapport mit Ihrem Modell herzustellen. Achten Sie darauf, was Sie sehen, hören und fühlen. In Kapitel 7 erfahren Sie mehr über das Thema Rapport und darüber, wie man die Standpunkte anderer besser versteht.

✔ **Analytische Informationsbeschaffung:** Bei dieser Methode können Sie das Informationensammeln auf bestimmte Werkzeuge ausrichten, wie die in Kapitel 11 vorgestellten logischen Ebenen. Dieser Prozess ist eine wirksame Methode, Informationen zu sammeln, vor allem wenn man wenig Zeit und/oder kaum Zugang zu seinem Vorbild hat.

Die NLP-Werkzeuge und -Techniken, die wir in diesem Buch vorstellen, können Ihnen helfen, Ihre Informationssammlung zu optimieren. Wenn Sie Ihre gesammelten Daten und Ihre Modellbildungsmethode analysieren, ist das eine gute Möglichkeit, Ihr Wissen aufzufrischen und Ihre Fähigkeiten noch weiter auszufeilen. Und so geht es:

✔ **Annahmen oder Voraussetzungen:** Von welchen Annahmen geht Ihr Vorbild aus? In Kapitel 2 finden Sie dazu weitere Informationen.

✔ **Glaubenssätze und Werte:** Welche Wertvorstellungen erkennen Sie bei Ihrem Vorbild – was sind die Hauptmotive? In Kapitel 3 finden Sie dazu hilfreiche Informationen.

✔ **Gefühlszustände managen:** Was können Sie in diesem Bereich, den wir in Kapitel 9 näher beschreiben, über Ihr Vorbild herausfinden?

✔ **Metaphern und Geschichten:** Welche Geschichten erzählt das Vorbild oder auf welche Metaphern reagiert es? In Kapitel 17 erfahren Sie mehr über dieses Thema.

✔ **Metaprogramme:** Erkennen Sie in der Sprache Ihres Vorbilds bestimmte Metaprogramme, zum Beispiel Überblick oder Detail, hin zu oder weg von, Option oder Verfahren, intern oder extern? In Kapitel 8 erfahren Sie mehr über Metaprogramme.

✔ **Wahrnehmungspositionen:** Nimmt Ihr Vorbild die in Kapitel 7 erklärten unterschiedlichen Wahrnehmungspositionen ein? Versuchen Sie selbst als Modellbilder, drei oder vier unterschiedliche Perspektiven einzunehmen.

✔ **Strategien:** Können Sie die Strategien erkennen, die Ihr Vorbild verfolgt, und sie wie in Kapitel 12 beschrieben kodieren?

✔ **Zeit:** Welche Vorstellung von Zeit (siehe hierzu Kapitel 13) hat die Person? Agiert sie eher in der Gegenwart oder ist sie gut im Planen?

✔ **Visuelle, auditive und kinästhetische Vorliebe:** Was sagen Ihnen die Sprachmuster Ihres Vorbilds darüber, wie die Person in einem bestimmten Zusammenhang kommuniziert? Auf dieses Thema gehen wir in Kapitel 6 näher ein.

Sicher ist Ihr Vorbild auch in einigen Bereichen gut, in denen Sie selbst kompetent sind. Konzentrieren Sie sich also auf die Bereiche, die Ihnen weniger bekannt sind, um Zeit und Energie zu sparen.

Das Modell bilden

Wenn Sie Ihre Daten gesammelt haben, haben Sie alles, was Sie brauchen, um ein Modell zu bilden, das die Muster zeigt, die Sie bei Ihrem Vorbild identifiziert haben. Diese Struktur ist die schlüssige Beschreibung der grundlegenden Muster und kann anderen zeigen, was sie kopieren müssen, um dieselben Ergebnisse wie das Vorbild zu erzielen.

Sie können einen vorhandenen Rahmen verwenden, wie das Modell der logischen Ebenen, und es selbst verfeinern, indem Sie Ihr Wissen hinzufügen, so wie die Modeler, über die wir weiter vorn in diesem Kapitel im Abschnitt »Aus Fallbeispielen lernen, Modelle zu bilden« berichten.

Als Kate das Buch »Live Life. Love Work« schrieb, war sie neugierig darauf, was sie von den vielen Menschen lernen könnte, die an einem Punkt angekommen waren, an dem sie Zufriedenheit in ihrem Leben gefunden hatten. Als sie mit der Modellbildung anfing, legte sie eine Struktur fest, mit der sie ihre Aufmerksamkeit und ihre Fragen auf einige Grundsätze konzentrierte. Sie untersuchte vor allem, wie diese Menschen ihr Leben steuerten, und sie erfand dafür eine Abkürzung, von der sie glaubte, dass ihre Leser sie sich gut merken könnten. Als sie dann anfing, ihre Forschungsergebnisse aufzuschreiben, und die entwickelte Methode in ihrer eigenen Coaching-Praxis anwendete, erkannte sie, dass ihr sorgfältig ausgeklügeltes Modell nicht das leistete, was sie für ihre Arbeit benötigte. Also vereinfachte sie das Modell, das nun besser berücksichtigte, was sie aus ihren Gesprächen gelernt hatte. So entstand eine klarere und praktikable Struktur, nach der sich ihre Leser richten können.

Den Prototyp testen

Wenn Ihr Modell fertig ist, sollten Sie es ausprobieren und ständig weiter verbessern. Das NLP-TOTE-Modell fordert Sie auf, Ihren Prototyp zu prüfen: Test, Operation, Test, Exit (mehr dazu finden Sie in Kapitel 12). Eine Möglichkeit, ein Modell zu testen, besteht darin, es anderen beizubringen und zu sehen, ob es funktioniert. Erzielen die Lernenden die gleichen Ergebnisse?

Als NLP-erfahrene Coaches bekamen Kate und ihr Kollege Rob die Möglichkeit, in einer internationalen IT-Firma zu arbeiten und ein Modell von Robin, einer Führungskraft in der Personalentwicklung, zu erstellen und ihn bei der Arbeit zu beobachten und herauszufinden, wie er sein großes Beraterteam so führte, sodass sie aktiv an ihrer beruflichen Karriere arbeiteten. Robin interessierte sich für NLP und wusste, dass er in dem, was er tat, sehr erfolgreich war. Er war sich der betreffenden Bereiche seiner Arbeit bewusst und doch fiel es ihm schwer, das, was er tat, detailliert zu dokumentieren.

Ein Ergebnis dieses Modeling-Prozesses war, dass Kate und ihr Kollege Rob das Wesentliche in Robins Herangehensweise herauskristallisieren konnten. Gemeinsam entwickelten die Drei aus Robins Methode ein Karriere-Coaching-Modell und vermittelten diese Methode auch anderen Führungskräften in dem Unternehmen. Kate und Rob machten Robins ursprüngliches Modell stabil, indem sie grundlegende NLP-Konzepte wie Rapportbildung zur Verbesserung der beruflichen Beziehungen, Wahrnehmungspositionen zur besseren eigenen Profilierung und Zeitlinien und logische Ebenen einführten, um mehr Informationen über die verschiedenen Karrierewege zu erhalten. So unterstützten die Modellbilder das Vorbild und halfen ihm, noch besser zu werden. Das ist sehr häufig ein Nebeneffekt des Modeling.

Das Trainingsprogramm wurde immer bekannter und immer mehr Teilnehmer erkannten, dass ihnen nun eine einfache Methode zur Verfügung stand, um nicht nur ihre eigene berufliche Karriere zu managen, sondern auch denen zu helfen, die für sie arbeiteten. Besonders wirkungsvoll an Robins Methode war es, wie er Metaphern und Geschichten verwendet, um seine Botschaft bei anderen Führungskräften so anzubringen, dass sie davon inspiriert und motiviert wurden. Doch diejenigen, die sein Modell nachahmten, mussten nicht die gleichen Geschichten benutzen. Es blieb genügend Spielraum für deren eigene Geschichten. Jede der Führungskräfte übernahm nur die Grundstruktur des Modells und wandte sie individuell an. Der Beweis für die Wirksamkeit dieser Methode war, dass sie alle gute Ergebnisse erzielten.

Verbesserung durch Vereinfachung

Der Modeler muss die wichtige Entscheidung treffen, welche Elemente in dem Verhalten eines Vorbilds ein wichtiger Bestandteil des Modells sind und welche nur interessante Zusatzinformationen darstellen. Ist das Ritual des Golfers beim Abschlag Voraussetzung für einen erfolgreichen Schlag? Sie müssen mindestens drei Gelegenheiten identifizieren, bei denen das gewünschte Verhalten gezeigt wird, sodass Sie gemeinsame Muster identifizieren können. Diese Vorgehensweise hat zur Folge, dass Sie eventuell drei verschiedene Vorbilder auswählen oder, wenn Sie das Vorgehen einer einzigen Person nachahmen möchten, drei verschiedene Situationen auswählen müssen.

Sie müssen bereit sein, länger als gewöhnlich im Stadium der Unwissenheit zu verweilen, die Details, die Sie gesammelt haben, aufzusaugen und sie dann auf die Kernelemente zu chunken, die Sie für Ihr Modell benötigen (in Kapitel 16 erfahren Sie mehr über Chunking). Wenn Ihr Modell fertig ist, prüfen Sie, ob es die richtige Größe hat. Analysieren Sie, was Grundbestandteil ist und welche Elemente Sie weglassen können. Sie müssen auch prüfen, ob das Modell einer anderen Person sich mit Ihren Wertvorstellungen deckt und ob Sie vielleicht an ihren eigenen Glaubenssätzen arbeiten müssen. Hier sollten Sie sich eventuell die Unterstützung eines NLP-Coaches holen, wenn Sie an einem Modell arbeiten, um in Ihrem eigenen Leben etwas zu verändern.

Fran Burgess berichtet, dass das Schreiben eines Buches ganz ähnlich wie das Modeling abläuft. Man hat all die Informationen zur Verfügung und muss nun entscheiden, wie man diese Informationen sortiert und welche Struktur man daraus ableiten will. Modeler müssen, genau wie Schriftsteller, bereit sein, sich durch einen riesigen Berg Detailinformationen zu arbeiten, um die Klarheit und Einfachheit des Modells zu entdecken, die dann in ihre Arbeit einfließt.

Schriftsteller haben ihre ganz eigene Arbeitsmethode und das Schreiben ist nur ein winziger Teil in dem Produktionsprozess. Doch viele Menschen, die versuchen einen Schriftsteller nachzuahmen, erkennen diese Tatsache nicht und schließen diese wichtigen Elemente aus ihrem Modell aus. Wenn Kate Bücher schreibt, beginnt sie, indem sie riesige Mengen an Informationen sammelt, andere Bücher über das Thema und über verwandte Themen liest, im Internet surft, auf Veranstaltungen geht, mit Menschen spricht und Flipcharts mit Ideen und Mindmaps erstellt, die die Struktur eines Kapitels ergeben, bevor sie daraus ein Projekt mit Terminen und Ergebnissen entwickelt. Dem klar strukturierten, kurzen und knappen Endprodukt sieht man dann nicht an, welche Mengen an Büchern, Papierstapeln und Computerdateien dafür notwendig waren.

Wenn Romilla schreibt, geht sie zum Teil ähnlich vor wie Kate. Sie geht raus, trifft sich mit Menschen und macht am Flipchart ein Brainstorming. Aber manche Dinge macht sie ganz anders. Sie zieht es vor, CDs und Podcasts zu hören, und schneidet Gespräche lieber mit und saugt die Informationen auf, bevor sie schreibt. Wir beide richten unsere Antennen monatelang auf das Thema aus und wenn wir ein Buch im Kopf haben, laufen viele unbewusste Prozesse ab.

Doch unsere Methoden, das Buch schließlich fertigzustellen, sind ganz unterschiedlich. Kate neigt eher dazu, ihre Ideen zu umreißen und sie durch Geschichten zu veranschaulichen. Romilla schiebt ihre Ideen am Computer in Mindmaps, benutzt dabei die gleiche Software wie Kate, schaut sich die Ideen aber lieber als Fließdiagramm an, während Kate sie um eine zentrale Idee herum gruppiert, weil sie dann flexibel ist und Überschriften zusammenlegen kann, je tiefer sie in das Thema eindringt. Sie verwendet ein Spracherkennungsprogramm, weil sie gern eine Beziehung zu ihren imaginären Zuhörern aufbaut und mit ihnen spricht. Sie hat sich diese Methode von ihrer guten Freundin Rintu abgeschaut. Als sie zu Anfang ihrer Karriere noch jedes Detail ausformulierte, dauerte das ewig, weil sie den Drang hatte, alles gleich in der Endfassung zu schreiben. Inzwischen ist sie eine sehr viel schnellere »Schreiberin« geworden und ihre Sprache wirkt natürlicher.

Aus diesen beiden Vorbildern könnte man ein Modell erstellen, das einige der wichtigsten Elemente beim Schreiben eines Sachbuches enthält, aber es gibt eben auch Unterschiede zwischen diesen Vorbildern. Eine Beschreibung der Kernelemente (also der Teile, die identisch sind), die man herausarbeiten würde, wenn man Kate und Romilla als Vorbilder für eine Modellbildung nehmen würde, würde wohl so aussehen:

1. **Hintergrundinformationen sammeln – Internet surfen, mit Menschen reden, lesen oder Podcasts hören**

2. **Ideen visualisieren**

3. **Textentwurf in Microsoft Word erstellen**

4. **Text überarbeiten**

5. **Computerdateien zum vereinbarten Abgabetermin beim Lektor abgeben (in 90 Prozent der Fälle!)**

Sobald Sie mehr Zeit mit Ihren Vorbildern verbringen, müssen Sie sich wahrscheinlich einen bestimmten Aspekt ihres Verhaltens heraussuchen, diesen Prozess in Unterprozesse unterteilen und sich dann einige Zeit mit den Details beschäftigen. Vielleicht entdecken Sie dann neue Aspekte, die nicht gleich offensichtlich waren. Wenn Ihr Vorbild besonders erfolgreiche Strategien zur Ideenfindung gefunden hat, spielen vielleicht die Dinge eine wichtige Rolle, auf die man im ersten Moment nicht kommt, wie das Umherwandern und Meditieren, das hilft, seine Gedanken zu sortieren. Vielleicht stellen Sie fest, dass eine Autorin in einem Café lange handschriftliche Notizen macht, während die andere ihre Ideen in ein Diktiergerät spricht und so ihre ersten Ideen erfasst. Wenn Sie noch ein Modell einer dritten Autorin erstellen wollten, stellen Sie vielleicht fest, dass sie die Angewohnheit hat, einen ganzen Morgen damit zu verbringen, eine einzige Seite umzuformulieren und endlose Geduld aufbringt, dem Text den letzten Feinschliff zu verleihen. Jede Autorin hat ihre eigene Arbeitsweise. Die Frage lautet, ob das Modell zu dem gewünschten Resultat führt, also der pünktlichen Abgabe eines brauchbaren Manuskripts.

Ein Buch ist vielleicht schon viele Jahre lang im Kopf eines Autors vorhanden, bevor es zur Veröffentlichung gelangt. Als Modeling-Expertin, die gerade selbst ihre Arbeit für eine

Veröffentlichung vorbereitet, bringt Fran es auf den Punkt: Man braucht viel Geduld. Sie arbeitet seit über zehn Jahren mit Modelern und erst jetzt ist sie sicher genug, die vielen Strukturen hinter dem Modeling-Prozess identifiziert zu haben. Zufälligerweise hat sie auch festgestellt, dass es jedem Modeler, den sie getroffen hat, schwerfiel, selbst Bestandteil eines Modeling-Prozesses zu sein, der eine Struktur aufweist, die nicht seine eigene ist. »Sie reagieren einfach nicht darauf. Modeler neigen dazu, ganz in ihrem Modell verhaftet zu sein und es quasi ständig zu leben«, sagt sie. Ihre mentalen Modelle sind zentraler Bestandteil Ihrer eigenen Identität.

 Die Faktoren, die letzten Endes Höchstleistungen ausmachen, sind wahrscheinlich nicht gleich auf den ersten Blick sichtbar. Große Modeler haben viel Geduld und verfügen über grenzenlose Neugier. Bleiben Sie neugierig.

Mit dem Modeling können Sie Ihre eigenen Lernprozesse effizienter gestalten. Das heißt nicht unbedingt, dass Sie in jedem Bereich nun ein Experte werden und überall die oder der Beste sind. Natürlich kann nicht jeder in einer bestimmten Sportart oder im Filmgeschäft die Nummer eins sein. Doch Sie können die Strategien für Höchstleistungen in Ihrem Vorbild identifizieren und sie nachahmen. Wahrscheinlich werden Sie ähnliche Ergebnisse erzielen. Und der besondere Vorteil beim Modeling besteht darin, dass Sie damit eine praktische Methode an der Hand haben, in dem, was Sie tun oder sind, immer besser und besser zu werden. So erschließen Sie sich neue Möglichkeiten und lernen auf eine Weise, die Ihnen am vertrautesten ist – indem Sie sich mit kompetenten Menschen umgeben und mit allen Sinnen wachsam sind.

IN DIESEM KAPITEL

Die Struktur einer Veränderung verstehen

Die richtige Einstellung gegen Widerstände bei
Veränderungen und Produktivitätsverlust

Mitarbeitermotivation durch Veränderungen
aufrechterhalten

NLP-Techniken kombinieren

Kapitel 20
Veränderungen leichter machen

N ichts ist so beständig wie die Veränderung«, ist eine oft zitierte Binsenweisheit. Veränderungen laufen immer auf eine bestimmte Weise ab:

✔ Entweder man initiiert und plant aktiv eine Veränderung. In diesem Fall kann es sich entweder um eine geringfügige Veränderung wie die Anschaffung eines neuen Autos oder einer neuen Küche handeln, oder es kann eine sehr einschneidende Veränderung sein, wie die Entscheidung zu heiraten, umzuziehen, Kinder zu bekommen oder den Job zu wechseln. In diesen Fällen hat man noch das Gefühl, ein gewisses Maß an Kontrolle zu haben, auch wenn externe Faktoren einen starken Einfluss haben und vielleicht den Eindruck vermitteln, man wäre völlig hilflos und total gestresst.

✔ Oder einem wird eine Veränderung auferlegt, zum Beispiel durch den Arbeitgeber oder durch ein unerwartetes Ereignis wie den Verlust eines geliebten Menschen. In diesem Fall ist es viel schwieriger, die Veränderung zu akzeptieren, weil man sich als Opfer fühlt.

NLP besagt, dass es in einer bestimmten Situation nicht die eine korrekte Vorgehensweise bei einer Veränderung gibt. Um zu überleben und einen Nutzen aus einer Veränderung ziehen zu können, müssen Sie die Tatsache, dass eine Veränderung stattfindet, annehmen und bereitwillig akzeptieren. Und Sie müssen Strategien finden, mit der Veränderung zu arbeiten, anstatt gegen sie anzukämpfen.

Da es im NLP darum geht, wie Menschen denken und sich verhalten, konzentrieren wir uns in diesem Kapitel auf den *Aspekt Mensch* in einem Veränderungsprozess und nicht auf die

Umsetzung von Veränderungen am Arbeitsplatz. Wir möchten Ihnen zeigen, wie Sie mit Veränderungen so umgehen können, dass Sie auch in rauen Zeiten noch Ihr Gleichgewicht halten, egal ob Sie die Veränderung initiiert haben oder ob sie Ihnen auferlegt wurde. Sollten Sie jemanden treffen, für den eine Veränderung nicht so reibungslos läuft, wie sie eigentlich sollte, hoffen wir, dass Ihnen diese Informationen helfen, dem Betreffenden das Leben ein wenig zu erleichtern. Sie können einfach aktiv zuhören, Unterstützung anbieten oder dem Betreffenden erklären, was genau er gerade erlebt.

Für diese Fälle kombinieren wir NLP-Werkzeuge und -Techniken aus den anderen Teilen dieses Buches, um Ihnen zu verdeutlichen, wie Sie NLP auf die Veränderungen, die in Ihrem Alltag stattfinden, anwenden können. Dabei ist es egal, ob es sich um relativ unbedeutende oder um lebensverändernde Umstellungen handelt und ob die Veränderung von Ihnen oder einer anderen Person initiiert wurde. Denken Sie an die Grundannahme »Wenn das, was Sie tun, nicht funktioniert, versuchen Sie etwas anderes«. (In Kapitel 2 gehen wir näher auf die NLP-Grundannahmen ein.) Bei einer Veränderung geht es darum, etwas anders zu machen, weil das, was man tut, nicht funktioniert.

Die Grundannahme, die wir beim Verfassen dieses Kapitels getroffen haben, lautet: Egal um welche Art der Veränderung es geht, man kann sie menschlich und einfühlsam umsetzen – zum Beispiel wenn in einem Unternehmen Mitarbeiter entlassen werden müssen. In diesem Kapitel geht es auch darum, Ihnen den Umgang mit Veränderungen zu erleichtern, indem Sie verstehen, was Sie gerade erleben. Anstatt sich über sich selbst zu ärgern, weil Sie der Meinung sind, dass Sie eine Sache hätten besser machen können, können Sie ein bisschen freundlich zu sich sein und sich auf das konzentrieren, was Sie gut gemacht haben.

 Halten Sie ein Notizbuch bereit und schreiben Sie bei der Lektüre dieses Kapitels auf, was Sie durchmachen oder wie Sie sich auf eine Veränderung einstellen. Denken Sie auch darüber nach, wie Sie sich die Veränderung mithilfe spezieller NLP-Techniken etwas erleichtern können.

Klarheit und Orientierung finden

Es kommt darauf an, dass Sie wissen, wohin Sie gehen wollen, denn ohne klare Orientierung könnten Sie viel Energie darauf verschwenden, einer Sache hinterherzujagen, die Sie eigentlich gar nicht wollen. So verlieren Sie viel Zeit und erreichen nichts.

Um optimale Ergebnisse zu erzielen, müssen Sie ganz sicher sein, was genau das Ergebnis der Veränderung, die Sie durchmachen, sein soll. Zum Beispiel:

✔ Ich möchte bis zum 30. September 57 Kilo wiegen.

✔ Unsere Abbrecherrate liegt bei 27 Prozent und wir wollen sie auf 15 Prozent reduzieren.

✔ Wir möchten eine Dienstleistung auslagern.

✔ Ich möchte, dass meine Hochzeit perfekt wird.

Kapitel 4 begleitet Sie durch den Prozess, in dem Sie Klarheit über Ihre Ziele erlangen und verborgene Ängste freilegen. Die Beispiele aus Kapitel 4 sind vor allem an Menschen gerichtet, die mithilfe der NLP-Technik der wohlgeformten Ziele konkrete Ziele für ihr Leben formulieren möchten. Diese Vorgehensweise eignet sich aber auch gut, wenn man Veränderungen in einem Team oder einer Abteilung umsetzen möchte.

Stellen Sie sich vor, Sie erleben eine Veränderung an Ihrem Arbeitsplatz. Sie sind die Führungskraft, die den Veränderungsprozess unter Kontrolle behalten und gleichzeitig dafür sorgen soll, dass die Mitarbeiter motiviert bleiben (sodass der Produktivitätsverlust so gering wie möglich bleibt). Und Sie müssen sicherstellen, dass Sie selbst fit und gesund bleiben. Das große Problem bei Veränderungen dieser Art besteht darin, dass die Beteiligten das Gefühl haben, machtlos zu sein. Die Vorstellung, keine Kontrolle zu haben, führt zu negativem Stress und zu Motivationsverlust. In umfangreichen Veränderungsprojekten mit hohen, von der Unternehmensleitung festgelegten Zielen bleibt kaum Raum für Flexibilität. Die Menschen, die die Veränderung umsetzen müssen, haben den Eindruck, eine gewisse Kontrolle zu behalten, wenn sie selbstständig darüber entscheiden können, in welchen Schritten sie die Veränderung tatsächlich umsetzen wollen. Teams und Einzelne können die in Kapitel 4 beschriebenen Techniken zur Zielformulierung nutzen und dadurch weniger Stress empfinden.

 Nehmen Sie sich eine Auszeit, setzen Sie sich mit Ihrem Team an einen Tisch und machen Sie ein Brainstorming zu den anstehenden Veränderungen (wobei das Team in diesem Fall auch Ihre Familie oder eine größere Gruppe sein kann). Diese Methode macht es dem Team möglich, herauszufinden, was die Bedenken jedes Einzelnen im Hinblick auf die anstehenden Veränderungen sind. Wenn das Team zu groß ist, um alle an einem Tisch zu platzieren, teilen Sie das Team in mehrere Gruppen auf und platzieren Sie diese an unterschiedlichen Tischen. Anschließend kommen wieder alle zusammen und jedes Team stellt vor, was es diskutiert hat. So erhalten Sie wertvolle Einblicke in die Vorgänge in den Teams.

Die Struktur einer Veränderung verstehen

Zum besseren Verständnis von Veränderungen verwenden wir zwei Modelle, um zu verdeutlichen, was Sie vielleicht empfinden werden und welche Gefühle Sie zulassen sollten, wenn Sie feststellen, dass Sie sich unwohl fühlen oder sich untypisch verhalten.

Die Trauerphasen nach Kübler-Ross

Dr. Elisabeth Kübler-Ross beschrieb in ihrem Buch *Interviews mit Sterbenden* die fünf Trauerphasen. Obwohl das von ihr entwickelte Modell ursprünglich im Zusammenhang mit Trauerphasen nach Todesfällen entwickelt wurde, hilft es auch, Veränderungen besser zu verstehen.

In normalen NLP-Kursen wird dieses Modell nicht vorgestellt. Doch die meisten NLP-Fachleute kennen die fünf Phasen der Trauer von Kübler-Ross und wenden sie vor allem bei Veränderungsprozessen in Unternehmen an. Der Grund, warum wir uns hier damit beschäftigen, ist, dass wir auf die Leser eingehen wollen, die zwar noch nicht viel über NLP wissen, die aber dieses Modell im Zusammenhang mit Veränderungen in Unternehmen bereits angewandt haben und nun lernen sollen, NLP in Veränderungsprozessen anzuwenden.

Wenn Veränderungen stattfinden, versuchen die Menschen, den Status quo aufrechtzuerhalten, weil er Sicherheit und Stabilität verheißt. Wenn es in einem System zu einer Veränderung des Status quo kommt, selbst wenn diese Veränderung erwartet wurde, durchleben die Beteiligten die in Abbildung 20.1 dargestellten Phasen. Dieses Modell dient als Vorwarnung und hilft Ihnen, mit Veränderungen besser umzugehen und andere Kollegen zu unterstützen, Veränderungen besser zu überstehen. Wenn Sie verstehen, was Sie durchmachen, hilft Ihnen das, Ihre Gefühlszustände besser zu kontrollieren; diese Zustände werden in Tabelle 20.1 näher vorgestellt. Es hilft Ihnen, schonender mit Ihren Gefühlen umzugehen und einfacher Rapport zu anderen Betroffenen aufzubauen, weil Sie besser verstehen, wie die Veränderung auf Ihre Mitmenschen wirkt.

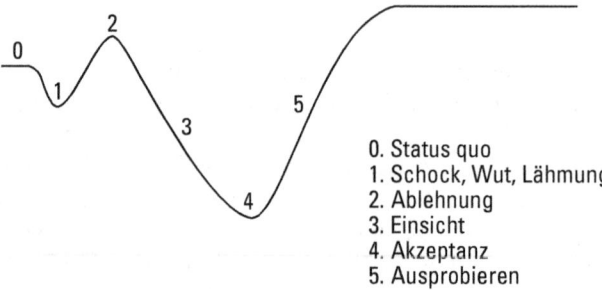

0. Status quo
1. Schock, Wut, Lähmung
2. Ablehnung
3. Einsicht
4. Akzeptanz
5. Ausprobieren

Abbildung 20.1: Die Veränderungskurve

Wenn im Unternehmen ein Veränderungsprozess umgesetzt wird, ist es die Aufgabe der Führungskraft, die Talsohle der Kurve so flach wie möglich zu halten und die Zeitspanne von Punkt 1 (wenn die Veränderung zu wirken beginnt) bis Punkt 5 (wenn ein neuer Status quo entsteht) so kurz wie möglich zu halten, damit die Beteiligten so schnell wie möglich wieder ihre volle Leistung erbringen.

Sobald man die Phase der Veränderung hinter sich gelassen hat, beginnt die Phase der Integration. Man richtet sich mit den neuen Abläufen ein und ist flexibler geworden, weil man gelernt hat, mit einem neuen Umfeld zurechtzukommen. Die Wahrnehmung der eigenen Kompetenz verbessert sich und entspricht jetzt wahrscheinlich eher der Realität. Die Veränderung kann nun in die Identität des Unternehmens integriert werden, indem man immer wieder darauf verweist, bis sie den Betroffenen gar nicht mehr bewusst ist.

 Menschen reagieren auf Veränderungen ganz unterschiedlich. Jeder Mensch verbringt unterschiedlich lange Zeit in den einzelnen Phasen und jeder Mensch muss von den Teamleitern und Führungskräften anders behandelt werden. Eine Führungskraft muss sich deshalb immer wieder auf die unterschiedlichen Phasen, in denen sich die Betroffenen befinden, einstellen können.

Strategien in der Veränderungskurve	Wie Menschen möglicherweise reagieren	Welche Maßnahmen helfen
1. Schock und Wut	Wenn Menschen einen Schock erleben, neigen sie dazu, Dinge hinauszuzögern. Schock und Wut können entweder sehr lange anhalten oder sehr flüchtig sein, je nachdem, wie belastbar jemand ist. Die Betroffenen haben das Gefühl, in der Falle zu sitzen, und reagieren ängstlich.	Geben Sie den Betroffenen Gelegenheit, Dampf abzulassen, und versichern Sie ihnen, dass die Veränderungsphase vorübergeht und sich die Dinge zum Besseren verändern werden. *Betonen Sie, dass die Veränderungen keine persönlichen Veränderungen sind.* Helfen Sie den Menschen dabei, ihre Landkarte der Welt zu verändern, denn die Menschen reagieren auf der Grundlage ihrer individuellen Landkarte und die Heftigkeit ihrer Reaktion hängt davon ab, was ihre Landkarte ihnen rät zu tun oder wie sie reagieren sollen.
2. Ablehnung	Die Beteiligten haben vielleicht eine falsche Vorstellung von ihrer Fähigkeit, mit der Veränderung zurechtzukommen. Sie denken vielleicht, sie würden schon zurechtkommen. Sie denken, alle anderen sind schuld. Es kann passieren, dass Menschen in dieser Phase verharren und zu Auslaufmodellen werden, die mit Veränderungen nicht umgehen können. Das wiederum kann dazu führen, dass sie ihren Job verlieren oder aufs Abstellgleis geschoben werden.	Hier hilft professionelles Coaching. Die Methode dazu ist Feedback, denn ohne Feedback erkennen die Betroffenen nicht, dass sie sich in der Ablehnungsphase befinden und sich selbst täuschen.
3. Einsicht	Die Menschen fühlen sich noch schlechter, sobald sie erkennen, dass die ihnen zur Verfügung stehenden Kenntnisse und Fähigkeiten nicht gut genug sind, um mit der Veränderung umzugehen. Sie schalten in den Überlebensmodus. Dieser Zustand, in dem sich die Betroffenen schlecht oder unzulänglich fühlen, kann sich auch auf andere Bereiche ihres Lebens ausdehnen.	In dieser Phase benötigen die Betroffenen Unterstützung und müssen wissen, wo sie sich gerade in der Veränderungskurve befinden und warum sie sich schlecht fühlen. Menschen, die so empfinden, müssen mit ihren Lebenspartnern, mit ihren Kollegen und Vorgesetzten reden und sie darum bitten, ihnen einen gewissen Spielraum zu lassen und ihnen die Möglichkeit zu gewähren, schlechte Laune zu haben und keine optimalen Leistungen zu erbringen.

Strategien in der Veränderungskurve	Wie Menschen möglicherweise reagieren	Welche Maßnahmen helfen
4. Akzeptanz	Die Menschen beginnen damit, persönlich Verantwortung dafür zu übernehmen, mit der Veränderung zurechtzukommen, sobald sie erkennen, dass sie sich gegen die Veränderung nicht mehr auflehnen. Die Wahrnehmung der Betroffenen ist unzutreffend, denn sie halten sich für nutzlos.	In dieser Phase muss den Betroffenen gezeigt werden, wie andere mit Veränderungen umgegangen sind, indem man ihnen Fallbeispiele vorlegt, sie coacht und begleitet und ihnen Vorbilder nennt, von denen sie ein Modell bilden können.
5. Ausprobieren	Dies ist die Phase, in der neue Werkzeuge gelernt und angewendet werden, deshalb ist dies auch die Phase, in der Betroffene beginnen, Modelle von Vorbildern zu bilden, um herauszufinden, wie diese mit Veränderungen umgehen. Sie fühlen sich nun fähiger und kompetenter.	In dieser Phase sollten die Betroffenen die Möglichkeit haben, zu lernen, sich neue Fähigkeiten anzueignen und Fehler zu machen. Zu diesem Zeitpunkt müssen die Führungskräfte genügend Risikoanalysen durchgeführt und Reserven eingeplant haben, damit mögliche Fehler nicht die Interessen des Unternehmens gefährden. In dieser Phase ist sehr strenges Risikomanagement erforderlich, sodass mit möglichen Fehlern angemessen umgegangen werden kann. Eine Kultur der Schuldzuweisungen würde die Betroffenen in Phase 2 zurückwerfen.

Tabelle 20.1: Die Trauerphasen in der Veränderungskurve für Veränderungsprozesse in Unternehmen

Wenn man ein Team führt oder moderiert, ist es ganz normal, dass man die Emotionen des Teams spürt. Aus diesem Grund erleben auch Führungskräfte eine Achterbahn der Gefühle mit Frust und Angst, denn auch sie selbst durchlaufen ja die beschriebenen Veränderungsphasen. Deshalb brauchen auch sie einen Coach oder Mentor, müssen mal mit jemandem ein Bier trinken gehen oder sich eine andere Form der Entspannung suchen, um sich Raum zu verschaffen und die richtige Perspektive zu bekommen.

Wenn die Menschen unter Stress sind, muss man ihnen ihr unangemessenes Verhalten verzeihen. Bevor Sie auf das negative Verhalten einer Person reagieren, nehmen Sie die zweite Position ein und schlüpfen Sie, metaphorisch gesprochen, in die Haut der anderen Person, um ein besseres Verständnis davon zu bekommen, was die andere Person fühlt (in Kapitel 7 erfahren Sie mehr darüber, wie man die Sichtweise einer anderen Person besser verstehen lernt). Dieses Vorgehen verleiht Ihnen die Fähigkeit, sich aus der Vogelperspektive den »Ärger am Boden« anzusehen.

Die logischen Ebenen im NLP

Die *logischen Ebenen im NLP* sind eine wirkungsvolle Methode, um mit Veränderungen umzugehen, denn man unterteilt den Veränderungsprozess in unterschiedliche Informationskategorien. (In Kapitel 11 erfahren Sie mehr über logische Ebenen, die auch als neurologische Ebenen bezeichnet werden.)

Sobald Sie darüber nachdenken, um welche Veränderung es sich handelt, die Sie gerade durchmachen, werden Sie feststellen, dass Ihnen die logischen Ebenen helfen, den Weg aus dieser verwirrenden Situation zu finden. Damit das funktioniert, müssen alle logischen Ebenen der Identität im Einklang und stimmig sein: Glaubenssätze und Werte, Fähigkeiten und Fertigkeiten, Verhalten und Umwelt. Sobald auf einer oder mehreren Ebenen Widersprüche auftreten, kann man das gewünschte Ergebnis nicht erzielen. Dieses Modell ist in persönlichen Veränderungsprozessen genauso hilfreich wie in beruflichen Veränderungsprozessen. Der Hauptnutzen dieses Modells ist, dass es eine strukturierte Möglichkeit bietet, zu erkennen und zu verstehen, was genau passiert. Dadurch ermöglicht diese Methode den Betroffenen, gezielt zu entscheiden, was sie bei dieser Veränderung empfinden und wie sie sich verhalten werden.

In jedem Fall ist es einfacher, Veränderungen auf den unteren Ebenen der Pyramide (siehe Kapitel 11) umzusetzen als auf den oberen Ebenen. In einem Unternehmen ist es wahrscheinlich einfacher, Veränderungen an den Gebäuden (Umwelt) vorzunehmen, zum Beispiel die Wände heller zu streichen, als die Unternehmenskultur zu verändern oder eine ganz neue Unternehmensphilosophie einzuführen. Solche Veränderungen auf hoher Ebene haben Auswirkungen auf die Ebenen darunter. Veränderungen auf den unteren Ebenen können Auswirkungen auf die Ebenen darüber haben, dies ist aber nicht zwingend.

Jas, eine sehr intelligente, gut ausgebildete Frau Mitte dreißig, meldete sich für einen Kurs an, der Relationship Wizardry® Coaching hieß, denn sie hatte bereits eine Reihe von Beziehungen hinter sich, aus denen jedoch nie etwas Dauerhaftes wurde. Jas war die Tochter eines sehr erfolgreichen Ehepaars und das Ergebnis ihres Coachings war, dass sie erkannte, dass sie sich immer an ihrer sehr starken, sehr unabhängigen Mutter orientiert hatte. Leider hinderte ihre Identität als starke, unabhängige Frau sie daran, irgendetwas von anderen anzunehmen, und das galt für alle Lebensbereiche. Sie gestand sich ein, dass einige ihrer Beziehungsprobleme dadurch entstanden, dass es ihr schwerfiel, Liebe anzunehmen, und dass sie ihre Partner zurückstieß (Verhalten), sobald sie ihr emotional zu nahe kamen. Jas erkannte auch, dass sie einige Probleme mit ihrem Selbstwertgefühl (Glaubenssätze) hatte, weil sie dachte, sie hätte nicht die gleichen Erfolge erzielt wie ihre Mutter, als sie in Jas' Alter war, und dass sie deshalb keinen so erfolgreichen, dynamischen Mann wie ihren Vater verdient hatte.

Romilla half Jas dabei, ihre ideale Beziehung mithilfe der Methode der wohlgeformten Ziele (siehe Kapitel 4) zu »entwerfen«. Einer der ersten Schritte, den Jas umsetzte, bestand darin, das Umfeld zu verändern, in dem sie Bekanntschaften machte. Sie schloss sich Gruppen an, in denen es wahrscheinlicher war, dass sie dort Menschen mit gleichen Interessen finden würde. Vor dem Coaching verhinderten die Unstimmigkeiten in Jas' logischen Ebenen, dass sie ihr Ziel einer langfristigen Partnerschaft erreichte.

Übereinstimmung in den logischen Ebenen herstellen

In jedem Unterfangen sorgt Übereinstimmung dafür, dass die Dinge reibungslos laufen und man sein Ziel schneller erreicht. Wenn Sie an die logischen Ebenen denken (siehe Kapitel 11), hilft Ihnen eine Kongruenz der verschiedenen Ebenen dabei, schneller die gewünschten Ergebnisse zu erreichen.

Elaine ist 45, verheiratet, hat kleine Kinder und macht als Finanzberaterin Karriere. Sie ist sehr intelligent und ehrgeizig (ein Teil ihrer Identität). Sie engagiert sich außerdem dafür, dass Frauen lernen, wie sie finanzielle Sicherheit (Werte) erreichen können, und hält es für wichtig, dass Frauen sich in diesem Bereich weiterbilden, denn sie »weiß« (Glaubenssätze), dass jede Frau das Recht auf finanzielle Unabhängigkeit hat.

Elaine hat mehrere Universitätsabschlüsse (Fähigkeiten und Fertigkeiten), doch sie strebt nach immer weiteren Qualifikationen. Dieses Ziel deckt sich völlig mit ihren Zielen bezüglich der Führung ihres Unternehmens und wie sie sich verhält und über die finanzielle Situation von Frauen spricht (Verhalten), ist sehr vertrauenerweckend. Sie hat ein schönes Büro zu Hause (Umwelt), wo sie ein Auge auf ihre Kinder haben kann. Wenn sie nachdenken will, geht sie für eine kurze Meditation in den Garten. Da alle Bereiche ihrer beruflichen Tätigkeit kongruent sind, macht sie gute Fortschritte.

Auch wenn dieses Beispiel davon handelt, was Jim erlebte, als seine Frau starb, kann es auf jeden angewendet werden, der einen Verlust erleidet: der Verlust einer Ehe bei einer Trennung oder der Verlust eines Arbeitsplatzes, wenn Personal abgebaut wird oder jemand in Rente geht.

Jim, Buchhalter, und seine Frau Alicia waren fast 30 Jahre verheiratet. Die ersten Wochen nach Alicias Tod waren damit gefüllt, die Beerdigung vorzubereiten, und Jim lief sozusagen auf Autopilot, doch danach durchlebte er eine umfangreiche Veränderung:

✔ **Umwelt:** Jim musste feststellen, dass er kopflos in ihrem gemeinsamen Schlafzimmer herumirrte, nachdem er Alicias Kleider zur Altkleidersammlung gebracht hatte. Ein Bett, das für zwei gerade die richtige Größe hatte, erschien ihm nun riesengroß und die übergroße Bettdecke war ihm zu schwer.

✔ **Verhalten:** Jim war immer gut gelaunt gewesen und sowohl Männer als auch Frauen waren gern mit ihm zusammen, weil er so lustig war. Tatsächlich hatte Alicia ihn häufiger damit aufgezogen, dass so viele Frauen mit ihm flirteten. Einige Monate nach Alicias Tod begann sein Leben, sich zu stabilisieren. Jim stellte fest, dass sein Humor langsam zurückkehrte. Er stellte überrascht fest, dass sich die Interaktion mit den Frauen, die er traf, drastisch verändert hatte. Bei den Frauen, die zu seinen und Alicias alten Freunden zählten, war er fast wieder der alte gut gelaunte Jim. Doch bei Frauen, die er zum ersten Mal traf, verhielt er sich sehr reserviert. Er erkannte, dass Alicia eine Art Wächterfunktion hatte und ihn vor Frauen schützte, die seine Lockerheit hätten falsch verstehen können.

✔ **Fähigkeiten und Fertigkeiten:** Alicia hatte alles, was mit dem Haushalt zu tun hatte, allein gemanagt, weil sie gern die Kontrolle hatte, gern mit Geld jonglierte und die besten Schnäppchen und Angebote ergatterte. Wenn Jim zu Hause war, wollte er nicht an Zahlen denken. Plötzlich musste Jim nicht nur seine Arbeit, sondern auch sein Privatleben selbst organisieren.

Jim war am Arbeitsplatz sehr gut organisiert, aber Alicia und er hatten sich stillschweigend darauf geeinigt, dass er zu Hause nicht ganz so ordentlich sein musste. Jim beschloss, sein Organisationstalent auch auf sein Privatleben zu übertragen; er übertrug sein Zeitmanagement und sein Ordnungssystem in das Privatleben (in Kapitel 19 erfahren Sie mehr über Modellbildung und Nachahmung).

Jim stellte auch fest, dass ihm im Bereich Freizeit und Urlaub vieles verloren gegangen war. Schritt für Schritt entwickelte er neue Strategien (hierzu finden Sie in Kapitel 12 weitere Informationen), um zu entscheiden, wohin er fahren und wie er seine Reisen organisieren sollte. Zunächst buchte Jim Urlaube, bei denen er etwas Neues lernen konnte. Er hatte schon immer gern gekocht, also buchte er für seinen ersten Urlaub eine Woche in der Toskana, um die italienische Küche und die Weine der Toskana kennenzulernen. Schließlich konnte er Reisen buchen und Reiseziele kennenlernen, die er und Alicia nicht gemeinsam hatten besuchen können.

Jim musste sich dazu zwingen, etwas allein zu unternehmen, wie zum Beispiel ins Kino zu gehen. Er fand Hobbys, die sein Interesse am Leben aufrechterhielten, aber seine größte Herausforderung war es, für einen gemeinnützigen Verein die Buchhaltung zu übernehmen.

✔ **Glaubenssätze und Werte:** Jim stellte fest, dass seine Glaubenssätze bezüglich der Zukunft in Trümmern lagen. Zunächst sah er, wenn er in die Zukunft blickte, alles schwarz und voller Einsamkeit. Als aus den Wochen Monate wurden, entdeckte Jim erste kleine Lichtblicke, indem er sich dazu zwang, sich zu beschäftigen und mit Menschen zu kommunizieren. Interessanterweise, so sagt er, hätten sich die Wertvorstellungen über seine Arbeit und die Beziehungen zu seinen Mitmenschen kaum verändert, während sich die Werte rund um das »Leben« erheblich verschoben hatten. Vorher hatte er sich darauf konzentriert, was für ihn im Zusammenhang mit seinem Leben mit Alicia wichtig gewesen war – Kameradschaft, Liebe, Lachen, Spaß. Er entdeckte, dass er zwar an die Liebe glaubte, dass er allerdings zu viel Angst hatte, auch nur über die Folgen einer neuen Liebe nachzudenken. Er beschloss, dass sein höchster Wert darin lag, ein Erbe zu hinterlassen, das anderen Menschen helfen konnte, glücklicher zu leben, und dass er »ein wenig Glück zu dem kollektiven Unbewussten beitragen« konnte.

✔ **Identität:** Am meisten fürchtete sich Jim davor, einen Teil seiner Identität zu verlieren. 30 Jahre war er der Ehemann von Alicia gewesen. Seine Rolle im Leben bestand darin, auf sie aufzupassen. Er sagte, er fühle sich, als würde er dahintreiben. So ähnlich wie Scarlett O'Hara, die sagte: »Wohin soll ich gehen? Was soll ich tun? Auf wen soll ich jetzt aufpassen?« Dieses

Stadium war die schwierigste Phase beim Wiederaufbau seines Lebens, doch er erkannte, dass er es Stück für Stück tun musste. Auch jetzt, nach zwei Jahren, gibt es noch immer Löcher in seinem Leben, die ihn aus der Bahn werfen, doch dann wiederholt er die Litanei, die ihn tröstet: »Auch das geht vorüber.«

✔ Zugehörigkeit/Spiritualität/Vision/Mission: Jim entdeckte in seiner Trauerphase, dass trotz seines Verlustes positive Entwicklungen möglich waren, wenn er den Verlust akzeptierte und wieder etwas mehr in das Leben vertraute. Die Beschäftigung mit verschiedenen religiösen und philosophischen Ansätzen halfen ihm dabei sehr. Er machte es sich zur Aufgabe, Männer zu unterstützen, die ihre Partnerinnen verloren hatten.

Wir haben das Beispiel von Jim aufgenommen, weil es Ihnen helfen kann zu verstehen, was Sie wahrscheinlich durchmachen, wenn Sie in Ihrem Leben vor einer größeren Veränderung stehen. Dann fällt es Ihnen leichter, die Veränderung zu überstehen, anstatt gegen sie anzukämpfen und die Situation dadurch noch schwieriger zu machen.

 Machen Sie sich eine Kopie von Tabelle 20.2 und benutzen Sie sie, um die Erkenntnisse zu notieren, die Sie aufgrund der Veränderung und dem, was in Ihrem Leben passiert, bekommen, und um aufzuschreiben, was Sie tun könnten, um den Veränderungsprozess zu erleichtern.

Logische Ebene	Erkenntnisse	Was Sie tun können, um den Veränderungsprozess zu erleichtern
Identität		
Werte und Glaubenssätze		
Fähigkeiten und Fertigkeiten		
Verhalten		
Umwelt		
Zugehörigkeit/Spiritualität/ Vision/Mission		

Tabelle 20.2: Die Auswirkungen einer Veränderung auf Ihre logischen Ebenen

Die stärkste Ebene im Veränderungsprozess identifizieren

Je nach Lebensumständen und eingeschlagenem Weg kann die Veränderung einer der logischen Ebenen den größten Einfluss darauf haben, was Sie erreichen möchten.

Tom war überaus ehrgeizig, doch er musste feststellen, dass er ein Leben in Mittelmäßigkeit verbrachte. Er war deshalb ziemlich frustriert und gab jedem die Schuld an seinem Unglück. Tatsächlich hatte er aber sogar das Glück, dass er einen Vorgesetzten hatte, der einen Coach engagierte, um mit Tom zu arbeiten. Während einer Coaching-Sitzung, in der mit unterschiedlichen Wahrnehmungspositionen gearbeitet wurde, erkannte Tom, dass er noch viele Emotionen im Zusammenhang mit dem Tod seiner Mutter mit sich herumtrug, die gestorben war, als er elf Jahre alt war. Er erkannte, dass er tiefsitzende Glaubenssätze hatte, in denen es darum ging, wie unfair das Leben zu ihm war und wie viel Pech er hatte. Mithilfe der verschiedenen Wahrnehmungspositionen (siehe Kapitel 13) konnte Tom einige der ihn einengenden Glaubenssätze ablegen und sein Leben völlig verändern.

Als Tom seine Glaubenssätze zur Ungerechtigkeit des Lebens veränderte und sein Gefühl, ständig Pech zu haben, kritisch überdachte, erkannte er, dass sich seine Selbstwahrnehmung von einer Person, die sich als Opfer sah, zu einer Person, die Erfolg hatte, veränderte. Er fühlte sich mutig genug, sich um ein Führungstraining zu bewerben (Fähigkeiten und Fertigkeiten) und sprach mit seinem Vorgesetzten und seinen Kollegen über seine Ideen (Verhalten), wovor er früher zu viel Angst gehabt hatte.

Auch wenn Sie eine bestimmte Ebene stärken müssen, vielleicht indem Sie neue Kenntnisse erwerben oder Ihr Büro umräumen, werden Sie vielleicht auch feststellen, dass Sie etwas entfernen müssen. Wenn Sie häufig zu spät zu Meetings kommen, müssen Sie vielleicht ihr Zeitmanagement verbessern, aber was noch wichtiger ist, Sie müssen unbewusste, emotionale Blockaden beseitigen, die zu wenig hilfreichem Verhalten führen, wie in Toms Fall.

In welchem Bereich in Ihrem Leben steht eine Veränderung an? Wollen Sie etwas Wichtiges verändern, schieben es aber vor sich her? Denken Sie an Elaine aus dem oben beschriebenen Beispiel. Ihr hatten sich fünf Möglichkeiten zu einem beruflichen Aufstieg geboten, aber sie klammerte sich an ihren Job als Projektmanagerin, weil sie sich sicher fühlte. Zu guter Letzt wagte sie dann doch den Sprung ins kalte Wasser, weil sie von ihrem Umfeld in ihrer Situation keine Unterstützung bekam. Sie hatte ein kleines Kind und wollte zu Hause arbeiten, um mehr Zeit mit dem Kind zu verbringen. Mit der folgenden Übung können Sie mehr Klarheit darüber erlangen, welche logischen Ebenen Sie eventuell weiterentwickeln oder verändern müssen:

1. Notieren Sie, welche Veränderung Sie gerade durchmachen oder vornehmen möchten.

2. Machen Sie sich eine Kopie von der Matrix der logischen Ebenen (siehe Tabelle 20.3).

3. Identifizieren Sie die Ebene, die die größten Auswirkungen hat.

4. Schreiben Sie auf, welche Veränderung Sie durchmachen oder vornehmen möchten.

Nun erstellen Sie eine Liste der Dinge, die Sie anders machen wollen, um die Veränderung einfacher umzusetzen oder überhaupt erst auszulösen. So erkannte Elaine (siehe weiter vorn in diesem Kapitel den Abschnitt »Übereinstimmung und Kongruenz in den logischen Ebenen herstellen«), dass sie zu ihren Fähigkeiten und Fertigkeiten noch Kenntnisse über Finanzberatung hinzufügen musste. Sie erkannte, dass sie als Frau, die viel zu Hause arbeitet, im Vergleich zu anderen Kollegen im Nachteil war, weil diese problemlos zu Kunden reisen konnten und teilweise eigene Büros und Infrastruktur zur Verfügung hatten, die sie unterstützten. Sie wollte aber hervorstechen als eine der am besten qualifizierten Finanzberaterinnen.

Logische Ebene	Wie diese Ebene die Veränderung unterstützt	Wie diese Ebene die Veränderung nicht unterstützt
Identität		
Glaubenssätze und Werte		
Fähigkeiten und Fertigkeiten		
Verhalten		
Umwelt		
Zugehörigkeit/Spiritualität/Vision/Mission		

Tabelle 20.3: Die Matrix der logischen Ebenen

An Werten festhalten

Werte sind wichtig, weil sie unsere Identität unterstützen; eine Wertvorstellung von Aufrichtigkeit und Freundlichkeit kann dazu führen, dass man sich als »guter Mensch« fühlt. Gemessen werden die Werte durch Kriterien, die wir ihnen zuordnen. Es ist möglich, dass zwei Menschen eine gleiche Wertvorstellung haben, sie aber unterschiedlich bewerten. Zwei Führungskräfte, denen Effizienz als Firmenphilosophie ganz wichtig ist, messen diese Effizienz möglicherweise anhand unterschiedlicher Kriterien. Der eine betrachtet ausschließlich die monetären Auswirkungen und schaut danach, was unterm Strich dabei herauskommt. Der andere misst Effizienz möglicherweise anhand der Mitarbeitermotivation.

Da die Werte so lange in den Verzweigungen Ihres Unbewussten liegen, bis Sie sie sich bewusst gemacht haben, klammern Sie sich mit Leidenschaft an sie und haben wenig Möglichkeiten für flexibles Handeln. Sie sind vielleicht der Meinung, dass diese Stärke etwas Gutes ist, zum Beispiel dann, wenn man junge Hunde oder kleine Kinder erzieht. Aber im Beruf ist ein gewisses Maß an Flexibilität vorteilhaft. Die Kriterien, mit denen man die Effektivität von Wertvorstellungen misst, lassen einen gewissen Verhandlungsspielraum.

In dem Beispiel mit den Führungskräften, deren Wertvorstellung Effizienz war, hätte ein Mediator vielleicht aufzeigen können, wie sich die Mitarbeitermotivation positiv auf das

Gesamtergebnis auswirkt oder wie ein gutes Gesamtergebnis Sicherheit gibt und sich wiederum positiv auf die Mitarbeitermotivation auswirkt. Wenn man versteht, wie man die Wertvorstellungen der Menschen ansprechen kann, ist es einfacher, Veränderungen durchzusetzen. Das gilt für die Mitglieder eines Teams genauso wie für Ehepartner, die auf ein gemeinsames Ziel hinarbeiten.

Die Bedeutung einer klaren Kommunikation erkennen

Veränderungen kann man nicht befehlen, für Veränderungen muss man werben

Jayne Reddyhoff

Der Erfolg jedes Veränderungsprozesses hängt davon hab, dass sich alle im Team zusammenreißen; dabei kann das Team die Firma oder Teil einer Abteilung oder aber auch eine Familie sein. In dieser Situation spielt Rapport eine wichtige Rolle. Die Person, die Rapport aufgebaut hat, kann die Menschen beeinflussen und einbinden, die über Erfolg oder Misserfolg des Veränderungsprozesses entscheiden. Die Idee ist, dass Ihre Kommunikation jeden Einzelnen erreicht, sodass jeder Einzelne ganz genau versteht, was Sie von ihm wollen. In diesem Abschnitt fassen wir die über das Buch verteilt vorgestellten Techniken zusammen, mit denen man Rapport aufbauen kann, vor allem die, bei denen das auch in schriftlicher Form geschieht.

Wenn Sie an die verschiedenen Wahrnehmungspositionen denken (siehe Kapitel 7) und sich vergegenwärtigen, wie man aus der Perspektive der Person, die Sie ansprechen wollen, kommuniziert, werden Sie feststellen, dass es viel einfacher ist, Menschen mitzunehmen. In diesem Prozess müssen Sie zumindest einige der Wertvorstellungen der betreffenden Personen kennen, die an dem Veränderungsprozess beteiligt sind. (In Kapitel 3 finden Sie weitere Informationen über Wertvorstellungen.)

Die eigenen Wertvorstellungen zu kennen, ist bei der Wahl des Arbeitsplatzes oder des Partners – egal ob Geschäfts- oder Lebenspartner – wichtig. Sie müssen die Werte des anderen verstehen, wenn Sie mit ihm ein gemeinsames Ziel erreichen wollen. Sie können über die gemeinsamen Wertvorstellungen in einem Unternehmen gewisse Annahmen treffen, wenn die Mitarbeiter dieses Unternehmens sorgfältig ausgewählt werden. Wenn die Unternehmenswerte immer wieder kommuniziert werden, ist es wahrscheinlich, dass die Mitarbeiter, die bleiben und erfolgreich sind, diese Werte kennen, verstehen und diese mittragen. Wenn Sie als Führungskraft oder als Privatperson eine langfristige Beziehung aufbauen möchten, ist es hilfreich, die Werte der Person, mit der Sie diese Beziehung eingehen möchten, gut zu kennen. Manchmal müssen Sie einfach nur fragen: »Was ist Ihnen im Hinblick auf x wichtig?« Dabei kann »x« für »die Arbeit in unserem Unternehmen« oder »unsere Beziehung« oder »unsere Zusammenarbeit« stehen. Wenn es gelingt, dass alle Beteiligten gemäß gemeinsamen Werten agieren, ist es viel einfacher, Veränderungen umzusetzen, als wenn jeder sich nach seinen eigenen Interessen richtet, die auf seinen individuellen Werten basieren.

 Die Verwendung der VAK-Sprache (visuell, auditiv und kinästhetisch, wie in Kapitel 8 beschrieben) hilft Ihren Zuhörern, Ihre Botschaft besser zu verstehen. In Kapitel 6 erfahren Sie mehr über diese Vorteile.

Ähnlich wie Werte sind auch Metaprogramme (auf die wir in Kapitel 8 näher eingehen) abstrakte Filter, mit denen man die Daten, die unsere Sinne aus unserer Umwelt aufnehmen, filtert. Aufgrund dieses hohen Abstraktionsgrads kann es hilfreich sein, mithilfe der Metaprogramme die Präferenzen einer Person zu ermitteln und darauf aufbauend Rapport herzustellen. Wir raten, mit den Metaprogrammen »Hin zu/Weg von« und »Überblick/Detail« zu beginnen.

Bei allen relevanten Kommunikationsprozessen sollten Sie eine Checkliste zur Hand haben, die Sie daran erinnert, was Sie aufschreiben sollten. Sie könnte etwa so aussehen:

✔ Werte

✔ VAK

✔ Hin zu/Weg von

✔ Überblick/Detail

Lassen Sie genügend Platz, um alles einzutragen, was Ihnen als Gedächtnisstütze hilfreich erscheint.

Denken Sie daran, dass sich manche Menschen überfordert fühlen, wenn man ihnen zu viele Informationen gibt. Daher sollten Sie sich darin üben, zunächst einen kurzen Gesamtüberblick zu geben und dann näher auf die Details einzugehen. Vielleicht geht es Ihnen auch so, sei es beim Kauf eines neuen Autos, einer Waschmaschine oder bei der Auswahl des nächsten Urlaubsziels: Wenn man Sie mit zu vielen Detailinformationen überfordert, fällt Ihnen manchmal die Entscheidung schwer. Eine gute Strategie besteht darin, jemanden, dem Sie vertrauen, zu bitten, Ihnen eine Liste mit zwei oder drei Autos, Waschmaschinen oder Urlaubszielen zu geben, die Ihre »Pflicht«-Kriterien erfüllen und aus denen Sie dann auswählen können. So erfolgt die Entscheidungsfindung einfacher und schneller.

Es gab einmal einen Fall, da sollte eine IT-Abteilung neu strukturiert werden und das wohlmeinende Management wollte, dass der Veränderungsprozess ein integrativer Prozess für die gesamte Abteilung sein sollte. Daher hielten sie jeden einzelnen Mitarbeiter über die kleinsten Details im Zusammenhang mit dieser Veränderung auf dem Laufenden. Das führte allerdings dazu, dass die Produktivität in den Keller rutschte, weil sich die Programmierer von den vielen Informationen, die sie mehrmals am Tag erhielten, genervt und gestresst fühlten. Erst als der Abteilungsleiter erkannte, dass er die Flut an Informationen filtern musste und nur die weiterleiten sollte, die die Programmierer betrafen, stieg die Produktivität wieder an.

Die richtige Einstellung zu einer Veränderung entwickeln

In Kapitel 1 erfahren Sie, dass eine der NLP-Säulen die Verhaltensflexibilität ist. Diese Annahme ist entscheidend in jeder Lebenslage. Wenn Sie die richtige Einstellung entwickeln können, die es Ihnen erlaubt, mit all den vielen Variablen zurechtzukommen, haben Sie alles, was nötig ist, um in den meisten Situationen Ihr Gleichgewicht zu bewahren. Warum in den meisten Situationen? Weil wir uns natürlich darüber im Klaren sind, dass es Situationen gibt, in denen das Leben wirklich schwierig ist und man einfach nur noch in den Überlebensmodus schalten kann, etwa bei einem einschneidenden Verlust. Aber bedenken Sie: Schon die Fähigkeit, sich in solchen Situationen einigermaßen durch den Tag zu quälen, ist ein Beleg für Ihre Fähigkeit, flexibel auf solche drastischen Situationen zu reagieren.

 Erinnern Sie sich jeden Tag an etwas, das Sie an diesem Tag erreicht haben, auch wenn es Ihnen noch so unbedeutend erscheint.

Ängste ablegen

Angst lähmt. Die Menschen fürchten sich gar nicht so sehr davor, einen Fehler zu machen, sondern vor den Folgen einer Handlung. Angst entsteht dadurch, dass Menschen auf ihr vorhandenes Modell der Welt reagieren (in Kapitel 2 erfahren Sie mehr über die NLP-Grundannahmen). Wenn Sie aus einem Umfeld kommen, in dem Sie ständig kritisiert oder in dem Fehler nicht geduldet wurden, ist es sehr wahrscheinlich, dass Sie Angst davor haben, kritisiert zu werden, wenn Ihre Handlungen nicht dem entsprechen, was erwartet wird. Dadurch verfallen Sie vielleicht in einen Zustand, in dem Sie alles hinauszögern oder gar nichts mehr tun.

 Es kursiert eine Legende über einen Top-Verkäufer bei IBM, der in einem Projekt angeblich viel Geld verloren hatte. Als dieser Verkäufer zu Thomas Watson zum Gespräch gerufen wurde, einem der einflussreichsten Manager bei IBM, bot der Verkäufer an zu kündigen, was allerdings abgelehnt wurde. Watson sagte, dass IBM gerade viel Geld für die Weiterbildung des Verkäufers ausgegeben hatte und dass sie nicht die Absicht hätten, dieses Geld in den Wind zu schreiben.

Wenn Sie bei einer Sache zögern, weil Sie Angst haben, etwas zu tun, zum Beispiel den Job zu wechseln, einen Heiratsantrag anzunehmen, umzuziehen, eine Beförderung anzunehmen oder etwas Ähnliches, kann die folgende Übung Ihnen helfen, Ihre verborgenen Ängste freizulegen:

1. Stellen Sie sich die Fragen, die wir in Kapitel 4 in Zusammenhang mit dem wohlgeformten Ziel erklärt haben. Hier bezieht sich »x« darauf, eine bestimmte Handlung zu vollziehen, ähnlich wie die, die wir oben beschrieben haben.

   Was passiert, wenn ich x tue?

   Was passiert nicht, wenn ich x tue?

   Was passiert, wenn ich x nicht tue?

   Was passiert nicht, wenn ich x nicht tue?

2. Erstellen Sie eine Liste mit den Pro- und den Kontra-Punkten.

3. Erstellen Sie eine Liste all der Dinge, die Ihrer Meinung nach schiefgehen könnten, und schreiben Sie dazu, wie Sie mit den auftauchenden Problemen umgehen wollen.

4. Beschließen Sie, aus der Situation zu lernen, egal was passiert.

5. Lassen Sie alle Ängste, die Sie vielleicht noch immer haben, mithilfe der Methode der Submodalitäten raus.

In der Business-Welt kommt es häufig vor, dass Unternehmen Veränderungsprozesse einführen, um überleben zu können und die Effizienz zu steigern – was häufig zu Entlassungen fühlt – oder um den Gewinn zu steigern. Vielleicht werden Abteilungen zusammengelegt oder ganz geschlossen oder ein bestimmtes Problem – zum Beispiel eine härter werdende Konkurrenzsituation, hohe Krankenstände, schlechte Arbeitsmoral oder niedrige Produktivität – muss gelöst werden. NLP-Techniken helfen Ihnen durch solche schwierigen Zeiten.

Als David und seine Kollegen feststellen mussten, dass wieder Kollegen entlassen werden sollten, merkte er, dass seine alte Angst, den Arbeitsplatz zu verlieren, ihn nachts wieder stundenlang wachhielt. Er hatte schon mehrere Veränderungsprozesse hinter sich gebracht und mehrfach Phasen durchgemacht, in denen er sich »nicht gut« fühlte, und gemerkt, dass seine Motivation und sein Wohlbefinden gelitten hatten. Er beschloss, dass es nun genug damit sei und wählte folgende Strategie, um sich seine Produktivität zu erhalten:

1. **David wandte die »Was wäre wenn«-Reframing-Methode (auf die wir in Kapitel 14 näher eingehen) an und fragte sich: »Was ist das Schlimmste, was passieren kann?«**

   David wusste, dass er vielleicht mehrere Monate ohne Arbeit sein würde, doch da er nach den letzten Entlassungen ein Polster angespart hatte, könnte er sechs Monate ohne Arbeit überleben. Diese Erkenntnis trug dazu bei, die Beklemmung, die er empfand, wenn er daran dachte, dass er vielleicht entlassen werden würde, abzumildern. Er dachte weniger selten an diese Möglichkeit, doch die Intensität, mit der er daran dachte, blieb dieselbe. David beschloss, die Angst abzulegen, die er jedes Mal, wenn er an die Veränderungen dachte, die umgesetzt werden sollten, empfand (siehe Punkt 3 weiter unten).

   Er beschloss, dass es ihm nicht gefiel, dass seine Arbeit vollständig seine Identität definierte, nach dem Motto »Ich bin ein Verkäufer«. Er fragte sich, was er tun würde, wenn er nicht arbeiten müsste, um seine Hypothek zu bezahlen, und er erinnerte sich daran, wie gern er in der Schule mit Holz gearbeitet hatte. Er beschloss, dass er unabhängig davon, was mit dem Arbeitsplatz herauskommen würde, Kurse in Holzbearbeitung belegen wollte.

2. **Er erkannte, dass er selbst entscheiden konnte, wie er mit Veränderungen umging.**

   Anstatt zuzulassen, dass die Veränderung ihn fertig machte, nahm er sich vor, jeden Tag als Lernerfahrung zu betrachten. Am Ende jeden Tages schrieb er auf, was schwierig gewesen war. Dann wandte er das Reframing an und fragte sich: »Was kann ich daraus lernen?« und »Wie kann ich diese Erfahrung in den vor mir liegenden Tagen nutzen?«

3. **Das Wichtigste war, dass David beschloss, die Kontrolle darüber zu übernehmen, wie er auf die negativen Gespräche um ihn herum und die Angst, die er empfand, reagieren wollte.**

   Er begann damit, jedes Mal, wenn seine Kollegen anfingen, von den Problemen zu sprechen, mit denen sie kämpften, das Prinzip der Musterunterbrechung (siehe Erklärung weiter unten) anzuwenden. Er erkannte, wann die Kollegen negativ kommunizierten, weil sie sich gut dabei fühlten, negativ zu kommunizieren, und wann es tatsächlich einen Bedarf gab, ein Problem zu lösen. Wenn die Gespräche sinnlos und nur auf Meckern ausgerichtet waren, hob David die Hand und sagte etwas wie: »Hört auf, in Selbstmitleid zu baden. Wir wissen, dass wir schwierige Zeiten durchmachen, und wahrscheinlich wird es noch schwieriger, aber wir müssen stark bleiben.« Nach einiger Zeit schalteten Davids Kollegen in den Problemlösungsmodus um, sobald er nur die Hand hob.

David stellte fest, dass seine Furcht aus zwei Komponenten bestand. Er empfand die Angst wie eine schwere Last, die sich auf seine Schultern legte und hatte das Bild eines schweren, schwarzen Kastens vor Augen, der sich über seinen Körper legte. Dieser Kasten steht als Metapher dafür, wie er sich in seinem Körper fühlte (in Kapitel 17 erfahren Sie mehr über Metaphern). Jedes Mal, wenn diese Belastung wieder auftrat, veränderte David das Bild von dem Kasten ein wenig, indem er kleine Schlitze aus Silber einfügte. Schließlich verwandelte sich der Kasten in einen Bienenstock, der zuerst grau und dann ganz silber aussah, bis er ganz verschwand. (In Kapitel 10 erfahren Sie mehr über Submodalitäten.) Während er mit diesem Bild an seinem Gefühlszustand arbeitete, wandte David auch bestimmte Atemtechniken an, mit einer Autosuggestion, die er sich, wenn er allein war, leise vorsagte. Er atmete tief ein, sog Luft in den schwarzen Kasten und beim Ausatmen sagte er sich vor: »Ich bin entspannt, stark und selbstbewusst und ich fühle mich gut.«

Als *Pattern Interrupt* (Musterunterbrechung) bezeichnet man die Situation, wenn ein Verhaltensmuster oder Denkmuster unterbrochen wird. Wenn ein Coach seinen Klienten fragt: »Wie kann ich helfen?«, kann es sein, dass der Klient tief einatmet, negative Gefühle zu seinem Problem aufbaut und in Tränen ausbricht. Diese Schrittfolge ist ein Teil der Programmierung, den der Klient hinsichtlich seines Problems bereits durchlaufen hat. Der Coach kann dieses Muster unterbrechen, indem er etwas völlig Unerwartetes tut oder sagt. Man sagt von Richard Bandler, dass er einmal Wasser über eine Klientin geschüttet hat, um ihr Muster zu durchbrechen. Ziel einer solchen unerwarteten Unterbrechung ist, die neurologischen Verbindungen, die jemand zu einer Situation aufgebaut hat, zu unterbrechen.

Das Damoklesschwert der Entlassungen schwebt noch immer über David, doch er lässt jetzt nicht mehr zu, dass ihn die Furcht davor lähmt. Er hat erkannt, dass es für ihn auch ein Leben außerhalb seines Arbeitsplatzes gibt und dass er lieber ein ganzheitliches Leben leben wollte, als sein Leben so lange auf Eis zu legen, bis er abends endlich seinen Arbeitsplatz verlassen konnte.

Ein interessanter Nebeneffekt, der sich daraus ergab, dass David sich der Veränderung stellte, war folgender: Sein Vorgesetzter merkte, dass er viel produktiver war als die anderen Mitarbeiter, und er beschloss, ihn für eine Beförderung vorzuschlagen, sobald die Entlassungen vollzogen waren. Nun fühlt David sich sicherer, sollten in der Zukunft weitere Entlassungen anstehen, und er ist viel motivierter, seine Arbeit ordentlich zu erledigen. Seine Produktivität ist noch besser und er empfindet nicht mehr diese Last, die vor der Änderung seines Denkmusters sein ständiger Begleiter gewesen war. Nun erfährt er für seine Arbeit mehr Anerkennung, engagiert sich noch mehr und stellt fest, dass er sich auf dem Weg nach oben befindet.

Bereit für Experimente

Als ein Teil der IT-Abteilung ausgelagert werden sollte, steckten einige der Mitarbeiter, die ihren Job verlieren würden, ihren Kopf in den Sand und warteten auf das Unvermeidliche. Ein paar von ihnen waren allerdings bereit, neue Arbeitsformen auszuprobieren und entwickelten aus ihren Hobbys Geschäftsideen. Diese andere Einstellung verlieh diesen Mitarbeitern die Flexibilität, nach vorn zu schauen. Die restlichen Gruppenmitglieder waren passiv und hilflos, weil sie nicht in der Lage waren, über »Ich habe schon immer in der EDV gearbeitet« hinauszudenken, und hofften, dass sie in diesem zunehmend schwieriger werdenden Markt einen neuen Job finden würden.

Zu dieser gesünderen und positiven Einstellung gehört auch, dass man akzeptiert, dass nichts für die Ewigkeit ist und dass derjenige mit der größten Flexibilität in einem System überlebt und sogar besonders gut zurechtkommt. Ängstlichkeit verhindert, dass man Dinge ausprobiert und neue Optionen für sich selbst schafft.

Wo man Hilfe bekommt

Vielleicht finden Sie, dass es relativ einfach ist, kleinere Veränderungen allein zu bewältigen. Bei umfassenderen Veränderungsprozessen kann eine professionelle Unterstützung die Dinge vereinfachen. Bei persönlichen Veränderungen kann man sich einen Coach, einen Finanzberater, einen Immobilienberater oder, falls Sie meinen, ein Urlaub könnte hilfreich sein, sogar ein Reisebüro als Berater suchen.

Um am Arbeitsplatz Veränderungen umzusetzen, sind sogenannte *Change Champions* wichtig, Personen, die sich für eine Sache begeistern und diese aktiv vertreten. Ein Beispiel: Eine Abteilung mit 500 Mitarbeitern sollte umstrukturiert werden. Die Mitarbeiter wurden in Gruppen von 25 Personen eingeteilt. Jeder Gruppe wurde ein Gruppenleiter zugeordnet und dieser Gruppenleiter kanalisierte die Informationen. Die 20 Gruppenleiter standen hinter dem Veränderungsprozess und ihre Aufgabe war es, den Teammitgliedern die Veränderung »zu verkaufen«. Sie waren also faktisch die »Change Champions«. Dieser Umstrukturierungsprozess war einer der erfolgreichsten Veränderungsprozesse und das bei einem Minimum an Reibungs- und Produktivitätsverlusten. Ein weiterer Grund für diesen Erfolg war, dass sowohl die Gruppenleiter als auch 200 der 500 Mitarbeiter Einzelcoachings in Anspruch nehmen konnten. Die Unternehmensleitung legte großen Wert auf klare Kommunikation und zeitnahe Unterstützungsangebote für die Mitarbeiter.

Ressourcen stärken

In diesem Buch geht es immer wieder darum, wie wichtig es ist, flexibel zu sein. Seien Sie bereit, im Rahmen dieser Flexibilität auch neue Dinge auszuprobieren. Neue Dinge ausprobieren fällt leichter, wenn man sich in einer starken Ausgangsposition befindet. Wenn man sich stark fühlt, gelingt es leichter, Probleme zu umgehen. Diese Einstellung wiederum macht es erheblich einfacher, mit einer Veränderung umzugehen, als wenn man sich schwach und zögerlich fühlt.

Alan, ein erfolgreicher Verkäufer, war einfach nicht zu stoppen, wenn er sich gut und energiegeladen fühlte. An anderen Tagen jedoch bekam er nichts auf die Reihe. Er beschloss, etwas zu schaffen, was ihn immer an seine guten Tage erinnern würde. Er suchte sich also einen Tag heraus, an dem er wirklich erfolgreich gewesen war, schrieb ganz genau und bildhaft auf, was er gesehen, gehört und getan hatte, um sich so energiegeladen und voller Tatendrang zu fühlen (in Kapitel 9 finden Sie weitere Informationen zum Thema Anker). Zunächst führte Alan die Übung gemeinsam mit einem Freund durch, der ihm half, die einzelnen Schritte der Übung auch korrekt auszuführen. Als er sich die einzelnen Schritte dann merken konnte, konnte er die Übung auch allein durchführen. Seine Umsätze gingen in den ersten drei Monaten, nachdem er es sich zur Gewohnheit machte, vor einem Kundenbesuch seinen »Turbo-Anker« zu benutzen, um 15 Prozent nach oben.

Pacing in die Zukunft

Auch wenn Sie fest entschlossen sind, in Ihrem Leben etwas zu verändern, kann es passieren, dass Sie ins Wanken geraten und sich fragen, ob Sie die richtige Entscheidung getroffen haben. Hier ist es nützlich, sich mental in die Zukunft zu versetzen und an die Zeit zu denken, wenn Sie Ihr Ziel erreicht haben werden. So erinnern Sie sich selbst daran, was Sie erreichen möchten. Diese Technik ist vor allem dann nützlich, wenn Sie sich vorgenommen haben, sich gesünder zu ernähren, oder wenn die Tafel Schokolade dort auf dem Tisch Ihren Namen flüstert und Sie nicht widerstehen können. Sie können diese Methode auch nutzen, um damit die Gewohnheit der sofortigen Belohnungserwartung zu durchbrechen (in Kapitel 12 erfahren Sie mehr darüber, wie man Gewohnheiten durchbricht), indem Sie einen Zusatzschritt einbauen und eine Strategie entwickeln, mit der Sie sich immer erst einmal bewusst machen, was Sie eigentlich essen, also insgesamt bewusster zu handeln.

Die Route festlegen

»Einsicht ist der erste Schritt zur Besserung«, besagt schon ein altes Sprichwort. Deshalb besteht eine Methode zur Zielerreichung darin, zu wissen, wo man steht und wohin man gelangen will, und sich dann die logischen Schritte zu überlegen, wie man an das Ziel gelangt. Eine noch bessere Möglichkeit besteht darin, sich vorzustellen, man sei bereits am Ziel angekommen, und sich dann rückwärts durch die in dieser Übung vorgestellten logischen Schritte zu arbeiten. (In Kapitel 14 erfahren Sie mehr über das »Als-ob-Reframing«. In Kapitel 13 erfahren Sie detailliert, wie man eine solche »Zeitreise« macht.)

Diese Übung ist eine Abwandlung der Übung »Sorgen loswerden« in Kapitel 13 und zeigt Ihnen, wie Sie Zeitlinien noch anders verwenden können:

1. Suchen Sie sich einen sicheren und ruhigen Ort, um zu entspannen, und denken Sie an Ihr Ziel.

2. Zeichnen Sie eine Linie und notieren Sie den Anfangs- beziehungsweise den Endpunkt Ihres Ziels auf den jeweiligen Seiten der Linie.

3. Denken Sie darüber nach, welche Schritte notwendig sind, um Sie vom Startpunkt bis zum Ziel zu bringen und schreiben Sie diese Schritte auf.

4. Fliegen Sie hoch über Ihrer Zeitlinie, sodass Sie Ihre Vergangenheit und Ihre Zukunft unter sich sehen können.

5. Schweben Sie weiter über Ihrer Zeitlinie, bis Sie über dem Punkt schweben, an dem Sie Ihr Ziel erreicht haben.

6. Drehen Sie sich nun um, schauen Sie zurück und erlauben Sie Ihrem Unbewussten, die Lücken zu schließen, die Sie vielleicht auf Ihrer Landkarte noch vergessen haben, und fügen Sie diese in die Skizze ein.

7. Stellen Sie nun gedanklich alle Ereignisse entlang der Zeitlinie in einer Reihe auf, sodass sie Sie bei Ihrem Ziel unterstützen. Achten Sie darauf, welche Maßnahmen Sie unterwegs vielleicht ergreifen müssen.

8. Wenn Sie fertig sind, schweben Sie wieder zurück in die Gegenwart und landen Sie wieder hier in Ihrem Zimmer.

Einen Schritt weiter gehen

Die Entscheidung, eine Veränderung vorzunehmen, dauert nur einen Moment, doch der Veränderungsprozess kann wenige Minuten oder auch ein ganzes Leben dauern. Wichtig ist, dass man aktiv etwas unternehmen muss, um eine Veränderung vorzunehmen. In diesem Abschnitt erklären wir die Bedeutung des ersten und des letzten Schrittes in einem Veränderungsprozess.

Den ersten Schritt machen

Der erste Schritt ist der wichtigste, weil er die Dynamik erzeugt, mit der Sie dann den zweiten und die weiteren Schritte auf Ihrer Reise machen. Häufig hilft es, ein großes Ziel in viele kleine Teilziele zu zerlegen, damit man auf dem vielleicht langen Weg zum Erfolg seine Motivation nicht verliert.

Susan, die seit 24 Jahren drogenabhängig war, ging eines Morgens von einem Nachtklub nach Hause, als die Begegnung mit einem Bekannten ihr Leben veränderte. Als sie versuchte, mit dem Bekannten zu sprechen, sagte er nur: »Geh nach Hause, schau in den Spiegel und triff ein paar Entscheidungen.« Susan ging nach Hause, sah in den Spiegel und stellte fest, dass sie furchtbar aussah. Ihre Haut war grau, sie hatte dunkle Ringe unter den Augen, sah verschmutzt und ausgemergelt aus und sie musste zugeben, dass sie hundeelend aussah und sich auch so fühlte.

Das war der Moment, in dem sie entschied: »Das will ich nicht mehr. Ich möchte nicht mehr so aussehen.« Diese Entscheidung, auch wenn sie in der negativen Form formuliert war (in Kapitel 4 finden Sie weitere Informationen darüber, wie man ein wohlgeformtes Ziel formuliert), war der erste Schritt, den Susan machte, um am Ende wieder die Kontrolle über ihr Leben zu bekommen. Sie war von einer starken Weg-von-Motivation geprägt und wusste meistens genau, was sie nicht wollte. (In Kapitel 8 finden Sie weitere Informationen über das Weg-von-Metaprogramm.)

Als Nächstes nahm sie sich vor, ihr Umfeld zu verändern. Sie traf sich nicht mehr mit ihren ebenfalls drogenabhängigen Freunden und suchte sich einen Job. Während ihres Entzugs schlug eine Nachbarin ihr vor, doch eine Weiterbildung zum Coach beziehungsweise zur Dozentin zu machen. Dieser Vorschlag war der erste Schritt von Susans Weg zu einer richtig guten Dozentin.

Feiern und zum Abschluss kommen

Viele Zielsetzungsmethoden gehen in die Tiefe und enthalten die Formulierung wohlgeformter Ziele, den Entwurf einer Straßenkarte und wie man den ersten Schritt macht. Die wenigsten Methoden gehen auf den letzten Schritt, den Abschluss, ein. Zugegeben, der Abschluss ist nicht der letzte Schritt im Gesamtsystem der Dinge, aber es kann sehr nützlich sein, für eine Projektphase oder ein ganzes Projekt einen letzten Schritt festzulegen, der das Ende repräsentiert.

Jede Veränderung erfordert Zielstrebigkeit und der physische und emotionale Aufwand setzt viele Menschen unter erheblichen Druck. Dieser Stress kann sich als *Distress* (negativer Stress) oder als *Eustress* (positiver Stress; Mikály Csíkszentmihályi, Autor mehrerer inspirierender Bücher nennt das den sogenannten *Flow*-Zustand). In beiden Fällen benötigen Sie Zeit, in der Sie Ihre Batterien wieder aufladen können. Mit einem formalen Abschluss kann die Spannung der konzentrierten Arbeit entweichen, das Ende einer Phase wird angezeigt und man erteilt sich selbst die Erlaubnis, sich einer neuen Herausforderung zu widmen.

 Beenden Sie ein Projekt – eines das man zu Hause (wie Gartenarbeit) oder am Arbeitsplatz (zum Beispiel um die Produktivität eines Teams zu verbessern) umsetzt – mit einem Abschlussbriefing. Sie könnten folgende Themen analysieren:

✔ Was lief gut?

✔ Was hätte besser laufen können?

✔ Was haben wir gelernt?

✔ Was werden wir nächstes Mal besser machen?

Vergessen Sie nicht, dem Team zu gratulieren (selbst wenn das Team nur aus einem Mitglied – Ihnen – besteht), und vergessen Sie auf keinen Fall zu *feiern*!

Teil VI
Der Top-Ten-Teil

 Besuchen Sie uns doch einmal auf http://www.facebook.de/
fuerdummies!

erkennen Sie, warum der Top-Ten-Teil in der
»... für Dummies«-Reihe so beliebt ist: Hier finden Sie
schnell weitere Informationen. Dieser Teil vermittelt
Ihnen einen Eindruck, welch große Wirkung NLP auf
unseren Alltag hat – in Erziehung und Lehre, im
Verkauf oder bei der persönlichen Entwicklung. Hier
gibt es für jeden etwas: zehn Anwendungen von NLP,
Buchempfehlungen und Filmtipps. Sie werden sehen,
wie viel Sie noch entdecken können, nachdem Sie
nun neugierig geworden sind.

Kapitel 21

Zehn Anwendungen von NLP

Bei unserer Arbeit als Coach, Berater und Trainer finden wir täglich Anwendungen für NLP. Zu Hause mit Familie und Freunden ist es ebenso wichtig. Wie können Sie NLP anwenden? In diesem Kapitel präsentieren wir zehn Vorschläge, von denen wir hoffen, dass sie Ihnen einen Denkanstoß bieten, wie Sie die Inhalte dieses Buches für sich umsetzen können. Sie entscheiden, was Ihnen wichtig ist.

Sich weiterentwickeln

Wir hoffen, dass Sie aus diesem Buch etwas für sich mitnehmen. NLP bietet Mittel zu lernen, zu wachsen und sich zu entwickeln, und Sie können sich entscheiden, ob Sie sie annehmen. Sie können NLP auch anwenden, um andere zu coachen (wie in anderen Abschnitten in diesem Kapitel erklärt). Auf jeden Fall lohnt es sich, selbst stark und gesund zu sein, um ein echtes Vorbild zu sein.

Das NLP-Zubehör besteht aus einer Sammlung von Modellen und Übungen sowie persönlichem Wissensdurst, womit Ihnen Folgendes ermöglicht wird:

✔ Wählen Sie Ihren produktivsten emotionalen Zustand aus und setzen Sie als mentale Technik Anker ein, durch die Sie diesen guten Zustand aufrechterhalten können, wenn Sie sich Herausforderungen stellen. Sie werden am besten lernen, wenn Sie sich sicher dabei fühlen, etwas Neues auszuprobieren. Wie man Anker setzt und löscht, erfahren Sie in Kapitel 9.

✔ Verwenden Sie die NLP-Grundannahmen – die Annahmen, auf denen NLP basiert – als Leitfaden für Ihr Denken. Mehr dazu in Kapitel 2.

✔ Finden Sie heraus, was Sie in Hochform bringt – indem Sie Informationen darüber sammeln, wie Sie Ihre Erfahrungen durch Ihre Sinne wahrnehmen. Diese sogenannten Repräsentationssysteme werden in Kapitel 6 erläutert.

✔ Übernehmen Sie Verantwortung für Ihr eigenes Lernen, anstatt darauf zu warten, dass es jemand anderes für Sie tut.

✔ Werden Sie sich klar darüber, was Sie in allen Bereichen Ihres Lebens wirklich wollen. Die wohlgeformten Ziele, die wir in Kapitel 4 vorstellen, sind wesentlich beim Ergründen, was Sie wollen.

✔ Lernen Sie, eine Veränderung auf der betreffenden logischen Ebene vorzunehmen, um Ihr Können und Selbstvertrauen zu steigern – ob es sich um Umwelt, Verhalten, Fähigkeiten, Glaubenssätze, Identität oder Ziel handelt. All das wird in Kapitel 11 gezeigt.

✔ Pacen Sie sich selbst ebenso wie andere Menschen, um sicherzustellen, dass Sie keinen Burn-out bekommen, weil Sie sich selbst zu sehr antreiben. Lernen Sie Rapport einfacher aufzubauen. Wir haben das gesamte Kapitel 7 dem Thema Aufbauen von Rapport gewidmet.

Ihre persönlichen und geschäftlichen Beziehungen steuern

»Hilfe! Diese Beziehung funktioniert nicht!« Wenn Sie glauben, dass Sie ein schlechtes Verhältnis zu jemandem haben, kann das eine sehr verfahrene Geschichte sein. Die Tür wird Ihnen vor der Nase zugeschlagen. Eine Aussage, die Sie im NLP häufig hören, ist: *Wenn das, was Sie tun, nicht funktioniert, versuchen Sie etwas anderes.* Zum Glück bietet Ihnen NLP eine Reihe von Methoden, um aus der Sackgasse herauszukommen und die Tür zu weiteren Möglichkeiten zu öffnen.

✔ **Das Meta-Modell:** Eine wichtige Methode ist das Meta-Modell, das wir in Kapitel 15 beschreiben. Hiermit ist es möglich, hinter die Kulissen der vagen Alltagssprache (wie »Ich bin nicht glücklich damit.«) zu schauen, indem Sie mit nützlichen Fragen genauere Informationen sammeln und Annahmen infrage stellen, die einer glücklichen und lohnenden Beziehung im Wege stehen. Wenn Sie wissen, wie man klar kommuniziert, können Sie zum Kern dessen vordringen, was Sie und andere wirklich sagen wollen.

✔ **Der NLP-Meta-Mirror:** Eine zweite Methode, auf die Sie zurückgreifen können, ist der NLP-Meta-Mirror. Dies ist Thema in Kapitel 7, in dem wir Sie auffordern, sich in verschiedene Wahrnehmungspositionen zu begeben. Der Meta-Mirror ist eine beliebte Technik zur Ergründung schwieriger Situationen. Dabei untersuchen Sie, in welcher Beziehung Sie zu anderen stehen. Durch die Berücksichtigung verschiedener Blickwinkel erhalten Sie neue Ideen, um Beziehungen voranzubringen – oder höflich Auf Wiedersehen zu sagen.

Eine Win-win-Lösung aushandeln

Angenommen, Ihnen steht eine wichtige Verhandlung bevor. Vielleicht haben Sie das Haus Ihrer Träume entdeckt. Wie kann NLP Ihnen dabei helfen, das beste Geschäft abzuschließen, wenn Sie mit Immobilienmaklern konfrontiert sind, die Sie dazu drängen, das neue Haus zum Höchstpreis zu kaufen und Ihr jetziges für so wenig wie möglich zu verkaufen? Ganz einfach, indem es Ihnen Prinzipien und Strategien liefert, die Sie zu jedermanns Vorteil anwenden können. Dieselben Prinzipien gelten, wenn Sie sich für eine Stelle bewerben, ein Auto kaufen, Mitarbeiter einstellen oder den Haushaltsplan der Wohngemeinschaft aufstellen.

 Streben Sie nach positiven Zielen – beginnen Sie mit Ihrem gewünschten Resultat im Kopf. Sprechen Sie in einer positiven Sprache. Konzentrieren Sie sich immer darauf, was Sie wollen, statt darauf, was Sie nicht wollen. In Kapitel 4 finden Sie alles zu wohlgeformten Zielen.

✔ Schalten Sie Ihre Sinne ein – machen Sie Ihr Ziel deutlicher, indem Sie darauf achten, wie es aussehen, klingen und sich anfühlen wird, wenn Sie eine Verhandlung erfolgreich abgeschlossen haben. In Kapitel 6 bekommen Sie ein Gefühl dafür.

✔ Notieren Sie sich Ihre Kriterien – konzentrieren Sie sich auf fünf wichtige Elemente, die wichtig für Sie sind, wenn Sie einen Zug machen. Ordnen Sie sie nach Priorität und sehen Sie die Liste immer mal wieder an, um zu kontrollieren, dass Sie bekommen, was Sie wollen.

✔ Schreiben Sie sich die Kriterien des Verkäufers auf – was ist wichtig für ihn? Stellen Sie sich vor, wie es wäre, in seiner Haut zu stecken, und erinnern Sie sich jedes Mal, wenn Sie Kontakt haben, daran, was er will.

✔ Positive Nebeneffekte – bedenken Sie, welche positiven Aspekte Ihr derzeitiges Haus hat, die Sie nicht verlieren wollen. Das kann die Zahl der Badezimmer, der sonnige, nach Süden gelegene Garten oder die gute Verkehrsanbindung sein.

✔ Beachten Sie Ihr Budget. Seien Sie darauf vorbereitet, lieber ohne Geschäftsabschluss nach Hause zu gehen, anstatt sich mitreißen zu lassen und einen Handel abzuschließen, der enttäuschend für Sie ist.

✔ Kontrollieren Sie Ihren inneren Zustand. Bei Verhandlungen ruhig und entspannt zu bleiben, wird Ihnen helfen, den besten Abschluss zu erzielen. Sie können in Kapitel 9 mehr über Anker erfahren.

✔ *Chunking*, die Fähigkeit, die Sicht auf das große Ganze zu verschieben oder auf die Details zu lenken, ist eine wichtige Qualifikation für Verhandlungen. Wenn Sie bei Details uneins sind, empfiehlt sich ein Herauf-Chunking von den Einzelheiten Ihres Vertrags, um allgemeine Übereinstimmung bei wichtigen Punkten zu erreichen. Wenn Sie hier Gemeinsamkeiten gefunden haben, ist ein Herunter-Chunking auf kleinere Probleme möglich. Kapitel 15 hilft Ihnen, bei Bedarf genau und zielgerichtet zu sein, während Kapitel 16 erklärt, wie Sie Leute in eine entspannte Trance bringen, sodass sie Ihre Botschaft deutlicher hören.

✔ Behalten Sie Rapport mit jedem in der Kette. Selbst wenn Sie mit jemandem inhaltlich nicht übereinstimmen, passen Sie sich seiner Körpersprache und seinem Tonfall an und spiegeln Sie ihn. Es hilft, wenn Sie allen zuhören. In Kapitel 7 behandeln wir die wichtige NLP-Fähigkeit des Aufbauens von Rapport.

Umsatzziele erreichen

NLP-Prinzipien eignen sich, um starke Verkaufsbeziehungen aufzubauen. Sie bringen Ihnen bei, wie man Rapport aufbaut, wie man Klarheit darüber gewinnt, was jemand will, seine Werte und Kriterien zu verstehen und wie man zugleich flexibel bleibt, bis man einen Vertrag abschließt oder sich entscheidet auszusteigen, weil man merkt, dass es nicht passt.

Der NLP-Ansatz führt zu einer sehr takt- und respektvollen Gewinnsituation. Integrität ist hier das passende Stichwort. Gute Verkäufer sind in der Lage, die Perspektive des Kunden einzunehmen und die Vorzüge ihres Produkts mit den Bedürfnissen des Kunden abzugleichen. Niemand will etwas auf marktschreierische Weise verkauft bekommen. Der Kunde möchte, dass man ihm zuhört und Lösungen für seine Probleme findet, er will Produkte und Dienstleistungen, die ihm helfen, ein Geschäft zu führen oder das Leben mehr zu genießen. Es geht ihm um den »Wohlfühlfaktor«. NLP befasst sich mit Einfluss und wie Menschen Entscheidungen treffen. Erfolgreiche Verkäufe decken die Bedürfnisse des Kunden auf vielen Ebenen.

 Es gibt ein Sprichwort: »Leute kaufen mit dem Bauch und begründen mit dem Verstand.« Ob Sie nun ein Produkt oder eine Idee verkaufen, Sie knüpfen hauptsächlich auf einer emotionalen Ebene Verbindungen mit Menschen. Leute kaufen zuerst *Sie*, bevor sie kaufen, was Sie verkaufen.

Eindrucksvolle Präsentationen erstellen

Die Fähigkeit, gut zu kommunizieren, ist wichtig für Ihren Erfolg. Sie werden feststellen, dass es die wichtigste Fähigkeit ist, die sich auf Ihre Zukunft auswirkt. Diejenigen, die gut präsentieren können, haben in vielen Bereichen des Lebens die Nase vorn – ob Sie nun anstreben, Politiker, Sportler, Lehrer, Fernsehmoderator oder Führungskraft des Jahres zu werden. Haben Sie Selbstvertrauen, um loszugehen und sich dafür einzusetzen, woran Sie glauben? Möchten Sie wirklich während eines feierlichen Abendessens verängstigt herumsitzen, weil Sie die Dankesrede am Ende halten müssen? Wenn Sie gut präsentieren können, können Sie Karriere machen. Oder sich einfach zurücklehnen und Spaß haben.

Und was hindert Sie? Mit einem Wort: SIE.

Leider sind sehr viele Menschen entsetzt bei dem Gedanken an eine Präsentation. Und wenn sie nicht entsetzt sind, ziehen es sehr viele vor, irgendwo im Hintergrund herumzuhängen, anstatt nach vorn zu gehen und es dem Publikum zu zeigen.

NLP kann etwas für Sie verändern:

✔ Es zeigt Ihnen, wie Sie das Ziel Ihrer Präsentation eindeutig aufzeigen.

✔ Es zeigt Ihnen, wie Sie jeden im Publikum durch Ihre Sprache erreichen können.

✔ Es zeigt Ihnen, wie Sie selbstsicher vor einer Gruppe stehen können.

Angenommen, Sie sollen beim jährlichen Treffen Ihres Gesangsvereins eine Rede halten. (Setzen Sie für den Gesangsverein Ihr eigenes Hobby ein, vom Hamstertraining bis zum

Segelfliegen.) Ihre erste Aufgabe lautet, mithilfe von NLP das Ziel der Präsentation festzulegen. Welches Resultat oder welche Aktion erhoffen Sie sich von Ihrer Rede? Legen Sie das für sich genau fest und berücksichtigen Sie dabei, was das Publikum von Ihnen erfahren will.

Als Zweites denken Sie VAK – visuell, auditiv und kinästhetisch –, wenn Sie Ihre Rede zusammenstellen. (In Kapitel 6 finden Sie Tipps, wie man die dominanten Sinne der Zuhörer einbezieht.) Wie bauen Sie eine Verbindung mit Menschen auf, die Bilder mögen, die Worte hören und denen, die sich nur auf ihren Instinkt verlassen? Bei der Vorbereitung Ihres Manuskripts sollten Sie bedenken, dass es Menschen gibt, die nur die Überschriften benötigen, und andere, die alles bis ins letzte Detail erfahren müssen.

Der dritte Punkt ist, dass NLP Ihnen die Werkzeuge liefert, sich mental auf jede Präsentation vorbereiten zu können. Machen Sie sich klar, wie Sie bei dieser Präsentation auftreten wollen – heiter, getragen oder vielleicht irgendwo dazwischen? Finden Sie einen entsprechenden Zeitpunkt in der Vergangenheit, als Sie so waren, damit Sie dieses vergangene Erlebnis aufrechterhalten oder ankern können, um für sich das Gefühl wiederzuerlangen. Sie können lernen, wie man Bühnen-Anker setzt – sehen Sie dazu in Kapitel 9 nach.

 Und der wichtigste Tipp: Bleiben Sie nicht an Tipps und Techniken hängen. Wir präsentieren alle unterschiedlich und es ist erfrischend, wenn Sie einfach nur Sie selbst sind. Wenn Sie frei über etwas sprechen, an dem Sie leidenschaftlich interessiert sind, wird der Funke zwischen Ihnen und Ihrem Publikum überspringen.

Zeit und andere kostbare Ressourcen managen

Wir haben alle dieselbe Menge Zeit. Wie wir sie nutzen, macht den Unterschied aus. Wie kommt es, dass einige Leute ihr Leben damit verbringen, gegen die Uhr zu kämpfen, während andere gemächlich herumschlendern?

Wenn Sie verstehen, welchen Bezug Sie zu Zeit haben, wird das Ihre tägliche Erfahrung verändern. NLP unterscheidet zwischen Menschen, die in-time handeln – wenn man im und für den Augenblick lebt –, und denen, die through-time oder between-time handeln. Zeitplanung ist viel einfacher, wenn Sie through-time sind. Den Moment wahrzunehmen, ist einfacher, wenn Sie in-time sind. Die Vorteile beider Zeitlinien erleben Sie im Modell between-time. Tipps für Zeitreisen finden Sie in Kapitel 13.

Als Coach ermutige ich (Kate) meine Klienten, ihre Zeit vernünftig zu nutzen und sich klarzumachen, welche Auswirkungen es hat, wenn man Zeit auf etwas verwendet, was man nicht tun will, um so Energien für etwas freizusetzen, das einen wirklich motiviert. Zeit ist eine kostbare Ressource, und wenn Sie sie verlieren oder verschwenden, können Sie sie nicht zurückfordern.

 Zu viel auf sich zu nehmen, um anderen zu gefallen, hat den gegenteiligen Effekt, wenn Sie die Leute im Stich lassen.

Durch Coaching zum Erfolg

Gibt es etwas, was Sie tun wollen, woran Sie vielleicht schon lange Zeit denken, aber das Sie noch nicht angefangen oder erreicht haben? Wenn ja, dann kann NLP-Coaching Ihnen dabei helfen, die Idee, das Verlangen nach Veränderung, in die Tat umzusetzen.

Wenn Sie mit einem Coach arbeiten, der sich die Prinzipien des NLP gekonnt zu eigen gemacht hat, wird er Vertrauen in Ihr uneingeschränktes Potenzial haben – und wird Ihnen helfen, Ziele zu erreichen, die unmöglich erschienen. Und das kann Spaß machen.

Coaching konzentriert Ihre Aufmerksamkeit auf das Erreichen der Resultate, die Sieanstreben – Ihre Ziele –, und verhindert, dass Sie Ihre Energie zaudernd für etwas verschwenden, das Sie nicht möchten. Es hilft Ihnen, die Hindernisse, die Sie aufhalten, zu überwinden oder aus dem Weg zu räumen. Coaching schließt die Lücke zwischen dem Punkt, an dem Sie sich jetzt befinden, und dem, zu dem Sie hinwollen: von Ihrem *Gegenwartszustand* zu Ihrem *Wunschzustand*.

 Durch Handeln werden Träume Wirklichkeit. Eine der wichtigsten Gründe, warum Coaching zu Ergebnissen führt, ist, dass Sie sich zum Handeln verpflichten. Ein weiterer ist, dass es Ihr Ziel in mundgerechte, realistische Häppchen unterteilt. Wenn Sie mit einem Coach arbeiten, gehen Sie jemand anders gegenüber eine Verpflichtung ein. Es ist, als ob dort jemand mit Stoppuhr und Notizheft steht und Sie in regelmäßigen Abständen prüft, um sicherzustellen, dass Sie noch auf dem richtigen Weg sind.

Die Prinzipien von NLP eignen sich, um Erfolge im Sport und im Beruf zu erzielen. Daher begegnet man häufig Trainern, die NLP-Ankertechniken einsetzen, um Sportlern zu helfen, vor dem großen Spiel in einen selbstbewussten Zustand zu gelangen.

Im Coaching geht es häufig darum, Leuten zu helfen, ihre Balance und Harmonie wiederzufinden. Ich persönlich (Kate) glaube, dass es beim Coaching um viel mehr geht, als auf dem Golfplatz oder in der Vorstandssitzung zu glänzen. Ich nehme eine ganzheitliche Perspektive ein – ziehe alle Aspekte des Lebens einer Person in Betracht, um ihr zu ermöglichen, die eigene Zukunft zu erschaffen. Ich coache erfolgreiche Führungskräfte, die in ihrer Arbeit Außergewöhnliches leisten wollen. Dadurch, dass ich neben ihren Arbeitsmustern auch das Gesamtbild ihres Lebens untersuche, können diese Leute ihre eigene Energie und Zielgerichtetheit freisetzen, um zu erreichen, was sie wollen.

 Wenn Sie in einem Bereich Ihres Lebens zum Nachteil von anderen brillieren, zum Beispiel in Ihrer Arbeit, ist Ihr Leben während der Arbeitszeit großartig, aber Ihr Privatleben ist miserabel. Sie haben dann eine unausgeglichene und potenziell ungesunde Existenz. Klienten, die im Geschäft extreme Höhen erreichen, können so ihre Gesundheit oder wichtige Beziehungen schädigen. Und diejenigen, die ein angenehmes Privatleben führen, vernachlässigen vielleicht ihr berufliches Potenzial. Wenn diese Szenarios auf Sie zutreffen, kann Ihnen ein NLP-Coach helfen, die Balance und Harmonie in Ihrem Leben wiederherzustellen.

Mithilfe von NLP etwas für die Gesundheit tun

NLP kann Ihnen viel bieten, wenn Sie gesund bleiben wollen, denn es erkennt die untrennbare Verbindung zwischen Geist und Körper an. Es betrachtet einen Menschen als System, das im Gleichgewicht bleiben muss, damit er gesund bleibt.

Haben Sie schon einmal erlebt, dass Sie zu viel zu tun hatten, nicht genug Zeit hatten, es zu erledigen, und keinen Überblick, wann und wie es überhaupt bewältigt werden sollte? Wahrscheinlich haben Sie sich wie ein Hamster im Rad gefühlt, der nichts erreicht? Die meisten Leute erleben solche Zeiten, wenn es hart auf hart kommt – Höhen und Tiefen sind normal. Der Gefahrenbereich ist überschritten, wenn man nicht bemerkt, was geschieht und das Leben außer Kontrolle gerät. Wenn man in einem Bereich seines Lebens die Kontrolle verliert, schreitet der Körper mit einem Bremsmechanismus ein. Spannungen, Kopfschmerzen, Nacken- und Rückenprobleme können ebenso wie Wutausbrüche und Beklemmungen Warnhinweise Ihres Körpers sein, dass Sie Ihr Leben nicht unter Kontrolle haben.

NLP hilft Menschen, ausgeglichen zu sein und sich darauf zu konzentrieren, wer sie sind, welche Kernwerte sie haben und mit ihrer Gesundheit in Einklang zu bleiben.

 Eine Teilnehmerin einer meiner (Romilla) »Beyond Di-Stress«-Workshops hat sich förmlich zerrissen, um ihren Verpflichtungen bei der Arbeit, nachdem sie kurz zuvor befördert worden war, und den Bedürfnissen ihrer Familie gerecht zu werden. Im Verlauf des Workshops erkannte Cassy, dass sie auf die Forderungen ihres Chefs und ihrer Familie einging, weil sie ein tiefes Bedürfnis nach Liebe hatte, das aus der Tatsache herrührte, dass sie adoptiert worden war. Trotz liebender Adoptiveltern und einer sehr stabilen, glücklichen Kindheit fühlte sich Cassy immer, als ob sie vom Leben zurückgewiesen worden war, da ihre biologische Mutter sie weggegeben hatte. Ein anderer Teilnehmer hörte ihre Geschichte und sagte: »Aber du bist doch wirklich eine Auserwählte.« Es war eine Freude, Cassy zu beobachten, wie sie den neuen Blickwinkel auf ihre Identität verarbeitete. Nach dem Workshop konnte Cassy zu vielen Menschen in ihrem Leben Nein sagen. Einer der positiven Nebeneffekte hiervon war, dass ihre Kinder mehr Verantwortung für ihr eigenes Leben übernahmen.

Verbindung zum Publikum aufbauen: Ratschläge für Trainer und Lehrende

NLP erkennt an, dass alle Individuen unterschiedlich lernen und dass die einzige Person, die wirklich weiß, wie das Lernen geschieht, der Schüler selbst ist. Gute Lehrer übernehmen Verantwortung für das Lehren, sodass Schüler lernen – sie können wirklich vermitteln und inspirieren. NLP verschiebt den Schwerpunkt vom Lehren zum Lernen und bringt Menschen dazu, allmählich zu erkennen, wie sie am besten lernen.

Der Lernprozess umfasst vielfältige Dimensionen, die über das reine Faktenlernen oder das Kennen der richtigen Antworten hinausgehen. Für einen bleibenden Lerneffekt muss man

Menschen in einen positiven und aufnahmefähigen Zustand versetzen. Den Trainer und die Gruppe in einen aufnahmefähigen Zustand zu bringen, ist weit wichtiger, als den gesamten Lehrplan zu behandeln.

Wenn Sie etwas Neues lernen, sollten Sie einmal darauf achten, wie Sie das erreichen. Denken Sie an Ihre beste Lernerfahrung, eine Zeit, als Sie sich beim Lernen gut gefühlt haben. Welche drei Dinge waren dazu notwendig? Ich (Kate) weiß, dass ich am besten lerne, wenn ich Spaß habe, mit Leuten zusammen bin und mich wohl dabei fühle, experimentieren und Fehler machen zu können. Aber das gilt nicht unbedingt für die Leute, die ich trainiere.

NLP wird Ihnen zeigen, wie Sie herausfinden, wie andere jeweils am liebsten Informationen aufnehmen. Als Lehrer ist es wichtig, anzuerkennen, dass einige Menschen auf Bilder, andere auf Worte und wieder andere per Tastsinn oder Gefühl reagieren. Mit einer sehr allgemeinen Sprache am Anfang einer Sitzung können Sie mit verschiedenen Kompetenzebenen Verbindung aufnehmen. Ihre Einführung könnte demnach in etwa wie folgt aussehen:

> *Wir werden heute viele Aspekte des Themas behandeln. Einige von Ihnen werden bereits Kenntnisse in diesem Bereich haben und eigene Ideen, Meinungen und Erfahrungen dazu beitragen.*

> *Für einige von Ihnen werden die Ideen nur bestärken, was Sie bereits wissen, und Ihnen Zeit geben, sich zurückzulehnen und die Auswirkungen dessen zu überdenken, was Sie bereits tun.*

> *Für andere wird es neue Perspektiven geben und wir werden im Verlauf des Tages die Gelegenheit haben, einige neue Methoden zu erkunden, um dem, was Sie zurzeit anwenden, zusätzlichen Wert und Energie zu verleihen.*

> *Sie werden selbst entscheiden, wie Sie diese Ideen anwenden können.*

Berücksichtigen Sie auch die verschiedenen Lernphasen. Wenn Sie etwas Neues erlernen, etwa ein Auto zu fahren, bewegen Sie sich durch verschiedene Kompetenzebenen. Wenn Sie anfangen, sind Sie selig unwissend – *unbewusst inkompetent.* Sie wissen nicht, was Sie nicht wissen. Dann bewegen Sie sich zur *bewussten Inkompetenz.* Ihnen wird klar, was Sie nicht wissen. In der Phase, in der Sie Ihr Können ausbauen, sind Sie *bewusst kompetent,* bis Sie *unbewusst kompetent* werden, weil Sie als erfahrener Fahrer vergessen, wie es ist, zu lernen. Darum ist es oft schwer, von jemandem zu lernen, der Experte ist – er ist so weit davon entfernt, Anfänger zu sein, dass er nur sagt: »Machen Sie doch einfach«, aber seine Fähigkeit nicht in einfache Anleitungsschritte aufteilen kann.

Den Job bekommen

Veränderungen im Berufsleben können wie ein Tapetenwechsel sein oder wie der Kauf eines weiteren blauen Hemds. Es kann passieren, dass Sie den Job wechseln und feststellen, dass es nur der Wechsel an sich war, der attraktiv wirkte, und nicht der Job selbst. Die NLP-Denkweise kann Ihnen helfen, den richtigen Job zu bekommen statt einfach nur einen anderen. Karriereplanung muss mit Eigeninitiative durchgeführt werden oder Sie enden wie Alice im Wunderland: nicht allzu besorgt, wohin Sie gehen, solange es nur überhaupt irgendwohin geht. Sachkundige Entscheidungen zu treffen, gewährleistet, dass Sie nicht den perfekten Job hinwerfen, um irgendwo zu enden, wo Sie sehr unglücklich sind.

Machen Sie Ihre Jobsuche zu einem wohlgeformten Ziel. Beschäftigen Sie sich eingehend mit der Person, die es in der Hand hat, Sie in Ihren Traumjob zu bringen, und entscheiden Sie, wie deren Landkarte der Welt funktioniert. Es gibt eine Checkliste in Kapitel 7, die Ihnen hilft, über die Person nachzudenken, die Sie beeinflussen müssen.

Seien Sie kreativ, wenn es darum geht, sich von der Masse abzuheben. Welche Leistungsmerkmale und Vorzüge hätten Sie, wenn Sie ein Produkt wären? Üben Sie vor dem Spiegel, die Person zu sein, die man einstellen will. Wie würden Sie sich anziehen und sprechen? Was würden Sie über sich selbst und Ihre Fähigkeiten sagen? Denken Sie daran: Sie müssen an sich selbst glauben, damit andere Vertrauen in Sie fassen können – und Sie kaufen.

Kapitel 22
Zehn Bücher für Ihre Bibliothek

Wir sind echte Bücherwürmer. Diese Eigenschaft ermöglichte es uns, sowohl unsere Kenntnisse über persönliche Entwicklung als auch über NLP zu erweitern. Wir möchten Ihnen einige Bücher zu beziehungsweise über NLP vorstellen, die Einfluss auf unseren Werdegang hatten. Sie können Ihnen als eine Abkürzung für Ihre Entwicklung dienen und wie wir hoffen, dass sie Ihr Leben sowie das der Menschen, denen Sie begegnen, bereichern.

Die Veränderung von Glaubenssystemen, NLP-Glaubensarbeit

Robert Dilts, der Autor von »Die Veränderung von Glaubenssystemen, NLP-Glaubensarbeit« (Junfermann, 1993) ist einer der kreativsten Trainer und Autoren der NLP-Welt und jemand, der seinen Worten Taten folgen lässt. In seinem Buch beschreibt er, wie Ihre Glaubenssätze Sie daran hindern können, einen gewünschten Daseinszustand zu erreichen. Das Buch hilft Ihnen, Ihre Glaubenssätze zu erforschen. Und mit den enthaltenen Übungen können Sie Ihre Glaubenssätze dauerhaft verändern, um eine innere Ausrichtung auf allen Ebenen Ihrer Persönlichkeit zu erreichen.

Der Weg zur Inneren Quelle

»Der Weg zur Inneren Quelle« (Junfermann, 1995) beschreibt Techniken des Neurolinguistischen Programmierens, die von Connirae Andreas und Tamara Andreas entdeckt und entwickelt wurden, um dem Leser eine größere Ganzheit zu bescheren und so persönliche Veränderungen zu erleichtern. Diese Techniken basieren auf der Vorstellung, dass es im Unbewussten einer jeden Person Widersprüche gibt, die sich nach einem *Core-Zustand* (Kernzustand), also Ganzheit, sehnen. Das Buch ist ein bahnbrechendes Werk auf dem Gebiet der persönlichen Entwicklung, weil es Ihnen ermöglicht, Ihre Einschränkungen als Sprungbrett zu verwenden, um Core-Zustände wie inneren Frieden und Liebe zu erreichen.

Neue Wege der Kurzzeit-Therapie

»Neue Wege der Kurzzeit-Therapie« (Junfermann, 1981) ist eines der bedeutendsten Bücher zu NLP. Es handelt sich eigentlich um ein Protokoll einer Live-Trainingssitzung, die von den Gründervätern des NLP, John Grinder und Richard Bandler, geleitet wurde und das Steve Andreas aufbereitet hat. Obwohl sich NLP seit dem ersten Erscheinen dieses Buches weiterentwickelt hat, ist es eine »Pflichtlektüre« für Ihre ersten Schritte auf dem Weg des Erlernens von NLP.

Wort sei Dank. Von der Anwendung und Wirkung effektiver Sprachmuster

Mit »Wort sei Dank. Von der Anwendung und Wirkung effektiver Sprachmuster« (Junfermann, 1998) hat Shelle Rose Charvet ein vermeintlich trockenes Thema in eine so faszinierende Geschichte verwandelt, dass man das Buch nicht aus der Hand legen mag. Sie müssen kein NLP beherrschen, um NLP-Metaprogramme zu verstehen, denn die Autorin stellt den Zusammenhang zwischen Verhalten und Sprache in der Praxis dar. Das Buch steckt voller Anekdoten aus dem Alltag, die Laien ermöglichen, Kommunikationsaspekte zu verstehen, etwa das Bewerbungsgespräch, die Produktpräsentation, die optimale Publikumsansprache, Kommunikation mit unbequemen Menschen und letztlich die Frage, wie man den richtigen Bewerber für einen Job auswählt.

Triffst Du 'nen Frosch unterwegs ... NLP für die Praxis

Thies Stahl hat viele neue Techniken auf den Weg gebracht, die für die Entwicklung des NLP vor allem in Deutschland wichtig wurden. Mit seinem Buch »Triffst Du 'nen Frosch unterwegs ... – NLP für die Praxis« (Junfermann, 1988) liefert er eine manchmal äußerst knappe, aber dennoch sehr fundierte und praxisorientierte Einführung in NLP.

Die NLP-Kartei, Practitioner-Set und das Practitioner Übungs-Set

Unverzichtbar für NLP-Anfänger ist mittlerweile das Karteiset von Waltraud Trageser und Marco von Münchhausen. »Die NLP-Kartei, Practitioner-Set und das Practitioner Übungs-Set« (Junfermann, 2000 und 2002) bieten im Karteikartenformat die wohl beste Darstellung der wichtigsten Formate und Übungen, die man als Practitioner kennen sollte. Jede Karteikarte enthält eine Übung mit Text und Illustration. Äußerst gut, schön und praktisch gestaltet.

NLP-Practitioner-Lehrbuch: Potenziale entfalten mit Neurolinguistischem Programmieren

Petra und Ralf Dannemeyer stellen in diesem grundlegenden Werk (Junfermann, 2016) sämtliche Theorien und Methoden vor, die Teil der Practitioner-Ausbildung sind. Das Buch enthält auch zahlreiche Schritt-für-Schritt-Anleitungen, Übungen und Interventionen. Die Autoren verfolgen einen integrativen Ansatz, der die Arbeit auf den Ebenen von Körper, Geist und Seele verbindet. Dadurch eignet sich dieses Buch sowohl zum Selbststudium als auch zur Vorbereitung und Begleitung einer Practitioner-Ausbildung.

NLP II – die neue Generation: Strukturen subjektiver Erfahrung – die Erforschung geht weiter

1980 erschien mit »Strukturen subjektiver Erfahrung: Ihre Erforschung und Veränderung durch NLP« ein Überblickswerk zum damaligen Stand des Neurolinguistischen Programmierens, an dem führende NLP-Experten wie Robert Dilts, John Grinder, Richard Bandler und Judith DeLozier mitwirkten. Seitdem hat sich NLP weltweit verbreitet und durch die wachsende Anzahl an Anwendern weiterentwickelt. Über 30 Jahre später bietet »NLP II« eine aktuelle Bestandsaufnahme. Die Autoren untersuchen, wie NLP durch neue methodische Ansätze bereichert wurde und gehen dabei zwei zentralen Fragen nach: (1) Was kennzeichnet eine »neue« Generation im NLP, die mehr als nur eine Abwandlung des bestehenden sein muss? (2) Wie erkennen wir, ob neue Strukturen tatsächlich Teil des NLP sind, und was unterscheidet NLP-Methoden von anderen? (Junfermann, 2013)

Reframing: Neurolinguistisches Programmieren und die Transformation von Bedeutung

»Reframing« ist eine zentrale Methode im Neurolinguistischen Programmieren (NLP), die es ermöglicht, problematische Verhaltensweisen in einem neuen Licht zu sehen. Durch diese Technik wird eine schwierige Situation oder ein negatives Verhalten in einen anderen Kontext gesetzt, was zu einer neuen Bedeutung und einem neuen Verständnis führt.

In diesem Buch (Junfermann, 2010) werden verschiedene Modelle des Reframings vorgestellt, die ganz neue Möglichkeiten eröffnen, um Herausforderungen im Alltag besser zu bewältigen. Die Inhalte basieren auf Aufzeichnungen von NLP-Trainingsseminaren, die von Richard Bandler und John Grinder geleitet wurden. Mit seiner klaren und ansprechenden Darstellung ist das Buch nicht nur informativ, sondern auch unterhaltsam zu lesen. Es handelt sich um einen Klassiker des NLP, der sich an alle richtet, die an persönlichem Wachstum und effektiverem Umgang mit Herausforderungen interessiert sind.

Zeitlinien: Time Line – NLP-Konzepte

Das Buch »Time Line« von Wyatt Woodsmall (Junfermann 1994) beschäftigt sich mit der Arbeit mit persönlichen Timelines im NLP. Das Buch zeigt, wie persönliche Timelines als Werkzeug genutzt werden können, um biographische Ereignisse, die in der Gegenwart blockierend wirken, zu entmachten und gleichzeitig attraktive Zukunftsvorstellungen zu kreieren. Auch lernt der Leser, wie er durch die Veränderung seiner Timeline sein Zeiterleben so anpassen kann, dass es seine Ziele optimal fördert. Auch die Themen Werte und Metaprogramme werden in dem Buch fundiert behandelt.

Kapitel 23
Zehn Filme, die NLP-Prozesse enthalten

W ir haben zehn Filme für Sie ausgewählt. Dabei handelt es sich um Filme, die uns in den meisten Fällen gefallen haben, einige fanden wir provokant, aber vor allem konnten wir in allen Filmen verschiedene NLP-Eigenschaften entdecken. Wir haben einige dieser NLP-Aspekte herausgestellt, um zu zeigen, wonach Sie bei der Verfeinerung Ihrer Fertigkeiten Ausschau halten können.

»Besser geht's nicht«

Jack Nicholsons Porträt eines griesgrämigen, zwanghaften Einsiedlers ist zum Brüllen komisch. Die Art, wie sein Nachbarshund ihn im Aufbau von Rapport trainiert, wird Tierfreunde entzücken. In den Hauptrollen: Jack Nicholson, Helen Hunt. Regie: James L. Brooks. Originaltitel: As Good As It Gets. USA, 1997.

»Die Farbe Lila«

Die Botschaft dieses Films lautet »Sei dir selbst treu« oder »Was einen nicht umbringt, macht einen stärker«. Ein wirklich bewegendes Porträt der Stärke des menschlichen Geistes. In den Hauptrollen: Danny Glover, Whoopi Goldberg. Regie: Steven Spielberg. Originaltitel: The Color Purple. USA, 1985.

»Die Verurteilten«

Dieser Film über Freundschaft und Überleben in einer brutalen Umgebung wurde für sieben Oscars nominiert, unter anderem in den Kategorien Bester Film, Bester Schauspieler und Bestes Drehbuch. In den Hauptrollen: Tim Robbins, Morgan Freeman. Regie: Frank Darabont. Originaltitel: The Shawshank Redemption. USA, 1994.

»Erbsen auf halb 6«

Ein wunderbarer Film über einen Mann, der durch einen Unfall blind wird und dank einer blinden Frau und einer Reise nach Russland auf neue Art »sehen« lernt. In den Hauptrollen: Fritzi Haberlandt und Hilmir Snaer Gudnason. Regie: Lars Büchel. Deutschland, 2003.

»Eva mit den drei Gesichtern«

Ein sehr unterhaltsamer Film, der Geisteskrankheit in das öffentliche Bewusstsein brachte, indem er die Komplexität des menschlichen Verstands untersuchte. In den Hauptrollen: Joanne Woodward, David Wayne. Regie: Nunnally Johnson. Originaltitel: The Three Faces of Eve. USA, 1957.

»Feld der Träume«

Das ist ein Filmklassiker über die Erfüllung von Träumen. In den Hauptrollen: Kevin Costner, Ray Liotta. Regie: Phil Alden Robinson. Originaltitel: Field of Dreams. USA, 1989.

»Frida«

Ein gewaltiger Film über eine Frau, die ihrer Zeit voraus war, die dennoch ihr Leben nach eigenen Bedingungen lebte. In den Hauptrollen: Salma Hayek, Alfred Molina. Regie: Juli Taymor. USA, Kanada, 2002.

»Gattaca«

Ein Science-Fiction-Film, der zeigt, wie Entschlossenheit genetische »Defekte« überwinden kann, und beweist, dass alles auf dem Silbertablett serviert zu bekommen noch keine Garantie für Erfolg ist. Dieser Film veranschaulicht, wie die Konzentration auf ein Ziel dabei hilft, auch das scheinbar unüberwindbare Hindernis zu bewältigen. In den Hauptrollen: Ethan Hawke, Uma Thurman. Regie: Andrew Niccol. USA, 1997.

»Kick it like Beckham«

Ein wunderbarer Film über Mädchen-Power, Freundschaft und die Erfüllung von Träumen und Sehnsüchten, trotz aller Hindernisse. In den Hauptrollen: Parminder K. Nagra, Keira Knightley. Regie: Gurinder Chadha. Originaltitel: Bend It Like Beckham. GB/D, 2002.

»Matrix«

Ein spannender Science-Fiction-Film über Realität und darüber, was man sehen und erreichen kann, wenn man anfängt, an sich selbst zu glauben. In den Hauptrollen: Keanu Reeves, Laurence Fishburne. Regie: Larry Wachowski, Andy Wachowski. USA, 1999.

NLP in Filmen

 Hiermit haben wir Ihnen einige NLP-Aspekte aufgezeigt, auf die Sie in einem Film achten können. Warum versuchen Sie nicht einmal selbst, Ihre NLP-Fähigkeiten zu trainieren, indem Sie die folgenden Fragen beantworten?

✔ Welche NLP-Grundannahmen werden in diesem Film gezeigt?

✔ Was können Sie zum Thema Rapport in diesem Film finden?

✔ Welche Landkarten der Welt werden dargestellt – wie passen sie in Ihre Realität?

✔ Hören Sie den Schauspielern aufmerksam zu. Können Sie etwas über ihren Sprachgebrauch oder ihre verwendeten Metaprogramme herausfinden? Was ist mit dem Soundtrack?

✔ Welche Botschaften über Träume und Ziele gibt es in diesem Film?

✔ Sind die Personen nur Opfer der Umstände und wenn ja, wie sieht der Prozess aus, durch den sie die Kontrolle über ihr Leben zurückgewinnen?

✔ Welche Glaubenssätze und Werte werden in diesem Film gezeigt?

✔ Wie pacen und leaden die Personen sich gegenseitig?

✔ Welche Personen, falls überhaupt, zeigen Flexibilität in ihrem Verhalten?

✔ Wie ist die visuelle Wirkung des Films? Wie erleben Sie die kinästhetischen Dimensionen der Gefühle und den Geschmacks- oder Geruchssinn?

Kapitel 24
Nicht ganz zehn Adressen und Verbände

n diesem Kapitel haben wir ausgewählte Ressourcen zusammengetragen, die Ihnen weiterführende Informationen zu NLP sowie zu Trainings und zertifizierten Ausbildungen liefern. Diese Liste ist nicht vollständig – Sie werden sicher sehr viele weitere wichtige Menschen und Organisationen finden, wenn Sie sich näher mit NLP beschäftigen.

Dachverbände: DVNLP, ÖDVNLP und HANLP

Deutscher Verband des NLP (DVNLP): www.dvnlp.de

Österreichischer Dachverband für NLP (ÖDVNLP): www.oedv-nlp.at

Schweizer Dachverband (Verband für Persönlichkeitstrainer, V-P-T): https://v-p-t.ch/nlp/

Der DVNLP hat Richtlinien für alle Ausbildungszweige im NLP entwickelt und zertifiziert Ausbildungen, die diese Richtlinien erfüllen (was Stundenzahl, Mindestinhalte, Testings, Supervision und so weiter angeht). Alle drei Webseiten liefern gute Einblicke in einen seriösen Ausbildungsstandard und die Grundlagen des NLP. Darüber hinaus findet dort jeder, der Fragen zu NLP und Ausbildungsmöglichkeiten hat, Informationen und Ansprechpersonen. Zudem ist es die beste Informationsquelle, wo es welchen Trainer und welches Ausbildungsinstitut gibt.

In nahezu in allen größeren deutschen Städten gibt es eigene NLP-Institute. Auf den Webseiten der Verbände DVNLP, ÖDVNLP und VPT können Sie sich über Trainer und Institute vor Ort informieren.

Society of NLP

Die Society of NLP wurde von den NLP-Gründern Richard Bandler ins Leben gerufen. Sie ist auch in Deutschland aktiv und bietet NLP-Zertifizierungen nach den Richtlinien von Richard Bandler an.

https://www.society-of-nlp.net/

NLP-IN (International Association of NLP-Institutes)

Ein internationaler NLP-Verband, der sich der Förderung von NLP und der Qualitätssicherung in der Ausbildung widmet.

https://www.nlp-institutes.net/de

EANLP (European Association of NLP)

Eine europäische Dachorganisation, die sich der Förderung von NLP und dessen Professionalisierung widmet. EANLP vereint Verbände aus verschiedenen europäischen Ländern und setzt sich für die wissenschaftliche Erforschung und Weiterentwicklung von NLP sowie die ethische Anwendung von NLP-Techniken ein.

https://www.eanlp.eu/

Neues Lernen e. V.

Basisseminare zum Thema NLP und NLP im Beruf.

Herwarthstr. 22

50672 Köln

Telefon: (0221) 51 40 20

E-Mail: info@neues-lernen.info

Internet: www.neues-lernen.info

NLPaed

Verband für neuro-linguistische Verfahren in Bildung und Erziehung e. V.

Gabriele Schulze

Dillinger Str. 63

38116 Braunschweig

Telefon: (0531) 2195290

Internet: www.nlpaed.de

Abbildungsverzeichnis

Stichwortverzeichnis